KLAUS-RÜDIGER MAI

EDITH STEIN

GESCHICHTE EINER ANKUNFT

KLAUS-RÜDIGER MAI

EDITH STEIN

GESCHICHTE EINER ANKUNFT

Leben und Denken der Philosophin, Märtyrerin und Heiligen

Kösel

Sollte diese Publikation Links auf Webseiten Dritter enthalten, so übernehmen wir für deren Inhalte keine Haftung, da wir uns diese nicht zu eigen machen, sondern lediglich auf deren Stand zum Zeitpunkt der Erstveröffentlichung verweisen.

MIX
Papier aus verantwortungsvollen Quellen
FSC® C014496
www.fsc.org

Klimaneutral*
Druckprodukt
ClimatePartner.com/14044-1912-1001

Penguin Random House Verlagsgruppe FSC® N001967

Neumarkter Str. 28, 81673 München
Umschlaggestaltung: zero-media.net, München
Umschlagmotiv: akg-images
Satz: Satzwerk Huber, Germering
Druck und Bindung: GGP Media GmbH
Printed in Germany
ISBN 978-3-466-37271-3
www.koesel.de

»Gott ist die Finsternis in der Seele, die zurückbleibt nach allem Licht.«

Buch der 24 Philosophen, XXI. These

»So wird der Sinn der Welt als der Sinn entschlüsselt, den ich der Welt gebe, aber dieser Sinn wird als objektiver erlebt, ich entdecke ihn, sonst wäre er nicht der Sinn, den die Welt für mich hat.«

François Lyotard *Die Phänomenologie*

»Jedenfalls ist das Leben viel zu kompliziert, als dass man ihm mit einem so klug durchdachten Weltverbesserungsplan zu Leibe rücken und ihm nun endgültig und eindeutig vorschreiben könnte, wie es zu gehen hat.«

Edith Stein

Inhaltsverzeichnis

1.

»Bei ›Fräulein Stein‹ muss ich mir überlegen, was das für ein Ding ist.«

»Je länger dieser Sommer 1933 dauerte, umso unwirklicher wurde alles. Die Dinge verloren mehr und mehr ihr volles Gewicht, verwandelten sich in skurrile Träume…«[1], schrieb Sebastian Haffner 1938 im Rückblick. Es war der Sommer, in dem Edith Stein, sechzehn Jahre älter als Haffner, aber nicht weniger preußisch als er, das letzte Mal ihre Heimat und ihre Mutter besuchte. Aus Sicht Edith Steins war es vor allem ihr letzter Sommer als Edith Stein. Es ist das Jahr, in dem sich das Schicksal Deutschlands, aber auch Edith Steins Bestimmung entscheiden sollte.

Ein halbes Jahr zuvor hatte Reichspräsident Paul von Hindenburg Adolf Hitler zum Reichskanzler ernannt. Die große Transformation, die von den Nationalsozialisten angestrebt wurde, nannten sie pompös nationale oder nationalsozialistische Revolution. Doch das falsche Pathos und der Begriffsbombast übertönte nur die Zerstörung der Kultur, erwies sich bei näherem Hinhören nur als Tosen der Wellen des Irrationalismus, wie sie von Zeit zu Zeit in der Geschichte die menschliche Vernunft unter sich begraben. Diese tiefgreifenden, radikalen Veränderungen zwangen auch Edith

Stein, Lebensentscheidungen zu treffen. Was sich vor ihren Augen ereignete, war kein schlichter Regierungswechsel, sondern der 1918 eingeleitete und sich nun vollziehende Zusammenbruch der Kultur und der Gesellschaft in Deutschland.

Durch das Ermächtigungsgesetz, dem auch das katholische Zentrum zustimmte, wurde Hitler zu einem scheindemokratischen Diktator, die Schlägerbanden der SA zur Hilfspolizei gemacht, der Terror gegen Andersdenkende eröffnet und die Juden diskriminiert und an Leib und Leben bedroht. Deutschland versank in einem Paroxysmus des Hasses. Am 1. April 1933 organisierten die Nationalsozialisten den ersten Boykott jüdischer Geschäfte, wenig später wurde Unrecht unter dem demagogischen Titel »Gesetz zur Wiederherstellung des Berufsbeamtentums« kodifiziert, das unter anderem vorschrieb, jüdische Beamte, sofern sie nicht Kriegsteilnehmer waren, in den sofortigen Ruhestand zu versetzten. Als Edith Steins erster Philosophielehrer, Richard Hönigswald, inzwischen weithin geschätzter Ordinarius in München, aufgrund dieses Gesetzes, wie es euphemistisch hieß, in »den Ruhestand versetzt« werden sollte, protestieren seine Kollegen der Philosophischen Fakultät I, außerdem 13 ordentliche Professoren verschiedener Universitäten, zudem zwei italienische Gelehrte, deren einer der ehemalige faschistische Erziehungsminister Italiens Giovanni Gentile war. Erst drei Negativgutachten, eines von ihnen wurde von Martin Heidegger verfasst, gaben der verunsicherten bayerischen Staatsregierung die Grundlage zur Abberufung Hönigswalds. Heidegger, der Edith Stein in der Assistenz Husserls 1918 nachgefolgt war, denunzierte den Kollegen: »Hönigswald kommt aus der Schule des Neukantianismus, der eine Philosophie vertreten hat, die dem Liberalismus auf den Leib zugeschnitten ist. Das Wesen des Menschen wurde da aufgelöst in ein freischwebendes Bewusstsein überhaupt und dieses schliesslich verdünnt zu einer allgemein logischen Weltvernunft. Auf diesem Weg wurde unter scheinbar streng wissenschaftlicher philosophischer Begründung der Blick abgelenkt vom Menschen in seiner geschichtlichen Verwurzelung und in seiner volkhaften Überlieferung seiner Herkunft aus Boden und Blut … Es kommt aber hinzu, dass nun gerade Hönigswald die Gedanken des Neukantianismus mit einem besonders gefährlichen Scharfsinn und einer leerlaufenden Dialektik verficht. Die Gefahr besteht vor allem darin, dass dieses Treiben den Eindruck höchster Sachlichkeit und strenger Wissenschaftlichkeit erweckt und bereits viele junge Menschen getäuscht und irregeführt hat. Ich muss auch heute noch die Berufung dieses Mannes an die Universität München als einen Skandal bezeichnen, der nur darin seine Erklärung findet, dass das katholische System solche Leute, die scheinbar weltanschaulich indifferent sind, mit Vorliebe bevorzugt, weil sie gegenüber den eigenen Bestrebungen ungefährlich und in der bekannten Weise ›objektiv-liberal‹ sind.«[2] Nicht nur, dass Heidegger den Katholizismus als seine Herkunft denunzierte, der Philosoph argumentierte im Grunde wie diejenigen, die den Philosophen Sokrates, der angeblich die Jugend verdarb, vor Gericht gestellt und zum Tode verurteilt hatten. Für seinen Lehrer Edmund Husserl tat der Rektor Heidegger nichts, auch ignorierte er ihn nach 1933, da Husserl jüdischer Herkunft war. Nicht nur für Edmund Husserl begann 1933 die Zeit der Isolation, der Ausgrenzung, der Herabwürdigung. Auch der erfolgreiche Holzhandel der Mutter seiner ehemaligen Assistentin wurde durch Boykott ruiniert und in ihrem großen Haus standen Wohnungen leer, für die Auguste Stein keinen Mieter fand. In einem Brief an die Freundin Hedwig Conrad-Martius schrieb Edith Stein am 5. April 1933 die bedrückenden Worte: »Meine Lieben in Breslau sind natürlich sehr erregt und bedrückt. An unserem Geschäft macht es leider seit langem keinen Unterschied, ob es geöffnet ist oder nicht. Auch mein Schwager erwartet täglich seine Entlassung (Oberarzt an der Universitätshautklinik). Kuznitzky hat seine Stellung als Chef der Hautstation eines städtischen Krankenhauses bereits verloren. Jeder Brief enthält neue schlimme Nachrichten.«[3] Die Verhältnisse in Deutschland verdüsterten sich.

Der komplette Zusammenbruch der Kultur, des Rechts und der Demokratie vollzog sich gründlich und so schnell, weil die Staatsorgane zuvor ihre Legitimität selbst infrage gestellt hatten. Das böse Wort von der Honoratiorenrepublik machte die Runde. Vor dem Hintergrund der als alte, ergraute, dekadente Honoratiorenrepublik geschmähten Republik vermarkteten sich die Nationalsozialisten geschickt als revolutionär, modern, dynamisch, jung, als Hoffnung und Aufbruch und vor allem als diejenigen, die Deutschlands Demütigung beenden werden. Eine Regierung kann zwar gestürzt werden, aber niemand vermag die Organe des Staates zu delegitimieren – außer die Organe des Staates selbst. Grundlegende Veränderungen in Verfassung und Wesen des Staates treten nur ein, wenn zuvor die Organe des Staates sich selbst delegitimiert haben, wenn in der Hauptsache zwei äußerst komplexe und häufig ineinander verschränkte Prozesse stattfinden: Den Organen des Staates, wozu in der Demokratie Parlament, Regierung und Justiz zählen, misslingt erstens der Interessenausgleich zwischen wesentlichen Gruppen der Gesellschaft und zweitens die Staatsorgane setzen ihre eigene Legitimität außer Kraft, indem sie das Recht nicht mehr achten, aus dem sie ihre Vollmacht herleiten. Das alles ereignete sich zwischen 1929 und 1933, in der Notverordnungszeit in Deutschland, die eingeleitet wurde durch die famose Idee der SPD, ihren eigenen Reichskanzler zu demontieren. Es ist – aus welchen Gründen auch immer – zuallererst die Regierung, die den common sense praktisch aufkündigt und gewollt oder ungewollt signalisiert, dass nun alles möglich ist. Ab diesem Zeitpunkt ist dann auch alles möglich.

Nach dem Preußenschlag, dem Schlag gegen den Föderalismus, der in Deutschland traditionell zur Gewaltenteilung gehört, der Entmachtung der demokratisch gewählten Regierung des Landes Preußen durch den Reichspräsidenten per Notverordnung am 20. Juli 1932, durch den die legale Regierung des Freistaates Preußen durch den Reichskanzler Franz von Papen (Zentrum) als Reichskommissar ersetzt wurde, und überhaupt nach drei Jahren Notverordnungen war die Zeit 1933 für das Ermächtigungsgesetz reif. Ab dem 30. Januar 1933 wurde dann sukzessive und mit erstaunlich schnellem Tempo die Republik aufgelöst. Der Zeitzeuge Curzio Malaparte schrieb schon 1932 in seinem hellsichtigen Buch *Technik des Staatsstreiches*, dass für Hitler die »Eroberung des Staates … nur durch die Eroberung des Reichstages vorstellbar« ist[4], weil er weiß, dass »er sich auf diese Weise Sympathien immer größerer Wählermassen sichert und für sein politisches Programm die Zustimmung der großen Mehrheit des Kleinbürgertums gewinnt, die er braucht, um die gefährliche Rolle des Catilina aufzugeben und die ungefährliche eines plebiszitären Diktators zu übernehmen.«[5] Das erinnert an den Ausspruch, der Wladimir Lenin zugeschrieben wird: »Wenn diese Deutschen einen Bahnhof stürmen wollen, kaufen die sich erst eine Bahnsteigkarte!« Malaparte vermutete, dass die Erringung politischer Macht in Deutschland nur über die Gewinnung des juste milieus erfolgt. Alles hatte ordentlich zu geschehen, auch das Ende der Ordnung. Die Figur des »plebiszitären Diktators« ist eine interessante, besonders in Deutschland beliebte, politische Figur. Malaparte wagte 1931 einen Blick in die Zukunft, der sich bestätigen sollte: »Wie alle Diktatoren liebt Hitler nur die, die er verachten kann. Sein Ehrgeiz ist, eines Tages das ganze deutsche Volk im Namen der Freiheit, des Ruhms und der Macht Deutschlands zu verderben, demütigen und knechten zu können.«[6] Wie schleichend der Vorgang in den beginnenden Dreißigerjahren, wie der vollständige Zusammenbruch sowohl der politischen Linken, als auch des bürgerlichen Lagers vor sich ging, schilderte der junge Raimund Pretzel 1938 im Rückblick im englischen Exil. Der Journalist, der unter dem Pseudonym Sebastian Haffner berühmt werden sollte, schrieb in seinem posthum veröffentlichen Buch *Geschichte eines Deutschen*: »Meines Wissens ist das Brüningregime die erste Studie und, sozusagen, das Modell gewesen zu einer Regierungsart, die seither in vielen Ländern Europas Nachahmung gefunden hat: der Semi-Diktatur im Namen der Demokratie und zur Abwehr der echten Diktatur. Wer sich der Mühe unterziehen würde, die Regierungszeit Brünings eingehend zu studieren, würde hier schon alle die Elemente vorgebildet finden, die diese Regierungsweise im Effekt fast unentrinnbar zur Vorschule dessen machen, was sie eigentlich bekämpfen soll: die Entmutigung der eigenen Anhänger; die Aushöhlung der eigenen Position; die Gewöhnung an die Unfreiheit; die ideelle Wehrlosigkeit gegen die feindliche Propaganda; die Abgabe der Initiative an den Gegner; und schließlich das Versagen in dem Augenblick, wo alles sich zu einer nackten Machtfrage zuspitzt.«[7] »Was es nicht mehr gab, war Lebensfreude, Liebenswürdigkeit, Harmlosigkeit, Wohlwollen, Verständnis, Gutwilligkeit, Großzügigkeit und Humor. Es gab auch kaum mehr gute Bücher, und sicher keine Leute mehr, die sich dafür interessierten. Die Luft in Deutschland war rapide stickig geworden.«[8] Für die Juden jedoch war die »Luft in Deutschland« nicht nur stickig, sondern vergiftet. Haffner hatte den teuflischen Trick beschrieben, mit dem die Nationalsozialisten die »Judenfrage« zum Thema machten – und damit die Diskussion des eigentlichen Themas, die Kriminalität des Antisemitismus, verhinderten: »Ein Trick, den die Nazis seither auch in vielen anderen ›Fragen‹ und in internationalem Maßstab geglückt ist: Indem sie irgend jemand – ein Land, ein Volk, eine Menschengruppe – öffentlich mit dem Tode bedrohten, brachten sie es zustande, dass nicht ihre, sondern seine Lebensberechtigung plötzlich allgemein diskutiert – d.h. in Frage gestellt wurde. Jeder fühlte sich auf einmal berechtigt, sich eine Meinung über die Juden zu bilden und sie zum besten zu geben.«[9]

In dieser albtraumhaften Situation reiste Edith Stein im Sommer 1933 nach Breslau, um ihre Familie über ihren weiteren Lebensweg in Kenntnis zu setzen und im gewissen Sinn Abschied zu nehmen. Stärkung in ihrem Entschluss bedurfte Edith Stein nicht, dazu war sie sich nur zu sicher, welche Wendung sie ihrem Schicksal verleihen würde, aber um die große Entschiedenheit, ihn umzusetzen, rang sie, wozu vor allem und zuallererst gehörte, ihre Familie, vor allem ihre Mutter über die völlige Veränderung ihres Lebens zu informieren. Fast schon auf dem Weg nach Breslau schrieb sie daher der Oberin des Ursulinenklosters in Dorsten, Petra Agnes Brüning, in deren Kloster sie das Weihnachtsfest 1932 verlebt hatte und der sie seitdem freundschaftlich verbunden blieb: »Meine Mutter beginnt zu ahnen und zu fürchten. Ich empfehle dies dringlichste Anliegen erneut Ihrem Gebet.«[10] Im Juni hatte sie bereits der Dominikanerin Callista Kopf, die sie seinerzeit in Sankt Magdalena auf das Abitur vorbereitet hatte und die inzwischen in München studierte, geschrieben: »Es kommt dafür etwas viel Schöneres. Was, das kann ich Ihnen heute noch nicht sagen. Ich bitte Sie aber, die nächsten Wochen und Monate besonders für mich zu beten und auch für meine Angehörigen, vor allem für meine Mutter.«[11] Seitdem sie den Entschluss gefasst hatte, schwebte sie in der frohen, fast naiven, kindlichen Erwartung eines neuen Lebens – und den Schmerzen des Abschieds. Nur wenige Vertraute wussten, worum es sich handelte, wozu sich Edith Stein durchgerungen hatte, doch bat sie diese um strengste Diskretion, anderen machte sie, wie Callista Kopf, Andeutungen. Sie ersuchte sie, ohne ihr den Grund zu nennen, »in den nächsten Wochen und Monaten ganz besonders für mich zu beten«[12]. Der Hilfe ihrer Freundin Hedwig Conrad-Martius, die eingeweiht war, versicherte sie sich noch einmal im Brief: »Und über die schweren Monate in Breslau werden Sie mir mit ihrem Gebet helfen, nicht wahr.«[13] Das alles klingt sowohl nach Entschlossenheit, aber auch nach dem Wissen darum, dass sie denen, die sie am meisten liebte, die größte Pein in noch dazu bedrängter Zeit zumuten würde, an erster und schlimmster Stelle der dreiundachtzigjährigen Mutter. Die Umsetzung ihres Entschlusses erforderte eine geradezu rabiate Rücksichtslosigkeit, die ihr eigentlich fremd war. Andererseits folgte sie stets dem, was sie für richtig erkannt hatte, kompromisslos. Hatte Christus nicht gesagt: »Wer Vater oder Mutter mehr liebt als mich, der ist meiner nicht wert … Und wer nicht sein Kreuz auf sich nimmt und folgt mir nach, der ist meiner nicht wert.« (Mt 10,37–38)? Dankbar hatte sie inmitten dieser Gefühlsstürme deshalb auch die Einladung ihres »Patenkindes« angenommen, das Hochfest »Assumptio Beatae Mariae Virginis« (Aufnahme der seligen Jungfrau Maria oder Maria Himmelfahrt) am 15. August 1933 in der bedeutenden Benediktinerabtei Maria Laach zu feiern, versprach doch diese Feier an diesem spirituell bedeutsamen Ort Erbauung und innere Sammlung im Gebet. Bei dem Patenkind handelte es sich um Hedwig Spiegel, die sich vierzehn Tage zuvor, und zwar am 1. August 1933, als Erwachsene im Kapitelzimmer des Kölner Doms hatte katholisch taufen lassen, wofür Edith Stein Patin stand. Bei Hedwig Spiegel in Köln-Lindenthal unweit des Karmeliterklosters übernachtete Edith Stein in jenen Jahren, wenn sie Köln besuchte.

Das Bild des Christus in der Ostapsis der Abteikirche von Maria Laach, in dessen Gesichtszüge sich die Erfahrungen des Menschenlebens, der Nöte und der Sorgen und des Verständnis für die Schwachheit des Menschen, seine unausweichliche Sündhaftigkeit eingezeichnet hatten, dürfte Edith Stein beim Eintritt durch das Westportal zunächst erschüttert und dann zuversichtlich gestimmt haben. Das Christus-Mosaik aus der Beuroner Schule, das seinerzeit von Kaiser Wilhelm II. gestiftet worden war, beherrscht den Altarraum und auch das Kirchenschiff, weil der Christus der neuen liturgischen Bewegung mit den ausgebreiteten Armen alle, die eintraten, aufnahm. Während die rechte Hand segnete, hielt die linke Hand ein aufgeschlagenes Buch, in dem weithin die Worte aus Johannes 14,6 zu lesen waren: »Ego sum via et veritas et vita«, also: »Ich bin der Weg, die Wahrheit und das Leben«.[14] Und Edith Stein – versiert im Katholizismus und in der lateinischen Sprache – wusste, dass der Text weiter lautete: »… nemo venit ad Patrem nisi per me«, »niemand kommt zum Vater außer durch mich«. Im Gegensatz zu ihrer Mutter, die fromm im jüdischen Glauben lebte, führte sie der Weg zu Gott nicht einfach zu Gott, sondern nur über Christus. Man hätte diesen Christus, der so sehr auch Mensch war, für den Philosophieprofessor aller Philosophieprofessoren, für den Meister alle Meister halten können, für die Wahrheit an und für sich und für uns. Nach Wahrheit glaubte sie, wie nach nichts anderem auf der Welt zu suchen, nur lässt sich nicht sagen, ob sie mehr noch als nach der Wahrheit sich nach Liebe umtat.

Von Maria Laach aus schrieb sie jedenfalls der befreundeten Dominikanerin Dr. Agnella Stadtmüller – vielleicht im Klostergarten, dessen Foto die Postkarte zierte, oder im Atrium, Paradies genannt: »Pax! Liebe Schwester, mein Patenkind schenkt mir dieses herrliche Fest in Maria Laach. Heute Abend fahre ich nach Breslau weiter.«[15] Das klingt nach einem neuen Kapitel, nach einem neuen Akt.

Die Bahnfahrt jedenfalls ging quer durch Deutschland und durch die Nacht. Sie liebte es, den Nachtzug zu nehmen, um Zeit zu sparen. Anderntags, am 16. August, kam sie in ihrer Geburtsstadt Breslau an. Entschlossen und mit Bangen näherte sie sich dem Haus in der Michaelisstraße 38. Doch zunächst holte sie ihre acht Jahre ältere Schwester Rosa, die den Haushalt führte, vom Breslauer Bahnhof ab, der sie sich anvertrauten konnte, weil sie wusste, dass Rosa »innerlich längst zur Kirche gehörte«[16]. Dennoch überraschte der Entschluss in seiner Endgültigkeit sogar Rosa. Die Schwestern vereinbarten strengstes Stillschweigen, denn Edith muss unter allen Umständen vermeiden, dass ihre Mutter von einem Dritten von der Entscheidung ihrer Tochter erfuhr.

Seit dem die junge Studentin 1913 zum Studium von der Friedrich Wilhelms Universität zu Breslau an die Georg-August-Universität nach Göttingen gewechselt war, weilte sie eigentlich nur noch zu Besuch, zu längerem oder kürzerem Aufenthalt im Haus ihrer Mutter, im Anwesen der Steins, einem prächtigen, stuckverkleideten Gebäude mit drei Etagen und einem von einem schmiedeeisernen Zaun eingehegten Gärtchen, ein komfortables Gebäude, das eigentlich in einer Arbeitergegend lag und so durch seinen soliden Prunk inmitten der schlichteren Häuser herausstach. Seit dem Wechsel des Studienortes lebte Edith Stein in Göttingen, in Freiburg, in Speyer, in Münster und in Köln. Doch dieser Besuch würde der schwerste sein, viel schwerer noch als der im Jahr 1921, als sie ihrer Mutter eröffnete, aus dem Judentum zum Katholizismus konvertiert zu sein. Für Auguste Stein, der unumschränkten Herrin des Familienclans und frommen Jüdin war es ein harter Schlag, dass ausgerechnet ihre Lieblingstochter, auf die sie doch immer wegen ihrer Gelehrsamkeit so stolz war, mit der jüdischen Religion brach. Doch die Wogen glätteten sich mit der Zeit, man sprach nicht mehr darüber, das Leben ging schließlich weiter und es änderte sich im Verkehr zwischen Mutter und Tochter letztlich nichts.

Diesmal jedoch standen die Dinge vollkommen anders. Edith Stein hatte sich im Lauf des Jahres 1933 dazu entschlossen, Karmelitin zu werden und in den Kölner Karmel einzutreten. Seit dem 30. April 1933 stand der Entschluss für sie fest. Sie hatte am Abend dieses Tages ihrem geistlichen Führer, dem Erzabt von Beuron Raphael Walzer OSB, geschrieben und ihn um seine Zustimmung gebeten. Einer früheren Schülerin und späteren Lehrerin am Seminar von Sankt Magdalena in Speyer teilte sie am 7. Mai 1933 geheimnisvoll zwar, jedoch voll konkreter Gewissheit mit: »Der Herr weiß, was er mit mir vorhat.«[17]

Mit der Gemeinschaft der Unbeschuhten Karmelitinnen (Ordo Carmelitarum Discalceatorum) hatte sich Edith Stein eine der strengsten und asketischsten Gemeinschaften ausgesucht. Die Karmeliten führen sich auf den Propheten des Alten Testaments, Elia, zurück, der auf dem Berg Karmel in der Nähe von Haifa mit seinen Schülern im 9. Jahrhundert vor Christus gelebt und unablässig Gott gesucht haben soll. Nach jüdischer Tradition starb Elia nicht, sondern wurde lediglich zu Gott entrückt und wird am Ende der Zeiten zurückkehren. So heißt es im Buch Maleachi (Mal 3, 21–25): »Und ihr werdet die Ungesetzlichen zertreten, denn sie werden Staub unter euren Füßen sein an dem Tag, den ich schaffen werde, spricht der Herr, der Allesherrscher. Und siehe, ich sende euch Elia den Thesbiter, ehe der große und leuchtende Tag kommt, der wiederherstellen wird das Herz des Vaters für den Sohn und das Herz des Menschen für seinen Nächsten, auf das ich nicht komme und die Erde völlig zerschlage.« Die Juden stellen noch heute am Pessach-Fest einen gefüllten Becher für Elia auf den Tisch, damit er zurückkehre und die Erlösung bringe. Von Elia ist der Satz überliefert: »Der Herr der Heerscharen lebt, Gott Israels, und ich stehe vor seinem Angesicht« (1. Kön 17,1). Es ist zumindest nachdenkenswert, dass sich Edith Stein nicht einen Orden aussuchte, der sich auf die eine oder andere Weise mit einem christlichen Heiligen verband, sondern den Orden, der sich auf einen alttestamentarischen Propheten zurückführte, eines mystischen Gottessuchers. Elia ist vielleicht wie kein zweiter eine Brücke zwischen Judentum und Christentum. In frühchristlicher Zeit siedelten sich Eremiten auf dem Berg an. Während der Kreuzzüge bevölkerten im späten 12. Jahrhundert religiöse Schwärmer aus den christlichen Ländern Europas unter Führung des französischen Kreuzfahrers Berthold den Karmel, die in der Nachfolge Christi strenge Askese in größter Armut hielten. Große Bedeutung für die Spiritualität der Karmeliter besitzt die Jungfrau Maria. »Eine marianische Kirche, deren Fundamente von den Eremiten gefunden wurden, war für sie (die Kreuzfahrer – der Verf.) der äußere Anlass, sich ausdrücklich an Maria zu orientieren. Von ihr aus konnten sie erkennen, wie es möglich ist, sich ganz der Wirklichkeit Gottes zu öffnen und in ewiger Einheit mit Ihm zu leben. Sie sahen in Maria ihre ›Schutzpatronin‹, die erste in ihren Reihen; sie nannten sie ›Schwester‹, nannten sich bald ›Brüder Unserer Lieben Frau vom Berge Karmel‹ und erzählten sich gegenseitig die Legende, dass Maria nach Pfingsten auf den Karmel gehetzt und in ihren Orden eingetreten sei. Wie Maria und mit Maria in Gott zu IHNEN findet – das ist das grundlegende Merkmal der karmelitischen Spiritualität.«[18]

Die Mönchsregel wurde von dem Patriarchen von Jerusalem, Albert, formuliert und von Papst Honorius III. 1226 approbiert. Unter der monarchischen Leitung des Abtes waren die Mönche verpflichtet, in getrennten Zellen in Gehorsam, Keuschheit, Armut, im Schweigen, im Gebet und im Fasten zu leben. Untereinander trafen sie sich nur zu den Messen und den wöchentlichen Schuldkapiteln.[19] In der Mönchsregel hieß es: »Jeder einzelne soll in seiner Zelle oder in ihrer Nähe bleiben, Tag und Nacht das Wort des Herrn meditierend und im Gebet wachend, es sei denn, er ist mit anderen, wohlbegründeten Tätigkeiten beschäftigt.«[20] Reformiert und zu neuer Observanz geführt wurde der Orden in Spanien durch Teresa von Ávila und ihrem Schüler Johannes vom Kreuz. Fortan teilte sich der Orden in eine gemäßigte und eine observante Richtung, in die beschuhten und die unbeschuhten Karmeliter. In der Praxis hieß das für Edith Stein, die sich für die observante, für die strenge Richtung entschieden hatte, dass jeder Kontakt mit der Außenwelt durch die Oberin kontrolliert, dass Briefe von ihr und an sie gelesen wurden und dass sie das Kloster nicht verlassen durfte. Jede Entscheidung über sich hatte sie der Mutter Oberin vorzulegen. Besuche wurden nur im Sprechzimmer empfangen und reden durfte sie mit ihren Besuchern nur durch ein Gitter.

Grosso modo bedeutete die Entscheidung für diesen Orden den endgültigen Abschied von ihrer Familie. In einem der letzten Briefe an Roman Ingarden im Mai 1934 erklärt sie dem früheren Freund apodiktisch: »Es ist nun 3 Wochen her, dass für Edith Stein das Sterbeglöckchen geläutet hat. Statt dessen gibt es jetzt die Schwester Teresia Benedicta a Cruce. Das ist etwas lang für den täglichen Gebrauch, und so wird sie gewöhnlich Schwester Benedicta genannt. Sie trägt einen braunen Habit und einen weißen Novizenschleier, bei feierlichen Chordienst einen weißen Mantel.«[21] Sie wusste, dass der Freund aus Studientagen ihren Entschluss missbilligte, wie er bereits ihre Konversion kritisiert hatte. Noch durch das scherzhafte Reden über sich in der dritten Person wird die Unsicherheit ihm gegenüber und das Ringen um die eigene Mitte, um ihre neue Mitte deutlich. Noch ist sie nicht die Schwester Benedicta, noch ist Benedicta ein recht fremdes Ding, das sie bewegt, eine Schöpfung von ihr, eine Kunstfigur, die nur durch Spiritualität zum Leben erwacht. Dahinter steht der große mystische Gedanke, ganz leer zu werden, um Platz für Gott in sich zu schaffen. Sie musste werden, was sie war.

Da sich Roman Ingarden, der immer noch mit Edith Stein korrespondierte und sich als Philosoph nicht an den neuen Namen – und an alles, was damit im Zusammenhang stand –, gewöhnen wollte und konnte, sie weiterhin mit ›Fräulein Stein‹ ansprach, entgegnete sie ihm etwas unwillig: »Könnten Sie sich wohl entschließen, mich ›Schwester Benedicta‹ zu nennen, wie ich es jetzt gewöhnt bin? Bei ›Fräulein Stein‹ muss ich mir überlegen, was das für ein Ding ist.«[22] Er konnte nicht. Der Briefwechsel endete. Nur ein Brief aus Anlass von Husserls Tod ist noch überliefert. Sie hatte selbst Roman Ingarden hinter sich gelassen, den Mann, den sie so aussichtslos geliebt hatte.

Doch noch war es nicht so weit. Noch war Edith Stein mit ihrer Schwerster Rosa auf dem Weg zum Haus in der Michaelisstraße, zu ihrer Mutter, zu ihrer großen Familie. Dorthin, wo ihre Geschichte begann. Genau genommen fing ihre Geschichte allerdings nicht in dem stattlichen Anwesen der Familie, sondern in einer sehr beengten Breslauer Mietswohnung in der Kohlenstraße an, in der sie als jüngstes Kind eines überschuldeten Holzhändlers geboren worden war, bevor der wirtschaftliche Erfolg des inzwischen von ihrer Mutter geführten Unternehmens den Erwerb des Hauses in der Michaelisstraße und den Umzug ermöglichte.

Edith Stein würde mit ihrem Beschluss nicht mit der Tür ins Haus fallen, darin war sie sich sicher. Die 83-jährige Frau litt ohnehin schon unter dem Zusammenbruch von all dem, was ihr Leben ausmachte: unter dem Untergang bürgerlichen Lebens, den Demütigungen, den Herabsetzungen, dem Verlust von allem, was für sie in dem Wort Preußen zusammengefasst war. Bei allem, was sie in ihrem langen Leben erlebt hatte, ging es ihr nicht in den Sinn, dass es »so schlechte Menschen geben könne«.[23] Etwas für die Matriarchin Schwerwiegendes kam dann auch noch hinzu. Ihre Tochter Erna, Frauenärztin, unterhielt im Pattere ihre Praxis, doch da Juden keine »Arier« behandeln durften, blieben nun die Patienten aus. Ihre und auch Ediths Freundin aus Studientagen, Lilly Berg-Platau, wanderte mit ihrem Mann und ihren Familie nach Palästina aus. Da sie in einem vornehmlich von Juden bewohnten Viertel lebte, übernahm Erna Wohnung, Praxis und den jüdischen Patientenstamm von Lilly und zog mit der Familie und der Praxis aus dem Stein'schen Anwesen aus. Das allein schon war für die alte Matriarchin ein schwerer Schlag.

Edith würde zuerst mit ihrer Lieblingsschwester Erna sprechen, dann würde sie, um sich ihrer Mutter zu offenbaren, eine günstige Situation abpassen, doch zuvor würde sie ein Projekt verfolgen, das angesichts der politischen Umstände für sie an Bedeutung gewann. Es galt eine Welt festzuhalten, die zerstört werden sollte, die Welt der preußischen Juden, die genauso sehr Preußen wie Juden waren. Bereits vor Jahren hatte ein Ordensmann und Priester Edith Stein im Gespräch dazu aufgefordert, aufzuschreiben, was sie als »Kind einer jüdischen Familie an jüdischem Menschentum kennengelernt« hatte, weil »Außenstehende so wenig über diese Tatsachen wüssten«.[24] Sie hatte diese Anregung zwar positiv aufgenommen, auch in ihrem Herzen verwahrt, allein es gab immer Wichtigeres zu tun, als sich einem so privaten Projekt zu widmen. Doch nun hatten die neuen Machthaber in ihrem Bestreben, alles und jeden gleichzuschalten, begonnen, in das privateste Refugium des Einzelnen mit grellem Scheinwerfer hineinzuleuchten, weil sie wussten, dass eben das Private das Residuum und der Quell der Freiheit ist. Deshalb hatten sie das Private vergemeinschaftet und zur politischen Tatsache erklärt. Und über das Politische entschied die Partei oder der in ihren Diensten stehende Staat. Die totale Indoktrination begann bei der Jugend, deshalb blickte sie in ihrem Vorwort besonders auf die Jugend, die »heute von frühester Kindheit an im Rassenhass erzogen wird« und von jeder Information über die Wirklichkeit jüdischen Lebens »abgeschnitten« wird.[25] Hitler formulierte später, im Jahr 1938 in Reichenberg wie zur Bestätigung, seine Vorstellung von der totalen Überwachung und Indoktrination der Jugend: »Diese Jugend, die lernt ja nichts anderes als deutsch denken, deutsch handeln, und wenn diese Knaben und Mädchen mit ihren zehn Jahren in unsere Organisation hineinkommen und dort oft zum ersten Mal eine frische Luft bekommen und fühlen, dann kommen sie vier Jahre später vom Jungvolk in die Hitler-Jugend, und dort behalten wir sie wieder vier Jahre. Und dann geben wir sie erst recht nicht zurück in die Hände unserer alten Klassen- und Standeserzeuger, sondern dann nehmen wir sie sofort in die Partei, in die Arbeitsfront, in die SA oder in die SS, in das NSKK und so weiter. Und wenn sie dort zwei Jahre sind und noch nicht ganze Nationalsozialisten geworden sein sollten, dann kommen sie in den Arbeitsdienst und werden dort wieder sechs und sieben Monate geschliffen, alles mit einem Symbol, dem deutschen Spaten. Und was dann nach sechs oder sieben Monaten noch an Klassenbewusstsein oder Standesdünkel da oder da noch vorhanden sein sollte, das übernimmt dann die Wehrmacht zur weiteren Behandlung auf zwei Jahre, und wenn sie nach zwei, drei oder vier Jahren zurückkehren, dann nehmen wir sie, damit sie auf keinen Fall rückfällig werden, sofort wieder in die SA, SS und so weiter, und sie werden nicht mehr frei ihr ganzes Leben.«[26]

Vom Standpunkt der Freiheit der Bürger, ihrer Freiheitsrechte als Menschen hingegen hat der Staat nicht über die Religion seiner Bürger zu entscheiden, er hat sie auch nicht nach Kriterien des Geschlechts, der Sexualität, des Alters oder der Ethnie einzuteilen. Ganz anders totalitäre Herrschaft, zu deren Bedingtheit dieserart Einteilungsrechte gehören. Der große Satz, den man in Preußen verinnerlicht und den Friedrich der Große geäußert hatte, lautete: »Jeder soll nach seiner Fasson selig werden.« Und Lessing ließ seinen Nathan im gleichnamigen Stück sagen:

»Es eifre jeder seiner unbestochnen
Von Vorurteilen freien Liebe nach!«.[27]

Doch die Zeit der Bürgerlichkeit, der Freiheit und der Toleranz endete abrupt mit der »Machtergreifung« der Nationalsozialisten.

»Die letzten Monate haben die deutschen Juden aus der ruhigen Selbstverständlichkeit des Daseins herausgerissen«[28], resümierte Edith Stein in Breslau. Noch von außen beschrieb sie im sachlichen Ton, dem man aber die Erregung in seiner ganzen Unterkühltheit anmerkt, dass die deutschen Juden dadurch »gezwungen worden« wären, »über sich selbst, ihr Wesen und ihr Schicksal, nachzudenken«. Die Zeitereignisse hätten die »Judenfrage« vielen aufgedrängt, auch denen, die »jenseits der Parteien« standen. Die Grammatik der Sätze ist verstörend, in ihrem passivischen und zugleich zwingenden Duktus verraten sie sowohl eine Unausweichlichkeit als auch eine komplizierte Zugehörigkeit, ein Dazugehören und doch nicht Dazugehören, von der Herkunft noch, von der Religion nicht mehr.

Viele deutsche Juden, zumal in Preußen, verstanden sich als Deutsche, viele hatten die jüdische Religion abgelegt – und waren in Preußen oftmals Protestanten geworden, zumal seit Immanuel Kants Schrift *Die Religion innerhalb der Grenzen der bloßen Vernunft* der Protestantismus als Vernunftsreligion gelten durfte – und für diejenigen, die weniger Ratio und mehr Emotio wünschten, stand Friedrich Schleiermachers *Über die Religion. Reden an die Gebildeten unter ihren Verächtern* zur Verfügung. Mit dieser kantianischen Konsequenz des Protestantismus und ihrer Hinwendung zum Thomismus hängt nicht zuletzt die Konversion Edith Steins in den Katholizismus, statt in den Protestantismus zusammen, zu dem ihr Lehrer Husserl übergetreten war. Denn Edith Steins spirituelle Entwicklung ist von ihrer philosophischen stark beeinflusst.

Dass sich die Juden als Deutsche sahen, viele von ihnen die Religion für eine Privatsache hielten, sich assimilierten und so viel zur deutschen Kultur beitrugen, sie zu einem Gutteil erst »deutsch« machten, wurde nun mit einem Mal sogar staatlich infrage gestellt, von einem Staat freilich, der nach einem Wort von Augustinus zu einer »großen Räuberbande« wurde. In der heraufziehenden

Zeit der Verfolgung besannen sich nolens volens die Juden auf ihre Religion, auf ihre Bräuche. Edith Steins Nichte, Susanne M. Batzdorff, »Susel« genannt, 1933 zwölf Jahre alt, erinnerte sich Jahrzehnte später: »Selbst diejenigen Juden, die sich früher ihres Judentums kaum bewusst gewesen waren, klammerten sich nun aneinander, um Stärke und Trost im Zusammenhalt mit ihren Leidensgefährten zu finden.«[29]

In dieser Situation hoffte Edith Stein, dass »in allen Schichten des deutschen Volkes« sich Menschen finden, die aufgrund persönlicher Erfahrungen als Angestellte, als Nachbarn, als Schul- und Studiengefährten sich dagegen empören, die Juden zu einem »Pariadasein verurteilt« zu sehen.[30] Weil aber vielen anderen diese Erfahrungen fehlen und die Jugend »von frühester Kindheit an im Rassenhass erzogen wird«, sah sie es als die Verpflichtung derjenigen an, die im Judentum groß geworden waren, Zeugnis abzulegen. Weder hatte sie vor, eine Apologie des Judentums zu verfassen, noch die Idee des Judentums gegen ihre Verfälscher zu verteidigen, noch den Gehalt der jüdischen Religion und die jüdische Geschichte darzulegen, ihr ging es darum, die persönlichen Erfahrungen, das Private, das Menschliche aufzurufen und allen vor Augen zu führen, dem Versuch der Nationalsozialisten, jüdischen Menschen die Würde zu nehmen und sie zu entmenschlichen, dadurch zu begegnen, dass sie durch das Erzählen der Geschichte ihrer Familie Juden als das darstellte, was sie sind: Menschen, Väter, Mütter, Töchter und Söhne, Brüder und Schwestern, Deutsche, Preußen.[31]

Da sie ihre Mutter, obwohl hoch in Jahren stehend, als gute Erzählerin kannte, hatte sie sich vorgenommen, die Zeit in Breslau zu nutzen, um sie zu befragen. In diesen Tagen entsteht der erste Teil ihrer Erinnerungen. Die Arbeit an dem Manuskript setzte Edith Stein im Kloster bis 1935 fort, doch dann brach die Arbeit ab. In der Geschichte ihrer Familie und ihres Lebens kam Edith Stein bis zum 4. August 1916, bis zum Tag nach dem Rigorosum. Der Historiker freut sich so sehr über jede Quelle, wie er gleichfalls heftig bedauert, dass ihm nicht mehr zur Verfügung steht. Doch wurden die Lebenserinnerungen von Edith Stein noch nicht gründlich genug, das heißt historisch-kritisch ausgewertet, wurde das Manuskript zu sehr als wahrheitsgemäßer Bericht und zu wenig in seiner Sprachform als Text analysiert, zu wenig die Situation, in der sich Edith Stein an Menschen und Ereignisse erinnert, zu wenig der Aspekt der Rechtfertigung in Rechnung gestellt, denn das Bild der Mutter gibt zum einen die beherrschende Stellung der Matriarchin im Familienkosmos der Steins wieder, zum andern antwortet das Bild der Mutter auf die grundlegende Erfahrung des im Rückblick verlorenen Paradieses und ist nicht zuletzt von den Schuldgefühlen der Tochter der Mutter gegenüber inspiriert.

Im Text sieht sich Edith Stein als Lieblingstochter der Mutter, deren Pläne von der Mutter, mochte sie auch auf noch so »brotlose« Künste zielen, immer großzügig unterstützt wurden. Dass ausgerechnet ihre »Lieblingstochter« ihr die schlimmste Enttäuschung bereitete und ihr den schlimmsten Schmerz zufügen würde, bekommt geradezu Züge einer griechischen Tragödie, weil die Protagonisten nicht anders handeln können, als sie handeln müssen. Der Konflikt ist unauflösbar und weit mehr als ein privater, er ist objektiv und aus Sicht der Verfasserin auch nicht mit gutem Willen zu beenden. Das galt es in der Auseinandersetzung mit der Familiengeschichte, mit der Mutter zu verarbeiten. Und Edith Stein arbeitete im Text unbewusst an der Bewältigung der Schuld, indem sie das Bild der Mutter überhöhte, sie zu einer Heiligen erhob. Die kompromisslose Suche nach der Wahrheit wurde zu einer Version der Wahrheit und die Version der Wahrheit hatte in eidetischer Reduktion die Gerechtigkeit eingeklammert. Sie interessierte sich nicht dafür, wie sich bestimmte Episoden aus anderer Perspektive darstellten, so wie sie auch keinen anderen Standpunkt einnahm, sondern den ihren zu vervollkommnen suchte. Wie viele, sehr selbstbewusst wirkende Menschen, besaß sie ein »Ich-Problem«, was sie gut versteckte, aber Teil, vielleicht sogar notwendiger Teil, ihrer – auch spirituellen – Begabung war.

Es mag Zufall sein, dass sie die Arbeit an der Stelle abbrach, an der langsam die Hinwendung zum katholischen Glauben, zur Konversion hin erzählt wurde. Genauso gut mochten aber auch textimmanente Gründe vorliegen, weil die Verfasserin spürte, dass sie in diesem Stil Kommendes nicht mehr darstellen können würde. Wie sollte auch der ursprüngliche Plan, »aufzuschreiben«, was sie als »Kind einer jüdischen Familie an jüdischem Menschentum kennengelernt« hat, aufgehen, wenn ihre Erfahrungen im Verlassen des Judentums, in die Konversion münden würden? Unter der Hand wurde nämlich aus der Geschichte jüdischen Lebens die Geschichte Edith Steins. 1935 enden die Notizen, 1937 schrieb sie an Roman Ingarden, dass sie überlegen müsse, was das Fräulein Stein für ein Ding sei. Indem sie immer mehr zur Schwester Teresia Benedicta a Cruce wurde, erübrigte sich die Lebensbeschreibung von Edith Stein. Allenfalls als Geschichte einer Konversion war sie noch von Interesse. Deshalb nahm Edith Stein später ihre Lebensgeschichte als Geschichte einer Konversion wieder auf, diesmal aber als Philosophin und Karmelitin, und das sowohl in objektivierender als auch in höchst subjektiver Form, verarbeitet in ihrem philosophischen Hauptwerk *Endliches und ewiges Sein. Ein Aufstieg zum Sinn von Sein*, und – ebenfalls höchst subjektiv – in ihrem letzten Text unter dem Titel *Kreuzeswissenschaft*.

Es existiert aber noch ein zweiter Grund für den Abbruch, der auch erklärt, weshalb sie ihre Geschichte als philosophische Autobiografie in *Endliches und ewiges Sein* gleichsam im Genre transponierend und als sehr persönlich gehaltene Meditation über die Konversion in der *Kreuzeswissenschaft* fortsetzt: Sie benötigte Abstand als vollzogenen Abschied. Die Autobiografie beginnt mit einem in seiner Einfachheit und Offenheit genialen Satz: »Der Vater meiner Mutter, Salomon Courant, ist im Jahr 1815 geboren.« 1815 ist übrigens auch das Jahr, in dem Napoleon endgültig besiegt und nach Sankt Helena verbannt worden war. Entscheidend für den Ausgang der Schlacht bei Waterloo war übrigens das Eingreifen des Schlesiers Blücher. Drei Jahre zuvor, 1812, wurde den Juden in Preußen als Teil der Stein-Hardenberg'schen Reformen das volle Bürgerrecht zuerkannt. In diesem Jahr erhielten auch die Steins und die Courants das preußische Bürgerrecht. Salomon Courant wurde also schon als preußischer Bürger geboren. Der Text setzte aus verständlichen Gründen mit der Geburt des Vaters der Mutter und nicht mit der Geburt des Vaters des Vaters ein und stellte damit von Anfang an die genealogische Linie, die Herkunft klar.

Doch diese romanhafte, sehr epische Eröffnung wird nicht weitergeführt, sie verliert an Tempo, zählt auf, statt zu gestalten. Edith Stein wird sich in der Beschreibung ihrer Geschwister und deren Ehepartner nicht von der Sicht der Mutter freimachen. Mit ihr beginnt der Text, nicht mit ihrem Großvater, sondern mit dem »Vater meiner Mutter«. Die Mutter ist der Orientierungspunkt, der Polarstern des familiären Kosmos, einer Ordnung, die Edith Stein in ihrer Erzählung ausmalt, aber auch nicht die Risse und Brüche als stete Bedrohung des Kosmos verschweigt. Was aber im autobiografischen Manuskript fassbar wird, ist eine Grunderfahrung, die auch die Art des Bewertens und Philosophierens bestimmt, das Ideal der Ordnung, des Kosmos der Familie, und das Bewusstsein um die Gefährdung dieser Ordnung, die zu einem großen Teil aus der Ordnung selbst kommt. In dieser Sehnsucht nach einer unangefochtenen und sinnvollen Ordnung liegt auch ein Grund für die Konversion, aufzugehen in der sinnvollen Ordnung der Catholica im Allgemeinen, und im Besonderen für den Entschluss, im Kloster zu leben – und zwar in einer der strengsten Kongregationen.

Im Sommer 1933 liegen also in den nächsten Tagen und Wochen, bis zum 12. Oktober, zwei große Aufgaben vor Edith Stein: ihre Mutter zu interviewen, den Anfang der Geschichte ihrer Familie niederzuschreiben und von ihrer Mutter für immer Abschied zu nehmen, sich ihr nähern, um zu gehen, zu hören, um etwas mitzunehmen. Sie wird ihr erklären müssen, dass für die weltliche Person Edith Stein das »Sterbeglöckchen« klingen wird. Daran, dass Edith Stein beschlossen hatte, ihre bürgerliche Existenz als Edith Stein zu beenden, um ein neues, dem Herrn geweihtes Leben als Braut Christi, als Schwester Teresia Benedicta vom Kreuz zu beginnen, mag abgesehen von der äußeren Situation auch der Wunsch eine nicht unerhebliche Rolle gespielt haben, sich der eigenen Geschichte zu stellen, um sie abschließen zu können.

Zufall oder nicht, ist es dennoch nicht unwichtig, dass Edith Stein ausgerechnet in der Zeit in Breslau weilt, in der das jüdische Neujahrsfest (20. bis 22. September 1933) und der höchste jüdische Feiertag, das Versöhnungsfest, der Yom Kippur (29. bis 30. September 1933) gefeiert werden, um ihrer frommen, jüdischen Mutter ihren Entschluss mitzuteilen.

2.

Ur-Szenen

Geboren wurde Edith Stein im Jahr 1891 nicht in dem komfortablen Haus in der Michaelisstraße, sondern in einer kleinen, äußerst beengten Mietwohnung in der Kohlenstraße, in der außer den Eltern acht Kinder Platz finden mussten. Das Jahr ihrer Geburt war auch das Jahr, in dem Thomas Alva Edison das Patent für den 35-mm-Film erhielt, im Deutschen Reich die Rentenversicherung eingeführt wurde, die Sozialdemokratie das Erfurter Programm annahm und Papst Leo X. die Sozialenzyklika *Rerum novarum* erließ. Außerdem erschien Selma Lagerlöffs erster Roman unter dem Titel *Gösta Berling*, 1909 verlieh die Schwedische Akademie ihr als erste Frau den Nobelpreis für Literatur. Im gleichen Jahr wie Edith Stein wurden der Dichter Johannes R. Becher, der Ökonom Walter Eucken und der sozialistische Theoretiker Antonio Gramsci, die Maler Max Ernst und Otto Dix geboren. Hugo Ball, dessen Buch *Byzantinisches Christentum. Drei Heiligenleben*, das nach seiner dadaistischen Periode entstand, für Edith Stein wichtig werden sollte, feierte in diesem Jahr seinen fünften Geburtstag, wie auch die Dichter Georg Heym und Franz Kafka ihren achten. Außerdem setzte die Rezeption des Werkes von Friedrich Nietzsche ein, der seit seinem Zusammenbruch am 3. Januar 1889 in Turin in geistiger Umnachtung lebte.

Auf den Tag ihrer Geburt, auf den 12. Oktober, fiel im Jahr 1891 der Yom Kippur, der ein beweglicher Feiertag ist und in diesem Jahr vom Sonntag, den 11. Oktober, bis zum Montag, den 12. Oktober, begangen wurde. Insofern konnte Edith Stein im wahrsten Sinne als Sonntagskind gelten, kam sie doch zum höchsten Fest der Juden, am Yom Kippur(Versöhnungsfest), auf die Welt. Ihre fromme Mutter hatte darin immer eine besondere Fügung gesehen.

Yom Kippur gilt als ein Tag vollständiger Ruhe, ein Tag der Versöhnung mit Gott und mit allen Mitmenschen, wozu Reue und Buße gehören. Das Jahr beginnt mit Rosch ha-Schana im Monat Tischri (September/Oktober). Dieses zweitägige Neujahrsfest stellt Besinnung, Rechenschaft und das Gebet für eine schöne Zukunft in den Mittelpunkt. Es leitet die Hohen Feiertage ein. In zehn Tagen der Buße und der Sühne denkt man über das alte Jahr nach, versucht, begangenes Unrecht wiedergutzumachen und nach Aussöhnung mit denjenigen zu suchen, mit denen man sich zerstritten oder die man nicht gut behandelt hat. Das fünfundzwanzigstündige Fasten im Anschluss daran dient der Reinigung von Körper und Geist und leitet zum Yom Kippur, dem Versöhnungsfest, hinüber.

Zum Neujahr wird nach jüdischem Glauben über die Menschen entschieden, die in drei Gruppen eingeteilt werden: die ganz Schlechten, die ganz Frommen und dazwischen die meisten Menschen, die weder ganz gut, noch ganz schlecht sind, sondern eben durchschnittlich. Das Urteil über die Schlechten und über die Frommen wird sofort gefällt, denn hier liegen die Dinge völlig klar und eindeutig. Aber die Entscheidungen hinsichtlich der Durchschnittsmenschen werden erst an Yom Kippur getroffen. »Im zentralen Gebet ›Unetane Tokef Keduschat Hajom (Wir wollen die Größe der Heiligkeit des Tages schildern)‹ wird der Tag des Gerichts mit endzeitlichen Motiven, wie dem großen Schofar beschrieben.«[1] Das Schofar ist ein Blasinstrument, das aus dem gebogenen Horn eines Widders gefertigt wurde. Gott ist König und Richter und er öffnet das »Buch des Gedenkens«. Das Buch wird von selbst vorgelesen – die Taten der Menschen sprechen für sich selbst. »Am Neujahrstag werden sie eingeschrieben und am Versöhnungstag besiegelt, wie viele dahinscheiden sollen und wie viele geboren werden, wer leben und wer sterben soll, wer zu seiner Zeit und wer vor seiner Zeit, wer durch Feuer und wer durch Wasser, wer durch Schwert und wer durch Hunger, wer durch Sturm und wer durch Seuche, wer Ruhe haben wird und wer Unruhe, wer Rast findet und wer umherirrt, wer frei von Sorgen und wer voll Schmerzen, wer hoch und wer niedrig, wer reich und wer arm sein soll. Doch Umkehr, Gebet und Wohltun wenden das böse Verhängnis ab.«[2]

Man kann sich vorstellen, mit welchen Sorgen, mit welchen Hoffnungen und Gebeten die Juden in Deutschland später in den Yom Kippur des Jahres 1933 gegangen sind, wie viele sich in dieser großen Not und Bedrängnis ihrer religiösen Wurzeln besannen. Klaus Samuel Davidowicz schreibt sehr eindringlich über den Yom Kippur: »Hier eröffnet sich dem Menschen eine große Chance: er hat die Zeit zur Umkehr zwischen Neujahr und Versöhnungstag. Umkehr bedeutet zunächst Erkenntnis der Sünde, also einer Überprüfung der Taten, Worte und auch der Gedanken. Dies sollte eigentlich zum Bekenntnis führen – gegenüber Gott oder einem Mitmenschen. ›Übertretungen zwischen einem Menschen und dem Allgegenwärtigen sühnt der Jom Kippur; Übertretungen zwischen einem Menschen und seinem Nächsten sühnt der Jom Kippur nicht, bis er seinen Nächsten besänftigt.‹ (Rosch Haschana 16b)«[3] In dem frühen Traktat Bahodesh heißt es beispielsweise: »Wenn jemand ein Verbot übertritt und Umkehr übt, (dann) hat die Umkehr nicht die Kraft zu sühnen, doch schiebt die Umkehr (die Strafe) auf, und der Versöhnungstag sühnt.« Über diesen heißt es: »Denn an diesem Tag entsühnt man euch.«[4]

Edith Stein erblickte also an dem Tag der Vergebung und am Tag der Entsühnung das Licht der Welt, an dem Tag, an dem den Menschen vergeben wird. So mag es der frommen Mutter auch ein Zeichen der Hoffnung gewesen sein, dass ihre Tochter ausgerechnet an diesem Tag das Licht der Welt sah, das so hell für die Familie Stein nicht strahlte, denn der Holzhandel lief nicht gut und war völlig überschuldet. Dabei war dem Vater das Gewerbe nicht fremd. Siegfried Steins Mutter führte in Gleiwitz als Witwe den Holzhandel ihres Mannes weiter. Als der sechzehnjährige Siegfried Stein die neunjährige Auguste Courant kennenlernte, blieb er mit ihr in brieflicher Verbindung, auch seine Schwestern, offensichtlich wurde früh eine Ehe zwischen Siegfried und Auguste ins Auge gefasst. Ob ein Schadchen beteiligt war, ein jüdischer Heiratsvermittler, darüber schweigen die diskreten Aufzeichnungen der Tochter.

Salomon und Adelheid Courant, Augustes Eltern, hatten in dem schlesischen Ort Lublinitz einen kleinen Kolonialwarenladen eröffnet und mit viel Umsicht, Fleiß und Geschick in enger Zusammenarbeit das Geschäft wirtschaftlich nach oben gebracht. »Alle Unternehmungen berieten sie gemeinsam, die Bücher wurden immer von der Großmutter geführt, ohne sie zu befragen, hätte Großvater nichts unternommen.«[5] Auguste, die von allen nur »Gustel« genannt wurde, war das vierte von fünfzehn Kindern. Als sie das zwölfte Jahr erreichte, wurde sie aus der Schule genommen, um im Haushalt und im Laden zu helfen, während die Söhne der Familie nach Breslau aufs Gymnasium gingen und Kaufleute, Apotheker oder Chemiker wurden. Im jüdischen Religionsunterricht, der in der Schule gegeben wurde, hatte Auguste Stein auch etwas Hebräisch gelernt. Edith Stein berichtet: »Meine Mutter sagt, dass sie mit der größten Begeisterung diesem Unterricht beigewohnt habe. Es sei ihnen immer eingeprägt worden, dass sie jede Religion achten, niemals gegen eine fremde etwas sagen sollten.«[6] Zwar hielt man die täglichen Schrift- und Talmudstudien, zu der jeder jüdische Mann eigentlich verpflichtet war, nicht mehr ein, doch die religiösen Vorschriften und Gebräuche wurden »auf strengste beobachtet«.[7] Gern hätte Auguste weiter gelernt, doch die wirtschaftlichen Zwänge ließen das nicht zu, zumal für Mädchen, die im Haushalt zu helfen und eines Tages den Haushalt als Ehefrauen zu führen hatten. Geblieben ist eine tiefe Sehnsucht im Herzen nach und eine Hochachtung vor Bildung. Von klein auf war Auguste an Arbeit gewöhnt und strickte mit ihrer Schwester Selma um die Wette. Und so vereinten sich in Auguste Stein ein großer Fleiß, eine klare Vorstellung von der Ordnung der Welt, der Respekt vor Bildung und die Überzeugung, dass Frauen im Berufsleben nicht weniger fähig als Männer waren, dass auch sie über Durchsetzungsstärke und Geschick verfügen konnten. Mutter und Schwiegermutter lebten ihr nichts anderes vor. Das Haus und das Geschäft übernahmen der jüngste Sohn und zwei unverheiratete Schwestern, während Auguste Siegfried Stein heiratete. Das Haus in Lublinitz blieb – auch noch für Edith – der Mittelpunkt der Familie. Wie groß die familiäre Verbundenheit zur Linie der Mutter war, belegt Ediths Erinnerung: »Wir haben als Kinder die Namen dieser 15 Geschwister rhythmisch auswendig gelernt wie in der Religionsstunde die Namen der 12 Söhne Jakobs:

Bianca, Cilla, Jakob, Gustel,
Selma, Siege, Berthold, Mälchen,
David, Mika, Eugen, Emil,
Alfred, Clara, Emma.«[8]

Mit acht Jahren wurde Auguste nach auswärts geschickt, um einem Onkel, der in Not geraten war, zu helfen. Der geizige Onkel schätzte ihre Hilfe so sehr, dass er ihr ein Geschenk machte. »Mitten im Winter ging sie mit ihm (ihrem Onkel – der Verf.) zum Markt und kassierte das Geld ein, während er verkaufte. Es ist sehr charakteristisch, wie dieser Aufenthalt endete: der Onkel ließ sich im Ärger hinreißen, in hässlichen Ausdrücken von ihren Eltern zu sprechen. Das konnte sie nicht ertragen. Sie lief heimlich davon und ließ sich von einem Lastwagen nach Hause mitnehmen.«[9] Den starken Willen, die Unbeirrbarkeit hatte Edith von der Mutter geerbt.

Mit 21 Jahren wurde Auguste Courant die Ehefrau des 28-jährigen Siegfried Stein. Siegfrieds Schwester Julie beschrieb diesen Tag in ihren Erinnerungen: »Anfang August 1871 heiratete Bruder Siegfried die uns schon früher lieb gewordene Gustel, die als Nichte Onkel Heinrichs und Freundin von Emma und Tina oft in unserem Hause gewesen war und als Schwägerin von uns freudig begrüßt wurde.«[10] Offensichtlich bestanden Beziehungen zwischen den Familien Stein und Courant, vielleicht sogar eine Verwandtschaft, wenn Heinrich nicht lediglich ein Nennonkel war. Die Hochzeit wurde, wie es üblich war, von den Eltern der Braut ausgerichtet, sodass die Familie Stein mit dem Pferdewagen von Gleiwitz nach Lublinitz reiste, immerhin eine Strecke von fast 60 Kilometern. Für die Familien Stein und Courant, die ihre preußische Staatsbürgerschaft in hohen Ehren hielten, war das Jahr 1871 überdies ein sehr besonderes Jahr.

Im historischen Rückblick hatte man den preußischen Militarismus gern als das Wesentliche an Preußen überbetont, und dabei die Verdienste, die sich Preußen im Rahmen der Toleranz und der Aufklärung erwarb, unterschätzt und übersehen, dass Preußen ein Vernunftsstaat war. Im engen Austausch mit den Aufklärern, mit Immanuel Kant, mit Friedrich Nicolai, mit Gotthold Ephraim Lessing, entwickelte sich die jüdische Aufklärung, die Haskala, durch das Wirken von Moses Mendelssohn und David Friedländer. Im *Antimachiavell* hatte der Kronprinz Friedrich, der spätere preußische König, 1740 geschrieben: »Es gibt kein Gefühl, das so untrennbar mit unserem Wesen verbunden ist, wie das der Freiheit … denn da wir alle ohne Ketten geboren werden, verlangen wir danach, ohne

Zwang zu leben.«[11] Schließlich unternahmen die preußischen Reformer um Heinrich Friedrich Karl Reichsfreiherr vom und zum Stein und dem Staatskanzler Fürst Karl August von Hardenberg beherzte Schritte zur Emanzipation der Juden. Aus diesem Grund wuchs unter den Juden in Preußen eine große Verbundenheit mit dem Königreich. Im Lebenslauf für die Promotion schrieb Edith Stein 1916 ganz selbstverständlich: »Ich bin preußische Staatsangehörige und Jüdin.«[12]

Im Hochzeitsjahr von Auguste und Siegfried Stein wurde ein halbes Jahr zuvor, am 18. Januar, im Spiegelsaal von Versailles der preußische König Wilhelm zum Deutschen Kaiser gekrönt. Dieses Datum wurde wiederum mit Rücksicht auf den 18. Januar 1701 gewählt, an dem Tag wurde der Kurfürst Friedrich III. zum König Friedrich I. in Preußen erhoben, mithin das Königreich Preußen gegründet. So recht gefiel es dem Kaiser, der noch mit seiner neuen Rolle fremdelte, nicht, dass die Zeremonie im Spiegelsaal stattfand, denn das Deckengemälde zeigte den Sonnenkönig Ludwig XIV. als Eroberer deutscher Länder. Der nüchterne Wilhelm mochte sich nicht mit dem allegorischen Kontrapunkt, den die Krönung an diesem Ort setzte, anfreunden. Otto von Bismarck, der Architekt der Reichsgründung, hatte damals die Proklamation verlesen: »Wir übernehmen die kaiserliche Würde in dem Bewusstsein der Pflicht, in deutscher Treue die Rechte des Reiches und seiner Glieder zu schützen, den Frieden zu wahren, die Unabhängigkeit Deutschlands, gestützt auf die geeinte Kraft seines Volkes, zu verteidigen. … Uns aber und unseren Nachfolgern an der Kaiserkrone wolle Gott verleihen, allezeit Mehrer des Deutschen Reiches zu sein, nicht an kriegerischen Eroberungen, sondern an Gütern und Gaben des Friedens auf dem Gebiete nationaler Wohlfahrt, Freiheit und Ordnung.«[13] Zu diesem Volk fühlten sich die Steins und die Courants zugehörig.

Die kommenden zehn Jahre mühte sich Siegfried weiter im Holzhandel der Familie Stein. Nach Edith Steins Angaben duldete Siegfrieds Mutter Johanna Stein außer von ihrer Schwiegertochter Auguste, in der sie eine ähnliche Kraft und Dickschädeligkeit ausgemacht haben dürfte wie bei sich selbst, keinen Widerspruch. Als Siegfrieds junger Bruder Leo aus der Art schlug und Schauspieler werden wollte, was Johanna Stein als »Schande« wertete, unterstütze Auguste den jungen Mann und nahm ihn auf, als dessen Mutter ihn der Wohnung verwies. Leo Walter Stein wurde später ein berühmter Lustspiel- und Operettendichter und machte eine erstaunliche Karriere als Schauspieler, Theaterautor, Theaterleiter und Theaterregisseur im Fach der leichten Muse. Nachdem sich Siegfried Stein aus geschäftlichen Gründen mit seiner Mutter überworfen hatte, zog die junge, fünfköpfige Familie 1881 nach Lublinitz und eröffnete dort einen Holzhandel. Doch trotz der Unterstützung der Courants war die Zeit in Lublinitz keine glückliche. Das Geschäft lief nicht, die Familie litt Not und drei Kinder starben, auch an der in diesen Jahren immer wieder auftretenden Scharlachepidemie. Schließlich entschlossen sich die Eheleute 1890, nach Breslau überzusiedeln. Erna war gerade sechs Monate alt, Edith noch nicht geboren. In der Nähe der Kohlenstraße, in der sie eine kleine Wohnung fanden, mieteten sie einen Holzplatz. Doch auch hier kam das Geschäft nicht ins Laufen, obwohl die äußeren Bedingungen günstig waren.

Nach der Reichseinigung boomte Deutschland und auch Breslau. Hans-Georg Gadamer – Schlesier wie Edith Stein, zwar 1900 noch in Marburg geboren, doch die Familie Gadamer zog 1902 in die Hauptstadt Schlesiens, weil der Vater einem Ruf der Breslauer Friedrich Wilhelms Universität als Ordinarius der pharmazeutischen Chemie folgte – sprach in seinen Erinnerungen vom »in Butter und Eiern schwimmenden reichen Schlesien«.[14] Breslau wurde zur bedeutenden Metropole des Kaiserreiches. Der Maschinen- und

Waggonbau, die Chemie- und Textilindustrie prosperierten, aber auch das universitäre Leben und die Kultur erlebten einen großartigen Aufschwung. Der war verbunden mit moderner Stadtplanung und Architektur. So wurde im Jugendstil um 1900 das Warenhaus »Barasch« errichtet und Hans Poelzig, der in der Architektur zunächst den expressionistischen Stil, dann die Neue Sachlichkeit vorantrieb, erbaute 1914 den Konzertsaal. Rabbiner konnten in Breslau mit der Gründung des Jüdisch-Theologischen Rabbinerseminars der Fraenkelschen Stiftung seit 1854 ausgebildet werden. Zurück ging die Gründung auf den bedeutenden jüdischen Gelehrten Abraham Geiger. Am Seminar lehrten der renommierte Historiker des Judentums Heinrich Graetz, dessen *Geschichte der Juden von den ältesten Zeiten bis auf die Gegenwart* immer noch als Standardwerk gilt, und der Vater des Religionsphilosophen Julius Guttmann, Jakob Guttmann. Zu den berühmten Schülern des Seminars gehörte Leo Baeck. Nach Berlin lebte in Breslau die zweitgrößte jüdische Gemeinde im deutschen Kaiserreich. Eine Erhebung um 1905 ergab, dass sich 57,5 Prozent der Bevölkerung zum evangelischen und 36,6 Prozent der Bevölkerung zum katholischen Glauben bekannten. Eine Volkszählung im Jahr 1910 ergab, dass 95,71 Prozent der Einwohner Deutsch als ihre Muttersprache, 2,95 Prozent Polnisch, 0,68 Prozent Tschechisch und 0,67 Prozent Deutsch und Polnisch angaben. Eine Besonderheit stellte das besonders in Oberschlesien gesprochene Wasserpolnisch dar, ein Dialekt, in dem sich Deutsch und Polnisch gemischt hatten.

In dieser aufstrebenden Metropole versuchten Auguste und Siegfried Stein ihr Glück zu machen, doch das Glück blieb aus. Edith Stein berichtet über den entmutigenden Anfang: »Die Hauswirtin war ein zänkisches, altes Weib, das sich alle Mühe gab, meiner Mutter das Leben schwer zu machen. Schwere Nahrungssorgen kamen hinzu; das neue Geschäft war mit Schulden belastet und richtete sich nicht so schnell ein.«[15] Die äußerst dezenten Andeutungen geben dennoch eine Ahnung, dass Siegfried Steins Talente wohl nicht im geschäftlichen Bereich lagen, obwohl er sich alle Mühe gab. Nie, versichert Edith Stein, hatte sich Auguste über ihren verstorbenen Mann beklagt, und seit seinem Tod stets schwarze Kleidung getragen.

Eine Erinnerung, ein Ur-Bild geradezu, verdankte Edith Stein einer Erzählung der Mutter: Am Morgen des 10. Juli 1893 verabschiedete sich Siegfried Stein von seiner Frau, die die anderthalbjährige Edith auf dem Arm hielt, weil seine geschäftlichen Wege ihn wieder einmal über Land führten, und wandte sich zum Gehen. Da rief ihn seine kleine Tochter, er machte auf dem Absatz kehrt und verabschiedete sich noch einmal von ihr. »So war ich für sie das letzte Vermächtnis meines Vaters. Ich schlief bei ihr im Zimmer, und wenn sie abends müde aus dem Geschäft heimkam, dann war ihr erster Weg zu mir. Ja, wenn ich krank war, nahm sie sich kaum Zeit, den Mantel abzulegen, setzte sich zu mir auf den Bettrand und ließ sich das einfache Abendessen dorthin bringen.«[16] Ein Briefträger fand den Leichnam Siegfried Steins an einen Baumstamm gelehnt. Ein Hitzeschlag hatte ihn an diesem heißen Tag getötet. Zurück blieb seine Frau mit einem überschuldeten Geschäft und sieben Kindern in einer zu kleinen Wohnung. Die Verwandten rieten, das Geschäft zu verkaufen, eine große Wohnung zu nehmen und vom Vermieten zu leben. Sie zeigten sich bereit, die Familie finanziell zu unterstützen. Doch das kam für Auguste Stein nicht infrage, die über ein großes kaufmännisches Talent verfügte. Fortan führte sie die Geschäfte und brachte das Unternehmen durch harte und geschickte Arbeit nach oben. Freilich, die älteren Kinder mussten mit anpacken, den Haushalt führen und auch die jüngeren beaufsichtigen. Auguste Stein hätte gern auch den älteren Kindern eine akademische Ausbildung ermöglicht, so wie sie ihr versagt geblieben war. Aber es ging nicht anders – und das mag sie gequält haben. Die jüngeren Geschwister, das waren Erna und Edith, deren Altersunterschied nur ein Jahr und acht Monate betrug. Zwischen der nächst älteren Rosa klaffte bereits eine Lücke von sechs Jahren.

Allerdings setzte sich die älteste Tochter, Else, durch und besuchte das Lehrerseminar. Sie heiratete später den Arzt für Haut- und Geschlechtskrankheiten Max Gordon, einen entfernten Verwandten, und zog nach Hamburg. Paul stand der Sinn nicht nach dem Geschäft, dennoch trat er nach einer diesbezüglichen Lehre in eine Bank ein. Glücklich wurde er erst mit der Pensionierung, als er sich ganz seinem großen Hobby, der Literatur, widmen konnte. Zu anderen Zeiten wäre er womöglich ein ganz passabler Literaturwissenschaftler geworden. Arno, der zweitälteste Sohn, lernte an einem Realgymnasium, absolvierte eine Lehre als Holzhändler und trat als Mitarbeiter in das Geschäft der Mutter ein, wurde mit den Jahren Prokurist und leitete am Ende den Holzhandel der Familie, was Auguste Stein auch im hohen Alter nicht daran hinderte, ihrem Sohn zur Seite zu stehen. Frieda arbeitete als Buchhalterin im Familiengeschäft. Und Rosa übernahm den Haushalt. »Hinsichtlich der Kinder sprach man von drei Pärchen: »die Jungen« (Paul und Anton), »die Mädels« (Frieda und Rosa), »die Kleinen« (Erna und Edith). Nur Else, die älteste Tochter, bildete eine Kategorie für sich … Edith und Erna waren eng miteinander verbunden, obwohl sie in Aussehen und Temperament grundverschieden waren.«[17]

Anderthalb Jahre nach Siegfried Steins Tod liefen die Geschäfte unter Augustes Ägide bereits so gut, dass die Familie in die größere Wohnung in die Jägerstraße, die aus drei Zimmern und einem »Kabinett« bestand, umziehen konnte. Schließlich erwarb Auguste Stein das Haus in der Michaelisstraße. Die Witwe mit dem prosperierenden Holzhandel hatte sich Anerkennung bei einer Kundschaft erworben, die weit über die Stadt hinausging. Eine Freundin der Mutter berichtete ihr von einem Gespräch zweier Männer in der Straßenbahn über den Holzhandel in der Stadt, das sie zufällig mitangehört hatte und in dem der eine zum andern sagte: »Wissen Sie, wer hier der tüchtigste Kaufmann in der ganzen Branche ist? Das ist die Frau Stein … .«[18]

Auguste Stein, die einen Großteil der Familie ans Haus oder ans Geschäft gebunden hatte, beherrschte die große Familie auf ihre eigene Art. Das Bild, das Edith Stein in den August- und Septembertagen 1933, auch zwischen Rosch ha-Schana und Yom Kippur, von ihrer Mutter zeichnete, im Bewusstsein, die alte Frau tief verwunden zu müssen, verschränkt realistische und überhöhende Momente, es ist ein Text über eine komplexe Mutter-Tochter-Beziehung und der Versuch einer Wiedergutmachung im Bewusstsein, nicht anders handeln zu können.

Die Matriarchin unterhielt eine äußerst schwierige, häufig gespannte Beziehung zu den Ehepartnern ihrer Kinder. Nur Edith blieb unverheiratet – und unerfahren in der Beziehung zwischen Mann und Frau. In ihrer Darstellung übernahm Edith vollständig Augustes Sicht auf ihre Schwiegerkinder. Vor allem wird aus der Geschichte einer jüdischen Familie mit steigender Seitenzahl eine Autobiografie, die Geschichte Edith Steins von der Karmelitin Schwester Teresia Benedicta zum Kreuze im Karmel zu Köln weitergeschrieben, die aber leider im Jahr 1916 mit bestandenem Rigorosum abbricht.

Zwischen dem ersten Teil, der in Breslau niedergeschrieben wurde, und dem zweiten fehlen 28 Seiten, die womöglich mit Rücksicht auf die Familie von ihrer Schwester Rosa entnommen wurden, denn Edith Stein ist im Bestreben, die Wahrheit zu berichten, rückhaltlos, auch in der Charakterisierung der Familienmitglieder, ihrer Stärken und Schwächen, ihrer Vorzüge und Mängel – nur ist es *ihre* Wahrheit, die sie mit der ihr eigenen Unbedingtheit vertritt.

Im zweiten Teil (*Aus der Welt der Jüngsten*) ist das erzählerische Ich nun vollkommen präsent. Es hat die Rolle der Mutter als Erzählerin übernommen. Ediths Nichte, Susanne M. Batzdorff, weist völlig zurecht darauf hin, dass Edith Steins Erinnerungsbuch nicht nur eine Menge über die Familie, sondern auch über Edith Stein selbst »enthüllt«.[19] Deutlich werden die Ur-Bilder, die Edith Stein seit frühester Jugend geprägt haben, das Bild der Ordnung als familiärer Kosmos, und das Bild der Mutter, die diese familiäre Ordnung garantiert und immer wieder herstellt. Der Vater geht – und kehrt nicht zurück, allein die Mutter bleibt, und sie ist es, die den Wohlstand der Familie schafft. Edith Stein betonte, dass Auguste Siegfried in Liebe verbunden blieb und kein schlechtes Wort über ihn sagte, nur gewinnt man überdies den Eindruck, dass die Witwe auch sonst kein Wort über ihn sagte. Ediths Nichte, Ernas Tochter, erinnerte sich später: »Andererseits habe ich manchmal gestaunt, wie selten dieser Großvater überhaupt erwähnt wurde.«[20]

Edith Stein wusste von Anfang an, dass sie etwas Besonderes war. Etwas Besonderes ist dieses Wissen nicht, zu Anfang besitzen das alle Kinder, nur wird den meisten dieses Wissen frühzeitig auf gründliche Art und Weise von dem, was wir Leben nennen, ausgetrieben, manchen sogar, bevor sie wissen konnten, dass sie es wissen. Etwas Besonderes ist, dieses Wissen zu bewahren, es weder zu vergessen, noch sich abhandeln zu lassen, sondern von ihm angetrieben zu werden, nicht im oberflächlichen Sinn einer Überheblichkeit oder eines Dünkels, sondern sich selbst einer besonderen Verantwortung bewusst zu sein. Die Abschiedsszene vom 10. Juli 1893 wurde für sie zu einer Ur-Szene: Die Mutter hielt die Ordnung aufrecht und in dieser Ordnung war sie das geliebte Kind, das sich um nichts sorgen musste.

3.

Edith im Kosmos der Familie

Unbestritten, Edith war das Nesthäkchen der Familie. Klein, zart, immer etwas blass, noch blond, bevor die Haare während der Adoleszenz nachdunkelten, verfügte sie über eine ungestüme Willenskraft und einen sehr wachen Geist und der dazugehörigen Neugier. Noch stieß sie nicht an die Grenzen des häuslichen Kosmos. Ihre anderthalb Jahre ältere Schwester Erna, mit der sie bis zu ihrem Weggang nach Göttingen viel Zeit verbrachte, wirkte wie das genaue Gegenteil: groß, kräftig, mit zwei Zöpfen dicken, braunen Haares rechts und links und großen, schwarzen, ausdrucksvollen Augen. Edith Steins erste Biografin Teresia Renata Posselt bringt das Zeugnis einer Freundin von Erna, leider ohne Namensnennung, ohne biografische und bibliografische Angabe: »Erna und ich waren genau vom gleichen Alter und sahen mit gebührender Verachtung auf die kleine Edith herab, die das ›Jitschel‹ war. Sie war allzu klein und blass und zart, und Erna und ich waren robust und stark und groß für unser Alter, was wir immer wie ein Lob zu hören bekamen und entsprechend ad notam nahmen.«[1] Das Zeugnis ist mit Vorsicht zu genießen, denn es sagt – im weiteren – noch deutlich mehr über die Zeitzeugin als zum Gegenstand ihrer Zeugenschaft aus. Erna blickte mit Sicherheit nicht auf ihre jüngere Schwester herab. Auch wenn die üblichen Auseinandersetzungen zwischen Geschwistern sicher nicht ausblieben, darf man die nicht überbewerten. Dass die Freundin von der jüngeren, sehr bestimmt auftretenden Schwester entnervt war, wird in ihrem Statement deutlich. Deutlich wird aber auch die zarte Gestalt des kleinen Mädchens, das etwas Besonderes war. Die kleine und blasse Gestalt vermochte sich durchaus Aufmerksamkeit zu verschaffen, anderseits besaß sie einen inneren Bereich, den sie immer stärker abzuschirmen erlernte. Für die Geschwister war Erna ein »klares Wasser«, während sie Edith für ein versiegeltes Buch hielten. Sie bildete eine innere Welt heraus, wie alle Kinder, nur sehr viel stärker, die eine Welt, die sich im Laufe der Jahre veränderte, aber nicht endete. Es kam nicht selten vor, dass Ediths Bruder Paul, der sich sehr für Literatur interessierte, sie auf dem Arm herumtrug und ihr Studentenlieder vorsang oder ihr Bilder in einer illustrierten Literaturgeschichte zeigte, wozu er ihr kleine Vorträge über Schiller oder Goethe hielt. Für die kleine Edith spendeten die kurzen Ausflüge, die ihr älterer Bruder mit ihr in die Welt der Literatur unternahm, Baumaterialien für die innere Welt. Ihre Schwester Erna erinnerte sich daran, dass die Onkel oder Tanten sich scherzhaft bemühten, Edith »irrezuführen, indem sie ihr einzureden versuchten, dass Maria Stuart von Goethe sei, oder Ähnliches. Das misslang mit tödlicher Sicherheit. Von ihrem vierten bis fünften Lebensjahre begann sie, literarische Kenntnisse zu zeigen.«[2] Paul nannte sie das »Miezekätzchen«. Wenn die älteren Schwestern mit ihren Freundinnen Dichterquartett spielten, wollte Edith unbedingt mitspielen. Else erinnerte sich: »Immer wieder wehrten sie das lebhafte Kind ab.: ›Du kannst nicht mitspielen, Edithel, du kannst noch nicht lesen.‹ Wozu brauchte sie das! Während die anderen noch die Antwort überlegten, sagte sie auswendig allen vor.«[3] Wenn wundert es, dass man sie für vorlaut hielt. Nicht alles jedoch, was das hochsensible Kind, das über eine große Einbildungskraft verfügte, hörte, vermochte es, auch zu verarbeiten. Das führte gelegentlich dazu, dass sie unter Fieberanfällen und Albträumen litt. Als in der Klasse ihrer Schwester Frieda, die ihr auch die Balladen, die sie in der Schule gelernt hatte, vortrug, *Maria Stuart* behandelt wurde und daraufhin ihre Mutter mit ihrer Schwester sich das Stück, das zufällig gerade auf dem Spielplan eines der Breslauer Theater stand, anschauen wollten, wurde über Schillers Drama viel im Hause Stein gesprochen. Jedenfalls hatte Edith »wie gewöhnlich mehr aufgeschnappt, als für (sie) bestimmt war«.[4] Dass Königin Elisabeth I., die in den Augen des Kindes unschuldige Maria Stuart, die sich in ihrer Gewalt befand, köpfen lassen wollte, erregte Edith sehr. Als die Mutter und die Schwester in der Vorstellung saßen, rief die fünfjährige Edith zu Hause mehrmals erregt aus: »Schlagt doch der Elisabeth den Kopf ab!«[5] Wenn Köpfe rollen sollten, mochte das Kind gedacht haben, dann von dem, der will, dass Köpfe rollen. Allerdings blickte die Karmelitin im Rückblick auch auf den Konflikt der katholischen Schottin mit der protestantischen Engländerin, was für das Kind Edith noch keine Rolle spielte. Aber der Konflikt der beiden Königinnen, deren Dimension das Kind noch nicht zu verstehen vermochte, weshalb die Wertung allein auf dem Täter-Opfer-Prinzip beruhte, erregte ihre Fantasie, wie sie auch beschäftigte, wenn sie etwas von Verbrechen, von Gewalttaten und von Morden hörte. In ihren Erinnerungen schrieb sie, dass der Anblick eines Betrunkenen sie »tage- und nächtelang verfolgen und quälen« konnte. Da sie gern und häufig auf dem Holzplatz der Steins spielte, blieben die Begegnungen mit angetrunkenen Mitarbeitern besonders am Lohntag nicht aus. So hatte sie in ihrer »Studentenzeit angefangen, ohne einer Organisation beizutreten oder ein Gelübde abzulegen, jeden Tropfen Alkohol zu meiden, um nicht durch eigene Schuld etwas von meiner Geistesgegenwart und Menschenwürde zu verlieren.«[6] Nicht nur in Bezug auf Alkohol, sondern auch mit Blick auf das andere Geschlecht leitete sie die Angst vor dem Kontrollverlust, die Sorge, sich Gefühlen hinzugeben, sich im Exzess aufzugeben, eben etwas von ihrer »Geistesgegenwart und Menschenwürde zu verlieren.«

So einleuchtend Edith Steins Darstellung ist, so sehr wirft sie Fragen auf, zumal an dieser Stelle Selbstinszenierung und Wahrheitsverlangen – wie immer wieder in dem Text – ein intelligentes Bündnis eingehen. Es ist bekannt, dass Edith Stein keinen Alkohol trank, auch dass sie aus diesem Grund einen Roman wie den *Helmut Harringa. Eine Geschichte aus unserer Zeit* von Hermann Popert, den sie im Studium 1912 las, ablehnte, weil darin der exzessive Alkoholgenuss unter Studenten, aber auch die Wege und Irrwege der Sexualität geschildert und ein völkischer Idealismus approbiert wird. Obwohl Poperts Buch literarisch unbedeutend, in seiner Stümperhaftigkeit sogar ärgerlich ist, verkaufte es sich damals so gut – bis 1925 wurden über 300 000 Exemplare abgesetzt –, dass die Einnahmen aus dem Verkauf des Romans dem Autor erlaubten, seinen Brotberuf an den Nagel zu hängen und als freier Schriftsteller zu leben.

Aber der autobiografische Rückblick schaut vom Kölner Karmel aus, zeichnet Edith Stein von klein auf als sensibel, geistig interessiert und hoch moralisch, vor allem als sehr ernsthaft. Alle Biografen sind ihr hierin, sich zuweilen auch noch überbietend, gefolgt, und verstärken die katholische Perspektive auf die Biografie. Doch Leben und Werk Edith Steins besitzen nicht nur für Katholiken, sondern auch für Protestanten, für Juden, für Atheisten, im Grunde für jeden Menschen, unabhängig seiner Religion, einen hohen Wert. Nicht die Heiligkeit zeichnet den Menschen aus, sondern das Menschliche im Menschen. Zuweilen versperrt der Blick auf die Heiligkeit sogar den Zugang. Interessanterweise sorgt sich Edith Steins Nichte, Susanne M. Batzdorff, darum, dass diejenigen, die »Edith Stein nicht persönlich gekannt haben und sich deshalb eine Meinung auf der Grundlage ihrer Autobiographie bilden müssen«, eine falsche Vorstellung von ihrer Tante bekommen könnten, die gerade durch die biografische Engführung Distanz oder gar Abneigung schafft, und führt als Beispiel eine Stelle aus einem Brief einer Großnichte an, die ihr schrieb: »Ich hoffe, Du nimmst es mir nicht übel, wenn ich Dir sage, dass ich nicht glaube, ich hätte sie sehr geschätzt, wenn ich sie gekannt hätte. Aus ihren Schriften und von den Erzählungen anderer muss ich schließen, dass sie ein sehr egozentrischer und intoleranter Mensch gewesen sein muss und mit allzu kritischem Urteil (über andere).«[7] Susanne M. Batzdorff kannte Edith aus den Erzählungen ihrer Mutter, Ediths Lieblingsschwester Erna, und aus denen ihres Vaters, der Edith schon als junge Studentin kannte, als »guten Kameraden«. »Besonders stachen ihr Humor, ihre Freude an Gemeinschaft und Unterhaltung hervor. Man sieht dies an den Gedichten und lustigen Aufführungen, die sie zu Familienfeiern verfasste, und in den Parodien, die sie für die Bierzeitungen auf Schulfesten beisteuerte.«[8] Und so kommt die Nichte zu der Schlussfolgerung: »Von diesen Charakterzügen merkt man in ihrer Autobiographie kaum etwas. Darin erscheint sie ernst, sittsam und nicht geneigt, sich gehen zu lassen. Ich kann nicht umhin, mich zu fragen, ob das die echte Edith ist oder eine überarbeitete Version ihrer selbst, die sie im Rückblick schuf, um das Bild einer kontemplativen Nonne, die sie zu der Zeit, als sie den Hauptteil des Werkes schrieb, geworden war, zu entsprechen.«[9] Und in der Tat ist ihre Biografie immer ein bisschen zu sehr vom Karmel her geschrieben. Nicht weniger wichtig für den Stil der Autobiografie, besonders in der Einschätzung von Menschen, ist, dass sie von 1922 bis 1929 als Lehrerin gearbeitet und anschließend bis 1933 als Dozentin, und mithin Erfahrungen in der Beurteilung von Menschen, vor allem von Schülerinnen, gesammelt hatte. Sie hatte sich einen professionellen Blick angeeignet, und das besaß mit

Blick auf ihr eigenes Leben nicht nur Vorteile. Die Frage, die Susanne M. Batzdorff in ihrem Buch stellt, hat Edith Stein mit ihrer Autobiografie hinterlassen, dieser Frage muss sich jede Biografie, will sie *Bio*grafie und nicht *Hagio*grafie sein, stellen.

Ihre lesenswerte Autobiografie, die ohne Zweifel mit dem schonungslosen Drang nach Wahrheit geschrieben ist, bedarf des einordnenden Lesens, denn die Menschen kommen nun einmal eher zu Urteilen als zur Wahrheit, der sie sich bestenfalls nähern. Darin besteht letztlich das Paradoxon der Philosophie und ihre eigene Frage.

Edith als jüngstes Kind genoss die große Aufmerksamkeit ihrer Mutter und ihrer älteren Geschwister, und das umso mehr, da das Kind über glänzende geistige Gaben verfügte, quirlig und gesellig und in keiner Weise introvertiert war, obwohl sie sich in ihr Inneres wie in eine Burg zurückzuziehen vermochte. Die innere Welt wurde immer schon als sichere Welt erfahren. Stets wurde sie die »kluge Edith« genannt, was ihr Unbehagen bereitete. Doch spricht hier das Kind oder die Karmelitin, die längst versuchte, der Maxime zu folgen, dass es besser sei, gut statt klug zu sein? Doch bis zu ihrer religiösen Wendung dürfte sie der Klugheit den Vorzug gegeben haben. Sicher ist, dass Edith in einem großen Familienkosmos aufwuchs, dessen leitende Autorität die Mutter in den Händen hielt. Diese Grunderfahrung vermittelte ihr das Bild von der selbstständigen Frau, die hinter Männern nicht zurückzustehen brauchte.

Von ihrem Bruder Arno lernte sie das Tanzen. Der Kosmos der Familie Stein war für Edith so groß, dass sie sich in ihm ohne Einschränkungen bewegen konnte, bis zu dem Tag, an dem die anderthalb Jahre ältere Erna in die Schule kam – und sie zurückblieb. An diesem Tag, an dem ihre Schwester, zeitweilig zumindest, den Kosmos der Familie verließ, brach Außenwelt in ihr Leben. Ihre Welt wurde durchlässig, entpuppte sich als Welt unter Welten. Und genauso dürfte sie sich gefühlt haben, als jemand, der zurückgelassen wurde.

Die Einschulung gehört zu den wesentlichen Einschnitten im Leben und zu den großen Ereignissen der Kindheit. Wer einmal erlebt hat, wie ein nicht sehr viel jüngeres Mädchen bei der Einschulung ihrer Freundin in Tränen ausbrach, weil es selbst noch nicht so weit war, ahnt die Bedeutung, besonders für ein geistig so reges Kind wie Edith, das zudem die stete Anerkennung der Älteren gewohnt war. Die Einschulung der Schwester erlebte Edith als Zurücksetzung. Umso mehr, als sie erfuhr, dass die Welt größer war als der mütterliche Kosmos, nur eben nicht für sie. In der Familie kam man zu dem Schluss, dass Edith der Spielkamerad fehlte und schickte sie deshalb in einen Kindergarten, doch das schlug gründlich fehl, denn es manifestierte die Zurücksetzung, vergrößerte sie womöglich noch. Denn nicht der Spielkamerad schien das große Problem zu sein, sondern die Erfahrung, dass Erna etwas lernte, was ihr vorenthalten wurde, nämlich das Lesen. Nicht sehr lange würde es dauern, bis Erna sich ein Buch aus dem großen Bücherschrank nehmen und es lesen konnte, was Edith weiterhin nicht vermochte. Ihrer Schwester öffnete sich eine Welt, die ihr versperrt blieb. So wehrte sie sich heftig, in den Kindergarten gebracht zu werden, trieb Mutter und Geschwister und wohl auch die Erzieherin in die Verzweiflung, bis sie kurz vor ihrem sechsten Geburtstag alle wissen ließ, dass sie nicht in den Kindergarten, dafür aber in die Schule gehen würde. In Edith Steins Erinnerungen, die zu einer einzigen Huldigung ihrer Mutter gerieten, auch um sich selbst emotional zu entlasten, setzte Auguste Stein alle Hebel in Gang, um Ediths Einschulung durchzusetzen. Ediths große Schwester Else, die später den Arzt Max Gordon heiraten sollte, schreibt, dass sie Edith versprochen hatte, dafür zu sorgen, dass sich für Edith die Pforten der Schule zu ihrem sechsten Geburtstag am 12. Oktober öffnen würden. »Prof. Dr. R.«, bei dem sie »trotz ihrer Scheu und Zurückhaltung« vorstellig geworden war«, wollte erst nicht, »als er aber meine Trauer sah, meinte er: ›Da es ihre Schwester ist, will ich alles glauben und versuchen. Wenn es nicht stimmt, bleibt sie eben Ostern sitzen.‹ Ich lächelte nur glücklich, und Edith begann ihre Schulzeit an ihrem 6. Geburtstag, dem 12. Oktober 1897.«[10] Die Wahrheit dürfte wie immer in der Mitte liegen, die Mutter war einverstanden und die älteste Schwester, die bereits die Viktoriaschule absolviert hatte und Lehrerin werden wollte, sprach mit ihrem Lehrer und Rektor der Schule. Einfach war es nicht und die Reserviertheit des Lehrers verständlich, denn das Schuljahr wurde damals nicht im Herbst, sondern nach Ostern begonnen, was bedeutete, dass Edith in der Mitte des Schuljahres eingeschult wurde und die erste Klasse nur ein halbes Jahr besuchte und den im ersten Halbjahr vermittelten Stoff nachzuholen hatte. »Es war anfangs recht schwer, ohne jede Vorübung sofort mit Feder und Tinte zu schreiben und ganze Worte zu lesen.«[11] Das jedoch stachelte ihren Ehrgeiz an und sie hatte das Glück älterer Geschwister, die ihr helfen konnten. »Aber Ostern wurde ich mit den anderen versetzt und von da an behauptete ich immer einen der ersten Plätze.«[12] Der Ehrgeiz, die Beste zu sein, im Kosmos der Schule den Platz einzunehmen, den sie im Kosmos der Familie innehatte, trieb sie an, zumal ihr das Lernen leichtfiel. »Ich war eine übereifrige Schülerin. Ich konnte mit hochgerecktem Zeigefinger bis zum Katheder vorhüpfen, um nur ja ›dranzukommen‹.«[13] In der Erinnerung beschrieb Ernas Freundin, die sich ärgern mochte, dass sie sich Erna nun wieder mit dem »Jitschel« teilen musste, aus der die instinktive Abwehr des Mediokeren sprach, die Schülerin Edith Stein so: »Dass sie als Jüngste eines großen Geschwisterkreises altklug war, war ja nicht zu verwundern, dass sie viel las und entsprechende Anregungen durch ihre Geschwister erhielt, war wohl wünschenswert, dass sie aber einen unbezähmbaren Ehrgeiz entwickelte, dessen Spannung sich in Tränen und Wut auflösen konnte, wenn sie nicht erreichte, was sie wünschte, sich nicht als Beste, als Tüchtigste erwies, das war weniger liebenswürdig. Und doch waren auch da zum Teil die Geschwister schuld, die eine Art Wunderkind aus ihr machten und sie anbeteten. Sie war auch ihrer Mutter Lieblingskind, aber nie habe ich beobachtet, dass sich das in Verwöhnung und Bevorzugung ausgesprochen hätte.«[14] Man spürt aus den Zeilen, obwohl Jahrzehnte dazwischen liegen, noch das Konkurrenzgefühl, vielleicht sogar den Konkurrenzdruck, denn während jene die Zweitbeste in der Klasse blieb, verharrte sie selbst auf dem dritten Platz – und sie saßen nebeneinander. Sie bescheinigte Edith zwar, eine vorzügliche Schülerin mit einem echten Interesse am Lehrstoff gewesen zu sein, aber: »Sie hatte wie jede Sterbliche natürlich ihre Grenzen, und ich werde nie ihr totenblasses, ängstlich-verzweifeltes Gesicht vergessen, das sie gewöhnlich während der Klassenarbeiten im Rechnen bekam.«[15] Trotz der Häme, die aus der Reminiszenz spricht, wird Ediths Ehrgeiz deutlich, der das Kind trieb – und nicht nur das Kind. Dieser Ehrgeiz wird sie bis zum Ende begleiten, sich in den Formen wandeln, nicht aber an Energie verlieren. Ehrgeiz, wenn er sich zur Demut wendet, verliert das Hervorstechende, weil er aus dem weltlichen Wettstreit, um weltliche Anerkennung ausscheidet, vor allem ist er – auch wenn er das nicht unternimmt und im Weltlichen verbleibt – nicht fragwürdig und schon gar nicht »weniger liebenswürdig« oder nur dann, wenn sich Liebenswürdigkeit in den spießigen Kategorien des Mittelmäßigen bemisst. Altklugheit wird immer mit einem Hautgout des Unangemessenen versehen, doch bezeichnet sie nur das notwendige Hinausgehen des Verstandes, dem die Erfahrung noch nicht zu folgen versteht, einen notwendigen Vorgang, will man sich aus dem Hergebrachten lösen, bezeichnet sie doch letztlich eine gewisse Rücksichtslosigkeit und

Unangepasstheit, die Suche nach dem eigenen Platz und das Streben nach dem Besonderen, das nun einmal das Leben ausmacht. Die ein Jahr später als Edith, nämlich im Oktober 1892 in Moskau, geborene Dichterin Marina Zwetajewa bezeichnete das als »Maßlosigkeit in einer Welt nach Maß«:

»Sagt schon, was bleibt mir Sängerin und Ersten
In einer Welt, die im Grau ihr Schwarz vergaß!
Wo Einfälle in Thermosflaschen krepieren!
Maßlosigkeit in einer Welt nach Maß?!«[16]

Die Maße dieser Welt wurden Edith sehr früh schon, auch in kindlicher Form bereits fragwürdig. In ihren Träumen sah sie »immer eine glänzende Zukunft vor sich«, »träumte von Glück und von Ruhm«, denn sie war überzeugt davon, dass sie »zu etwas Großen bestimmt sei und in die engen bürgerlichen Verhältnisse«, in die sie hingebogen war, »gar nicht hinein gehörte«.[17] Natürlich sprach sie über diese Träumen nicht. Kinder, die diese Träume hegen, reden nicht darüber, sondern gelten für gewöhnlich als »verträumt«, weil niemand den wahren Urgrund ihrer Träume kennt. Man kann auch vom Wachstum der inneren Welt sprechen. Das Besondere ist auch dadurch besonders, dass es seine Besonderung nicht offenbart. Zum Wortfeld der Besonderheit gehört auch die Absonderung.

In der Rückschau aus dem Karmel glaubte Edith Stein – und hier beginnt die Konstruktion, über die Susanne M. Batzdorff nachdachte, die Konstituierung der Edith Stein –, dass sich im Alter von sieben Jahren, also nach einem Jahr Schule, die erste große »Umwandlung« in ihr vollzog. Von da ab erlahmte ihr Widerstandsgeist, glaubte sie, dass ihre Mutter und ihre Schwester Frieda besser wüssten, »was für mich gut wäre, und dass ich ihnen in diesem Vertrauen bereitwillig gehorchte … ich war in den folgenden Jahren ein leicht lenksames Kind«[18], so wie die Nonne Teresia Benedicta vom Kreuz alle Entscheidungen der Mutter Oberin vorlegte, weil auch sie besser wusste, was für sie »gut wäre«. »Lenksam« war das Kind in Wahrheit wohl vor allem, weil sich sein Ehrgeiz ganz auf die Schule richtete.

Ein Blick auf die Lebensgeschichte der Gründerin des Ordens der unbeschuhten Karmelitinnen, Teresa von Ávila, verrät, womit Edith Steins Konstruktion der Autobiografie korrespondiert, denn so wie sie war auch Teresa ein stolzes und eigenwilliges Kind, mit großer Vorstellungskraft gesegnet. Teresa wuchs im Kosmos der Gewissheit auf, dass Ávila, diese schöne mittelalterliche Stadt in Südkastilien an der Grenze zu La Mancha mit ihrer drei Meter dicken Stadtmauer, die mit Zinnen bewehrt und mit 88 Rundtürmen versehen, mit ihrer in den Himmel strebenden Kathedrale stolz die Botschaft verkündete, dass kein Kastilier der muslimischen Flut weichen werde. So erhält man eine Ahnung davon, wie sehr und wie natürlich der Stolz aus dem Bewusstsein keimte, das Land dem Feinde in blutigem Streite entwunden zu haben und sich auf Erworbenem auch zu behaupten. Diese Gewissheit hatte das Kind Teresa bereits so sehr geprägt, dass sie mit einem ihrer Brüder beschloss, ins maurische Land zu ziehen, um dort den Opfertod zu erleiden, der sie flugs ins Himmelreich zu Gott brächte. Schnell hatte man die ausgebüxten Kinder wieder eingesammelt und nach Hause gebracht. Doch der kindliche Eigenwille, die lebhafte Fantasie wich danach dem Ernst, so wie Edith Stein beschreibt, dass als erste große Umwandlung »die Vernunft in mir zur Herrschaft kam«.[19]

Verlässt man allerdings die Konstruktion, zeigt sich ein natürlicher Vorgang. Eine neue Welt schlug Edith in ihren Bann, sie ging auf im Lernen, liebte Geschichte und Literatur, vor allem das Lesen, das ihr ohne fremde Hilfe ermöglichte, sich die Welt zu erschließen und ihrem Stolz gefiel es, zu den Klassenbesten zu gehören, durch Leistung etwas zu erreichen. Da ihre Mutter weder den Weg zum

Bücherschrank noch zu jeder anderen Form von Bildung und von Ausbildung ihres Intellekts verweigerte, wie sie es auch später niemals tun würde, gab es auch kein Konfliktfeld. Für Auguste Stein besaßen Bildung und die Künste einen hohen, nach der Frömmigkeit den höchsten Wert. Mochte sie auch hart arbeiten, so gewinnt man aus allen Schilderungen den Eindruck, dass Auguste Stein in der Selbstständigkeit, in ihrer Arbeit als Unternehmerin Erfüllung fand. Richtig verstandene Selbstverwirklichung hielt sie für den Schlüssel zu einem glücklichen Leben. So wie sie ihrem Schwager Leo Walter Stein geholfen hatte auf seinem Weg zum Theater, so würde sie auch Erna und Edith, jetzt, wo sie es sich leisten konnte, unterstützen. Von hoher Aussagekraft über die Atmosphäre im Hause Stein ist eine Episode, die sich abspielte, als Edith gerade Lesen gelernt hatte. Dem Familienbücherschrank entnahm das siebenjährige Kind einen Band von Schillers Werken, ging mit ihm in die Küche und fragte die Mutter, ob sie ihr *Maria Stuart* vorlesen dürfe. Die Mutter antwortete ernsthaft: »Lies nur.«[20] Andere Eltern hätten stattdessen mit den Worten: »Dafür bist du noch viel zu klein oder zu jung«, abgelehnt. Nicht so Auguste Stein.

Andererseits hatte man auch ein wachsames Auge auf das emphatische und fantasievolle Kind, dass es nicht »überreizt« würde. Gefahr bestand.

4.

Pflock und Meer

Die erste »große Umwandlung« stellte nichts Besonderes, sondern eine normale Entwicklung dar. Erstaunlich dagegen ist die zweite. Obwohl Edith zu den Klassenbesten gehörte, eröffnete sie ihrer Familie, dass sie nicht wie ihre Schwester Erna auf das für Mädchen eingerichtete Oberlyzeum an der Viktoriaschule wechseln, sondern die Schule verlassen würde. Da, wie bereits Bruder Arno bemerkt hatte, Edith wie ein verschlossenes Buch war, die andere nicht unbedingt am Reifen ihrer Entschlüsse teilhaben ließ, sondern eher dazu neigte, das, was sich in ihr zur Entscheidung gefügt hatte, als Resultat mitzuteilen, löste diese Eröffnung große Überraschung aus. Wie sich später immer wieder zeigen sollte, trieb ihr Ehrgeiz sie gelegentlich über ihre Kräfte so weit hinaus, dass eine Depression oder ein Zusammenbruch folgten.

Sie hatte im letzten Halbjahr in den Leistungen nachgelassen und fand daher immer weniger Motivation für ihren Ehrgeiz. Die Welt wurde dunkler für sie und leerer. Etwas schwand. Die Kinderwelt. Ein Boden gab nach, etwas anderes bereitete sich vor. Es liegt ein Hauch von Resignation in ihrer Einschätzung, dass ihre Schwester Erna »geschaffen war, um glücklich zu sein und glücklich zu machen«.[1] Doch Glück sah die Karmelitin auch nicht als höchstes Gut an und stimmte in der Vorstellung der Eudaimonia nicht mit

Aristoteles überein. Da die Autobiografie nicht bis zum Eintritt ins Kloster reicht, lässt sich das nur vermuten, aber es könnte in der Absicht der Verfasserin gelegen haben, den weltlichen Unfrieden dem himmlischen Frieden im Kloster gegenüberzustellen, die Fragilität weltlicher Ordnung die Stabilität geistlicher Ordnung, dort das endliche, hier das ewige Sein.

Sicher hingegen ist, dass Edith sich verausgabt hatte und sich geradezu instinktiv vor einer Katastrophe bewahrte. Zudem bekam sie immer mehr von dem mit, was an Spannungen und Zerwürfnissen in der Großfamilie wirkte. In ihrer Autobiografie berichtet sie ungewöhnlich ausführlich und erstaunlich minutiös von den vielen Auseinandersetzungen, die wahrscheinlich nicht häufiger als in anderen großen Familien in dieser Zeit ausbrachen, in der gerade der Zusammenhalt des Familienverbandes eine größere mentale, gesellschaftliche, aber auch wirtschaftliche Bedeutung besaß, nur – und nur darauf kommt es hier an – erlebte das sensible Kind diesen Unfrieden, die Bedrohung der Ordnung aus der Ordnung heraus wesentlich tiefer. Es scheint, dass die Bedrohung der Ordnung aus der Ordnung heraus, das eigentliche Lebensthema Edith Steins ist. Die Frage nach dem Menschen ist doch immer die Frage nach der Ordnung des Menschen oder, um mit Max Scheler zu sprechen, nach der Stellung des Menschen im Kosmos. Wovor sie sich am meisten zu fürchten schien, war der Kontrollverlust. Sich einfach fallen oder, wie es umgangssprachlich heißt, alle fünfe gerade sein zu lassen. Das dürfte spätestens seit ihrer Schulzeit eine horrible Vorstellung für sie gewesen sein. Wie sehr muss sie sich als Gegenteil zu ihrer Schwester, mit der sie sich beständig maß, empfunden haben? Im Lernen fand sie keine rechte Erfüllung und ihre reale Welt, der Alltag, konnte mit der erhabenen Welt der Dichtung, mit ihrer inneren Welt nicht mithalten. Einfach nur glücklich sein, was immer das auch sein sollte, kam für sie nicht infrage, denn Normalität durfte für sie allenfalls die Kategorie des Besonderen beanspruchen. Nimmt man die formulierte Absicht, jüdisches Leben zu schildern, so erstaunt doch der hohe Anteil negativer Beschreibungen und Erinnerungen an Katastrophen des Breslauer Familienlebens.

Aus der Perspektive der Konstruktion der Autobiografie vermochte natürlich die Realität oder Banalität des Familienlebens nicht mit der Idealität des Klosterlebens zu konkurrieren, doch liegen die Gründe, sich später tatsächlich fürs Kloster zu entscheiden, wohl noch etwas tiefer. Dem vierzehnjährigen Mädchen, von Schillers Idealismus begeistert, gelang es nur schwer, Literatur und Alltag auseinanderzuhalten, vor der Idealität der Literatur musste die Realität des Alltags kapitulieren. Zuerst instinktiv, dann mit zunehmendem Alter, dem Wachsen der Vernunft suchte sie nach dem Wahren, das sie weder zu Hause, noch in der Schule fand. Nach dem Tugendhaften. Auch hierin stellte Edith Stein keine Ausnahme dar, sondern diese Suche nach dem Edlen abseits vom Muff des Alltags war typisch für die hochbegabte Jugend in dieser Zeit, bildete diese Suche nach dem Reinen, dem Anständigen, dem Frischen, dem Sauberen, dem Idealen und dem Tugendhaften den Grund der Jugendbewegung im Fin de Siècle. Der junge Georg Lukács nannte sein Essaybändchen, das 1911 erschien und ihn bekannt machte, nicht zufällig *Die Seele und die Formen*, in dem er davon sprach, dass die eigentliche, die große Liebe asketisch sei. Im Tagebuch von 1910/11 heißt es: »Denn intellektuell bin ich am toten Punkt: mein Verhältnis zum Sein ist ein demütiges Verleugnen meiner Selbst, abwechselnd mit der hochmütigsten Verachtung alles bloß Seienden.«[2] 1911 nahm sich die Frau, die er liebte, die Malerin Irma Seidler, das Leben, und der beste, vertrauteste Freund, Leó Popper, starb wenig später. Der junge Lukács suchte nach einer zumindest ideellen Gemeinschaft: »Die Kategorie ›in‹ ist ein Wesenszeichen der wesentlichen Verhältnisse. Ich war noch nie ›in‹ etwas.«[3] Er hofft auf den »Durchbruch zum Religiösen«, der auch kommen muss, »wenn es mit mir nicht zu Ende gehen soll«. Er will kämpfen, »doch – wo ist der Feind«[4]?

Auch zwei Selbstmorde im Familienkreis der Steins erschütterten Ediths Ordnung. Weder die Verwandten, noch die Brüder oder Schwestern vermochten, dem Kind diese Katastrophen begreiflich zu machen, auch die Mutter nicht. Auguste Stein half sich mit der Erklärung darüber hinweg, dass jemand, der aus eigenem Entschluss aus dem Leben schied, dies nur im Zustand »einer augenblicklichen Geistesverwirrung« vollbringen könne, denn bei »gesundem Verstande sei es nicht möglich«.[5] Diese Antwort mochte die Mutter, doch nicht Edith überzeugt haben. Sie begann, selbst nach Erklärungen zu suchen, die über das Spezielle, das Zufällige einer fehlerhaften Disposition hinausgingen.

Es ist die Sicht der katholischen Nonne, nicht des jüdischen Mädchens an der Schwelle zur Pubertät, die in der Autobiografie eine andere Deutung anbietet. »Ich glaube die Unfähigkeit, dem Zusammenbruch der äußeren Existenz ruhig ins Auge zu sehen und ihn auf sich zu nehmen, hängt mit dem mangelnden Ausblick auf ein ewiges Leben zusammen. Die persönliche Unsterblichkeit der Seele ist nicht Glaubenssatz. Das ganze Streben ist ein diesseitiges.« Sie wirft der jüdischen Religion vor: »Selbst die Frömmigkeit der Frommen ist auf Heiligung dieses Lebens gerichtet. Der Jude kann zähe, mühevolle, unermüdliche Arbeit und die äußersten Entbehrungen Jahr um Jahr ertragen, solange er ein Ziel vor den Augen hat. Nimmt man ihm das, bricht seine Spannkraft zusammen; das Leben erscheint ihm nun sinnlos, und so kommt er leicht dazu, es wegzuwerfen. Den wahrhaft Gläubigen freilich wird die Unterwerfung unter den göttlichen Willen davon zurückhalten.«[6] In diesem Zusammenhang schilderte sie die erste jüdische Beerdigung, die sie erlebte, die sie als typisch klassifizierte und als leer und wenig tröstlich charakterisierte, hinter deren Ritus »kein Glaube an ein persönliches Fortleben und ein Wiedersehen nach dem Tode« stand.[7] Deutlich wird in der Konstruktion, dass Edith Stein tiefe existenzielle Fragen antrieben, die Frage, wie sie es später formulieren würde, nach endlichem und ewigem Sein, nach dem Sinn oder der Letztbegründung von Leben. Damit bildete sie in ihrer Generation beileibe keine Ausnahme. Die Antworten, die sie suchte, fand sie schließlich im katholischen Glauben, sie setzten allerdings den Glauben voraus.

Doch vorerst wird das Mädchen am Rand der Pubertät, in der ohnehin die Welt fragwürdig wird und ihre Sicherheit verliert, mit der Brüchigkeit der Ordnung konfrontiert. Walter Benjamin, ein halbes Jahr später als Edith geboren, beschrieb geradezu eine Phänomenologie der Brüchigkeit in den Miniaturen *Berliner Kindheit um neunzehnhundert*: »Nicht streng geschieden war für mich die Welt, welche bei Tage diese Fenster bevölkerte, von der, die nachts auf der Lauer lag, um mich in meinem Traum zu überfallen. Ich wusste darum gleich, woran ich war, als ich in meinem ›Deutschen Kinderbuch‹ von Georg Scherer auf die Stelle stieß: ›Will ich in meinem Keller gehen,/Will mein Weinlein zapfen;/Steht ein bucklicht Männlein dar,/Tät mir 'n Krug wegschnappen.‹«[8] Die Welt nimmt, sie nimmt weg. Das Erste, was sie wegnimmt, ist die Kindheit.

Diese Fragilität, diese nicht überzeugend kaschierte Unsicherheit, die sich zu jeder Minute wie aus dem Nichts zu zeigen vermochte, wurde durch die Entzauberung der Welt, wie sie Max Weber so treffend porträtierte, erfahrbar. Es stellt gewiss keinen Zufall dar, dass in jenen Jahren Sigmund Freud die Psychoanalyse entwickelte, um den Neurosen als Krankheiten begegnen zu können. Gymnasiasten-Tragödien, die zur Planung und Ausführung gemeinsamer Selbstmorde führten, lieferten der Sensationspresse verlässlich die Schlagzeilen. Der hochbegabte 1911 mit 25 Jahren verstorbene Leo Popper notierte: »Ich gehe über all hin: aus Furcht niemandem zu fehlen, wenn ich einmal abwesend bin.«[9] Der Verlust des Paradieses familiärer Sicherheit war bei aller Privatheit der Katastrophen auch einer bürgerlichen Welt geschuldet, die ihre Sinnhaftigkeit zunehmend verlor. Als geistige Gegenbewegung wurde in dieser Generation der Dichter Friedrich Hölderlin entdeckt und Friedrich Nietzsches *Jenseits von Gut und Böse* und *Also sprach Zarathustra* verschlungen. Bevor Nietzsche in Die *fröhliche Wissenschaft* vom Tod Gottes schrieb, verkündete er: »wir sind Alle wachsende Vulcane, die ihre Stunde der Eruption haben werden.«[10] Thomas Mann veröffentlichte 1901 als großes Zeitgemälde der bürgerlichen Familie den Roman *Buddenbrooks. Verfall einer Familie* und der junge Dichter Georg Heym schrieb in sein Tagebuch: »Ich ersticke noch in meinem brachliegenden Enthusiasmus in dieser banalen Zeit. Ich sehe mich in meinen wachen Phantasien immer als ein Danton oder einen Mann auf der Barrikade, ohne meine Jakobinermütze kann ich mich eigentlich gar nicht denken.«[11] Unter dem Datum vom 20. Juli 1909 findet sich folgende romantische Notiz: »Ich liebe alle, die in sich ein zerrissenes Herz haben, ich liebe Kleist, Grabbe, Hölderlin, Büchner, ich liebe Rimbaud und Marlowe. Ich liebe alle, die nicht von der großen Menge angebetet werden. Ich liebe alle, die oft an sich verzweifeln, wie ich fast täglich an mir verzweifle.«[12]

Zwischen dem Mädchen Edith Stein und dem Sohn des Staatsanwaltes Herrmann Heym, Georg, liegen zwar Welten – denn Schiller mochte er offensichtlich nicht, nur wissen wir nicht, wen Edith Stein außer Schiller, Goethe, Hebbel und Otto Ludwig liebte –, nicht aber liegt zwischen beiden die Zeit, nicht die große Verunsicherung, die ihnen nur in unterschiedlicher Perspektive die kalte, die philiströse Schulter zeigte. Hermann Hesse schrieb in dem stark von Nietzsches Denken inspirierten Roman *Demian. Die Geschichte von Emil Sinclairs Jugend*: »Der Vogel kämpft sich aus dem Ei. Das Ei ist die Welt. Wer geboren werden will, muss eine Welt zerstören."[13] Weltzerstörung im Kleinen ist Ediths Entschluss, die Schule zu verlassen.

Bei hochintelligenten Menschen kündigt sich die Pubertät nicht körperlich, sondern geistig an. Und geistig ist das zarte und für sein Alter sehr kleine Mädchen längst in der Pubertät. Besäßen wir ein Tagebuch aus dieser Zeit, würden wir die Zweifel und die Verzweiflung, die Sehnsüchte und Hoffnungen, aber auch die Verletzungen des jungen Mädchens in ihrer ganzen Dimension erfahren, von denen die autobiografischen Aufzeichnungen nur Andeutungen zulassen. Doch die Suche nach Sinn, die den gleichaltrigen Sohn des Oberstaatsanwaltes Becher in München gegen den Vater revoltieren ließen, würde Edith Stein zum Katholizismus führen wie Johannes R. Becher zum Kommunismus. Der Kommunismus suchte mit nicht geringerem religiösem Eifer Erlösung, nur eben innerweltlich, immanent, statt transzendent, er stellte neben Katholizismus oder Protestantismus eine Alternative für begabte Jugend auf Sinnsuche dar.

Edith Stein beschrieb ihre Situation um 1906, als sie im Karmel zu Köln ihre Erinnerungen fortsetzte, weitaus diskreter als Johannes R. Becher im Roman *Abschied* oder Georg Heym in seinen Tagebuch-Eruptionen, mit den Worten: »Ich habe berichtet, wie ich meinen Kinderglauben verlor und etwa um dieselbe Zeit anfing, mich als ›selbständiger Mensch‹ aller Leitung durch Mutter und Geschwister zu entziehen.«[14] Nicht Rebellion, nicht Aufbegehren ist ihr Weg, sondern Entzug. Sie nimmt sich aus dem Spiel, wenn sie die Spielregeln nicht akzeptiert. Edith Stein war jetzt vierzehneinhalb Jahre alt und verließ auf eigenen Wunsch zu Ostern 1906 die Schule, während ihre Schwester an das Lyzeum der Viktoriaschule ging. Ihre Mutter akzeptierte ihren Entschluss: »Ich werde dich nicht zwingen, …, ich habe Dich in die Schule eintreten lasen, als Du es wolltest; Du magst auch fortgehen, wenn Du es jetzt willst.«[15] Und Edith ging fort oder präziser entzog sich ihr. Erna meinte, die Mutter gestattete Edith, die Schule zu beenden, weil sie immer noch »sehr klein und zart« war, um »teils zur Erholung, teils zu Hilfe« nach Hamburg zu gehen.[16]

Ostern fiel 1906 auf den Zeitraum zwischen dem 13. bis 16. April. Nach dem 16. April reiste Edith zu ihrer ältesten Schwester Else, die in Hamburg ihr zweites Kind erwartete. Else hatte ihr damals geholfen, vorzeitig eingeschult zu werden. Aus der Absicht, höchstens sechs Wochen in Hamburg zu verbringen, wurden zehn Monate. In dieser Zeit lebte sie in der Kleinfamilie ihrer hochschwangeren Schwester, die am 5. Juni niederkam, kümmerte sich um den Haushalt, übernahm Aufgaben und Verantwortungen und gewann Abstand zur Großfamilie in Breslau, einen Abstand, den sie zur Selbstfindung dringend benötigte, um ein »selbständiger Mensch« zu werden. Hin und wieder besuchte sie mit ihrer Schwester Konzerte oder Theateraufführungen. Doch hatte sie auch viel Zeit, die sie für umfangreiche Lektüre nutzte. Ihre innere Welt erweiterte und festigte sich zugleich.

In Hamburg öffnete sich die Welt der Literatur für Edith wirklich, denn sie war im richtigen Alter und sie hatte Zeit dafür. Da sie nicht zur Schule ging und auch keinen Kontakt zu Gleichalterigen unterhielt, stellte die Literatur ihre einzige intellektuelle Beschäftigung dar. Und sie war neugierig, auch weil sich die Pubertät nun auch körperlich bemerkbar machte, »das schmächtige Kind entfaltete sich zu fast frauenhafter Fülle«, auch die blonden Haare dunkelten nach, sodass man sie bei ihrer Rückkehr kaum wiedererkannte.[17] In Ediths Geburtsjahr kam Frank Wedekinds Stück *Frühlings Erwachen* heraus, das für die Zeit recht freizügig von Pubertätsnöten handelte und seine Uraufführung allerdings erst 1906 unter der Regie von Max Reinhardt an den Berliner Kammerspielen mit dem hochbegabten Alexander Moissi als Moritz Stiefel erlebte. Während Ediths Hamburger Aufenthalt gastierte Reinhardts Ensemble mit *Frühlings Erwachen* und mit *Kammersänger* vom 12. bis zum 24. Juni 1906 in Breslau. Anschließend wurde das Stück auch vom Breslauer Ensemble gespielt, zumal Wedekind zwar als skandalumwittert, aber als Bühnenautor inzwischen als durchgesetzt galt. Da die Breslauer Premiere zu einem heftigen Kampf »zwischen dem zischenden und Beifall spendenden Teil des Publikums« führte, erwog die Polizeidirektion das Verbot der Aufführung. Doch der Polizeipräsident Dr. Bienko entsandte zwei Regierungsräte in die Vorstellung und enthielt sich eines Verbotes. »Zu einem polizeilichen Verbot des Stückes liegt kein Anlass vor. Wenn man das Verbieten wollte, was gegen den guten Geschmack verstößt, dann würden andere Bühnenstücke weit schneller verschwinden müssen als dieses. Gegen ein Verbot aus Sittlichkeitsgründen aber sollte der sittliche Ernst, mit dem die Grundfrage des Werkes erörtert wird, das Stück schützen«, schrieb der Breslauer Generalanzeiger am 19. Mai 1907. In dem Stück erzählt Wedekind von den Problemen von Gymnasiasten in der Pubertät, denen jede sexuelle Aufklärung vorenthalten wurde und die mit den Dämonen ihrer Adoleszenz zu kämpfen haben, weil sie ihnen unwissend ausgeliefert sind – und natürlich ihrem Kampf damit, erwachsen zu werden. Eine der Hauptfiguren in Wedekinds Stück ist ein Mädchen im Alter von Edith, Wendla Bergmann, die aufgeweckt, neugierig und wissensdurstig ist. Ihre sexuelle Unwissenheit wird ihr im Drama zum Verhängnis.

Im Hause des Facharztes für Haut- und Geschlechtskrankheiten Max Gordon, dem Mann ihrer Schwester Else, konnte sich Edith über diese Dinge, über die »man« nicht spricht, informieren, wenngleich aus Büchern, »die nicht gerade für ein Mädchen von 15 Jahren berechnet waren.«[18] Die Andeutung verweist auf mehr. Ohne sie überinterpretieren zu wollen, dürften diese Bücher jedenfalls nicht zu einer offenen Einstellung der Sexualität gegenüber geführt, sondern das sensible Mädchen eher verschreckt haben. Ideal kann man jedenfalls die Selbstaufklärung in Sachen Sexualität anhand eines Buches über Geschlechtskrankheiten nicht nennen. Es lässt tief blicken, dass Edith Stein diese Erinnerung mit dem Satz einleitet, dass sie vieles »hörte und las«, was ihr »nicht guttat«, und zu der Feststellung führte: »Außerdem waren *Max* und *Else* völlig ungläubig, Religion gab es in diesem Hause nicht. Hier habe ich mir auch das Beten ganz bewusst und aus freiem Entschluss abgewöhnt.«[19] Der Topos, der sich hier zaghaft andeutet, besteht im Fehlen von Religion im Sinne der wahren Religion, des wahren Glaubens – die wahre Religion kann nach ihrer Konversion und im Karmel von Köln allemal nur der Katholizismus sein. Edith spricht hier nicht von einer Abwendung vom Glauben an Gott, sondern von der Abkehr von ihrem jüdischen Kinderglauben, den sie offensichtlich nicht allzu tief verinnerlicht hatte.

Zuweilen wurde aus dieser Feststellung geschlussfolgert, dass Edith Stein in Hamburg zur Atheistin geworden wäre, und wertete das geradezu hagiographisch und etwas naiv dahingehend, dass sie sich erst von der alten Religion ganz frei machen, ganz leer werden musste, um sich dem Katholizismus zu öffnen. Im Grunde ist das eine mystische Bewegung, sich leer zu machen, um Platz für Gott zu schaffen. Möglicherweise hatte sich die Schwester Teresia Benedicta vom Kreuz diese Interpretation auch gewünscht, denn wenig später berichtete sie davon, dass ihr ältester Bruder, Paul, der sie als kleines Kind auch auf Händen getragen und Lieder vorgesungen hatte, auf Anweisung der Mutter nach Hamburg kam, um mit ihr einen Ausflug nach Helgoland zu unternehmen. Emotional gipfelte die Reise in der Episode, in der sie abends einen Spaziergang zum Leuchtturm unternahmen und Edith dabei ein Schaf entdeckte, das an einen Pfahl gebunden worden war. »Es blökte jämmerlich, als wir in seine Nähe kamen, und aus seinen hellgrünen, wasserklaren Augen sprach ein solcher Abgrund von Todesangst und Verständnislosigkeit, dass ich es nie vergessen konnte.«[20] Die Stelle, die in ihrer Symbolik und Metaphorik eine Fülle jüdischer und christlicher Motive evoziert, begonnen beim Sündenbock bis hin zum Opferlamm und dem Lamm Christi, dem Lamm der Offenbarung des Johannes, lädt natürlich dazu ein, sie religiös zu traktieren. Doch trotz des real angepflockten Schafes gibt der Text diese Interpretation nicht her. Erzählt wird eigentlich eine andere Geschichte, modern gesprochen befinden wir uns an dieser Stelle im Genre der Coming-of-Age-Erzählungen. Ein junges, hochbegabtes, am Beginn der Adoleszenz stehendes Mädchen, das in einer großen Familie lebt, inmitten der täglichen größeren und kleineren Scharmützel, spürt das Schwinden der heilen Kinderwelt, und vor allem, dass die Welt sich um sie herum verändert, weil sie sich selbst verändert. In dieser Situation öffnet sich ihr die Möglichkeit, nach Hamburg, also weit weg von ihrer Familie, zu ihrer 15 Jahre älteren Schwester zu reisen, die für sie zu einer Art Gefährtin wird, alles dort ist jünger, moderner, überschaubarer. Dass ihr die Schwester in den körperlichen Veränderungen beistehen kann, ist evident. Am Anfang ihrer Autobiografie formuliert Edith Stein sehr deutlich, dass ihre Mutter bei aller Liebe, allem Respekt, ja auch Vertrautheit, niemals ihre Vertraute war. Über sehr vertrauliche oder fundamentale Dinge, wie später die Konversion, sprach sie zuerst mit einer ihrer Schwestern.

Kurzum, im Hause Gordon herrschte ein anderer Lebensstil. Religion wurde zur Nebensache. Das muss aber nicht heißen, dass sie völlig verschwand. Andererseits war die religiöse Bildung für Mädchen im Judentum nicht allzu tief, denn sie sahen keiner Bar Mitzwa entgegen, mussten kein Hebräisch lernen und auch nicht aus dem Talmud in der Synagoge vorlesen, ohnehin saßen sie mit ihren Müttern und Schwestern nicht im Betsaal, sondern am Rande, oben auf den Seitenemporen, ein wenig wie Zaungäste. Edith konnte die Gebete, die auf Hebräisch gebetet wurden, nicht verstehen. Es ist daher anzunehmen, dass sie die Religion immer stärker als bloßes Brauchtum wahrnahm, das ohne tieferen Inhalt war. Interessant ist in diesem Zusammenhang, was Klaus Samuel Davidowicz in seinen Gedanken zu den »Hohen Feiertagen« über den Philosophen Franz Rosenzweig schreibt: »Als sich 1913 der spätere Philosoph Franz Rosenzweig (1886–1929) entschloss, zum Christentum überzutreten, wollte er zunächst das Judentum kennen lernen, um nicht als ›Heide‹ zu konvertieren. Nach dem Besuch einer Berliner Synagoge am Jom Kippur, kam er zum Schluss: ›Ich bleibe also Jude. (…) Was Christus und seine Kirche in der Welt bedeuten, darüber sind wir einig: es kommt niemand zum Vater denn durch ihn. Es kommt niemand zum Vater – anders aber wenn einer nicht mehr zum Vater zu kommen braucht, weil er schon bei ihm ist. Und dies ist nun der Fall des Volkes Israel.‹«[21] Dieserart Synagogenbesuch blieb Edith Stein versagt. Die Abwendung vom Judentum war zu dieser Zeit, wie das Beispiel des großen Philosophen des Judentums zeigt, unter den deutschen Juden völlig normal. Man lebte ja auch immer mehr in einer deutschen, in einer deutsch-bürgerlichen Welt.

Die schwere Erkrankung ihres Neffen Harald brachte sie nach Breslau zurück. An einem bitterkalten Tag Anfang März 1907 holten sie ihr Bruder Arno und ihr »Vetter Franz«, der sich sehr um sie bemühte, vom Zug ab, eine erste Romanze, die sich nicht anbahnte, weil Edith sie nicht wahrnahm oder nicht wahrnehmen wollte.

Auf den Zusammenhalt der Familie anspielend begrüßte Schwester Frieda Edith laut und – in ihren Ohren – krachend: »Wir haben gesagt, wenn sie jetzt nicht kommt, dann ist sie nicht unsere Schwester.«[22] Man darf der Verfasserin der Autobiografie durchaus glauben, dass sie die Gefühle des pubertierenden Mädchens mit dem etwas übertriebenen Feingefühl, der als innerstes Geheimnis gehüteten Schamhaftigkeit und dem Wunsch, sich freizuschwimmen, zu sich selbst zu kommen richtig beschreibt, wenn sie sich erinnert, dass sie die Worte so peinlich berührten, dass sie sich wieder in sich selbst zurückzog. Allerdings setzt das zu-sich-selbst-Kommen voraus, herausgefunden zu haben, was dieses Selbst überhaupt ist – in Hamburg war sie aus sich herausgekommen, hatte begonnen, sich freizuschwimmen. Und auch die Episode des Ausflugs mit Paul nach Helgoland endete schließlich doch nicht mit dem angepflockten Schaf, nicht mit dem Sinnbild von Gefangenschaft, Sünde und Todesangst, sondern mit dem Bild der Freiheit. Von ihrem Zimmer aus konnte sie nämlich das Meer sehen. Sie vermochte vor Freude kaum einzuschlafen, weil das Rauschen der Wellen bis in ihr Zimmer drang. Das Gefühl der Freiheit, einer voraussetzungslosen, einfach durch sich selbst existierenden Freiheit überkam sie. In diesem Moment war ihre Seele nicht angepflockt, sondern frei. Der Kontrast ist vielsagend, der in den Gegensätzen Gefangenschaft und Freiheit, Todesangst und Lebenslust, Gebundensein an einen Pflock und Entgrenztheit des Meeres besteht. Sie war auf dem Weg zur Offenheit.

5.

Die Suffragette

Während Erna inzwischen in die Unterprima ging, half Edith ihrer Schwester Rosa etwas im Haushalt, ansonsten nutzte sie die Zeit, über die sie jetzt in bedeutendem Maße verfügte, um zu lesen. Niemand drängte sie, was auch daran lag, dass sie ein Mädchen war und nicht unbedingt einen Beruf erlernen oder studieren musste, sondern auch Hausfrau werden konnte. Täglich flatterte Besuch ins Haus, Cousins und Cousinen, aber auch der treue Franz Horowitz, dessen Zwillingsbruder Hans einen Faible für Erna entwickelt hatte, stellte sich ein. Gern spielte Edith mit ihm vierhändig Klavier, Stücke von Beethoven zum Beispiel. *Für Elise* – für Edith vielleicht. Vetter Franz scheint sich jedenfalls in Edith verliebt zu haben. Und Edith? Stürzte sich mehr noch als in Hamburg in die Lektüre, vor allem Dramen von Franz Grillparzer, Friedrich Hebbel und Henrik Ibsen, dessen Stück *Nora oder Ein Puppenheim* die Gleichberechtigung zwischen Mann und Frau thematisierte. Als das Stück 1879 in Kopenhagen und in Deutschland 1880 in Hamburg uraufgeführt wurde, löste es noch einen Skandal aus und durfte nur mit einem veränderten Schluss gespielt werden. Dass Nora, wie ursprünglich von Ibsen geschrieben, am Ende des Stückes ihren Mann und ihre Kinder verlässt, durfte nicht gezeigt werden. Deshalb wurde der Schluss dahingehend geändert, dass Nora der Kinder wegen bei ihrem Mann bleibt. Die Münchener Aufführung 1880 gab erstmalig den wirklichen Schluss des Dramas. In Breslau konnte man das Stück zum ersten Mal 1892/93 sehen. Inzwischen galten die Naturalisten, Ibsen und Gerhart Hauptmann beispielsweise, schon fast als Klassiker und erfreuten sich die Stücke von Bjørnstjerne Bjørnson, ein damals sehr beliebter, inzwischen vergessener Autor, und August Strindberg einer großen Beliebtheit. Vor allem aber tauchte Edith in die leidenschaftliche Welt William Shakespeares ein. Und Shakespeare wurde auch in Breslau viel und oft und gern gespielt.

Wenn man um 1907 in Breslau einen Theaterbesuch ins Auge fasste, hatte man eine reiche Auswahl, auch wenn die Kritik die Inszenierungen im Großen und Ganzen im Vergleich zu Berlin oft für provinziell hielt und die Klassikeraufführungen gern als lieblos, routiniert und dürftig geißelte. Wer Lust auf eine Oper verspürte, ging in das Stadttheater in der Schweidnitzer Straße, das auch Dramen brachte, wer Schauspiele und Lustspiele bevorzugte, lenkte seine Schritte in die Lessingstraße ins Lobetheater, ging es um das preiswerte Volkstheater, dann war das Thaliatheater in der Schwertstraße die richtig Adresse, Operetten bot das Breslauer Schauspielhaus in der Gartenstraße, für musikalisch-artistische Unterhaltung war das Varietétheater in der Liebichstraße zuständig und in Liebichs Etablissement in der Gartenstraße konnte man im Sommer Sommertheater erleben. Nicht nur Anton Tschechow wurde gegeben, sondern auch Maxim Gorkis *Nachtasyl* und *Kleinbürger* standen auf dem Programm. Die Schlesische Zeitung hob sogar lobend hervor, dass sich der Intendant Theodor Löwe den Dank aller erworben hätte, »die Interesse an der russischen Literatur hätten«.[1] Im Jahr 1913 konnte man sogar Lew Tolstois *Der lebende Leichnam* sehen. Insofern bot sich Edith auch eine reichhaltige Theaterlandschaft an.

In der Welt der großen Dramen, der Haupt- und Staatsaktionen fühlte sie sich viel heimischer als in ihrem Alltag, der es mit den großen Leidenschaften des Theaters nicht aufnehmen konnte. Im schnöden Alltag herrschten die biederen Gesetze des *Soll und Haben*, wie es im Titel des Romans von Gustav Freytag, der übrigens auch in Breslau spielt, zum Ausdruck kommt. In der genialischen Welt Shakespeares fühlte sich Edith wohl, zumal die Übersetzungen von August Wilhelm Schlegel, Dorothea Tieck und Wolf Graf Baudissin Shakespeare romantisierten. Dass ein romantisierter Shakespeare ein geglätteter wäre, ist damit keineswegs gesagt, er trifft nur die deutsche Konfliktlage zwischen Geist und Leib, zwischen Körper und Seele, zwischen Pflock und Meer, mit der Sehnsucht nach dem Ungebundenen stärker. Mit der großen Leidenschaft und der großen Sehnsucht überhob sich Edith über alles Alltägliche, nur zu welchem Ziel, das weiß sie, wie die begabte Jugend dieser Zeit, natürlich noch nicht, denn »der Liebende ist göttlicher als der Geliebte: weil seine Liebe immer unerwidert bleiben muss, weil seine Liebe nur ein Weg der Selbstvollendung ist«.[2] »›Sie sind‹, sagt Schiller von den Gegenständen der Sehnsucht, ›was sie waren; sie sind was wir wieder werden sollen.‹ Aber das Vergangene und Verlorene ist dadurch ein Wert geworden, dass wir unser Verlorenes, einen Weg und ein Ziel aus seinem Niegewesensein schaffen: dadurch erhebt sich die Sehnsucht über ihren Gegenstand, den sie selbst gesetzt, und verliert ihre Gebundenheit an ihr eigenes Ziel.«[3] Doch was ist das eigene Ziel? Man sucht so sehr danach, weil man es nicht kennt, so wie man sich selbst ein Unbekannter ist. Nur eines ist klar: »Die Sehnsucht schwingt sich über sich selbst hinaus und die große Liebe hat immer etwas Asketisches.«[4] Die große Liebe, die der 1885 in Budapest geborene und zwischen Berlin, Heidelberg und seiner Geburtsstadt alternierende Georg Lukács in *Die Seele und die Formen* als Askese beschrieb, dürfte auch der jungen Edith Stein, sehr zum Leidwesen von Vetter Franz, als Ideal vorgestanden haben, einer Liebe, die nichts mit den Bildern und Erläuterungen aus den Fachbüchern ihres Hamburger Schwagers zu tun hatte, die fein, rein und idealisch war. Erst als Ediths Hand nach Arthur Schopenhauers *Die Welt als Wille und Vorstellung* griff, wurde ihr die Lektüre, weil man sich um ihre »geistige Gesundheit« sorgte, verwehrt. Im Bücherschrank der Steins fanden sich nicht nur die Werke Schillers und Goethes, nicht nur die Hebbels, Grillparzers und Ibsens, sondern eben auch Philosophen wie Schopenhauer. Dies war ganz und gar nicht alltäglich. Wie gern besäßen wir eine vollständige Bücherliste der häuslichen Bibliothek. Wir wären erstaunt, was dem jungen Mädchen zur Verfügung stand.

Da man sich doch allmählich sicher auch mit Blick auf die Lektürewut Ediths Sorgen um die Entwicklung des jungen Mädchens machte, die in eine Welt der Überspanntheit abzudriften drohte, begann man ihr zaghaft Vorschläge für eine Lehre als Fotografin zu unterbreiten, oder ihr den Besuch der Kunstschule ans Herz zu legen. Aber Edith hatte begonnen, Erna bei den Schularbeiten in Deutsch, besonders im Verfassen von Aufsätzen zu unterstützen, und bekam dadurch wieder Lust aufs Lernen, auf die Schule. Sie drängte sogar danach, Erna das Verfassen der Aufsätze abzunehmen, denn im Schreiben entdeckte sie sich, fand im Schreiben zu sich, einen Weg und ein Ziel aus dem »Niegewesensein«. Spätestens als sie für ihre Schwester das Goethe-Gedicht *Auf Miedings Tod* in einem Aufsatz besprach, wurde ihr bewusst, dass ihr ein eigner Zugriff auf Texte zur Verfügung stand. Es ist schon erstaunlich und spricht für die weite Bildung und den Humor des »strengen« Deutschlehrers ihrer Schwester, dass er dieses doch eher unbekannte Gedicht des Klassikers aus den Februar- und Märztagen des Jahres 1782 als Aufsatzgegenstand für seine Unterprimanerinnen auserkoren hatte. Ediths Vergnügen an der Interpretation dieses Gedichts hing nicht zuletzt mit dem Inhalt des Gedichts zusammen, das geradezu in Shakespeare'scher Manier, zumindest in der romantischen Schlegel-Tieck'schen Übersetzung zum Theater führte und Theater als Raritätenkasten und Stätte der Leidenschaft vor allem derer, die es machten, in Szene setzte. In diesem Stoff war Edith ganz bei sich. Zum Hintergrund macht es sich gut, zu wissen, dass der Hof, als Goethe 1775 nach Weimar kam, keine eigene Schauspielertruppe besaß und er deshalb eine kleine Laientruppe ins Leben rief, aus der dann das Weimarer Theater entstand. Goethe spielte 1779 in der Aufführung der Prosafassung der *Iphigenie* den Orest, während Corona Schröter die Titelfigur gab. Als Theatermeister wirkte der Hoftischler Johann Martin Mieding, dessen bodenständiges, praktisches Wesen und dessen Biedersinn von der Hofgesellschaft, besonders aber von Goethe, der ein Faible für diese unverwechselbaren charakteristischen Typen besaß, sehr geschätzt wurde. Während Erna in der Konvention dachte, dass ein Trauergedicht traurig zu sein hatte, erfasste Edith sofort den humorvollen Einstieg, denn echte Trauer mündet in die Feier des Lebens. Dementsprechend entwirft Goethe ein stupend lebendiges Bild vom Leben des Theaters, vom »Getümmel« in Thaliens Haus, wie es gleich zu Beginn heißt. In der emsigen, quirligen Vorbereitung der Premiere wurde plötzlich deutlich, dass jemand fehlte, einer, der stets still und doch so wichtig war, der Theatermeister, einer, der sich, selbst wenn er erkrankte, noch ins Theater schleppte – nun jedoch war er, was niemand glauben mochte, tot. Goethes Gedicht in fünfhebigen Jamben spielt in den Motiven mit dem Anfang von *Faust I*, mit *Zueignung*, das ebenfalls in fünfhebigen Jamben ausgeführt wurde, und mit dem *Vorspiel auf dem Theater*. Vor allem aber – wer dürfte nach der Lektüre der hübschen Rede *Zum Schäkespears Tag*, die der 22-jährige Goethe am 14. Oktober 1771 im Haus seiner Eltern in Frankfurt am Main gehalten hatte, daran zweifeln –

erweist Johann Wolfgang von Goethe in diesem Gedicht Hamlets Monolog auf Yoricks Tod eine mutwillige Reverenz, vor allem der Zeile: »Ach, armer Yorick! – Ich kannte ihn, Horatio, ein Bursche von unendlichem Humor, voll von den herrlichsten Einfällen.« So auch der Bühnenmeister und Hoftischler Mieding:

»›Wie? Mieding tot?‹ erschallt bis unters Dach
Das hohle Haus, vom Echo kehrt ein Ach!
Die Arbeit stockt, die Hand wird jedem schwer,
Der Leim wird kalt, die Farbe fließt nicht mehr;
Ein jeder steht betäubt an seinem Ort,
Und nur der Mittwoch treibt die Arbeit fort.
(…)
Du, Staatsmann, tritt herbei! Hier liegt der Mann,
Der, so wie du, ein schwer Geschäft begann;
Mit Lust zum Werke mehr als zum Gewinn … .«[5]

Wie im *Hamlet* wurde Goethe das Theater zum Gleichnis der Welt. Mit seiner Vorstellung von Shakespeares Stücken als schönen »Raritätenkasten, in dem die Geschichte der Welt vor unsern Augen an dem unsichtbaren Faden der Zeit vorbeiwallt«[6], dürfte er Edith aus dem Herzen gesprochen haben, denn »seine Stücke drehen sich alle um den geheimen Punkt (den noch kein Philosoph gesehen und bestimmt hat) in dem das Eigentümliche unseres Ichs, die prätendierte Freiheit unseres Wollens, mit dem notwendigen Gang des Ganzen zusammenfällt.« Und so gewann auf dem Weg der Literatur und der Aufsatzthemen des »strengen Professors Olbricht« die Schule wieder für sie an Bedeutung. Der Boden für einen Entschluss war zwar bereitet, doch der Tag dann doch noch nicht reif. »Ich konnte nicht handeln, solange kein innerer Antrieb vorhanden war. Die Entschlüsse stiegen aus mir selbst unbekannten Tiefe empor. Wenn so etwas einmal ins helle Licht des Bewusstseins getreten war und feste gedankliche Form angenommen hatte, dann ließ ich mich durch nichts mehr aufhalten; ja ich hatte ein sportliches Vergnügen daran, scheinbar Unmögliches durchzusetzen.«[7] Wäre der Aufsatz der Schülerin erhalten geblieben, besäße man eine exzellente Quelle, die Edith Steins Denken in der Pubertät vermitteln würde, denn in ihren Aufsätzen kam sie zu sich.

Gegen Ende des Sommers 1907 jedoch wurde der Bann durch die Mutter gebrochen, als sie, die ihre Tochter gewähren ließ, Edith fragte, ob sie denn zu gar nichts Lust hätte. Zu etwas hatte sie schon Lust, wieder zur Schule zu gehen, wenn sie sich denn jetzt durch ihr Aussetzen nicht den Weg verbaut hatte. Die Mutter erkundigte sich bei dem Mathematiker Richard Courant, der ihr Neffe war, ob Edith durch häuslichen Unterricht von September bis zum Juli so weit vorbereitet werden konnte, dass sie die Aufnahmeprüfung für das Gymnasium bestehen würde. Richard Courant bejahte. Ein Privatlehrer für Latein wurde organisiert, Mathematik übernahm Cousin Richard selbst, bis er nach Göttingen zu David Hilbert ging, doch es wurde Ersatz gefunden. Mit großem Arbeitseifer stürzte sich Edith in die Aufarbeitung des Versäumten. Ihr Ehrgeiz war wieder da, in neuer, noch nicht gekannter Kraft. Sich in die Arbeit zu stürzen, nach all der »Bummelei«, dürfte für das junge Mädchen eine Befreiung bedeutet haben: »Dieses halbe Jahr rastlose Arbeit ist mir immer als die erste ganz glückliche Zeit meines Lebens in Erinnerung geblieben.«[8] Sie entdeckte den Rausch der konzentrierten Arbeit, der sie von der Welt abschirmte, den Weltenwechsel. Es war wie ein neuer Kosmos, der sich auftat, eine neue Ordnung. In dieser neuen Ordnung fand sich – nach wie vor – kein Platz für den treuen Vetter Franz. Als er, der das Gymnasium verlassen und eine Banklehre begonnen hatte, weil ihm das Lernen allzu schwerfiel, entdeckte, dass sich Edith auf die Aufnahmeprüfung für das Gymnasium vorbereitete, nahm er still seinen Abschied, denn er fürchtete wohl zurecht, dass er mit Edith geistig nicht würde mithalten können. Zwar verkehrten sie noch bis in die beginnende Studienzeit, doch der Abstand vergrößerte sich, den irgendwann nicht einmal mehr das vierhändige Klavierspiel überbrückte. So endete ihre erste Romanze, bevor sie noch begonnen hatte, durch ihren Intellekt und ihre Unbedingtheit, und man kann darin eine Vorbedeutung sehen, dass die zarte Romanze sich in dem Moment verflüchtigte, als ihre Gelehrsamkeit und ihr Eifer deutlich wurden.

1908 bestand Edith Stein als einzige der Mädchen die Prüfung für die Obersekunda und begann wieder mit der Schule, diesmal im Lyzeum. Durch die Unterbrechung des Schulbesuchs war ihr die Schwester Erna nun zwei Klassen voraus.

Ediths Ehrgeiz bekam ein Ziel, ein Interesse – und das Interesse bestand im Stoff, in der deutschen Literatur, in der Geschichte, in Latein, in Französisch. Mit Mathematik und Physik hatte sie hingegen zu kämpfen, dennoch gehörte sie wieder zu den Klassenbesten. Im Genre der Hagiografie würde Edith Stein als außergewöhnliche Schülerin erscheinen, doch hat man es in Wahrheit mit einem begabten, sensiblen, nach außen zumindest selbstbewussten Mädchen zu tun, das nur allzu sicher im Urteil war, wie es in diesem Alter vor allem unter künstlerisch und intellektuell begabten Kindern keine Seltenheit darstellte, nicht umsonst sagt Eugène Ionesco in einem Stück: Minderjährige sind minderjährig plus ein halb.

Sie schloss Freundschaften, ihr Verstand neigte allerdings zur Besserwisserei. Und ihr wurde einmal Schadenfreude vorgeworfen, was sie tief verletzte, weil sie im Unterricht über »dumme Antworten« in Gelächter auszubrechen neigte. Doch es existierte kaum ein Thema, das die wachen Schülerinnen des Lyzeums nicht diskutieren – und sei es kontrovers, so etwa die Frage, wer später einmal heiraten würde. Gespräche unter Mädchen. Allein sich schon die Frage zu stellen, belegte, wie sehr die traditionellen Rollenbilder ins Wanken gerieten. Edith würde sich nie und nimmer einem

Manne unterordnen. Sie würde die »ungezähmte« Katharina bleiben. Ihre »damals stark frauenrechtlerische Haltung«[9] sollte sie später im Karmel bei der Niederschrift ihrer Erinnerungen zumindest kritisch sehen und im Nachhinein dem Mädchen recht geben, das äußerte, heiraten zu wollen, wenn sich einer fände, der sie mögen würde. Damit durfte man ihr damals nicht kommen, war nicht ihre Mutter der fähigste Kaufmann in der Breslauer Holzbranche? Die Schülerin des Lyzeums hatte in der eigenen Familie erlebt, wie tüchtig und selbstbestimmt Frauen sein konnten. In der »Bierzeitung« zum Abschiedsfest vom Lyzeum wurde deshalb auch auf Edith die Xenie gedichtet:

»Gleichheit der Frau und dem Manne
So ruft die Suffragette,
Sicherlich sehen dereinst
Im Ministerium, wie sie.«[10]

Gleichberechtigung und Wahlrecht für die Frauen gehörte zu den großen Themen der Zeit, über die sowohl im Bürgertum als auch in der Arbeiterbewegung diskutiert wurde. In England hatte 1903 Emmeline Pankhurst die Women's Social and Political Union gegründet, die durch Demonstrationen und Hungerstreiks auf sich aufmerksam machte. Eine der größten Demonstrationen für das Frauenwahlrecht fand am 9. Februar 1907 in London statt. Aber auch durch andere Tabubrüche fuhrten die Suffragetten die Diskussion um die Gleichberechtigung, indem sie männliche Vorrechte, wie das Rauchen in der Öffentlichkeit, für sich in Anspruch nahmen. In Deutschland reichte die Frauenrechtsbewegung zurück auf die sächsische Schriftstellerin Louise Otto-Peters und die gebürtige Breslauerin Friederike Wilhelmine Auguste Schmidt, die mit Otto-Peters 1865 den Allgemeinen Deutschen Frauenverein (ADF) gründete. Eine ihrer Schülerinnen am Steyber'schen Erziehungsinstituts war die zunächst sozialistische, dann kommunistische Politikerin Clara Zetkin. Für die deutsche Sozialdemokratie hatte die Frage der Gleichberechtigung der Frauen August Bebel 1879 mit der Programmschrift *Die Frau und der Sozialismus* reklamiert. Die Frauenrechte, für die Edith auch mit gehöriger Schärfe in der Diskussion eintrat, waren zwar kein Neuland mehr, eigentlich schon seit der deutschen Romantik nicht, aber hart umkämpftes Terrain. Überhaupt war Edith politisch liberal eingestellt, was sich dem Einfluss ihres Bruders Arno verdankte, der lokalpolitisch tätig war und als »liberaler Politiker« galt. Gelesen wurden in der Familie Stein liberale Zeitungen, sodass die Schülerin Edith Stein eine Distanz zum Konservatismus, zur Deutschtümelei und zum preußisch-deutschen »Hurra-Patriotismus« hielt, gegen die Kreise, die Heinrich Mann in seinem Roman *Der Untertan* feuilletonistisch karikierte. Der Sedan-Tag, der besondere Bedeutung unter Wilhelm II. bekam, sollte anlässlich der Kapitulation der französischen Armee 1871 in Sedan, als nationaler Feiertag die Deutschen an die Reichsgründung erinnern. Unter Kaiser Wilhelm I., der sich weit mehr als preußischer König, denn als deutscher Kaiser fühlte, wurde der Tag zwar eingerichtet, doch seine Überhöhung und seinen nationalen Pomp erfuhr er erst unter Kaiser Wilhelm II., der den ungeliebten Bismarck, dem er am 15. März 1890 das Vertrauen entzog und der daraufhin am 18. März um seine Entlassung als Reichskanzler ersuchte, in der Rolle des Reichsgründers durch seinen Großvater Wilhelm I. zu ersetzen trachtete. So wurde ab 1890 der Sedan-Tag immer stärker zur Feier der Nation und der Dynastie. Erleichtert wurde das durch den wirtschaftlichen und politischen Aufstieg Deutschlands, ironischerweise durch die Erfolge der Bismarck'schen Sozialpolitik und durch eine Aufbruchsstimmung im jungen Kaiserreich, die sich mit dem Kult um den »herrlich jungen Kaiser« und den Überdruss der politisch überlebten Figur Bismarcks verband. Selbst ein liberaler Preuße wie Theodor Fontane kommentierte Bismarcks erzwungenen Rücktritt in einem Brief an Georg Friedlaender, der im schlesischen Schmiedeberg am Fuße des Riesengebirges seit 1877 Amtsrichter war, mit den Worten: »Es ist ein Glück, dass wir ihn los sind. Er war eigentlich nur noch Gewohnheitsregente (sic!), tat was er wollte, und forderte immer mehr Devotion. Seine Größe lag hinter ihm.«[11]

In Breslau wurde übrigens zum Sedan-Tag 1896 wie zuvor und danach in vielen Städten ein Kaiser-Wilhelm Denkmal errichtet. Besonders in den Schule wurde der Tag unter großem pädagogischen Aufwand gefeiert, wie ein Schulaufsatz von 1912 illustriert: »In diesem Jahr wurde unsere Sedanfeier ganz besonders schön gefeiert. Die Feier, die sonst gewöhnlich in der Schule stattfindet, fiel in diesem Jahr aus. Wir hatten eine besondere Feier am Nachmittag. Im geschlossenen Zug marschierten wir, voran unser Pfeifen- und Trommelkorps, nach dem Turnspielplatz. Aus den umliegenden Dörfern waren die Knaben gekommen, um an den Wettspielen teilzunehmen. Es wurden turnerische Übungen vorgeführt. Wir Mädchen mussten im Kreis spielen und einen Reigen machen. Des Abends wurde eine Stunde getanzt. Zum Schluss sangen wir: ›Deutschland, Deutschland über alles‹, und so war die schöne Feier beendet.«[12] Auch in der Viktoriaschule wurde der Sedan-Tag mit nicht geringerem propagandistischem Aufwand begangen. Aus ihrer liberalen Gesinnung und ihrer Vorstellung von Fairness und Größe stieß Edith Stein das falsche Pathos auf. »Ich war keine Pazifistin, aber ein solches Verhalten einem überwundenen Gegner gegenüber erschien mir unritterlich.«[13]Gewöhnlich begingen die höheren Jahrgänge der Viktoriaschule den Feiertag auf einem Dampfer, auf dem sie auf der Oder zum Schaffgotschgarten – einem beliebten Ausflugsziel in der Nähe von Breslau in Bischofswalde – fuhren. Bei der Gelegenheit wurden patriotische Reden gehalten, Lieder gesungen und Gedichte vorgetragen. In Edith Steins vorletztem Schuljahr fand die Feier in der Aula statt und es wurde wie üblich das Gedicht *Am dritten September* deklamiert. Emanuel Geibels Vers aus dem Gedicht *Deutschlands Beruf*: »Und es mag am deutschen Wesen/einmal noch die Welt genesen«[14] verhalf Kaiser Wilhelm II. zu dem Ausspruch: »Am deutschen Wesen mag die Welt genesen.« In der fünften Strophe von Geibels triumphal-pathetischen Schlachtgesang *Am dritten September* heißt es:

»Da hub die Waage des Weltgerichts
Am dritten Tage der Herr des Lichts
Und warf den Drachen vom güldnen Stuhl
Mit Donnerkrachen hinab zum Pfuhl
Ehre sei Gott in der Höhe.«

Edith verstand vollkommen richtig, dass mit dem Drachen Napoleon III. gemeint war und empfand Abscheu gegen die Häme dem besiegten Gegner gegenüber, die sie als unritterlich empfand. So etwas, schwor sie sich, wollte sie keinesfalls mitmachen. Ihr Patriotismus, ihre Liebe zu Deutschland war und blieb tief und echt, doch hatte vor allem die Liebe zum Vaterland und zur Herkunft lauter zu sein, hatte sich fern von der Herabsetzung anderer zu halten, weder über alle, noch unter alle zu sein. Ihre Liebe galt nicht dem Deutschland der lauten, sondern der klugen, der kunstvollen und tiefen Worte. Doch der Schwur war voreilig abgelegt, denn auch im letzten Schuljahr würde es einen 2. September geben. Eine Schulfeier – und schon gar nicht diese – durfte man genauso wenig wie den Unterricht schwänzen. Lügen wollte sie nicht, eine Lüge hätte auch ihre Mutter nicht gedeckt. Angeregt von dem zweitägigen Wandertag ihrer Schwester schlug sie vor, einen Klassenausflug am Sedan-Tag zur Schneekoppe, dem höchsten Berg Schlesiens, zu unternehmen. Der Lehrer verwies sie an den Direktor, der willigte schließlich ein, wenn eine Lehrerin mitkäme und unterwegs des Sedan-Tages gedacht würde. Sie erreichten am Abend des Sedan-

Tages die Schneekoppe. Um der Pflicht Genüge zu leisten, steckte Edith sich eine Fingerpuppe auf zwei Finger, während zwei andere Finger in die Ärmel des Mäntelchens der Puppe verschwanden und gestikulierten, während sie ihre gereimte Sedan-Rede vortrug. Den Chinesenkopf aus Zelluloid die Rede vortragen zu lassen, könnte man als Verfremdungseffekt im Sinne Brechts verstehen, auf alle Fälle wurde das Pathos ironisch gebrochen.

Ansonsten führte Edith das Leben eines kulturinteressierten Teenagers, traf sich mit ihren Freundinnen, kassierte regelmäßig ihre Eins im deutschen Aufsatz, liebte es, ins Theater zu gehen – besonders das klassische Repertoire hatte es ihr angetan, denn wenn der Vorhang sich öffnete, tat sich vor ihr eine fremde, faszinierende Welt auf. Nicht weniger als die Tragödien begeisterten sie die Opern, Mozarts *Zauberflöte*, Beethovens *Fidelio*. Sie erwarb die Klavierauszüge, sodass sie die Musik auch auf dem Klavier spielen konnte, denn das war die einzige Möglichkeit, die Musik außerhalb des Konzertsaals oder des Operntheaters zu hören. Das Grammofon begann erst in dieser Zeit seinen Siegeszug anzutreten. Sie liebte Johann Sebastian Bach, aber nicht Richard Wagner. Schaut man auf ihre Abneigung gegen das Geibel-Gedicht, so scheint ihr deutschtümelndes Pathos unangenehm gewesen zu sein. Doch kann sich die Abneigung gegen Wagner im Rückblick auch erhöht haben, zumal Hitler seine Wagner-Verehrung öffentlich inszenierte und jenen dadurch zum Komponisten der nationalsozialistischen Bewegung machte. In der Tat sollte Wagners Musik den Nationalsozialisten Türen zu bestimmten Kreisen in England öffnen.

Im Literaturzirkel der Schule, in dem sie sich engagierte, lernte sie zwei ältere Mitschülerinnen kennen, mit denen sie bald schon eine über die Schule hinausreichende Freundschaft verbinden sollte, Rose Guttmann und Lilly Platau. Zwischen Rose und Lilly, die

die Klasse zwischen Edith und ihrer Schwester Erna besuchten, bestand bereits eine enge Freundschaft. Lilly lernte Erna kennen, als sie ein Jahr nach ihr ebenfalls mit dem Medizinstudium begann, während Rose sich für Mathematik und Naturwissenschaften einschrieb.

Es bleibt ein schmerzliches Desiderat, keinen der Deutschaufsätze Edith Steins zu besitzen, denn was sich ganz und gar nicht rekonstruieren lässt, ist der Umgang der literaturbegeisterten Schülerin mit literarischen Texten. Die Karmelitin schrieb in ihren Erinnerungen, dass sie in Schillers »philosophischen Gedichten« die ihr genehme Weltanschauung gefunden hätte. Und hier beginnen alle Fragen jenseits aller launiger Erinnerungen. Von welchem Schiller schreibt Edith Stein? Dem Kantianer, dem Schiller der Kantkrise und auf welche Gedichte bezieht sie sich? Das bleibt alles der Spekulation anheimgestellt, zumal ausgerechnet der literatur- und philosophiehistorische Teil ihrer Dissertation verlorenging. Edith Steins Umgang mit Literatur bleibt in der zentralen Frage des Arbeitens an Texten ungewiss. Die Lücke wird umso breiter, wenn man bedenkt, dass ihr vielleicht wichtigster Briefpartner gerade das Standardwerk der Phänomenologie zur Literatur verfasste, nämlich *Das literarische Kunstwerk*, das Roman Ingarden 1928 natürlich in Halle bei Niemeyer erscheinen ließ. Bedenkt man, dass Steins letztes Werk, *Die Kreuzeswissenschaft*, sich auf die Texte des Johannes vom Kreuz bezieht, wird dieses Desiderat umso schmerzlicher. Steht für Edith Stein die Information im Mittelpunkt, sind es das Gewebe der Gedanken, oder interessierte sie sich auch für das Gewebe selbst, die Textur, die Struktur als Bedeutungsträger? Ist für die junge Edith Stein der Text »philosophisch«, Ausdruck von Philosophie oder ist für sie Dichtung auch Sprachform? Es ist dieses nicht ganz trivial zu wissen, wenn man Studienwunsch und Fortgang des Studiums verstehen will. Nur in einem erhaltenen Text setzt sie sich wirklich mit Literatur auseinander, der allerdings ist datiert aus dem Jahr 1932. Und genau genommen hat der Text unter dem Titel *Natur und Übernatur in Goethes ›Faust‹* mit der Analyse und der Interpretation von Literatur nichts zu tun, sondern fragt: »Können wir dieses Werk der deutschen Jugend und dem deutschen Volk in die Hände legen und sagen: nehmt es in euch auf, laßt euch ganz durchdringen von dem Geist, der darin lebt und daraus spricht; es ist das Beste, das wir euch zu bieten haben, es ist das Eine, das nottut?«[15] Es stellt sich nur die Frage, wer ist in diesem Zusammenhang »wir«, wer maßt sich die Entscheidung an? Die Frage selbst stellt sich nicht, denn die »deutsche Jugend« und das »deutsche Volk« dürfen selbst entscheiden, was sie lesen wollen. Den »Geist« einer Dichtung bestimmen zu wollen, der aus ihr spricht, ist methodisch inakzeptabel, es setzt nämlich voraus, dass Dichtung nur seltsam ausgedrückte Philosophie ist. Zwischen 1906 und 1911, in der Zeit, in der Edith wieder zur Schule ging, das Abitur ablegte und mit dem Studium zu beginnen gedachte, hielt Ferdinand de Saussure in Genf die drei Vorlesungen über die allgemeine Sprachwissenschaft, die seine Schüler Charles Bally und Albert Sechehaye 1916 veröffentlichten. Der 1896 in Moskau geborene Roman Jakobson, die russischen Formalisten und der Prager Linguistenzirkel begannen im und nach dem Ersten Weltkrieg sich mit der Sprachform von Dichtung, mit einer strukturalistischen Poetik auseinanderzusetzen. Spätestens in dem Aufsatz von 1932 hätte Stein vom »Geist«, nachdem sogar Roman Ingarden seine phänomenologische Poetik vorgelegt hatte, nicht mehr sprechen können. Goethe lässt nicht umsonst seinen Faust im Gespräch mit Wagner den Famulus unwillig entgegnen: »Was ihr den Geist der Zeiten heißt, Das ist im Grund der Herren eigner Geist, In dem die Zeiten sich bespiegeln.«[16] So ist auch der »Geist der Dichtung«, das, was Geister in die Dichtung hineinlesen. Steins Goethe-Rede ist keine germanistische, weder literaturwissenschaftlich, noch literaturhistorisch, sondern eine schulpolitische Rede, aber sie stellt eben doch die Frage nach dem germanistischen Handwerkszeug, das Edith Stein in ihrem Germanistikstudium erwarb, auch nach der spezifischen Form ihrer ausgedehnten Beschäftigung mit Literatur als Abiturientin. Ist Literatur für sie letztendlich nur verkleidete Philosophie? Geist?

Nachdem Edith Stein 1911 ihr Abitur mit Bravour bestand, sie sogar wegen ihrer sehr guten Leistungen von den mündlichen Prüfungen befreit wurde, schrieb sie sich an der Universität Breslau für das Studium der Literatur, der Psychologie und der Philosophie ein. Lauter brotlose Künste. Dem guten Rat ihres Chemnitzer Onkels, Chemie oder Medizin zu wählen, folgte sie jedenfalls nicht, genauso wenig wie dem Vorbild der Schwester Erna, die bereits Medizin studierte. Ihre Mutter sprach ihr hingegen Mut zu: »Es hat Dir niemand etwas dreinzureden. Es gibt uns ja auch niemand etwas dazu. Tu, was du für richtig hältst.«[17] Und das tat sie.

6.

Der Aufbruch

1811 wurde durch die Zusammenlegung des Jesuitenkollegs Leopoldina mit der Universität Frankfurt an der Oder die Königliche Universität zu Breslau gegründet. Im Jahr von Edith Steins Studienbeginn feierte die Universität nicht nur ihren 100. Geburtstag, sondern wurde aus Anlass des Jubiläums in Schlesische Friedrich-Wilhelms-Universität umbenannt.

Als sich Edith Stein immatrikulierte, betrat sie nicht zum ersten Mal die Gebäude der Alma Mater. Sie hatte zwei Jahre zuvor ihre Schwester Erna, die sich für Medizin eingeschrieben hatte, bei ihren ersten Schritten an der Universität begleitet. Als sich Erna immatrikulierte, stand ein junger Mann, »klein, schlank und sehnig« »mit glänzenden schwarzen Haaren, gegen die sich die sehr hellen Augen eigenartig abhoben«[1] hinter ihr, der ihr, als sie sich eintrug, über die Schulter schaute. Dabei stellte er mit innerem Bedauern fest, dass Erna nur zwei Monate jünger war als er. Er war mit dem Vorurteil zur Universität gekommen, dass alle Studentinnen Brillen trugen und älter als er und hässlich waren. Dieses Vorurteil verflüchtigte sich spätestens in diesem Moment. Der junge Mann hieß Hans Biberstein. Zwei Tage nach der Immatrikulation machte Hans Bibersteins Schulfreund Erna mit ihm bekannt. Aber nicht nur Erna verliebte sich in den Kommilitonen, sondern auch

Edith, die ihn beim Sport kennenlernte. »Er gefiel mir gleich sehr gut, wie er da auf dem Tennisplatz mir gegenüberstand.«[2] Nach dem Vetter Franz dürfte Hans Biberstein die zweite Romanze in Ediths Leben gewesen sein, doch ungleich tiefer – und vielleicht ist mit dem Wort Romanze bei Weitem zu wenig gesagt. Wie immer, wenn Edith Stein sich verliebte, wurden sehr intensive historische oder philosophische Gespräche geführt. Sie entdeckte, dass Hans Biberstein sich wie sie für Geschichte interessierte, auch gern Geschichte studierte hätte, wenn ihm das nicht als brotlose Kunst erschienen wäre. »Vor meinem Abitur kam er öfters zu mir, um mit mir an Geschichte zu arbeiten.«[3] Mehr als an Geschichte war Hans Biberstein jedoch an Edith gelegen, von der eine eigene, geradezu magnetische Wirkung ausging – und so ergab sich eine nicht ganz einfache Dreierkonstellation. Ob dieses Interesse Edith gefallen hatte? Jedenfalls spielte sie mutwillig mit sich und mit seinem Interesse, denn zunächst wurde das Pensum abgearbeitet, ließ sich Edith »durch seine Zerstreuung nicht beirren«. Doch danach »gönnte ich uns beiden aber auch eine Belohnung.« Die Belohnung sah so aus, dass sie Erna ans Klavier setzten und sich zum Tanz aufspielen ließen. »Hans war der beste Tänzer, den man sich wünschen konnte«.[4] Und Erna die beste Pianistin?

Der junge Mann zumindest schien zwischen den beiden Schwestern hin- und hergerissen zu sein und gestand später Erna, dass »sie damals einigen Grund gehabt hätte«, auf ihre jüngere Schwester eifersüchtig zu sein. Ewig ließ sich dieser Zustand nicht in der Schwebe halten. Ob sich Edith zugunsten ihrer älteren Schwester zurückgezogen hatte, ob die tägliche Nähe im Studium ohnehin das Pendel für Erna ausschlagen ließ, wird nur zu spekulieren sein. Sicher ist jedoch, dass Edith nicht um ihn kämpfte. Dass es von ihrer Seite mehr als nur das Schwärmen eines Backfischs war, belegen die weiteren Äußerungen in ihrer Autobiografie. Als Erna und Hans Biberstein im Dezember 1920 heirateten, kam es zu jener denkwürdigen Szene, »the last waltz«. Unvermittelt erwähnt Edith Stein »die seelischen Kämpfe«, die sie »ganz verborgen und ohne jede menschliche Hilfe durchmachte«. Zur standesamtlichen Trauung ging Edith nicht mit, sondern wälzte sich auf einer Chaiselongue in heftigen Schmerzen. Ihre frisch getraute Schwester Erna, die inzwischen Ärztin war, gab ihr etwas Morphium, weil sie es nicht mehr mit ansehen wollte, wie sich ihre Schwester quälte – und dann noch am Tag ihrer Hochzeit, auf den sie so lange gewartet hatte. Das Studium hatten sie abzuwarten und den Krieg, in den Hans Biberstein ziehen musste wie viele, und aus dem er, nicht wie alle, wieder zurückkam. Am Abend kam Edith dann doch zur Feier, stand, saß, redete oder schwieg und unterließ es aber zu tanzen, denn der begnadete Tänzer war ja längst nicht mehr *ihr* Tänzer, er würde es nie wieder sein und Erna saß auch nicht mehr am Klavier. Zu vorgerückter Stunde erklang die wohlbekannte Melodie eines Drehers, der Tanz, den Edith seinerzeit, als sie noch eine Schülerin und in Hans wohl verliebt war, gelernt hatte. Es hat etwas Spielerisches, als sie ihn, der plötzlich neben ihr stand, fragte, ob das ein Dreher wäre. »Ja«, sagte er, »hast du etwa Lust zu tanzen? Ich habe es bisher nicht gewagt, dich zu bitten, weil es dir nicht gut war.« Und so tanzten sie, den »etwas wilden Tanz«. Für einen Moment dürften sie ein ganz klein wenig aus der Zeit gefallen sein. Ein langsamer Walzer folgte auf den beschwingten Dreher. Und lösen, das ging jetzt nicht, also entschied sie: »So … nun müssen wir doch den Leuten zeigen, daß wir auch vornehm tanzen können.« Da war er, der betörende Schalk, der betörende Walzer, das richtige Tanzen. Im Karmel beschließt die Schwester Teresia Benedicta diese Erinnerung mit dem wehmütigen Satz: »und wir tanzten noch den ganzen Walzer durch. Es war für mich das letzte Mal, daß ich richtig tanzte.«[5] Der Tanz war eine Erinnerung daran, was womöglich hätte sein können und was sie sich untersagt und versagt hatte. Im einem gewissen Maß hatte auch wieder die Angst vor dem Kontrollverlust eine Rolle gespielt, die Furcht davor, sich »beirren« zu lassen, Souveränität einzubüßen. Sie hatte später immer vor sich und vor anderen behauptet, dass Hans und Erna zusammengehörten und sie dem nicht im Wege stehen wollte, schließlich war es ihrer Meinung nach Erna, die »geschaffen war, um glücklich zu sein und glücklich zu machen«, nicht sie. Hans war deshalb der, der »ihren« Platz an der Seite ihrer Schwester einnehmen würde, auch einnehmen musste. Das klingt alles überlegt und vernünftig und beherrscht. Es hört sich aber auch an wie eine gut unter altruistischen Motiven getarnte Flucht. Wie sollte sie mit jemandem gehen, bevor sie nur eine Ahnung ihres eigenen Weges erreicht hätte, wo sie doch nach wie vor wusste, dass sie etwas Besonderes war und ihr ein ungewöhnlicher Weg bevorstand? Wird man erwählt oder wählt man sein Erwählt-sein, das ist letztlich eine Frage des Glaubens. Zwar war Hans ein glühender Patriot und wie sie politisch hochinteressiert, aber er hatte sich bewusst – auch mit Blick auf seine verwitwete Mutter, um die er sich kümmern wollte – für einen Brotberuf entschieden. Und Erna auch – beide hatten sie sich für den Beruf des Arztes entschieden. Auch wenn Edith Stein noch nicht wusste, worin das Besondere bestünde, worin ihre Berufung läge, wollte sie sich auf jeden Fall frei halten. Jedenfalls errichtete sie Mauern zwischen dem Mann, in den sie sich verliebt hatte oder hätte verlieben können, und sich selbst, bewährt mit allen Vernunftgründen, zu denen das philosophisch begabte Mädchen fähig war. Diese Fähigkeit sollte sie perfektionieren. Die große Liebe, hatte der junge Georg Lukács zu dieser Zeit geschrieben, muss eben asketisch sein.

Am 28. April 1911 schrieb sich Edith Stein für Germanistik und Geschichte ein. Daneben interessierte sie sich noch für Philosophie und Psychologie. Die ehrgeizige Studienanfängerin konnte von Glück sagen, dass sich das Pensum allein schon deshalb reduzierte, weil sich Lehrveranstaltungen überkreuzten und sie deshalb auswählen musste. Freiwillig auszusuchen vermochte sie in ihrer Begeisterung für die Wissenschaften nicht, sie wollte alles zur gleichen Zeit mit gleicher Intensität erledigen. Aber auch hierin bildete sie keine Ausnahme unter denjenigen Studienanfängern, die mit großem Engagement und Elan an das Studium gingen. »Wenn man als schüchterner Achtzehnjähriger begann, sich ganz auf eigene Faust im Studium umzuschauen, war man zunächst recht hilflos – und zersplitterte sich rettungslos«, erinnerte sich etwa Hans-Georg Gadamer, der 1918 mit dem Studium in Breslau begann.[6]

Das Studium zu dieser Zeit verlief nicht selten so, dass man eine Weile Unterschiedliches ausprobierte, bis man sich für das eigentliche Studium entschloss. Wichtig waren auch bestimmte Professoren, zu denen man bewusst ging oder sogar pilgerte, um bei ihnen zu lernen. Obwohl sie sich in die germanistischen Fächer, in die Sprachgeschichte (Indogermanisch, Gotisch, Althochdeutsch) und in das deutsche Drama vertiefte, erwies sich die Germanistik letztlich für Edith als unbefriedigend, denn sie suchte in der Dichtung nicht Dichtung, sondern Philosophie, und später Pädagogik, beides ist Dichtung jedoch nicht und Dichter sind auch keine Philosophen, die sich nur eines seltsamen Ausdrucks bedienen, sondern Dichtung ist Dichtung. Wie sehr Philosophen an Dichtung vorbeidelirieren können, hatte Edith Steins Nachfolger in der Assistenz bei Edmund Husserl, Martin Heidegger, in seinen Hölderlin-Meditationen vorgeführt.

In ihren Erinnerungen fällt zumindest auf, dass sie außer Eugen Kühnemann – und der hatte einen Lehrstuhl für Philosophie inne – keinen Ordinarius der Germanistik erwähnte. Dabei lehrten in Breslau renommierte und bedeutende Wissenschaftler, deren Vorlesungen und Seminare sie besucht hatte. Bei Max Koch, der eine Reihe großer Literaturgeschichten verfasst hatte, die sich einer großen Popularität erfreuten, hörte sie Vorlesungen zur »Geschichte des deutschen Dramas und Theaters von Schiller bis zur Gegenwart«, zur »Geschichte der deutschen Literatur im 17. und 18. Jahrhundert bis zur Sturm- und Drangzeit«, zur »Geschichte der deutschen Literatur in der Sturm- und Drangzeit bis zu Goethes Rückkehr aus Italien« und zur »Geschichte der deutschen Literatur von Goethes Rückkehr aus Italien bis zu den Befreiungskriegen«[7], faktisch die gesamte neuere Literaturgeschichte. Zugleich kannte sich Koch, was unter Germanisten nicht unbedingt üblich ist, mit der Praxis des Theaters in Geschichte und Gegenwart aus – und die junge Edith Stein liebte ja das Theater.

Koch war eine interessante, zugleich zwiespältige Figur. Während er Henrik Ibsen verehrte, hasste er Gerhart Hauptmann, dessen Stück *Die Weber* er für einen Ausdruck sozialistischer Agitation hielt. Als 1913 Gerhart Hauptmann beauftragt werden sollte, das Festspiel für die großen Feierlichkeiten zum 100-jährigen Jubiläum für die Befreiungskriege und die Völkerschlacht bei Leipzig von 1813 zu verfassen, versuchte Koch, das zu verhindern. Da der vielseitige Germanist auch als Rezensent für das Theater tätig war – und er ohnehin die neuere deutsche Literatur vertrat – verdankte Edith Stein ihre literarhistorische Ausbildung zu einem Gutteil Koch. Er und Kühnemann gehörten im Übrigen auch dem Kollegium der Herausgeber und Mitarbeiter der Deutschen Klassiker Bibliothek an, die im Leipziger Verlag Hesse & Becker erschienen und deren exzellent edierte Bände in jedem bürgerlichen Haushalt zu finden waren. Dass Koch in ihren Erinnerungen nicht einmal eine Erwähnung wert ist, erstaunt dann doch. Die Behauptung, dass Schillers Dramen »sämtlich Freiheitsdramen« wären, wie es in einer Notiz zu einem Aufsatzthema hieß, das die Lehrerin Edith Stein den Schülerinnen stellte, wirft dann doch Fragen bezüglich der germanistischen Bildung auf. [8]

Auf einen hervorragenden Ruf konnte auch Theodor Siebs verweisen, der zwar vornehmlich, aber nicht nur, in der Sprachgeschichte arbeitete. Edith wurde in Vorlesungen und Übungen in die Sprachwissenschaft, in die Sprachgeschichte und die alte Literatur eingeführt. Wulfilas Bibelübersetzung und Otfrieds Evangelienbuch begegnete sie in seinem Unterricht, neben dem *Meier Helmbrecht*. Obwohl im Vorlesungsverzeichnis nicht extra aufgeführt, kam sie mit dem *Althochdeutschen Tatian*, der althochdeutschen Übersetzung seines Diatessaron, wahrscheinlich in den Übungen bei Siebs in Berühung. Doch alles, was die Karmelitin in ihrer autobiografischen Erzählung darüber berichtet, ist, dass sie im *Tatian* das erste Mal dem Text des Evangeliums begegnet wäre. Im Sommersemester 1913 las Siebs über »Goethes Leben und Werke« – und machte damit seinem Kollegen Koch Konkurrenz, doch diese Vorlesung scheint sie nicht besucht zu haben. Theodor Siebs hielt übrigens am 3. August 1911 die Festrede zum Festakt des einhundertjährigen Jubiläums der Gründung der Königlichen Universität zu Breslau, in dem ihr der neue Name verliehen wurde, der an den preußischen König Friedrich Wilhelm III. erinnerte, der die Universitäten nach den Vorstellungen Wilhelms von Humboldt reorganisierte und reformierte.

Mit Karl Drescher lehrte in Breslau nicht nur eine exzellenter Sprachwissenschaftler, sondern auch ein Kenner der Literatur der Lutherzeit und Luthers natürlich. Allerdings war er 1908 nach Berlin gegangen, um dort in der Luther-Kommission zu arbeiten, aber 1912 nach Breslau zurückgekehrt. Er erwarb sich große Verdienste bei der Edition der Weimarer Luther Gesamtausgabe. Seine Vorlesungen hatte Edith Stein allerdings nicht besucht, die deutsche Mystik und Martin Luther blieben ihr fremd.

Als einzigen Germanisten, der aber einen Lehrstuhl in der Philosophie und Allgemeinen Literaturtheorie innehatte, erwähnte Edith Stein in ihren Erinnerungen an die Breslauer Studienzeit Eugen Kühnemann. Kühnemann wirkte in der Tat schillernd. Einerseits könnte man rühmen, dass er die Philosophie und die Literaturtheorie fachübergreifend – modern gesprochen interdisziplinär – behandelte, andererseits könnte man mit Paul Natorp – neben Hermann Cohen der führende Neukantianer der Marburger Schule – einwenden, dass damit immer eine gewisse Oberflächlichkeit einherging. So fragte Natorp in einer Rezension zu Kühnemann: »ob dabei nicht hier und da in Kant hineingelegt wird, was aus Kantischen Motiven zwar erwachsen, aber dem Buchstaben nach nicht mehr Kantisch ist …«[9] Im Grunde warf Natorp Kühnemann erstens mangelnde Tiefe und zweitens methodisch unscharfe Vermischung von Philosophie und Literaturwissenschaft vor. Das war zwar nicht ganz unberechtigt, andererseits war Kühnemann ein glänzender Redner, der in der Lage war, ein großes Publikum anzusprechen, da er zu popularisieren verstand. Wiederholt führten Kühnemann, damals beileibe keine Selbstverständlichkeit, Vorträge in die USA, mehrmals unter anderem, selbst noch in der Zeit des Ersten Weltkrieges, an die Harvard Universität. Die Verbindung der fachübergreifenden Behandlung der Philosophie und der Literaturwissenschaft kam gerade und besonders in der Lebensphilosophie, bei Wilhelm Dilthey und Georg Simmel in Mode. Nicht mehr auf die Kantischen Kategorien und dem strengen erkenntnistheoretischen Kritizismus kam es an, sondern auf das Leben, dessen energetischster Moment das Ereignis war. Erst im Ereignis begegnete sich das Leben mit sich selbst, spürte man, dass man lebt.

So war es auch nicht erstaunlich, dass Eugen Kühnemann über Friedrich Nietzsche las. Im Mittelpunkt standen für Kühnemann die moderne Philosophie, hier vor allem eben Nietzsche, aber auch Arthur Schopenhauer, und das moderne Drama, vor allem Gerhart Hauptmann, womit er in schroffem Gegensatz zu seinem Kollegen Max Koch stand. Vorlesungsthemen lauteten: »Deutsche Dramatik des 19. Jahrhunderts«, »Übung über Schillers philosophische Schriften«, »Goethe, Schopenhauer, Kant, Schiller, Herder«. In Edith Steins Dissertation spielten im historischen Teil gerade die Vorstellungen von Schiller und Herder eine nicht geringe Rolle, doch ist dieser Teil der Dissertation leider verlorengegangen.

In ihrer Autobiografie lässt Edith Stein jedenfalls an Kühnemann kein gutes Haar. Es mag sein, dass ihr in der Rückschau und gerade unter der Herrschaft der Nationalsozialisten Kühnemanns Engagement für die Nation, das nicht erst im Ersten Weltkrieg wie bei vielen seiner Kollegen entstanden, sondern von Anfang an da war, nicht geheuer war, sie es nun regelrecht ablehnte. Der Breslauer Lehrer Willy Cohn, der durch das »Gesetz zur Wiederherstellung des Berufsbeamtentums« nicht mehr am Johannisgymnasium unterrichten durfte, notierte am 20. November 1934 in sein Tagebuch: »Waldemar v. Grumbkow getroffen, der mir erzählte, dass Kühnemann bei der Schillerfeier sehr gut gesprochen haben soll. ›Über allem steht der Geist‹. Auch Heine hat er seine Stellung in der deutschen Literatur zugewiesen …«[10].

Der Historiker Peter Hoeres bringt Kühnemanns Position auf den Punkt, wenn er schreibt: »Liberale und konservative Ideale werden bei Kühnemann in einer nationalen Synthese zusammengebunden, und so fordert er auch vorsichtig, Fichte folgend, eine standes- und klassenunabhängige Integration des Volkes in den Staat ein.«[11] Interessanterweise näherte sich Edith Stein in ihrem Werk zum Staat der Kühnemann'schen Anschauung.

In den Erinnerungen leuchtet aber eine zeitauthentische Dimension auf, die für das Verständnis von Steins Entwicklung von größter Bedeutung ist: »Im Vergleich dazu lehnte ich seinen damals berühmten und vielumschwärmten Fachkollegen Eugen Kühnemann mit seinem pathetischen Schwung und seiner für alles bereitstehenden Begeisterung als ›Schöngeist‹ ab. Übrigens war man außerhalb Breslaus immer erstaunt zu hören, daß er das Ordinariat für Philosophie innehabe. Er war bekannt durch seine Werke über Schiller und Herder, und Uneingeweihte hielten ihn darum für einen Literaturhistoriker.«[12] Die Einschätzung überrascht, weil Edith Stein bei Kühnemann nicht Literaturgeschichte, sondern »Allgemeine Geschichte der Philosophie«, »Friedrich Nietzsches Werk und Weltanschauung«, »Geschichte der Pädagogik« hörte und Übungen zur Philosophie wahrnahm. Dass die Erinnerung an Eugen Kühnemann mit der späteren, mit ihrer Göttinger und Freiburger Zeit verbunden wurde, dekuvriert die Betrachtungsperspektive. Nicht die Studienanfängerin spricht hier, sondern die spätere Phänomenologin, die dem Phänomenologen-Kreis als Studentin oder als Husserls Assistentin angehörte, jedenfalls zu einer Zeit, in der für Edith Stein, die sich fest im akademischen Milieu integriert sah, die universitäre Laufbahn die unbezweifelbare Perspektive darstellte. Die maliziöse Bemerkung, dass man außerhalb Breslaus erstaunt war zu hören, dass Kühnemann das Ordinariat für Philosophie innehatte, ist Akademikersottise vom Feinsten, gewürzt mit der notwendigen Prise Boshaftigkeit, die zum Markenzeichen des Geistreichen gehört. Schaut man hingegen auf die Beurteilungen und Rezensionen von Paul Natorp zum Beispiel, zeigt sich, dass tatsächlich niemand »erstaunt« war, schon gar nicht unter Philosophen, die Sottise sollte nur Steins Einschätzung illustrieren, dass der »Schöngeist« oder Belletrist Kühnemann eher so etwas wie ein »Literaturhistoriker« und kein wirklicher Philosoph wäre. Was aber richtig ist, ist, dass er in Phänomenologenkreisen – die immer etwas Sektenhaftes umwehte – so gesehen wurde. Ursächlich hing das damit zusammen, dass die Phänomenologen in der Phänomenologie die wahre Philosophie erblickten. Kühnemann wurde hier skizziert als einer, der eben »nur« über Herder und über Schiller geschrieben hatte und nicht über echte Philosophen. In diesem Zusammenhang wäre in der Tat der Teil von Steins Dissertation hochinteressant, der sich mit Schiller und Herder auseinandersetzte, zumal sich in ihrem Werk kaum wissenschaftliche Auseinandersetzungen mit der deutschen Literatur und der Philosophiegeschichte finden, sieht man von der Scholastik, vor allem vom Thomismus ab. Wenn es zum Schwure kommt, entdeckt man bei Edith Stein immer eine gewisse Distanz zur Literatur. Interessanterweise wurde Kühnemann eher von den Germanisten, von den Vertretern der klassischen Literaturgeschichte, von Max Koch, Edward Schröder und Albert Köster abgelehnt als von den Philosophen. Kühnemann jedenfalls hatte nicht nur über Herder und Schiller gearbeitete, sondern eben auch über Immanuel Kant und war bei Hermann Cohen mit dem Thema: »Kants und Schillers Begründung der Ästhetik« habilitiert worden. Milder, aber nicht weniger kritisch, beurteilte Hans-Georg Gadamer Kühnemann als »pathetischen Laienprediger, der mit prachtvoll tönender Stimme und fulminanter Rhetorik mich in die Geheimnisse des ›logischen Quadrats‹ einführte. Bei ihm ging es mir wie Sokrates bei dem rhetorischen Pomp des Protagoras. Es klang zu schön. Ich wurde betäubt, aber nicht belehrt. Anders war der geschliffene Vortrag von Richard Hönigswald....«.[13]

Das ganze Gegenteil zu Eugen Kühnemann stellte in der Tat der Philosoph Richard Hönigswald dar. Geboren wurde er 1875 in der K.-u.-k.-Monarchie im heutigen Ungarn, in Magyaróvár (Ungarisch-Altenburg). Promoviert wurde er bei Alois Riehl im Jahr 1904 über das Thema »Über die Lehre Humes von der Realität der Außendinge« in Halle. Übrigens wurde sieben Jahre zuvor Edmund

Husserl in Halle habilitiert. Ebenfalls 1904 konvertierte – eine weitere Parallele zu Husserl – Hönigswald vom jüdischen in den evangelischen Glauben. Ab 1906 war er dann an der Breslauer Universität tätig, erst als Privatdozent, dann im Jahr, bevor Edith Stein das Studium begann, zum Titularprofessor ernannt worden. Der berühmte in Breslau geborene Soziologe Norbert Elias wurde übrigens 1924 bei Hönigswald promoviert. Von Breslau wechselte Hönigswald 1929 an die Universität München. Nachdem Richard Hönigswald den Lehrstuhl und damit die bürgerliche Anstellung im Zuge des »Gesetzes zur Wiederherstellung des Berufsbeamtentums« 1933 verlor, arbeitete er unter größter materieller Not als Privatgelehrter weiter an seinem philosophischen Werk, publizierte sein sprachphilosophisch hochinteressantes Werk *Philosophie und Sprache*. 1938, im Jahre von Husserls Tod, erschien als letzte Publikation zu seinen Lebzeiten der Band *Denker der italienischen Renaissance*. Während des Terrors der sogenannten »Kristallnacht« wurde er in das Konzentrationslager Dachau verschleppt, nach drei Wochen der Erniedrigung und Qual wieder entlassen. Ihm gelang es zwar, über die Schweiz in die USA zu emigrieren, doch vermochte er in den Staaten nicht mehr, an seine akademische Tätigkeit anzuschließen. Schließlich starb er in kümmerlichen Verhältnissen am 11. Juli 1947.

Bei Richard Hönigswald erlernte Edith Stein ihr philosophisches Handwerkszeug, ohne seine philosophische Propädeutik wäre ihre eigene philosophische Arbeit undenkbar. Geschichte der Philosophie, Naturphilosophie, Übungen zur Logik, Erkenntnistheorie auch als »Einführung in die Psychologie der Erkenntnis« hatte sie bei Richard Hönigswald. Es steckte doch mehr Hönigswald in ihr, als ihr Resümee es ahnen lässt: »Bei aller Bewunderung für Hönigswalds Scharfsinn kam es mir nicht in den Sinn, dass er es wagen könnte, sich mit Husserl auf eine Linie zu stellen. Denn davon war ich damals schon überzeugt, daß Husserl der Philosoph unserer Zeit sei.«[14] Die Überhöhung von Husserl führte notwendig zur Herabsetzung Hönigswalds. Neben dem Gott der Philosophen hatten keine anderen Götter Platz. Zumal Hönigswald sich des Sakrilegs schuldig gemacht hatte, Kritik an der Phänomenologie zu äußern, »die später in eine scharfe Gegnerschaft ausartete«.[15] Schaut man sich jedoch nüchtern die Auseinandersetzung Hönigswalds mit der Phänomenologie an, dann wird zweierlei deutlich, erstens wie über-empfindlich manche Phänomenologen auf fachliche Kritik reagierten und zweitens, dass Edith Stein, wie in ihren Erinnerungen auch von ihr selbst immer wieder erwähnt oder berührt, nur schwer mit Kritik umzugehen verstand, besonders wenn es ihre Überzeugungen betraft, derer sie sich wie des Glaubens gewiss war. Die Verfasserin ihrer Erinnerungen dürfte mit der Bemerkung des »Ausartens« auf Hönigswalds 1931 erschienene Schrift *Grundfragen der Erkenntnistheorie* anspielen, in der er sich unter kritischer Würdigung vom Positivismus und von der Phänomenologie abgrenzt. Vom »Ausarten« kann insofern keine Rede sein, weil Hönigswald die Phänomenologie durchaus positiv sah und ihre Verdienste in Bezug auf die Erkenntnis der Gegenstände und den Bereich der Erlebnisse anerkannte. Allerdings wandte er kritisch ein, dass Husserl letztlich eine strikte Trennung zwischen »Ideierendem Schauen und Naturforschung« einführte. Wollte man die Kritik weiterführen, würde man bei einer nicht mehr philosophischen, sondern theologischen Konsequenz der Phänomenologie ankommen. Hönigswalds zweiter Einwand dürfte Edith Stein stärker getroffen haben, weil er substanziell und deshalb in ihren Augen »boshaft« war: »Der Kritiker des Begriffs einer phänomenologischen ›Wesensschau‹ durfte fragen, woher es denn kommen mag, dass ›Wesen‹ schaubar sind … die ›Schaubarkeit‹ wird naiv, d.h. ohne Rechtfertigung angenommen, weil man eben ›Wesen‹ kurzerhand als ›Gegenstände‹ einführt. Um die Voraussetzungen dieses Verhaltens kümmerte man sich weiter …«.[16] Das durfte er nicht, weil er damit den Finger in die Wunde legte, wenn er nach der Letztbegründung, nach Geltung und Wahrhaftigkeit der Phänomenologie fragte. Hönigswalds Kritik zielte letztlich auf den Punkt, der auch den redlichen Husserl beschäftigte, weshalb er in den Idealismus zurückfiel, wie seine enttäuschten Schüler behaupteten. Wir werden noch sehen, wie wund – auch für Edith Stein – dieser Punkt ist, weil sie, wie Heidegger freilich auf anderem Weg, über Husserl hinausging, den sie jedoch weiterhin als den »Meister« verehrte. Der weitere Zielpunkt der Kritik war eigentlich Martin Heidegger, doch, wie wir noch sehen werden, an einem Punkt, an dem Edith Stein ihn verteidigen würde. Boshaft war Hönigswalds Kritik, weil sie ins Zentrum traf. Heidegger antwortete darauf, wie bereits zu Beginn belegt, mit der gnadenlosen Zerstörung von Hönigswalds bürgerlicher Existenz.

Unter den lebenden Philosophen blieb Edith Stein ihrer »philosophischen Jugendliebe« treu. Selbst Max Scheler, dem sie letztlich näherstand, konnte es in ihrem Areopag nicht mit Edmund Husserl aufnehmen. Er war und blieb der »Meister«. Die Frage zu beantworten, warum das so war, bedeutet, sich in den innersten Kern vom Denken und Fühlen Edith Steins vorzutasten. Noch sind wir nicht so weit, aber auf dem Wege.

Hönigswald, der von Neukantianismus kam und offen für die Phänomenologie war, achtete in der Lehre besonders auf die Klarheit der Begriffe. Im Grunde ist Philosophie für Hönigswalds Erkenntnistheorie gebunden an die Frage der Letztbegründung, das heißt an die Frage, ob Wissen möglich ist. Woher kann ich wissen, dass das, was ich weiß, wahr ist? Wenn aber Erkenntnistheorie Philosophie in ihrer reinsten und ursächlichsten Form ist, dann ist sie mit der Klärung der fundamentalen Fragen und nicht nur mit der Erörterung und Prüfung der Werkzeuge des Denkens beschäftigt. Insofern antwortete Hönigswald auf Hegels Kritik an Kant mit der Rückbesinnung auf die transzendentale Philosophie Kants. Für Hönigswald besteht die Aufgabe der Philosophie darin, Wirklichkeitserkenntnis letztbegründet zu ermöglichen. Seine *Systematische Selbstdarstellung* begann er folgerichtig mit dem Satz: »Das Problem der Philosophie selbst ist ihr eigener Begriff. Das markiert nicht einen willkürlich erdachten oder etwa nur stimmungsmäßig gewählten Ausgangspunkt. Es folgt viel mehr aus einer notwendigen, d.h. sich selbst begründenden Idee: aus dem Gedanken der Rechtfertigung.«[17] Die Bemerkung vom »stimmungsmäßig gewählten Ausganspunkt« bezog sich direkt auf Heidegger.

Zu diesem Geschäft gehörte zuallererst die Klärung der Begriffe und Kategorien, die glasklar gefasst und definiert werden müssen. In diesem Bemühen mochte Hönigswald als Hochschullehrer etwas Pedantisches zu eigen gewesen sein, aber gleichzeitig brillierte er mit einer strengen Logik im Denken und natürlich im Vortrage. Seinen Schülern und Studenten ließ er keine Ungenauigkeiten durchgehen, kein Pfuschen in der philosophischen Arbeit, die eine Folgerichtigkeit erheischt, die nur über die exakte Verwendung der Begriffe und Kategorien und die nachvollziehbare und zweifelsfreie Gewinnung der Urteile oder Schlussfolgerungen zu leisten ist.

Edith Stein sollte sich in all ihren Arbeiten um die penible Klärung der Begriffe bemühen. Die fast schulmäßige Gedankenführung ihrer philosophischen Arbeiten hatte sie zu einem Gutteil der Propädeutik beim gestrengen Hönigswald zu verdanken, dem alles Genialische abging. Edith Stein besuchte nicht nur die Vorlesung des Professors, sondern wurde auch in sein Seminar aufgenommen. Möglicherweise wurde hier im Seminar bei Hönigswald ihr tiefes Interesse an der Philosophie geweckt, weil ihr gesamter Intellekt herausgefordert wurde: »Um so mehr musste man sich bei Hönigswald anstrengen. Sein bohrender Scharfsinn und seine strenge Gedankenführung entzückten mich. Er war ausgesprochener Kritizist und gehört ja heute zu den wenigen, die dieser Richtung noch treu geblieben sind; man musste sich den Begriffsapparat des Kantianismus zu eigen machen, um ihm folgen zu können. Es hatte für die jungen Leute in seinem Seminar etwas Verführerisches, sich mit diesen scharfgeschliffenen Waffen in dialektischen Kämpfen zu üben.« Und es verführte Edith. »Wer etwas herbeitragen wollte, was nicht auf diesem Boden gewachsen war, wurde von Hönigswald mit seiner überlegenen Dialektik und beißenden Ironie mundtot gemacht, aber schwerlich innerlich überwunden … Immerhin war es eine ausgezeichnete Schulung im logischen Denken, und das genügte damals für mich, um mich glücklich zu machen.«[18]

Geschichte hatte sie vor allem bei Georg Kaufmann und Johannes Ziekursch, der 1918, wie Edith Stein, zu den Gründungsmitgliedern der DDP gehören sollte, die sie in ihren Erinnerungen zurecht als grundsolide und mit weitem Horizont charakterisierte. Ziekursch und Kaufmann waren gestandene Nationalliberale, die trotz ihrer Begeisterung für Preußen und für das deutsche Kaiserreich eine Reserve zum Kaiser Wilhelm II. hielten.

Als wichtiger Lehrer der Breslauer Zeit wäre noch der Psychologe und Philosoph William Stern zu nennen. Stern sah sich immer als Philosoph, erwarb aber seine Meriten als einer der Begründer der modernen Kinderpsychologie und der differentiellen Psychologie, die sich mit den Unterschieden zwischen Personen bezüglich der psychologischen Eigenschaften beschäftigt, wofür sie empirische Methoden wie Test und Messungen benutzt. Damit schuf er unter anderem die Grundlagen für die diversen heute gebräuchlichen Intelligenztests. Trotz dieser großen Erfolge in der Psychologie hatte er sich als Philosoph verkannt gefühlt. Wenn zwei nachhaltige Wirkungen von William Stern auf Edith Stein ausgingen, dann erstens die Frage nach dem Menschen, nach der Person auf philosophischem und nicht auf psychologischem Weg zu stellen, und zweitens die Hinwendung zum Personalismus, wie er ihn in seinem Hauptwerk *Person und Sache – System des kritischen Personalismus I–III* ausführte. Gerade in ihrer Speyrer Zeit sollte Edith Stein auf diese Fragen zurückkommen.

Doch noch war sie in Breslau, in inniger Studentenfreundschaft mit ihrer Schwester Erna, mit Hans Biberstein, mit Rose Guttmann und Lilly Platau, und den Freundinnen für gewisse Zeit und den jungen, wohlerzogenen Männern, denen sie begegnete, und die sich um sie bemühten. Sie war 20 Jahre alt und die Welt stand ihr offen. Und so ernsthaft sie auch war, so jung war sie doch zweifelsfrei in jenen letzten Jahren vor dem Ersten Weltkrieg. Sie trug noch keinen Habit. Ihre Ernsthaftigkeit, ihre Vorstellungen von Tugend und Reinheit wiesen nicht auf den späteren Weg – sonst würden die Klöster mit Männern und Frauen ihrer Generation überbevölkert gewesen sein –, sondern entsprachen der Zeit vor dem Ersten Weltkrieg, in der Jugend entdeckt wurde und Jugend sich zu einem bedeutenden Teil auch selbst entdeckte.

7.

Eine Spanne Jugend

In der Geschichte kündigt die Fülle oft das Ende an, deshalb geht von ihr ein unbeschreiblicher Zauber aus, der schwerlich rationalisiert werden kann, weil Sehnsucht nach der Fülle und Wehmut über ihren Verlust sie für den Verstand unerreichbar machen. Das Sein erreicht eine Leichtigkeit, die schwindelnd und die Melancholie zu einer süßen Angelegenheit des guten Lebens macht. Der Franzose Charles-Maurice de Talleyrand-Périgord, der die arge Kunst, unter jedem Regime Karriere zu machen, beherrschte und dessen Aussprüche so berühmt wie berüchtigt sind, äußerte einst: »Wer das Ancien Régime nicht kannte, wird niemals wissen können, wie süß das Leben war.« Ähnliches ließe sich von der Zeit unmittelbar vor dem Ausbruch des Ersten Weltkrieges sagen. Stefan Zweig begann seine Erinnerungen mit dem Satz: »Wenn ich versuche, für die Zeit vor dem ersten Weltkriege, in der ich aufgewachsen bin, eine handliche Formel zu finden: es war das goldene Zeitalter der Sicherheit. Alles … schien auf Dauer gegründet und der Staat selbst der oberste Garant dieser Beständigkeit. Die Rechte, die er seinen Bürgern gewährte, waren verbrieft vom Parlament, der frei gewählten Vertretung des Volkes, und jede Pflicht genau begrenzt.«[1] Auch wenn Zweig die K.-u.-k.-Monarchie im Blick hatte, galt seine Aussage für Deutschland nicht minder, wie Edith Steins Resümee belegt: »Wer im Kriege oder nach dem Krieg herangewachsen ist, der kann sich von der Sicherheit, in der wir bis 1914 zu leben glaubten, keine Vorstellung machen. Der Frieden, die Festigkeit des Besitzes, die Beständigkeit der gewohnten Verhältnisse waren uns wie eine unerschütterliche Lebensgrundlage.«[2] Noch drei Jahre lagen vor Edith Stein, drei faszinierende Jahre, Monate, Wochen, Tage und Stunden, in denen sie in eine Welt tauchte, die auch deshalb die ihre war, weil sie in vielem ihrer inneren Welt glich. Doch noch hielt kaum jemand bei aller Dekadenzangst und gepflegter Untergangsstimmung die kommende Katastrophe für möglich.

Die Zeit von 1901 bis 1914 sind die eigentlichen Jahre der Jugend in Deutschland. Noch im ausgehenden 19. Jahrhundert galt gesetzt, erfahren und reif, kurz »alt« zu sein als Grundwert und erstrebenswertes Ziel. Um gesetzter zu wirken, ließen sich junge Männer gern gewaltige Bärte stehen, um gravitätischer und vertrauenserweckender, im Grunde älter zu wirken, als sie tatsächlich waren. Älter wirken als man ist, lautete das Zauberwort spätestens seit 1871. Doch mit dem nun wirklich und endlich sich dem Ende zuneigenden, nur allzu langen 19. Jahrhundert und seines angestaubten, foliantenstarken Positivismus begann man, die Jugend zu entdecken oder präziser noch: zu erfinden. Diese Erfindung der Jugend geschah europaweit. In Italien ging eine starke Bewegung von Philosophen wie Benedetto Croce und Giovanni Gentile und Künstlern wie Tommaso Marinetti aus. Marinetti begründete 1909 mit dem ersten *Manifest den Futurismus*, dessen Motto bald schon Tempo Schnelligkeit, Dynamik sein sollte. In Frankreich kritisierten vor allem die Symbolisten Stéphane Mallarmé, Joris-Karl Huysmans und Guillaume Apollinaire das 19. Jahrhundert des juste milieu und suchten nach einer neuen Ästhetik, doch erinnerten sie sich noch an die poetes maudits, die verfemten, Lautréamont, Paul Verlaine und Arthur Rimbaud.

Der neue Stil, der in Frankreich art nouveau genannt wurde, hieß in Deutschland beziehungsreich Jugendstil. Zu den maßgebenden Dichtern dieser Zeit gehörten Rainer Maria Rilke und Hugo von Hofmannsthal. Aber die bürgerliche Jugend erfand sich auch selbst, sie wollte heraus aus dem Muff der Gründerzeit, der behäbigen Bürgerlichkeit, der Verstaubtheit der Gymnasien. Sie wollte in die freie Natur, in das Unbegrenzte und suchte nach dem authentischen Erlebnis. Leben und Erleben standen im Mittelpunkt des Verlangens und des Vitalismus des ausgehenden 19. Jahrhunderts, des Nihilismus Nietzsches, der Lebensphilosophie des Franzosen Henri Bergson, des deutschen Soziologen Georg Simmel – alles Philosophen, die den Menschen nicht als notwendiges Übel der Erkenntnistheorie betrachteten, sondern sich für ihn tatsächlich interessierten, für seine Realität, seine Wünsche und Sehnsüchte, eine Realität, die erfahren wurde in der Situation, im konkreten Erlebnis, im konkreten Kommunikationsakt mit der Welt, das heißt mit dem anderen Menschen und mit der Natur.

Hier begann das Aufbegehren bürgerlicher Jugend selbst, die nur dann glaubte, erwachsen zu können, wenn sie zuvor erwacht war. In dem frühen, 1913 publizierten Aufsatz *Unterricht und Wertung* schrieb Walter Benjamin: »Dieser Ton, mit dem ein Herr jene ›idealistische Gesinnung‹ zusamt der Kenntnis vieler Fremdwörter, welche das Gymnasium ihm »›vermittelte‹, gemächlich lobt, ist uns furchtbar. Peinlich ist uns jene behäbige Sentimentalität, die noch nach vierzig Jahren an der Familientafel (zwischen Fisch und Braten) die ersten Verse der Odyssee ertönen lässt … Die Intimität zwischen Philistertum und dem humanistischen Gymnasium ist höchst verdächtig. Wir empfinden: weil unsere Väter so innig allerlei verstaubte Gefühle mit Plato und Sophokles verbunden haben, darum müssen wir los von solcher Familienatmosphäre des Gymnasiums. Und dennoch haben wir wohl eine Sehnsucht, manche wohl eine Vorstellung von dem, was *unser* Gymnasium sein sollte.«[3] Und in dem Aufsatz *Metaphysik der Jugend* schrieb er im gleichen Jahr: »Täglich nutzen wir ungemessene Kräfte wie die Schlafenden, Was wir tun und Denken ist erfüllt vom Sein der Väter und Ahnen.«[4] Ein bereits verbrauchtes Leben, noch bevor es eigentlich begonnen hatte, aus zweiter oder dritter Hand lehnte die begabte und sensible Jugend ab. Benjamins Gymnasium, das neue Gymnasium der Jugend, sollte sich nach Ansicht des jungen Autors auf Nietzsches Aufsatz *Vom Nutzen und Nachteil der Historie* berufen. In dem Aufsatz, der sich gegen die positivistische Geschichtsforschung richtete, gegen Leopold von Ranke, den Nietzsche als Einzigen mit Namen nannte, verwarf der Philosoph die monumentalische und antiquarische Geschichtsbetrachtung, die entweder durch ihre einseitige Fixierung auf die Geschichte die Gegenwart verlor oder jegliche Aktivität der Menschen und Völker mit dem Ballast der Geschichte zu ersticken drohte. Allerdings führte der Aufstand des Voluntarismus gegen den Positivismus dazu, dass seine bedeutenden Leistungen in der Nachfolge sträflich unterschätzt worden waren. Nietzsche rief nach der kritischen Geschichte, die dasjenige aus der Geschichte zutage förderte, das den »Geschlechtern« half in der Gestaltung ihrer Gegenwart. Den Nutzen der kritischen Geschichte sah Nietzsche darin: »Glücklicher Weise bewahrt [die Geschichte] aber auch das Gedächtnis an die großen Kämpfer gegen die Geschichte, das heisst gegen die blinde Macht des Wirklichen und stellt sich dadurch selbst an den Pranger, dass sie Jene gerade als die eigentlichen historischen Naturen heraushebt, die sich um das ›So ist es‹ wenig kümmerten, um vielmehr mit heiterem Stolze einem ›So soll es sein‹ zu folgen. Nicht ihr Geschlecht zu Grabe zu tragen, sondern ein neues Geschlecht zu begründen – das treibt sie unablässig vorwärts: und wenn sie selbst als Spätlinge geboren werden, – es gibt eine Art zu leben, dies vergessen zu machen; – die kommenden Geschlechter werden sie nur als Erstlinge kennen.«[5] Hier findet sich auch der Ursprung für Benjamins berühmte Thesen *Über den Begriff der Geschichte,* die Nietzsches Gedanken auf sehr eigene Weise mit einem jüdischen Messianismus verschränkten.[6]

Es ging also darum, nicht unter Bildungsmonumenten lieblos begraben zu werden, darum, nicht lediglich in gehabten, als tot empfundenen Formen zu funktionieren, sondern zu leben, zu gestalten, zu erfinden, sein Schicksal in die eigenen Hände zu nehmen, was überschaubar und scheinbar klein mit der Schaffung von Freiräumen begann. Und den größten freien Raum in dieser Zeit stellte die Natur. Auch wenn Edith Stein auf den ersten Blick mit dem Aufstand gegen die Väterwelt wenig zu tun haben mochte, wenn sie nicht gegen den allmächtigen Vater mangels Vater zu revoltieren brauchte, hatte auch sie sich, als sie die Schule abbrach und nach Hamburg ging, dem Gymnasium und der humanistischen Bildung doch entzogen, ja regelrecht mit ihm gebrochen. Überdies wurde sie in den Bildungseinrichtungen mit der von Walter Benjamin beschriebenen Väterwelt konfrontiert. Gegen die Väterwelt, gegen ihre Werte lief die Reformpädagogik und die Jugendbewegung Sturm. Die Jugend »möchte nicht mehr, wie bisher, zwangsweise erwachsen sein müssen, sondern wirklich jung sein dürfen«, schrieb der führende Reformpädagoge dieser Zeit, Gustav Wyneken.[7] Mit dem Denken der Reformpädagogen, mit Wyneken, Friedrich Wilhelm Foerster, Hugo Gaudig wurde auch Edith Stein nun konfrontiert, mit deren unversieglichem Elan und deren unverwüstlichem Optimismus, mit ihrem unwiderstehlichen pädagogischen Eros, als sie in den Kreis der Studenten geriet, die Psychologie studierten, weil sie Pädagogen werden wollen. Für Gustav Wyneken charakterisierte den »höheren Menschen« sein Gespür für das Wesentliche, für Philosophie und Kunst. Es ging auch um Feingefühl, Ästhetizismus, Anstand, Sauberkeit, Reinheit, Subtilität. Gesellschaftsreform wurde vollständig als Reform der Pädagogik verstanden, darum ging es auch in der Pädagogischen Gruppe, der Edith Stein beitrat. Walter Benjamin, der sich in der Freideutschen Jugend engagierte, publizierte im Sommer 1912 den Aufsatz *Die Schulreform, eine Kulturbewegung*, dessen Auflage von 10 000 Exemplaren an den deutschen Universitäten verteilt wurde. Möglich, dass er auch Edith Stein in die Hände fiel. »Kurz: in der Schulreformbewegung sprechen sich klar und dringend Bedürfnisse unserer Zeit aus, die, wie wohl all ihre größten Nöte, auf ethisch-kulturellem Gebiet liegen … In vieler Hinsicht kann von der Schulreform als reiner Kulturbewegung gesprochen werden. Man könnte in jeder Reformbewegung eine Kulturbewegung sehen«.[8] Vor allem ging es, um mit Nietzsche zu sprechen, um die Umwertung der Werte. »Wir sind so unsicher von der ewigen idealen Pose geworden, die die Schule uns aufzwingt, von der mürben Feierlichkeit, dass wir zueinander gar nicht mehr edel und frei sein können. Sondern: Frei und unedel oder edel und unfrei.«[9] In der »ewigen idealen Pose«, die Kühnemann einnahm, mag auch Steins Aversion gegen diesen Hochschullehrer gelegen haben, denn, so Walter Benjamin: »Wir brauchen eine schöne und freie Gemeinschaft, damit das Allgemeine auszusprechen sei, ohne gemein zu werden. Diese Möglichkeit haben wir noch nicht und die wollen wir uns schaffen.«[10] Dieser Gedanke ihres Freiburger Kommilitonen hätte die Breslauer Studentin sicher unterschrieben. Übrigens saß genau zu dieser Zeit Walter Benjamin im selben Seminar von Heinrich Rickert mit dem Studenten Martin Heidegger. Sie dürften einander kaum geschätzt, noch wahrgenommen haben.

Den Anfang der Jugendbewegung machte das Wandern, die Entdeckung der Natur als Freiraum, als Exil und Refugium. Schüler des Steglitzer Gymnasiums begannen um 1901, sich in Gruppen zu finden und zu wandern. Sie wählten nur wenig ältere Führer, die die Verantwortung für die Ausfahrten übernahmen. Mit wenig Gepäck ging es in die Landschaft hinaus, übernachtet wurde, wo sich etwas fand, in billigen Pensionen, in Bauernhäusern, Burgruinen, am liebsten in Scheunen, in denen sie »Nester« als Schlafstätten schufen. Ein wenig eiferte man dem mittelalterlichen Scholarentum, den wandernden Studenten nach, zumindest, was man in der romantischen Vorstellung darunter verstand. Gitarren wurden gern mitgenommen, denn man liebte es zu singen und entdeckte das Volkslied neu. Nicht umsonst entstand in dieser Zeit die berühmte Liedersammlung *Der Zupfgeigenhansl*. In Anlehnung an das Scholarentum nannte man sich auch »fahrende Schüler«, die Führer hießen Bachanten (oder Pachanten) oder Oberbachanten. Es bildeten sich Bünde, die sich auch wieder spalteten, die sich »Wandervogel« oder »Freischaren« nannten. Diese neue Jugendbewegung drückte sich auch in einer erdachten Kleidung, in der Entdeckung des Volksliedes, einer hohen Moral und einem beglückendem Gruppenerlebnis in freier Natur aus. Einige von ihnen wandten sich gegen das Rauchen und gegen den Genuss von Alkohol, auch der Vegetarismus spielte eine Rolle. Ohne das im Detail darstellen zu wollen, entwickelten sich aus dieser Jugendbewegung und auch parallel zu ihr als Ausdruck der neuen Lebensphilosophie und des Vitalismus lebensreformerische und reformpädagogische Bestrebungen. Die Wandervogelbewegung breitete sich auch an den Universitäten aus und bot denjenigen unter den Studenten eine Stätte der Geselligkeit, Heimat und Rückhalt, die mit dem studentischen Verbindungswesen, den Burschenschaften und den Landsmannschaften mit ihrem Kommerswesen, dem exzessiven Alkoholgenuss nichts anzufangen wussten. »Sei es Sonnenschein oder Regen, Sommer oder Winter, wir wollen wandern. In der Woche vereinigen uns Lese- und Singabende, Turn und Spielstunden … wer daran glaubt, dass ohne Bier und Tabak Frohsinn und Freundschaft zu herrschen vermag, der komme, sehe und bleibe«, hieß es in einem Anschlag des Akademischen Wandervogels in Göttingen.[11]

Von dieser Bewegung ging der Reformpädagoge Gustav Wyneken aus, dem allerdings diese Jugendbewegung deutliche Anzeichen einer »geistigen Unterernährung« zeigte. Aus der Sehnsucht und den Versuchen, Freiräume außerhalb der Schule zu finden, entstand die Idee, dass bereits die Schule zum Freiraum werden müsse. Wyneken schuf daher die Freie Schulgemeinschaft Wickersdorf in Thüringen, nachdem er bereits in Haubinda reformpädagogisch tätig war. Zwar wurden in der Freien Schulgemeinschaft dieselben Lehrinhalte vermittelt wie in den staatlichen Gymnasien, doch die Art und Weise des Unterrichts, des Lernens und des Zusammenlebens wurde vollständig verändert und auf die Grundlage der Freiheit gestellt. Schüler und Lehrer bildeten eine Schulgemeinschaft, die Schulgemeinschaft wählte den Direktor, der lediglich Primus inter Pares war. Die Schulgemeinschaft begriff Wyneken als eine Art Genossenschaft, die gemeinsame Ziele verfolgte und die ein Sozialgefüge, einen geistigen Organismus bildete. Schulreform wurde bald schon als Gesellschaftspolitik verstanden und eroberte auch die Studentenschaft.

Im Pädagogikstudium traf Edith Stein auf Studenten, die aus der Jugendbewegung stammten und von reformpädagogischen Ideen inspiriert waren. Einige von ihnen besaßen bereits pädagogische Erfahrung, hatten als Erzieher oder Volksschullehrer gearbeitet, empfanden ihre Tätigkeit als hohe sittliche Verantwortung und untersetzten sie mit hohen Zielen. Reformpädagogik war und wurde im Grunde Gesellschaftsreform. Gesellschaftsverbesserung auf dem Wege der Bildungsreform zu erreichen, besaß gerade in Deutschland eine lange und auch beeindruckende Tradition.

Mit der pädagogischen Welt kam Edith Stein in engeren Kontakt durch ihre Kommilitonin Kaethe Scholz, mit der sie sich gleich zu Beginn des Studiums anfreundete, just in jener Zeit, in der sie von dem Überangebot an Lehrveranstaltungen schlicht überfordert war. Gesehen hatte Edith sie bereits an der Viktoriaschule, an der sie in den Vorschulklassen unterrichtet hatte. Da Kaethe Scholz zwar kein Abitur, dafür aber auf ein Lehrerinnenexamen und zwei Jahre Schulpraxis verweisen konnte, besaß sie bereits hinreichende Lebenserfahrung, um zu wissen, was sie wollte und was nicht. Das war für Edith ein Glücksfall gewesen sein. In den Vorlesungspausen trafen sie sich zu lebhaften Gesprächen auf den Gängen der Alma Mater. Die zupackende Art und das Selbstbewusstsein der jungen Frau beeindruckten Edith, die bald darauf in der Pädagogischen Gruppe ob ihrer Jugend und Unerfahrenheit im pädagogischen Leben den Spitznamen »Kücken« bekam. Unter dem Einfluss von Kaethe Scholz, die ihr Studium mit der Veranstaltung von philosophischen Zirkeln für Damen der Gesellschaft finanzierte, begann sich Edith Stein für pädagogische Fragen zu interessieren. Zur Pädagogischen Gruppe aber wurde sie von ihrer »alten« Freundin Rose Guttmann mitgenommen, dem, wie sie später einschätzte, »Wertvollsten« in ihrer Breslauer Studentenzeit. Rose, die Mathematik und Naturwissenschaft studierte und bereits im zweiten Studienjahr war, traf sie in den Vorlesungen zur Philosophie und Psychologie. Diejenigen, die Lehrer werden wollten, sammelten sich im psychologischen Seminar von William Stern, und einige von ihnen gründeten zur Selbsthilfe eben jene Pädagogische Gruppe, weil sie zu wenig mit »Erziehungsfragen« und »Schulpraxis« in Berührung kamen. Das suchten sie aufzufangen, indem sie sich einmal in der Woche abends von 20 bis 22 Uhr im psychologischen Seminar der Universität trafen. Einmal im Semester kam William Stern in die Gruppe, ansonsten lud man Praktiker oder pädagogische Schriftsteller zu Vorträgen ein, oder einer von ihnen referierte über ein Buch, das ihn begeistert hatte, das waren häufig Texte der Reformpädagogen Gustav Wyneken, Friedrich Wilhelm Foerster, der 1914 in München Professor für Pädagogik und Philosophie wurde, die Kriegspolitik Deutschlands im Ersten Weltkrieg ablehnte und nach der Ermordung von Matthias Erzberger und Walter Rathenaus erst in die Schweiz, dann nach Frankreich ging, Hugo Gaudig, der sich mit dem Thema der Mädchenbildung auseinandersetzte, und Georg Michael Anton Kerschensteiner, der die Arbeitsschule begründete und sich Verdienste um die Berufsschule erwarb. Wenn die Diskussionen länger dauerten und der Pedell die Universität abschloss ging man eben in ein Café oder im Sommer in den Scheitinger Park. Hinzu kamen Besichtigungen von Hilfsschulen, Taubstummen- und Blindenanstalten, von Heimen für verwahrloste Kinder oder »Schwachbefähigte«. Edith trat dem »Bund für Schulreform« bei.

Die inspirierende Kraft und der Mittelpunkt der Pädagogischen Gruppe, den Edith Stein als natürliche Autorität beschreibt, der bzwar die Leitung der Gruppe übergeben, sie aber immer noch beherrschte, war ein junger Mann aus dem Niederdeutschen, der auf den Namen Hugo Hermsen hörte. Liest man seine Beschreibung, fühlt man sich ein wenig an Hans Biberstein erinnert, zumindest an die Tonlage der Beschreibung, denn Hermsen war »klein, aber kräftig, gesund und sportlich geschult. Ein Kopf, den man nicht leicht wieder vergaß, wenn man ihn einmal gesehen hatte: sonnengebräunt, mit schönen, edlen Zügen; aus den grauen, etwas tiefliegenden Augen leuchtete ein heiliges Feuer. Der weichen, etwas verschleierten Stimme hörte man es an, daß alles, was er sagte, aus dem tiefsten Herzen kam.«[12] Einmal hatte er sie und Rose mitgenommen zu einem Nestabend der Wandervögel, an dem er Märchen las. Aus ihren Erinnerungen spricht ein Schwärmen, vielleicht auch mehr. Hermsen stand am Abschluss seines Studiums. In den Breslauer Beiträgen erschien am 1. Januar 1913 seine Arbeit über *Die Wiedertäufer in Münster in der deutschen Dichtung*. Es findet sich kein Beleg, dass Edith Stein die Arbeit kannte. Aber irgendetwas zwischen den beiden muss es gegeben haben, ein Missverständnis, ein Nichtzueinanderkommen, etwas, das sich auf die eine oder andere Art in ihren Beziehungen zu Männern, in ihrem Verhalten Männern gegenüber, die in ihren Augen keine »Idioten« waren, wie die herkömmlichen Studenten, etwas, das mit ihrer Angst vor dem Kontrollverlust zusammenhängt.

Es sollte Hermsen sein, der sie schließlich verletzte, obwohl das nicht in seiner Absicht stand, zumal es fast wehmütig klingt, so wehmütig wie der letzte Tanz mit Hans Biberstein: »Nun wünsche ich Ihnen, daß Sie in Göttingen Menschen treffen möchten, die Ihnen recht zusagen. Denn hier sind Sie doch etwas gar zu kritisch geworden«.[13] Im Karmel erklärte sich Edith Stein die Episode im Grunde mit dem fehlenden Glauben: »Über diese Worte war ich sehr betroffen. Ich war an gar keinen Tadel mehr gewöhnt. Zu Hause wagte mir kaum noch jemand etwas zu sagen; meine Freundinnen hingen mit Liebe und Bewunderung an mir. So lebte ich in der naiven Selbsttäuschung, daß alles an mir recht sei: wie es bei ungläubigen Menschen mit einem hochgespannten ethischen Idealismus häufig ist. Weil man für das Gute begeistert ist, glaubt man selbst gut zu sein. Ich hatte es auch immer als mein gutes Recht angesehen, auf alles Negative, was mir auffiel, auf Schwächen, Irrtümer, Fehler anderer Menschen, schonungslos den Finger zu legen, oft in spottendem und ironischem Ton. Es gab Leute, die mich ›entzückend boshaft‹ fanden. So mussten mich diese ernsten Abschiedsworte eines Mannes, den ich hochschätzte und liebte, sehr schmerzlich berühren.«[14] Ist es wirklich eine Frage des fehlenden Glaubens? Der Überheblichkeit, der fehlenden Demut? Sicher, die

Liebe zum Zweifel war ihr in der Tat nicht in die Wiege gelegt, die Fähigkeit den Zweifel zu genießen, sich in ihm ganz auszustrecken, auf Sicherheiten verzichten zu können, sich dem Denken oder der Liebe ganz auszuliefern. Sicher, es gehört zu den Vorrechten der Jugend, idealistisch zu sein und im Mangel an Erfahrung die Welt in Schwarz und Weiß einzuteilen. Ist aber eine Einteilung zwischen Glauben und Unglauben differenzierter?

Die Angst vor dem Kontrollverlust, davor, dass einem die Dinge aus den Händen gleiten, beschreibt es nur allzu grob – und in seiner Grobheit am Ende vielleicht nicht ganz zutreffend. Es gibt eine Skizze von Franz Kafka, mit der man – bei umgekehrten Geschlechterverhältnissen – auch Edith Steins Verhalten zu Männern, in die sie sich verliebt hatte, gut beschreiben könnte: »Ich liebte ein Mädchen, das mich auch liebte, ich musste es aber verlassen. Warum? Ich weiß nicht. Es war so, als wäre sie von einem Kreis von Bewaffneten umgeben, welche die Lanzen nach auswärts hielten. Wann ich mich auch näherte, geriet ich in die Spitzen, wurde verwundet und musste zurück. Ich habe viel gelitten. Das Mädchen hatte daran keine Schuld? Ich glaube nicht, oder vielmehr, ich weiß es. Der vorige Vergleich war nicht vollständig, auch ich war von Bewaffneten umgeben, welche ihre Lanzen nach innen, also gegen mich hielten. Wenn ich zu dem Mädchen drängte, verfing ich mich zuerst in den Lanzen meiner Bewaffneten und kam schon hier nicht vorwärts. Vielleicht bin ich zu den Bewaffneten des Mädchens niemals gekommen und wenn ich hingekommen sein sollte, dann schon blutend von meinen Lanzen und ohne Besinnung. Ist das Mädchen allein geblieben? Nein, ein anderer ist zu ihr vorgedrungen, leicht und ungehindert. Ich habe, erschöpft von meinen Anstrengungen, so gleichgültig zugesehen, als wäre ich die Luft, durch die sich ihre Gesichter im ersten Kuss aneinanderlegten.«[15] Die Romanze, die nie wirklich begann, endete mit ihrem und seinem Weggang aus Breslau. Hugo Hermsen ging als Erzieher auf das Gut der Grafen Yorck von Wartenburg. Der Krieg brach aus, Edith erhielt später noch eine Karte nach Göttingen, dass er sie besuchen kommen wollte, doch schließlich fiel er im Ersten Weltkrieg.

Mit einem anderen jungen Mann, der bereits als Volksschullehrer gearbeitet hatte, führte sie bis in die tiefe Nacht hinein philosophische Gespräche vor der Haustür. Aber es ging keusch und rein und philosophisch zu. In dieser Zeit wurde sie Mitglied im Akademischen Zweigverein des Humboldtvereins für Volksbildung und gab Rechtschreibkurse im Rahmen der Arbeiterbildung. Darüber lernte sie einen jungen Juden orthodoxen Glaubens kennen, »strenggläubig und gesetzestreu«, der auch Rezensionen für die Zeitung schrieb. Zur Krise in ihrer harmlosen Beziehung kam es, als Eduard Metis in der Besprechung eines Novellenbandes ihrer Meinung über erotische Dinge in etwas zu frivolem Ton geschrieben habe. Er wurde streng zur Rede gestellt und musste sich erklären. »Ich hatte diesen freundschaftlichen Verkehr aufgenommen in dem festen Vertrauen, es mit einem ganz reinen Menschen zu tun zu haben. Sollte ich mich getäuscht haben? Dann wäre es mit der Freundschaft aus. Ich wollte nicht mit Leuten umgehen, die in diesem Punkt nicht ganz sauber wären.«[16]

So trieb sie sich mit ihren hohen Erwartungen an andere, mit ihren noch höheren Ansprüchen vor allem an sich selbst und einer Vielzahl an Lehrveranstaltungen und außeruniversitärer Aktivitäten in eine Krise, in einen Zusammenbruch. Sie tanzte auf vielen, zu vielen »Hochzeiten«, auf allen mit gleicher Intensität. Doch welche war die ihre? Sie vermochte viel, sie beherrschte alles, nur was konnte sie richtig? Die Spanne Jugend geriet unter heftige Spannungen.

Der Zusammenbruch wurde schließlich ausgelöst, nicht von einem Misserfolg oder einer Enttäuschung, sondern von einer Lektüre. Es wurde Zeit für eine Entscheidung. Es war doch viel Betrieb um des Betriebes willen, viel Außen, was aber war Edith Steins Inneres, was wollte sie?

8.

Die phänomenologische Wende

Von jeher neigte Edith Stein zu einer Verschlossenheit, die sie aber nicht hemmte im Umgang mit anderen Menschen. Sie war offen und verschlossen zugleich, nicht introvertiert, aber auch nicht leutselig, auf alle Fälle mit einer klaren Scheidung von Innen und Außen. Der Bereich des Inneren blieb auf lange Zeit, vielleicht auch für immer, nur ihr selbst zugänglich. Später sollte sie auch formulieren, dass ihr Innerstes ihr Geheimnis blieb (»Secretum meum mihi«), noch etwas später wurde das Geheimnis dann zu einer eigenen Dimension des Glaubens.[1] Das führte dazu, dass sie es vermied, ihrem Herzen Luft zu machen, sondern alles in sich bedachte und abwog, auch die unerfüllten Sehnsüchte, den Wunsch zu lieben und geliebt zu werden. Die interessantesten Männer ließen sich noch nicht einmal von ihrer triumphierenden Intellektualität abschrecken, das erledigte sie meist selbst, indem sie sich selbst in Kafka'scher Manier den Weg verlegte, die Spitzen der Lanzen nach innen richtete und mehr als den anderen sich selbst bewachte. Der Mensch bleibt sich ein Geheimnis, ein Geheimnis, das sie lüften, dem sie wenigstens auf die Spur zu kommen trachtete. Die Frage nach dem Anderen bleibt doch die Frage nach uns selbst, auch wenn sie anders gestellt wird. Daraus erklärt sich Edith Steins Interesse an der Psychologie, nur wird sie lernen, dass diese Frage, so gestellt, nicht die Fragestellung der Psychologie, sondern die der Philosophie, nicht einmal der Ethik, genauer gesagt, die der Ontologie ist.

Doch wann sollte sie über sich selbst nachdenken? Zeit für Kontemplation, für Überprüfung, für eine Positionsbestimmung, für ein simples Innehalten, ließ sie sich nicht. Stattdessen hetzte sie in einem einzigartigen Rausch der Vielfalt und des Vielerleis von einer Aktivität in die nächste, denn neben dem Studium von vier Fächern, dem Engagement im Zweig des Akademischen Humboldt Vereines, des Bundes für Schulreform, der Pädagogischen Gruppe und den Rechtschreibkursen gab sie auch noch Nachhilfeunterricht. Ihre Kräfte beständig überzubeanspruchen, schien ihr Vergnügen zu bereiten, versetzte sie in den gefährlichen Rausch, der mühelos die Warnsignale eigener Überforderung betäubte. Man könnte es Trunkenheit ohne Alkohol nennen, heute würde ein Arzt Edith Stein wohl vor dem Burn-out warnen.

In der Psychologie wurde sie von William Stern gleich in das Seminar für Fortgeschrittene aufgenommen. Dessen Sohn, Günther, sollte sich übrigens unter dem Pseudonym Günther Anders als Philosoph und als Essayist, der von 1929 bis 1937 mit Hannah Arendt verheiratet war und bei Ernst Cassirer, Martin Heidegger und Edmund Husserl studiert hatte, einen Namen machen. Im Seminar von William Stern fühlte Edith Stein sich zunächst wohl, es befriedigte sie aber intellektuell immer weniger. Das Seminar von Richard Hönigswald erwies sich als äußerst anspruchsvoll, kam ihr aber kalt und intellektualistisch vor. Zur Kantianerin war sie gewiss nicht geboren, es fehlte ihr dazu das weltanschauliche Moment, das sich später als Platzhalter für den Glauben entpuppen sollte. Über ihr – zumindest im Anfang und vor den Immatrikulation her betrachtet – Hauptfach Germanistik berichtete sie nur über die Übungen in der Sprachgeschichte, und auch nur hierüber insoweit sie erstmalig mit dem Evangelium in Berührung kam, über Wulfila, Tatians Diatessaron und Otfried von Weißenburgs Evangeliendichtung. Wernher der Gartenaere und dessen satirische Dichtung *Meier Helmbrecht* – ebenfalls Seminarthema – war der Karmelitin dann konsequenterweise keine Erwähnung wert. Die Literaturwissenschaft fragt auch nicht nach dem Wesen des Menschen, sondern nach der Entstehung, der Eigenart und der Wirkung von Literatur, Fragen, die Edith Stein immer weniger interessierten. Im Sommer 1912 stieß sie auf den Erfolgsroman von Hermann Popert *Helmut Harringa*, den man in jugendbewegten Kreisen einfach gelesen haben musste, wie den Roman *Wiltfeber, der ewige Deutsche* von Hermann Burte oder die sich allerdings durch höhere literarische Qualität auszeichnenden Bücher von Hermann Löns, Wolfgang Kirchbach, Walter Flex und Heinrich Sohnrey.

In ihren Erinnerungen nennt Edith Stein das Buch einen Tendenzroman, womit sie recht hatte, doch war er recht eigentlich noch viel weniger, denn der Roman erwies sich als erzählerisch schwach und von zu großer Schlichtheit. Zuweilen erklärt sich die Wirkung von Texten nicht aus ihrer hohen, sondern aus ihrer mangelnden Qualität, aus den gesellschaftlichen Zusammenhängen, davon, was eine Gesellschaft lesen oder hören will. Der Plot sollte nur dazu dienen, für eine Weltanschauung zu werben und für sie zu agitieren. Emotionalität wurde durchgehend mit Kitsch verwechselt, die Figuren reduzierten sich auf Typen. Popert fiel, um es zeitgenössisch einzuordnen, weit hinter die erzählerischen Standards von Theodor Fontane, vom jungen Thomas Mann, von Heinrich Mann, aber auch Rainer Maria Rilke im *Malte Laurids Brigge* zurück, um nur deutsche Autoren zu nennen, Leo Tolstoi und Marcel Proust braucht man erst gar nicht zu erwähnen. Poperts zu recht vergessener Roman gehörte zu der besonderen Kategorie von Werken, die ihren temporären Erfolg einer besonderen Wendung des Zeitgeistes verdanken. Ohne die Jugendbewegung hätte der Roman kaum Interesse erzeugt und wäre wohl auch nicht Edith Stein in die Hände gefallen. Hermann Popert sollte an diesen Erfolg auch nicht mehr anschließen können.

Die Hauptfigur Helmut Harringa, ein blonder Recke von den ostfriesischen Inseln, trittt für ein gesundes Volkstum gegen voreheliche Geschlechtsverkehr, gegen Prostitution, gegen Alkoholismus, überhaupt gegen Alkoholgenuss auf. Zum emotionalen Höhepunkt treibt Popert die Handlung, als Harringas Bruder sich unter der Wirkung von Alkohol dem vorehelichem Sex hingibt, sich dabei mit der Syphilis infiziert und daraufhin seinem Leben ein Ende setzt. Poperts Romankonstrukt ist nicht mehr als ein erzählerisch naives Manifest der Abstinenzlerbewegung. Dort, wo er rühren will, kitscht er, wie in der Episode, in der ein junges Mädchen, weil es nicht aufgeklärt worden war, ebenfalls an der Syphilis erkrankt: »Sie spricht die Sprache gar nicht, die sie verstehen müsste, damit man sie retten könnte. Kurz, es ist einfach ein Wahn, wenn du glaubst, du könntest Vater, Mutter und Tochter warnen … Sparen wir uns für Kämpfe, wo man siegen kann.«[2] Am Ende des Romans wird die Abstinenzlerbewegung zur »großen Freiheitssache, die da gemeinsam ist allen Germanenvölkern«, verklärt, der Kampf gegen den Alkohol zur eigentlichen großen Schlacht der Menschheit gegen die »großen Giftgewerbe, die die Erde knechten«, über die »das Banner mit dem Totenkopf flattert«[3] ausgerufen. Die Vision, die *Helmut Harringa* von der großen Schlacht hat, deliriert in schiefen Sprachbildern, rettungslos moraltrunken. Freilich beginnt der Roman schon mit der heroischen Rettung eines Junggermanen, den der Alkoholgenuss seines Chefs vor den Richter brachte. Die Unschuld des fälschlich angeklagten jungen Mannes stellt der Beisitzer Helmut Harringa rein intuitiv anhand einer simplen Tatsache fest: »Wie? Dieser scharf geprägte Inselfriese sollte ein Dieb sein? Verrückter Gedanke! Wenn jemand in Hamburg die Inselfriesen kannte, so war es. Die stehlen nicht.«[4] So schlicht ging es in Poperts Welt zu: Reine, nordisch geprägte Menschen stehlen nicht, die prügeln sich höchstens, aber Diebstahl kommt nicht infrage, das liegt ihnen nicht im Blut. Der sensationelle Erfolg des Romans führte dazu, dass Popert 1913 auf dem berühmten Ersten Freideutschen Jugendtag, veranstaltet von diversen Jugend- und Studentenorganisationen, darunter die Akademische Vereinigung Jena und der zum Wandervogel e.V., auf dem Hohen Meißner vor 2000 bis 3000 Teilnehmern eine Rede für die Abstinenz im Sinne lebensreformerischer Vorstellungen hielt. Zu den Rednern des Treffens zählten auch der Philosoph Ludwig Klages und Gustav Wyneken. Der Bundesführer der Deutschen Akademischen Freischar, der 25-jährige Knud Ahlborn, verkündete dort die berühmt gewordene Meißner-Formel: »Die Freideutsche Jugend will nach eigener Bestimmung, vor eigener Verantwortung, in innerer Wahrhaftigkeit ihr Leben gestalten. Für diese innere Freiheit tritt sie unter allen Umständen geschlossen ein. Zur gegenseitigen Verständigung werden Freideutsche Jugendtage abgehalten. Alle gemeinsamen Veranstaltungen der Freideutschen Jugend sind alkohol- und nikotinfrei.« Auch Walter Benjamin besuchte das Treffen, auch Paul Natorp und der spätere Kultusminister Adolf Grimme. Der Dichter Ferdinand Avenarius, der die wichtige Zeitschrift *Der Kunstwart*, in der die drängenden Fragen der Kultur diskutiert wurden, herausgab und den Dürerbund gründete, rief zum Abschluss den Teilnehmern zu: »Gott segne die Freideutsche Jugend. Auf Wiedersehen im nächsten Jahr.« Aber im nächsten Jahr war Krieg. Und die Ideale der Jugendbewegung verbluteten auf den Schlachtfeldern Europas.

Hermann Popert, der Verbrechen, sexuelle Zügellosigkeit und Alkoholsucht im Roman, den Edith las, in den finstersten und zugleich in schimmernden Farben malte, hatte auch versucht, das Kommerswesen, die Alkoholexzesse des studentischen Verbindungswesens und den moralischen und menschlichen Verfall an den Universitäten darzustellen. Glaubte man Poperts Roman, musste man die Universitäten für die Hölle auf Erden und den Sündenpfuhl zugleich halten, bevölkert mit durch und durch schlechten oder schwachen Menschen.

Es ist schon erstaunlich, dass ein so minderwertiger Roman die Germanistikstudentin so zu erschüttern vermochte, gibt er doch in seiner Schwarz-Weiß-Malerei, seinen steifen Schablonen, seinen unechten, gestemmten Dialogen doch eher Anlass zur unfreiwilligen Komik. Literaturkritisches Handwerkzeug hätte Distanz bieten können. Sicher, die Schilderung der Syphilis erinnerte Edith Stein an die Fachbücher ihres Schwagers, aus denen sie sich als 14-jähriges Mädchen in Hamburg über die Sexualität informiert hatte. Oder las sie das Buch als Tatsachenbericht über eine Welt, die sie nicht kannte, die sie vermutete, die sie befürchtete, der sie misstraute? Denn die »Idioten« gab es an der Universität auch noch. Nur, weshalb durften die »Idioten« nicht »Idioten« sein? Weil sie dem Reinheitsideal der jugendbewegten Studentenschaft widersprachen?

Jedenfalls widerte sie die im Roman dargestellte Welt an, wo sie doch eigentlich der erzählerische Dilettantismus hätte abstoßen müssen. Oder las sie Literatur »philosophisch«, also auf die inhaltliche Information hin, auf der Suche nach einem Geist der Dichtung? Oder waren ihre Nerven durch die ständige Überspannung einfach nur überreizt, beschlich sie das Gefühl der Leere, weil sich trotz allen Fleißes keine Erfüllung einstellte? Lebte sie in einer so idealisierten Welt, dass dieses letztlich unrealistische Buch dennoch einen Realitätsschock auslöste? Denn trotz dilettantischer Erzählweise existierte das, was Popert schilderte, tatsächlich. Diejenigen ihrer Kommilitonen, die in etwa – zumindest aus ihrer Perspektive – so lebten, wie von Popert dargestellt, hatte sie bisher die »Idioten« genannt und auf sie herabgeblickt. Sie kannte sie aber nicht. Oder hatte einer der Nicht-Idioten sich als Idiot erwiesen? Den armen Eduard Metis hatte sie immerhin wegen einer vielleicht flapsigen Formulierung in seiner Rezension eines Novellenbandes zur Rede gestellt. Sie wollte nur Umgang mit Menschen pflegen, die moralisch »einwandfrei« waren. Die Vorstellung, dass wir alle Simul iustus et peccator, also zugleich gerecht und Sünder sind, fehlte in dem überhöhten ethischen Anspruch, der ihr geholfen hätte, das Gelesene einzuordnen. Die Lektüre von Poperts Buch löste einen veritablen physischen wie psychischen Zusammenbruch aus: »Ich hatte alles Vertrauen zu den Menschen verloren, unter denen ich mich täglich bewegte, ging herum wie unter dem Druck einer schweren Last und konnte nicht wieder froh werden.«[5] Was der Roman bezeichnete, bestand in dem Zusammenbruch der Ordnung aus der Ordnung heraus, das, was Edith Stein am meisten fürchtete.

Anzeichen der Überreizung und der Erschöpfung hatte es bereits früher gegeben. Als in dem Zimmer, in dem sie schlief, Gas ausgeströmt war, sie aber noch rechtzeitig geweckt werden konnte und die Fenster aufgerissen wurden, war ihr erster Gedanke: »Wie schade! Warum hat man mich nicht für immer in dieser tiefen Ruhe gelassen?«[6] Tiefe Ruhe als Gegensatz zum Rausch der Aktivität. Das Umschlagen des einen Extrems in das andere indiziert das Fehlen einer verlässlichen Mitte. Für manche war diese Mitte eine Weltanschauung, für andere der Glaube an Gott, wieder andere, die Kreativsten, die Sensibelsten suchten die Frage zu beantworten, wozu man auf der Welt war, worin der Sinn von Sein bestand.

Ruhe und das Bachfest, das 1912 in Breslau gefeiert wurde, heilten sie von dieser Depression, besonders der Bach-Choral *Ein feste Burg ist unser Gott*, mit der optimistisch-kämpferischen dritten Strophe gab ihr neue Kraft und neuen Mut, auch wenn oder weil Popert ihn für seine Helden-Attrappe benutzte:

»Und wenn die Welt voll Teufel wär
und wollt uns gar verschlingen,
so fürchten wir uns nicht so sehr,
es soll uns doch gelingen.
Der Fürst dieser Welt,
wie sau'r er sich stellt,
tut er uns doch nicht;
das macht, er ist gericht':
ein Wörtlein kann ihn fällen.«

Der ethische Rigorismus und der wissenschaftliche Ehrgeiz stellten allerdings nur eine Seite von Edith Steins Wesen dar, wozu auch ihre Anfälligkeit für Kitsch gehörte. Die andere bestand in Lebenslust und Humor. Für Familienfeiern und für Feste in der Universität, für die sogenannte *Bierzeitung* dichte sie scherzhafte Gedichte und schrieb kleine lustige Szenen. Sie liebte es sehr zu wandern – und so brach sie in den Ferien nach guter Wandervogel-Art mit ihren Freundinnen und Freunden zu mehrtägigen »Fahrten« zum Beispiel zur Schneekoppe auf. Übernachtet wurde, wo es sich unterwegs ergab, das Zimmer oder das Heu teilte man mal mit dem, mal mit dem, immer, um sich auszutauschen, öfter, um lieber die großen als die kleinen Fragen zu diskutieren. Diese Art des Reisens, diese Freiheit war für junge Leute aus dem Bürgertum in der Zeit vor dem Ersten Weltkrieg durchaus normal. Nicht nur Studenten, sondern auch Primaner brachen zu Fahrten zu Fuß oder mit dem Fahrrad auf. In seinen Erinnerungen berichtet der Chemiker und Industrielle Richard-Eugen Dörr, dass er mit seinen Freunden als Gymnasiast bereits in den Ferien mit den Fahrrädern von Karlsruhe nach Italien und nach Wien und Prag gefahren war. Übernachtet wurde in billigen Pensionen, in Scheunen, in Hütten, in

Heuschobern. Abends, vor dem Einschlafen, wurde diskutiert oder gesungen. Die Themen, die besprochen wurden, drehten sich häufig auch in philosophischer Weise um das Leben oder den Sinn des Lebens. Edith Stein hatte zu einer Wanderung beispielsweise Spinozas *Ethik* eingesteckt, die sie in den Pausen las. Die Atmosphäre dieser Ausfahrten hat Thomas Mann ausgezeichnet in seinem *Doktor Faustus* dargestellt.

Sinnsuche stand also auf dem Programm. Nur wenn man bereit dafür ist, ergriffen zu werden, wird man es auch. Das setzt voraus, auf der Suche zu sein – und das war Edith Stein auf jeden Fall: auf der Suche nach Sinn. Es mochte ein Zufall gewesen sein (aber wie zufällig ist bei näherem Hinsehen der Zufall?), dass sie in den Kontakt und in die Gemeinschaft mit Kommilitonen geraten war, die sich leidenschaftlich für Pädagogik interessierten – und die überwiegend dem Stern'schen Seminar angehörten. Wenn in Edith Steins Rückblick die Germanistik kaum eine Rolle spielt, so lag das zum einen daran, dass die spätere Karmelitin und Philosophin stärker die Entwicklungslinien herausarbeitete, die sie ins Kloster führten –, und die verliefen im Anfang eindeutig von der Psychologie zur Philosophie –, zum anderen bewegte Edith Stein ziemlich früh die Frage nach dem Menschen. Und ihr Interesse für Literatur war anfangs unbewusst von dieser Frage getrieben worden, denn Literatur fragt zwar nicht nach dem Menschen, aber sie erzählt vom Menschen. Ihr ging es aber eben nicht um die Erzählung vom Menschen, sondern um die Frage, was der Mensch *sei*, darum, das Rätsel Mensch zu lösen. Die Antwort auf diese Frage schien ihr die Psychologie – und dann noch in ihrer liebenswürdigsten Form vermittelt durch den Philosophen und Psychologen William Stern – zu bieten. Stern kritisierte die zeitgenössische Psychologie dafür, dass »jedes Individuum möglichst weitgehend analysiert, aufgelöst in seine körperlichen Bestandteile und Funktionen, in seine seelischen Inhalte, Akte und Fähigkeiten, in seine sozialen und kulturellen Einzelleistungen« wird, dass die Psychologie zwar immer »tiefer dringt … in die Kenntnisse der Elemente und Elementarvorgänge, in die Gesetzmäßigkeiten, welche die Beziehungen dieser Elemente beherrschen«, nur dass sie darüber blind wurde für die »Ganzheit des Individuums; man achtete so sehr auf das, was im und am Menschen war, dass der Mensch darüber vergessen wurde. Man kannte nur noch Aggregate psychophysischer Tatbestände, nicht mehr Personen.«[7] Mit einem wunderbar bildhaften Ausdruck der deutschen Sprache gesagt: Die zeitgenössische, von Stern kritisierte Psychologie sah den Wald vor lauter Bäumen nicht.

Mit seinem Buch *Differenzielle Psychologie* hatte William Stern eine neue Richtung der Psychologie begründet. Während die Allgemeine Psychologie die psychologischen Gesetzmäßigkeiten, die für alle Menschen zutreffen, untersuchte, beschäftigte sich die differenzielle Psychologie mit den individuellen Unterschieden zwischen den Menschen. Das erstaunt nicht, wenn man bedenkt, dass Sterns philosophisches Hauptwerk *Person und Sache I–III* heißt, Stern sich also für die Person interessierte. Und genau der Stern'sche Personalismus begeisterte Edith Stein, die nicht weniger intensiv und interessiert nach der Person, dem Aufbau der menschlichen Persönlichkeit fragte. Warum der Mensch ihr zur Frage wurde, die Frage aller Fragen mit Blick auf ihre Biografie wird sich nicht sicher beantworten lassen, sie liegt tief im mehrfach gesicherten Geheimnis ihres innersten Seins. Möglich, dass sich in der großen Familie, im Strudel der vielfältigen Beziehungen das Eigene vor dem Zerfließen nur durch die Schaffung eines von allen abgetrennten, höchst intimen Bereichs sichern ließ, besonders bei einer so sensiblen wie empathischen Disposition, wie sie Edith mitgegeben war. Den ersten große Widerstand gegen das Zerfließen, der Versuch, das Eigene zu finden, startete sie ja schon unbewusst mit dem Abgang von der Schule und dem Hamburg-Aufenthalt, und der fiel nicht zufällig mit der Pubertät zusammen, die sie innerlich, nach außen eher unauffällig durchlebte. Wahrscheinlich motivierten die psychologischen Studien nicht die Suche nach sich selbst, sondern die Suche nach dem, was mit ihr vorging, was ihr widerfuhr als objektiver Vorgang. Hinter dieser leichten Verschiebung des Interesses zeigt sich, dass sie im Grunde – was ihr anfangs nicht bewusst war – nicht psychologisch, sondern philosophisch fragte. Deshalb stellte sich bald schon heraus, dass ihre wissenschaftliche Begeisterung für William Stern auf diesem Missverständnis beruhte. Im Grunde interessierte sie nicht die psychologische, sondern die ontologische Perspektive. Das wurde ihr jedoch erst deutlich in der Lektüre Edmund Husserls und erklärt deshalb die Wirkung, die Husserls Denken auf sie ausübte. Es öffnete nicht nur neue Denkwege, es machte ihr zugleich begreiflich, was sie eigentlich suchte und auf welchem Weg sie dem näher kommen konnte. Durch die Lektüre Husserls verstand sie, dass sie sich nicht für die Psychologie, sondern für die Philosophie interessierte. Doch woran merkte Edith Stein das, wenn sie den Blick von Husserls Werk *Logische Untersuchungen* erhob und ins philosophische Rund der Zeit schaute?

In der Philosophie herrschte damals der Psychologismus – neben dem Neukantianismus und der Lebensphilosophie – als eine Abart des Positivismus vor, sodass Edith Stein den Psychologismus anfangs für Philosophie hielt. Psychologismus beinhaltet die Vorstellung, dass Erkenntnis im Individuum entsteht, man daher die Frage nach der menschlichen Erkenntnisfähigkeit nur über die Erforschung der Psyche angehen kann und die Psychologie mithin die Grundlagenwissenschaft für die Philosophie bildete. Bereits Sterns philosophische Arbeiten gingen gegen diese Vorstellung an. Durch seine psychologischen Forschungen schuf er die Grundlagen für die Arbeits- und Schulpsychologie, für die psychologische Beratung, für die Psychotherapie, auch für die Intelligenz- und Eignungstests, doch all das wollte er letztlich philosophisch fundiert sehen. Die Frage seiner Studentin ging nach der Stellung des Menschen in seiner Welt, nach dem, was ihn als Wesen ausmachte und seine Position bestimmte, was Wahrnehmung und Erkenntnis für ihn war, was beide ermöglichten und wie beide funktionierten. Philosophie betrachtete sie als eine Grundlagenwissenschaft, die eben die wissenschaftlichen Grundlagen für alle Einzelwissenschaften schuf, von der diese erst ihre Methoden fundieren konnten. Die Psychologie steckte ihrer Meinung nach noch in den Kinderschuhen, weil es ihr an einer eigenen, allgemeingültigen Begrifflichkeit mangelte.

Wichtig ist es, sich zu vergegenwärtigen, dass Edith Stein sich an herausragenden Denkern, die schon früh das Gepräge geistlicher Führung annahmen, orientierte: an Edmund Husserl, später an Thomas von Aquin und schließlich an Johannes vom Kreuz. Denken war für sie immer mit Menschen, mit Denkern verbunden. Die erste Persönlichkeit, die Edith Stein wirklich begeisterte, fand sie in ihrem Hochschullehrer William Stern. Monierte sie im Verlauf ihrer psychologischen Studien immer stärker, dass die Psychologie sich hinsichtlich ihrer Grundlagen im kompletten Wirrwarr, sich theoretisch in einem völlig ungeklärten Zustand befand, so ging es ihr mit Blick auf die Philosophie darum, notwendige begriffliche Klärungen voranzutreiben, damit sie ihre Rolle als die Grundlagenwissenschaft zu spielen vermochte, nicht den einzelwissenschaftlichen Erkenntnissen hinterherlief, sondern ihnen voranging in der Enträtselung der Welt.

Im 19. Jahrhundert hatten sich mit dem Siegeszug der industriellen Revolution, mit dem Höhenflug von Wissenschaft und Technik die Einzelwissenschaften immer stärker profiliert. Die Folge davon war, dass die Philosophie ins Abseits geriet, zumal sie durch

Hegels objektiven Idealismus zu einer Art »Abschluss« gekommen war. Die Metaphysik hatte ausgespielt, man schämte sich ihrer wie eines Verwandten, der die Hosen mit der Kneifzange anzieht. Die Philosophie – oder was davon noch übrig war, wenn sie nicht in die Philosophiegeschichte auswich – hatte im Positivismus eine Leidenschaft für das Konkrete, für das Wieg- und Messbare, für das Quantifizierbare und Bestimmbare entdeckt. In den Kunstwissenschaften, in der Germanistik, verbunden mit dem Namen Wilhelm Scherer, und in den Geschichtswissenschaften, durch den Namen Leopold von Rankes vertreten, entstanden sehr faktenreiche Darstellungen, bei denen aber zuweilen über das Faktische das Wesentliche verlorenging. Die Physik hatte den Sieg über die Metaphysik davongetragen. Dagegen schrieb Friedrich Nietzsche bis zur völligen geistigen Erschöpfung an, der der satten, biederen Bürgerlichkeit das Dionysische, die Lust, die Lebenskraft, die Tatkraft, den Rausch entgegenstellte. Ihm ging es um die Umwertung der Werte. Das Leben war nicht Zahl, sondern Wille, Wille zur Tat. »In der That, wir Philosophen und ›freien Geister‹ fühlen uns bei der Nachricht, dass der ›alte Gott todt‹ ist, wie von einer neuen Morgenröthe angestrahlt; unser Herz strömt dabei über vor Dankbarkeit, Erstaunen, Ahnung, Erwartung – endlich erscheint uns der Horizont wieder frei, gesetzt selbst, dass er nicht hell ist, endlich dürfen unsere Schiffe wieder auslaufen, auf jede Gefahr hin auslaufen, jedes Wagnis des Erkennenden ist wieder erlaubt, das Meer, unser Meer liegt wieder offen da, vielleicht gab es noch niemals ein so ›offenes Meer‹.–«[8] Damit hatte Nietzsche drei von acht Schlüsselbegriffen der entstehenden Lebensphilosophie benannt: Erstaunen, Ahnung, Erwartung, hinzu kamen noch Erlebnis und Ereignis, Wille, Tat und natürlich die Klammer von allem: Leben.

Nietzsche wollte dem Kerker der Spießbürgerlichkeit, der sanften Unmenschlichkeit des juste milieus entkommen – und zahlte dafür einen hohen Preis, vielleicht den höchsten. Niemand hatte besser die deutsche Bürgerlichkeit, eben jenes juste milieu und ihre intellektuelle Bräsigkeit charakterisiert als Friedrich Hölderlin in der berühmten Stelle im *Hyperion*: »So kam ich unter die Deutschen. Ich forderte nicht viel und war gefasst, noch weniger zu finden. Demütig kam ich, wie der heimatlose blinde Ödipus zum Tore von Athen, wo ihn der Götterhain empfing; und schöne Seelen ihm begegneten – Wie anders ging es mir! Barbaren von alters her, durch Fleiß und Wissenschaft und selbst durch Religion barbarischer geworden, tiefunfähig jedes göttlichen Gefühls, verdorben bis ins Mark zum Glück der heiligen Grazien, in jedem Grad der Übertreibung und der Ärmlichkeit beleidigend für jede gutgeartete Seele, dumpf und harmonielos, wie die Scherben eines weggeworfenen Gefäßes – das, mein Bellarmin! waren meine Tröster. Es ist ein hartes Wort und dennoch sag ichs, weil es Wahrheit ist: ich kann kein Volk mir denken, das zerrißner wäre, wie die Deutschen. Handwerker siehst du, aber keine Menschen, Denker, aber keine Menschen, Priester, aber keine Menschen, Herrn und Knechte, Jungen und gesetzte Leute, aber keine Menschen – ist das nicht, wie ein Schlachtfeld, wo Hände und Arme und alle Glieder zerstückelt untereinander liegen, indessen das vergoßne Lebensblut im Sande zerrinnt?«[9]

Hölderlins Blick auf die Welt jedoch blieb Edith Stein fremd, wenn nicht sogar unbekannt, denn es findet sich in ihrem Werk, in ihren Briefen nicht ein einziger Hinweis auf ihn. Hinreichend erklärt wird diese Leerstelle nicht, denn gerade zu dieser Zeit wurde der Dichter, und zwar von dem jungen Norbert von Hellingrath, wiederentdeckt und über den George-Kreis, über den Dichter Rainer Maria Rilke, den Philosophen Ludwig Klages erst bekannt gemacht. Hellingrath, der 1915 die beiden bemerkenswerten Vorträge »Hölderlin und die Deutschen« und »Hölderlins Wahnsinn« gehalten hatte, konnte die Ausgabe der Werke des Dichters nicht mehr vollenden. Er, der 1914 mit Hölderlins Gedichten in den Krieg gezogen war, fiel 1916 in der Schlacht um Verdun. Hölderlin jedoch hatte die Zerrissenheit der Deutschen inkommensurabel gestaltet. Die Entfremdung, die Selbstentfremdung, diese andere Sicht der deutschen Welt, dieser andere Zugriff auf die Welt berührten Edith Stein jedoch nicht, auch weil Hölderlins Zugriff – genau wie der Goethes, allerdings auf etwas andere Art – zutiefst pantheistisch war. Obwohl Hölderlin nicht genannt wird, wird diese Position später in der Auseinandersetzung mit Martin Heidegger eine Rolle spielen, der seine Fundamentalontologie, seine Existenzphilosophie in Hölderlin vorgeahnt sehen wollte. Zwischen Hölderlin und Heidegger stand jedoch Nietzsche, und Heideggers Hölderlin-Bild ist stark von Nietzsches Denken inspiriert.

Friedrich Nietzsche träumte von einem aufrecht gehenden und keinem sich duckenden Geschlecht, von einem Geschlecht schaffender als erschaffender, dynamischer Menschen, einem Geschlecht, das nicht zerrissen war. Als Pastorensohn verabscheute er die Kirche, die christliche Demut, die christliche Moral und als Ästhet christlichen Kitsch. Er sehnte sich nach dem Menschen, der die Kleinlichkeit seiner bürgerlichen oder spießbürgerlichen Verhältnisse hinter sich gelassen hatte, nach dem Hölderlin'schen Menschen im Gegensatz zu den Funktionsbestimmten, den Handwerkern, Priestern und dergleichen mehr. Diesen Menschen nannte er deshalb den, der über sich hinausgeht, sich übersteigert, den – oft und gern missverstanden – Übermenschen. Ein solcher Mensch will Leben, will Lust, will alle Zerstückelung, alle – wie die Marxisten sagen – Entfremdung, alle – wie Lukács sagte und Heidegger von Lukács übernahm – Verdinglichung überwinden, denn: »Lust aber will nicht Erben, nicht Kinder, – Lust will sich selber, will Ewigkeit, will Wiederkunft, will Alles-sich-ewig-gleich«.[10] Hatte der russische Dichter Antioch Kantemir im beginnenden 18. Jahrhundert gedichtet: »Im Chaos aber blüht der Geist«, ist Nietzsche sich sicher: »Ich sage euch: man muss noch Chaos in sich haben, um einen tanzenden Stern gebären zu können. Ich sage euch: ihr habt noch Chaos in euch.« Denn: »Ihr höheren Menschen, nach Euch sehnt sie sich, die Lust, die unbändige, selige, --, nach Eurem Weh, ihr Mißratenen! Nach Mißratenem sehnt sich alle ewige Lust.« Und schließlich: »Die ist mein Morgen, mein Tag hebt an: herauf nun, herauf, du großer Mittag!«[11]

Im auffälligem Gegensatz zu Friedrich Nietzsche war Wilhelm Dilthey von ganz anderem Temperament, kein Rhapsode, sondern eher ein enthusiastischer Geheimratstyp, mit dem sich Edith Stein später in ihrer Dissertation gründlich auseinandersetzen sollte, doch wie Nietzsche wiederum gehörte er zu den herausragenden Philosophen der Lebensphilosophie und besaß eine tiefe Intuition für Texte, ein Verständnis, das nicht allein vom Verstand herkam, von der Intellektualität, wie Henry Bergson sagen würde. Wilhelm Dilthey wandte sich gegen die Hilflosigkeit der Philosophie angesichts der positivistischen Konjunktur der Einzelwissenschaften, indem er zwischen Naturwissenschaften und Geisteswissenschaften unterschied. Er begründete den Komplex der Geisteswissenschaften, indem er sie als ein selbstständiges und wissenschaftliches Ganzes definiert, deren eigentümliche Methoden sich von denen der Naturwissenschaft unterscheiden. Die Naturwissenschaften haben die Natur zum Gegenstand, die untersucht werden kann, und daher vermag sie zu *erklären*. Die Geisteswissenschaften beschäftigen sich mit den Produkten des menschlichen Geistes, mit der Kunst, der Geschichte, der Religion, sie können, da vom Menschen erzeugt, *verstanden* werden. Grundmethode der Naturwissenschaften ist das *Erklären*, und zwar in der Form von Spezialfällen allgemeiner Gesetze, während das *Verstehen* die Einordnung geisteswissenschaftlicher Gegenstände in ihren konkreten Zusammenhang ermöglicht. »Die

Natur erklären wir, das Seelenleben verstehen wir«[12], sagte Dilthey apodiktisch. In seiner berühmten Einleitung in die Geisteswissenschaften schrieb er: »Die Tatbestände in der Gesellschaft sind uns *von innen verständlich,* wir können sie in uns, auf Grund der Wahrnehmung unserer eigenen Zustände, bis auf einen gewissen Punkt nachbilden, und mit Liebe und Hass, mit leidenschaftlicher Freude, mit dem ganzen Spiel unserer Affekte begleiten wir anschauend die Vorstellung der geschichtlichen Welt. Die Natur ist uns stumm. Nur die Macht unserer Imagination ergießt einen Schimmer von Leben und Innerlichkeit über sie ... Die Natur ist uns fremd. Denn sie ist nur ein Äußeres und kein Inneres. Die Gesellschaft ist *unsere Welt.*«[13] Verstehen fasst Dilthey als eine höchst komplexe Tätigkeit, mit den Formen des »Sichhineinversetzens«, des »Nachbildens« und des »Nacherlebens«. Hineinversetzen können wir uns, weil wir als Menschen einen anderen Menschen oder etwas von ihm Geschaffenes mitempfinden können, weil wir etwas erlebt oder erfahren haben, das mit dem, in das wir uns hineinversetzen, in einem Zusammenhang steht. Kurz und vereinfacht gesagt: Weil wir Menschen sind und als Menschen menschliche Erfahrungen gemacht haben, können wir uns in andere Menschen hineinversetzen, weil uns nichts Menschliches fremd ist. In ihrer Dissertation wird Edith Stein nicht umhin kommen, sich mit Wilhelm Diltheys Verstehen auseinanderzusetzen, besonders mit der Frage des Sichhineinversetzens, wenn sie das Thema der Einfühlung untersucht. Nacherleben ist das zeitliche und lineare Verfolgen des Geschehens. Es ist eine Form von Re-Produktion, wie es beispielsweise im Falle der Rezeption eines Kunstwerkes geschieht, denn der Rezipient schafft das Kunstwerk nach im Akt der Rezeption.

Da wir die Außenwelt erleben, anderen Menschen begegnen, wir von Ereignissen erfahren oder wir Zeugen ihrer werden, sind wir in der Lage, Geschichte und die Gesellschaft zu verstehen. Da der Mensch willentlich etwas hervorbringt, so Entwicklungen in der Person und in der Menschheit, macht er die Erfahrung der Geschichte. Geschichte ist Leben, beides kann nicht hinterfragt werden, beides ist Ereignis, eine Fülle von Ereignissen. »Was das Leben sei, soll die Geschichte lehren. Und diese ist auf das Leben angewiesen, dessen Verlauf in der Zeit sie doch ist, daher sie an diesem ihren Gehalt hat.«[14] Weil Wilhelm Dilthey das Verstehen für die grundlegende Form der Erkenntnis hält, entwickelt er die Hermeneutik zur fundamentalen Methode der Geisteswissenschaft. Geschichte, Leben drückt sich für ihn in Texten aus, deshalb hält er es für notwendig, die Methode des »kunstmäßigen Verstehens von schriftlich fixierten Lebensäußerungen« – die Hermeneutik – zu profilieren, damit man in der Interpretation nicht nur auf den genialen Ausleger angewiesen ist, sondern auch gewöhnlich begabte Menschen hier tätig zu werden und einiges zu leisten vermögen. Deshalb bedarf es Regeln. Dilthey geht von der Lesbarkeit der Welt aus und will mit der Hermeneutik hierfür eine Methode schaffen. Hermeneutik ist »Erkenntnis des Erkannten«[15], Lesen vor allem Wiedererkennung. Mit dem hermeneutischen Prozess ist literarische Kritik notwendig verbunden, denn es gibt für Dilthey kein Verstehen ohne Wertgefühl.[16] Rüdiger Safranski hatte in seiner Heidegger-Biografie den Unterschied in der Philosophie Nietzsches und Diltheys auf das hübsche Bonmot gebracht: »Nietzsches Lebensphilosophie war für das Ausleben zuständig, Diltheys für das Erleben.«[17] Wollte man für den dritten Lebensphilosophen, der eine große Wirkung erzielte, das Bonmot weitertreiben, könnte man hinzufügen: Und Henri Bergson zeichnete für das Einleben verantwortlich.

Bergsons Buch *Schöpferische Evolution* wurde, als es in Deutschland 1912 erschien, sofort ein Erfolg. Max Scheler konstatierte 1913 nicht ohne Neid, aber mit Anerkennung, dass der Name Bergson zwar überall auf aufdringliche Weise durchtöne, sodass man abgestoßen sein könnte, aber in dessen Philosophie eine ganz neue »Haltung des Menschen zur Welt und zur Seele« zum Ausdruck käme. Bergson unterschied zwischen Verstand und Intuition.[18] Der Verstand oder die Intelligenz entwickelte sich in der Evolution als »Organ zur lebensweltlichen Orientierung und Handlungssteuerung«[19], zum Organ der Erkenntnis. Die Intuition steht dem Leben näher als die Intelligenz, weil die analytische Struktur der Intelligenz sich dem Materiellen, dem Immobilen widmet und damit das Mobile, das Leben, nicht zu erfassen vermag. Die schöpferische Potenz des Lebensschwunges (élan vital), der die Ursache für die Vielfalt des Lebens ist, ist nur der Intuition zugänglich. Weil die Intelligenz den Geist nicht auszuschöpfen vermag, bleibt etwas übrig, eine Aura, aus der die Intuition ihre Kraft schöpft. Intuition ist eine »direkte Schau des Geistes durch den Geist«. Unter Geist verstand Bergson »eine Kraft, die sich aus ihren Fesseln zu befreien und auch sich selbst zu übersteigen sucht, die danach strebt, zunächst alles zu geben, was sie hat, und dann noch mehr zu geben, als sie hat.« Der Geist besitzt also die »Fähigkeit, mehr aus sich selbst zu ziehen, als sie enthält«.[20] Das bedeutet aber auch, dass, wie Rémi Brague später sagt, zur Freiheit des menschlichen Subjekts die Freiheit der Ereignisse kommt.[21] Nichts ist für alle Zeit gegeben, Neues kann entstehen und Neues entsteht, weil der Geist mehr geben, mehr schaffen kann, als er hat. Das ist die schöpferische Evolution, und ihre Kreativität ist von ihrer Freiheit bedingt. »Das Bewusstsein ist seinem Wesen nach frei: es ist die Freiheit selbst, aber es kann die Materie nicht durchqueren, ohne sich auf sie zu stützen, ohne sich ihr anzupassen: Diese Anpassung ist das, was man Intellektualität nennt; und die Intelligenz, die sich auf das handelnde, das freie Bewusstsein zurückwendet, zwängt dieses von Natur aus in die Rahmen, in die sie gewohnt ist, die leblose Materie sich einfügen zu sehen.«[22]

Weil aber die Intelligenz oder der Verstand die Freiheit immer als Notwendiges wahrnimmt, Altes mit Altem und Gleiches mit Gleichem kombiniert, er also die Materie imitiert und dabei das Neue, das Schöpferische »vernachlässigt«, bedarf es dessen, was über die Intelligenz, über den Verstand hinausgeht, nämlich die Intuition. Wirkliche Freiheit besteht für Bergson also in der Intuition, die uns die »neue Kraft für unser Handeln und Leben« schenkt.[23] Die Anpassung an die Materie erklärt diese oder jene Form, nicht aber die Bewegung, es erklärt das Sein, aber nicht das Werden. Etwas aber, das Bewusstsein und Evolution antreibt, ist der Lebensschwung, der élan vital, der die Bewegung verursacht. Nietzsche würde es Wille nennen. Dieser Drang verbindet die Menschen, macht sie zu einer Gesamtheit, zur Menschheit, zu einem riesenhaften »Heer, das neben einem jeden von uns einhergaloppiert, vor uns und neben uns und hinter uns, in einem mitreißenden Vorstoß, der in der Lage ist, alle Widerstände zu überrennen und eine Menge Hindernisse zu überwinden, vielleicht sogar den Tod«.[24]

Leben ist für Bergson eine Art Welle, ein Fließen, das von einem Punkt ausgeht, getrieben vom élan vital und sich bis ins Unendliche fortsetzt. »Im Absoluten sind wir, bewegen wir uns, leben wir.« Schöpfung ist für Bergson »Anwachsen«, ein freier, nicht endender Akt, ein Strömen ohne »Ver-«. Und mithin auch die Grundbedingung für Freiheit. »Es ist das Sein selbst, in seinen Tiefen, das wir durch die miteinander verknüpfte und fortschreitende Entwicklung der Wissenschaft und der Philosophie erreichen.«[25] Der französische Dichter Charles Péguy, der den Deutschen durch Franz Pfemferts Zeitschrift *Die Aktion* bekannt wurde und der am Vorabend der Marneschlacht gleich zu Beginn des Ersten Weltkrieges fiel, hatte das Werk seines Lehrers an der École normale supérieure, das Werk Henri Bergsons, geradezu als Befreiung erlebt: »Er hat unsere Fesseln zerschmettert.«[26] Von Nietzsche bis Bergson zelebriert die Lebensphilosophie das Leben als Erleben, auf dieses Erleben kam es an, diese Feier des Erlebens überspannte die Niederungen des Alltages, aus dem sie den Menschen zu befreien suchte. Selbstverständlich war all dies am hohen Reck geturnt und überstieg sich mit waghalsiger Kühnheit, die in einer kaum mehr verständlichen Leichtigkeit im Rausch des Augenblicks sich fühlen wollte.

Nicht anders reagierten in Deutschland Max Scheler, Georg Simmel, aber auch der junge Martin Heidegger auf Bergsons Epochenwurf. Auch Edith Stein zeigte sich später von Bergson »entzückt«.

In Deutschland gehörte zu denen, die von Henri Bergson inspiriert waren, Georg Simmel, der Begründer der formalen Soziologie. Die Philosophen und Soziologen – die Wissenschaft der Soziologie entstand gerade erst – interessierten sich für die Frage der Werte und der Geltung: Welche Werte konnten Geltung beanspruchen und warum? Worin bestand ihre Begründung? Die Werteproblematik durchzog alle Bereiche von der Nationalökonomie bis hin zur Philosophie und Psychologie. Simmels Hauptwerk bezog sich auf den Wert, auf den man wegen seiner Universalität zuerst kommt: auf das Geld. Seine *Philosophie des Geldes*, das passend zum Beginn des neuen Jahrhunderts genau im Jahr 1900 erschien, untersuchte systematisch die Natur des Geldes und bestimmte das Geld als den entscheidenden Faktor des Kapitalismus und der Moderne, sozusagen als élan vital der Moderne. Im gleichen Jahr erschienen, auch pünktlich zum Anbruch des neuen Jahrhunderts, Husserls *Logische Untersuchungen*, und zwar der erste Band. Nicht sofort, aber definitiv sollte dieses Werk mit einiger Verzögerung eine Revolution in der Philosophie auslösen.

Die Neukantianer, die wichtige Lehrstühle besetzten, bezogen gegen die Lebensphilosophie schroff Stellung: zu lyrisch, zu unbestimmt, zu lax in der Begrifflichkeit, so die Kritik. Heinrich Rickert, Haupt der Freiburger Schule des Neukantianismus, in dessen Seminar zur gleichen Zeit wie Edith Stein in Breslau 1912, der junge Martin Heidegger und Walter Benjamin saßen, urteilte barsch über die Lebensphilosophie: »Als Forscher haben wir, das Leben begrifflich zu beherrschen und zu befestigen, und müssen daher aus der bloßen Lebenszappelei heraus zur systematischen Weltordnung.«[27]

Mit der Lebensphilosophie hatte Edmund Husserl, der von der Mathematik kam, nichts im Sinn: »Bedeutungen, die nur von entfernten, verschwommenen, uneigentlichen Anschauungen – wenn überhaupt von irgendwelchen – belebt sind, können uns nicht genug tun. Wir wollen auf die Sachen selbst zurückgehen.«[28] Die Brücke zur Lebensphilosophie schlug erst Max Scheler.

Es erstaunt, wie gesagt, nicht, dass Edith Stein sich am Anfang mit der Psychologie befasste, kam man doch an ihr in dieser Zeit nicht vorbei, erschien sie vielen als die Grundlagenwissenschaft überhaupt. Auch Husserl setzte hier an. Er fragte zunächst nach der Logik, ob sie im Sinne der Neukantianer eine »von der Psychologie unabhängige und zugleich eine formale und demonstrative Disziplin« sei oder eine »von der Psychologie abhängige Kunstlehre«.[29] Um diese Frage zu entscheiden, untersuchte Husserl zunächst die Logik als eine »Kunstlehre«, indem er erstens die theoretischen Grundlagen der Logik klärte, um zweitens die Frage nach ihrem Verhältnis zur Psychologie zu stellen. Worum es Husserl eigentlich ging, sagte er so nüchtern und schmucklos, dass man es fast überlesen könnte, nämlich um die Klärung der »Kardinalfrage der Erkenntnistheorie«, nach der »Objektivität der Erkenntnis[30]«, ob und wie objektive Erkenntnis möglich ist. Das betraf die Philosophie und ihr Selbstverständnis und ihr Verhältnis zu den Einzelwissenschaften und schließlich auch die Einzelwissenschaften selbst. Nicht nur, dass die Einzelwissenschaften, insbesondere die Naturwissenschaften, durch ihre stürmische Entwicklung im 19. Jahrhundert sich fundiert hatten, sie hatten sich auch spezifiziert, sie bildeten immer mehr Teilwissenschaften und Spezialisierungen heraus, auch ihre eigene Methodik, doch worin bestand die Klammer? Für Husserl galt es deshalb, die metaphysischen Voraussetzungen zu überprüfen, die »mindestens allen Wissenschaften, welche auf die reale Wirklichkeit gehen, zugrunde liegen«. Die Analyse zielte darauf, zu ergründen, »was Wissenschaften überhaupt zu Wissenschaften macht«.[31] Nichts geringeres bezweckte Husserl mit seiner Arbeit, als eine Disziplin zu begründen, deren Wesen darin besteht »Wissenschaft von der Wissenschaft zu sein, und die eben darum am prägnantesten als Wissenschaftslehre zu benennen wäre«.[32] Im Stern'schen Seminar in Breslau 1912 entfremdete genau dieses Desiderat der Psychologie, deren metaphysische Voraussetzungen ungeprüft waren und die über keinen fundierten Begriffsapparat verfügte, Edith Stein von der Psychologie, die in ihrer Wahrnehmung noch in den Kinderschuhen steckte. Bei Husserl lernte Edith Stein, dass nicht aus der Psychologie, sondern nur aus der Philosophie diese Grundlagenarbeit zu leisten wäre.

Edmund Husserl wandte sich mit den Neukantianern gegen die Lebensphilosophie, aber auch gegen den Psychologismus, als er fragte, wie Philosophie als strenge Wissenschaft möglich sei. Zugleich aber erklärte er den Ansatz der Neukantianer, die der Überzeugung waren, dass die Erkenntnis die Welt bestimmt, dass der Verstand erst die Wirklichkeit strukturiert und mithin schafft, für unbefriedigend, denn dadurch bliebe die Wirklichkeit letztlich nicht erkennbar. Der Mensch bliebe auf sich selbst zurückgeworfen. Man würde bei der Konstituierung der Wirklichkeit im Bewusstsein stranden. Nicht wie die Neukantianer wollte er wieder und immer wieder das Subjekt und seine Bewusstseinsleistungen untersuchen, sondern er wollte zur Wirklichkeit hin, die er prinzipiell für erkennbar hielt. Allerdings hatte Immanuel Kant mit dem

»Ding an sich« eine Sphinx geschaffen, die jeden Erkenntniswunsch wohlwollend belächelte.

Die Wirklichkeit, das Gegenüber, stellten sie sich vor wie das verschleierte Bild zu Sais und achteten darauf, nicht in die Rolle von Schillers Jüngling zu geraten: Auf der Suche nach Wahrheit kommt ein Jüngling nach Sais in Ägypten. Dort trifft er in einem Heiligtum auf ein verhülltes Bild. Der Priester antwortet auf Frage des Jünglings, was dort verhüllt sei: die Wahrheit. Doch niemandem sei erlaubt, den Schleier zu heben und die Wahrheit zu schauen. Das befriedigt den Jüngling nicht, getrieben von der Sehnsucht, doch die Wahrheit zu schauen, schleicht er sich nachts ins Heiligtum:

»›Kein Sterblicher‹, sprach des Orakels Mund,
›Rückt diesen Schleier, bis ich selbst ihn hebe.‹
Doch setzte nicht derselbe Mund hinzu:
Wer diesen Schleier hebt, soll Wahrheit schauen?
›Sei hinter ihm, was will! Ich heb ihn auf.‹
(Er rufts mit lauter Stimm.) ›Ich will sie schauen.‹ Schauen!
Gellt ihm ein langes Echo spottend nach.
Er sprichts und hat den Schleier aufgedeckt.
Nun, fragt ihr, und was zeigte sich ihm hier?
Ich weiß es nicht. Besinnungslos und bleich,
So fanden ihn am andern Tag die Priester
Am Fußgestell der Isis ausgestreckt.
Was er allda gesehen und erfahren,
Hat seine Zunge nie bekannt. Auf ewig
War seines Lebens Heiterkeit dahin,
Ihn riss ein tiefer Gram zum frühen Grabe.
›Weh dem‹, dies war sein warnungsvolles Wort,
Wenn ungestüme Frager in ihn drangen,
›Weh dem, der zu der Wahrheit geht durch Schuld,
Sie wird ihm nimmermehr erfreulich sein.‹«

Um den Schleier doch und unbeschadet zu heben und die Wahrheit zu schauen, fand nun Husserl in seinem epochemachenden Werk einen Weg, eine Methode. So lautete sein Motto, das bald schon seine Schüler und Anhänger begeistert wiederholen sollten, ja für sie zum philosophischen Schlachtruf wurde: »Zu den Sachen«. Nicht das Erkenntnisvermögen des Menschen, sondern die Erkenntnisgegenstände, die Sachen oder Sachverhalte standen im Mittelpunkt des Interesses. Sachen jedoch waren keine Gegenstände, denn die würden ja wieder eine Konstruktion darstellen. Unter Sachen verstand Husserl das Wesen von dem, was sich in mir in Interaktion mit der Welt manifestierte, das Korrelat des Realen in meinem Bewusstsein. Die Philosophie, schrieb Edith Stein später in ihrer *Einführung in die Philosophie,* interessiert nicht die tatsächliche Beschaffenheit der Gegenstände wie die Natur- oder Erfahrungswissenschaften. Der Gegenstand »hat nicht nur zufällige Beschaffenheit, sondern er hat ein *Wesen,* Eigenschaften, die ihm *notwendig* zukommen … Dieses Wesen der Dinge, ihr *eigentliches Sein* … ist es, auf das es die Philosophie abgesehen hat. Und sofern sie Wesensschau ist, können wir sie als Ontologie bezeichnen.«[33] Husserl machte sich und seine Arbeitsweise zum Idealbild philosophischen Arbeitens. Roman Ingarden hatte ihn einmal zufällig durch die Glastür seines Arbeitszimmers beim Philosophieren beobachtet, wie er lebhaft gestikulierend im Zimmer hin und her tigerte, sich an den Schreibtisch setzte, ein paar Worte niederschrieb dann wieder aufsprang »und im Zimmer wandelte, als ob er bestimmte Widerstände zu überwinden suchte. Er machte den Eindruck, als ob ihm das Denken und das Erschauen viel kostete.«[34] Was Ingarden hier beschrieb, war die phänomenologische Einstellung, immer wieder von vorn zu beginnen, stets erneut nachzufragen, keine Ruhe zu geben und sich nicht auf scheinbar Erreichtem auszuruhen, eine Arbeitsweise, die Edith Stein in Fleisch und Blut übergehen sollte. Edmund Husserl, den seine Schüler voller Ehrfurcht, auch noch nachdem sie sich von ihm philosophisch getrennt hatten, den »Meister« nannten, beschrieb die phänomenologische Arbeit wie folgt: »Nachgeprüft und bestätigt können diese Einsichten nur von demjenigen werden, der die wohlgeübte Befähigung erlangt hat, in jenem widernatürlichen Habitus der Reflexion reine Deskription zu vollziehen, also die phänomenologischen Verhältnisse rein auf sich wirken zu lassen. Diese Reinheit fordert es, jedwede fälschende Einmengung von Aussagen zu unterlassen, die aus dem naiven Hinnehmen und Beurteilen der Gegenständlichkeit stammen, welche in den phänomenologisch zu behandelnden Akten Seinssetzung erfahren haben. Sie verbietet aber auch jedes andersartige Hinausgehen über den eigenen Wesensgehalt der Akte … Die Befähigung zu solcher Forschungsweise ist nicht leicht anzueignen, und ist z.B. durch keine noch so reiche Schulung im psychologischen Experiment zu ersetzen oder zu gewinnen.«[35]

Edith Steins erster Mentor in Göttingen, Adolf Reinach, hinterließ in seinen Aufzeichnungen im Krieg ein schönes, sehr anschauliches Beispiel für die Anwendung der Methode, der Reduktion, der Zurückführung eines Phänomens auf sein Wesen. Im Schützengraben neben den Geschützen drang ein Gespräch von Soldaten über die Ahnung des baldigen Todes *durch den Halbschlaf* zu ihm. Zunächst ging es um einen jungen Offizier, der, unmittelbar bevor er von einem gefährlichen Ausritt nicht mehr zurückkam, weil er gefallen war, seinem Burschen den Schlüssel seines Koffers übergeben, seine Papiere geordnet und sein Testament gemacht hatte. Die Schlussfolgerung der Soldaten im Graben lautete, dass der junge Offizier seinen Tod geahnt hätte. Andere Geschichten von der Ahnung des unmittelbar bevorstehenden Todes wurden nun dieser Episode angefügt. Keiner der Soldaten zweifelte daran, dass Ahnungen das unmittelbar bevorstehende Schicksal voraussehen ließen. Ein junger Vizefeldwebel jedoch widersprach und erklärte, wie wenig es mit diesen Ahnungen auf sich hätte, denn es wäre normal, dass man vor gefährlichen Unternehmungen Todesängste, die sich als Ahnungen ausgeben, empfände. Starb der Ahnende tatsächlich, sah man die Ahnung als bestätigt an, kam der Ahnende nicht zu Tode, wurde die Ahnung einfach vergessen, die Realität der Ahnung bezog sich allein darauf, dass nur die eintretenden Voraussichten im Gedächtnis blieben. Ahnungen, so der Vizefeldwebel, existierten deshalb nicht, sondern nur vernünftige Berechnungen. Den Phänomenologen Reinach aber begann die Frage zu beschäftigen, was Ahnungen eigentlich sind. Er stellte zunächst fest, dass der Vizefeldwebel in der Falle saß, weil er dadurch, dass er die Existenz von Ahnungen verneinte, sie eigentlich bestätigte – und zwar als Phänomen. Nur müsse man dem Phänomen auf den Grund gehen, dessen Wesen freilegen, um zu verstehen, worum es sich eigentlich handelt. Reinachs entscheidender Satz lautet: »Ob Ahnungen Recht und Wahrheit in sich tragen, das vermag ich nicht zu sagen; kann es unmöglich sagen, bevor ich weiß, was das eigentlich seinem Wesen nach ist: eine Ahnung.« Die Ahnung als Ahnung ist also ein Phänomen. Ahnungen entstehen im Bewusstsein, also existieren sie, doch was sie wirklich sind, was ihr Wesen ist, das muss erst analysiert werden, indem man alle Kontexte, alle Vorstellungen und Bewertungen abschneidet oder einklammert. Reinach wusste noch nicht, was Ahnungen ihrem Wesen nach wären, aber: »schon erwacht in mir die Begierde des Phänomenologen, aus der Fülle der Erscheinungen ein Gebilde herauszuheben, es festzuhalten, sich in es zu versenken und damit das, was bisher nur der Wortbedeutung nach bekannt war, nunmehr dem anschaulichen Wesen nach sich zu erringen.«[36] Die Episode, mit der Reinach einstieg, so sehr sie auch faktisch genau so stattgefunden hatte, ist doch raffinierter gebaut, denn auf der Metaebene verdeutlicht Reinach den Gang der phänomenologischen Methode, den Aufstieg zum Wissen. Die Aufzeichnung setzt mit dem Satz ein: »In meinen Halbschlaf hinein tönt das Gespräch der Leute, die während einer Feuerpause an den Geschützen lagen.«[37] Der Halbschlaf ist der Zustand des erkennenden Subjekts, es nimmt die Welt zwar wahr, aber nur indem sie zu ihm »tönt«, Ahnungen stellen sich dar, ohne dass man im Halbschlaf wüsste, was sie tatsächlich seien. Das sich selbst nicht reflektierende Bewusstsein, der sich nicht selbst schauende Geist ist Bewusstsein, ist Geist im Halbschlaf, in den Halbschlaf dringen oder tönen die Dinge, manifestieren sich Phänomene, deren Wesen wir nicht schauen. Ob sie »Recht und Wahrheit in sich tragen« wissen wir nicht, weil wir uns noch im Halbschlaf befinden. Im Erwachen erkennen wir, dass es völlig unwichtig ist, ob Ahnungen zutreffen oder nicht, sondern was Ahnungen ihrem Wesen nach sind, lautet die Frage. Da wir im Bereich des Seelischen sind, legte Reinach eine Dreiteilung der seelischen Welt zugrunde, die Einteilung in Fühlen, Wollen, Denken, um herauszufinden zu welchem Bereich die Ahnung gehört. Zunächst stellt er fest, dass die Ahnung keine »Wollung« wäre und hat damit den Bereich des Wollens schon einmal ausgeschlossen. Er nähert sich also dem Wesen der Ahnung, indem er immer mehr wegschneidet, was nicht Ahnung ist, um zur Wahrheit der »Sache Ahnung« zu kommen. Diesen Weg hatte Husserl seinen Adepten erschlossen. Des »Meisters« oder des »lieben Meisters«, wie ihn Edith Stein nannte, Versprechen, die Welt erkennen zu können, weil eine Welt aus Phänomenen mittels der Methode der phänomenologischen Reduktion analysierbar und dadurch erkennbar und letztlich verstehbar ist, begeisterte junge, nach Wahrheit suchende Studenten. Sie bildeten Husserls ersten Schülerkreis.

In Breslau indessen wurde Edith Stein im Sommersemester 1912 und im Wintersemester 1912/13 durch William Stern in den Übungen in der Psychologie, aber auch durch Richard Hönigswald in seiner Vorlesung zur »Einführung in die Psychologie des Erkennens« mit den Fragen der Denkpsychologie und mit Edmund Husserl konfrontiert. Das Interesse der hellwachen Studentin war natürlich sofort geweckt. Als sie für Sterns Seminar einen Vortrag erarbeitete, sagte ihr Kommilitone Georg Moskiewicz zu ihr: »Lassen Sie doch all das Zeug … und lesen Sie d a s hier; die andern Leute haben ja doch alles nur daher«[38] und er reichte ihr ein dickes Buch, den zweiten Band von Husserls legendärem Werk *Logische Untersuchungen*.[39] Es war jedoch nicht nur das Buch, das sie faszinierte, nicht nur, was sie bei Hönigswald über Husserl gehört hatte. Vielleicht sogar als wichtiger erwies sich Edith Steins Wunsch, den sie seit den ersten Studientagen hegte, auch einmal in einer anderen Stadt, an einer anderen Universität zu studieren. Zum einen hatte sie sich dem Elternhaus, der Familie schon einmal entzogen, als sie die Schule verlassen und nach Hamburg gegangen war, zum anderen hatten Erna und sie davon geträumt, nach Heidelberg zu gehen, zumal die Studentenlieder, die die Stadt am Neckar besangen, romantische Bilder in die Köpfe der jungen Mädchen gezaubert hatten. Der Wechsel des Studienortes gehörte zur Normalität im Studentenleben der Zeit. Doch Erna war im Physikum und wollte wohl auch keine räumliche Trennung von Hans Biberstein. Doch für Edith klang die Vorstellung, woanders hin, nämlich nach Göttingen zu Husserl zu gehen, mehr als verlockend. Weit mehr als es die Studentenlieder je vermocht hatten, spukten bald schon die Erzählungen ihres Kommilitonen Georg Moskiewicz, der dort ein Semester lang beim »Meister« studiert hatte, in ihrem Kopf. Er schwärmte ihr vor: »In Göttingen wird nur philosophiert – Tag und Nacht, beim Essen, auf der Straße, überall. Man spricht nur von ›Phänomenen‹«.[40] Als eine Illustrierte dann noch ein Bild einer Schülerin von Edmund Husserl, Hedwig Conrad-Martius – die 1912 den Phänomenologen Theodor Conrad geheiratet hatte – brachte, weil ihre Philosophiearbeit prämiert worden war, sprach das auch die Frauenrechtlerin in Edith an. In diese Situation, in der ihr Herz nach Göttingen schlug, trudelte als Wink des Schicksals ein Brief bei den Steins von der Ehefrau ihres Cousins Richard Courant ein, der Edith seinerzeit in Mathematik für die Aufnahmeprüfung ins Lyzeum präpariert hatte. Richard Courant, der zu dem Mathematiker David Hilbert nach Göttingen gegangen war, hatte es inzwischen zum Privatdozenten gebracht und geheiratet. Seine Frau, die sich in jenem Brief für die Hochzeitsgeschenke bedankte, hing die Bitte an: »Richard hat viele Freunde, aber wenig Freundinnen mit in die Ehe gebracht. Möchtest Du nicht Erna und Edith zum Studium herschicken? Das wäre dann etwas Ausgleich.«[41] Nelli Neumann, Richard Courants Ehefrau, stammte auch aus Breslau, so kannte man sich. Alles deutete also nach Göttingen, auch wenn es der Zufälle oder der Zeichen als etwas zu viel erscheinen mochte. Ihre Mutter argwöhnte leicht resigniert, dass es ihrer Tochter wohl nicht mehr zu Hause gefiele. Recht hatte Auguste Stein insofern, als sich ihre Tochter freischwimmen wollte und ihr Breslau als zu eng erschien. Damit stand sie sicher nicht allein, denn auf Breslau lastete der Ruf, dass die Stadt zwar bodenständig, doch dröge und langweilig sei. Der Dichter Klabund sprach 1925 in einem Brief an Hermann Hesse vom »feuchten, unfreundlichen Ort im preußischen Sibirien«[42]. Kurt Tucholsky schimpfte als Ignaz Wrobel in der Weltbühne am 10. November 1921: »Aus Breslau zu stammen, das ist keine ethnographische Bestimmung: das ist eine Weltanschauung.«[43] Der Architekt Hans Poelzig stöhnte: »Der Weg von Berlin nach Schlesien ist weit länger als die Bahnstunden es ausdrücken, man fährt durch Breslau oder Schlesien – innerhalb Deutschlands – nicht hindurch, sondern man fährt hin – und ist dort, ›verraten und verkauft‹ oder geborgen, je nach der Auffassung… .«[44] Künstlerische Avantgarde trat erst in den 1920er-Jahren in Erscheinung, dann ertönten allerdings auch Loblieder auf die

Stadt, von Max Herrmann-Neiße, von Oda Schaefer oder dem magischen Realisten Horst Lange, einem sehr zu Unrecht nahezu vergessenen Schriftsteller.

Auguste Stein akzeptierte, wie immer, die Entscheidung ihrer Tochter. Schweren Herzens zwar, doch wenn es für Ediths Studium nötig wäre, dann wollte sie ihrer Tochter nicht im Weg stehen. Wie ihre Geschwister besaß auch Edith bei der Deutschen Bank ein Konto, auf dem ein Erbe von 10 000 Mark lag, das die Mutter immer wieder auffüllte, sodass Edith während des Studiums nicht über ihren Lebensunterhalt nachzudenken brauchte. Verschwenderisch lebte sie ohnehin nicht.

Im Wintersemester, genauer in den Weihnachtsferien 1912, studierte Edith Stein im Philosophischen Seminar den zweiten Band der *Logischen Untersuchungen* von Edmund Husserl. Einmal fragte Hönigswald, der auch des Öfteren ins Seminar kam, um dort zu arbeiten, was sie denn so eifrig lese. Nachdem Edith ihn in Kenntnis gesetzt hatte, replizierte Hönigswald mit kühler Ironie: »So, nichts Geringeres als Husserl.« Doch das konnte Ediths Begeisterung nicht bremsen mit der sie ihrem Professor verkündete, im Sommer nach Göttingen zu Husserl zu gehen. Es klang auch ein wenig wie eine Kampfansage, schnippisch auf alle Fälle. Und fügte enthusiastisch und schwärmerisch hinzu: »wenn man nur selbst schon so weit wäre, etwas in dieser Richtung arbeiten zu können!« Ihre Schaffenslust blitzte aus ihr heraus. Husserls Versprechen einer Methode, mit der die Philosophie zur Wissenschaft der Wissenschaften würde, dass sie Begriffe und Instrumentarien für die Wissenschaften, deren Existenz sie in der Psychologie vermisste, schaffen würde, begeisterte sie. Schließlich konnte auch keine »ernsthafte empirische Psychologie betrieben werden, solange das Wesen des Psychischen nicht erfasst und dadurch eine Verwechslung mit dem Physischen unmöglich geworden ist«, wie François

Lyotard später beschrieb.[45] Edith wusste nun: Was sie eigentlich interessierte, war nicht die *Psychologie* des Psychischen, sondern die *Ontologie* des Psychischen.

Husserls Methode bestand grosso modo im Ockham'schen Rasiermesser: Husserl ging davon aus, dass die Welt erkennbar war. Die Tatsachen der Welt erschienen im Bewusstsein der Menschen, diese Erscheinungen nannte er Phänomene. Da das Bewusstsein, wie Husserl von seinem Lehrer Franz Brentano wusste, immer Bewusstsein *von* etwas ist, kommt es also darauf an, dieses etwas zu ermitteln. Das Problem bestand nun darin, dass dieses etwas, das Phänomen, im Bewusstsein nicht in reiner Form vorlag, sondern, dass es überlagert wurde durch einen teils schwer durchschaubaren Wust von Meinungen, Urteilen, Einordnungen, Interpretationen, Gefühlen, Wahrnehmungsfehlern und -einschränkungen; dass sie mit anderen Phänomenen verbunden waren, auch mit Gründen, mit Erklärungen über ihre Entstehungen, sie von unseren Wahrnehmungsweisen, unseren Erfahrungen und Weltsichten, den Konventionen, in denen wir leben oder denken, in unserem Meinen und unserem Opportunismus, uns nach den Meinungen anderer zu richten, von all dem überwuchert und überwachsen waren. Alles das, was das Wesen der Erscheinungen ausmachte, musste freigelegt werden durch die phänomenologische Reduktion. Das heißt: Um zur reinen Wesensschau zu gelangen, war alles einzuklammern, was nicht zum Wesen des Phänomens gehörte. Die Pflicht des Phänomenologen bestand nun also in der vorurteilsfreien Beschreibung, in der Zurückhaltung (epoché) des eigenen Urteils, der Bewertung oder Interpretation. Dazu bedurfte es der phänomenologischen Einstellung, die durch vorurteilsfreie Zurückhaltung die wissenschaftliche Beschreibung der Sachen, des Wesens der Korrelate der Wirklichkeit im Bewusstsein ermöglichte. Husserls Phänomenologie ist im Grunde Wesensschau. In methodischen Schritten wurde, um zum Wesen vorzudringen, alles eingeklammert, was nicht zum Wesen gehörte, was dazugekommen ist. Edith Stein brannte darauf, diese Methode, zur Wirklichkeit, zu den Sachen zu gelangen, zu erlernen. Zur Silvesterfeier von 1912 zu 1913 dichteten die Freundinnen Lilly Platau, Rose Guttmann und ihre Schwester Hede den Vers:

»Manches Mädchen träumt von Busserl,
Edith aber nur von Husserl.
In Göttingen da wird sie sehn
Den Husserl leibhaft vor sich stehn.«[46]

Inwieweit und wie sehr auch sie vom »Busserl« träumte, soll ihr Geheimnis bleiben. Aber ein Schwärmen ohne intellektuelle Versachlichung wäre ihr als peinlich erschienen. Der Mann, der ihr gefallen wollte, hatte in ihren Augen gut auszusehen, aber zugleich hatte er im vorbildlichen Maße intellektuelle Größe und moralische Reinheit zu besitzen.

Edith Stein berichtete, dass in der Silvesterzeitung, die traditionell verfasst und hergestellt wurde, auch über sie ein Märchen verfasst worden war, über ein »blaues Steinchen«. Diese Allegorie verdeutlichte, wie sehr ihre Freunde und Verwandten ihr »Versinken in die Wissenschaft« als Verlust wahrnahmen. Sie entzog sich mehr und mehr ihrer Breslauer Welt, umso stärker sie die neue Welt der Phänomenologie erkundete. Diese neue Welt besaß durchaus etwas Religiöses. Sie versprach Wahrheiten, forderte aber Hingabe. Husserl hatte später, als Edith seine Assistentin war, allen Ernstes ihr gegenüber das Zukunftsbild entworfen, dass sie ja einmal einen Phänomenologen heiraten und Kinder bekommen könnten, die dann auch Phänomenologen werden würden.

Doch noch war sie nicht seine Assistentin, noch galt es, die Koffer zu packen, eine Unterkunft zu besorgen, schließlich eine Fahrkarte zu lösen, sich von der Mutter, der Familie und den Freundinnen zu verabschieden – bis auf eine, bis auf Rose Guttmann, die mit ihr nach Göttingen gehen würde –, den Zug zu besteigen und quer durch Deutschland zu fahren, in die Universitätsstadt Göttingen. Und mehr konnte man über Göttingen nicht sagen, außer, dass die Stadt am Rande des Harzes schon seit geraumer Zeit Universitätsstadt war, dass hier einst der brillant-maliziöse Georg Christoph Lichtenberg lebte, der arme Gottfried August Bürger den »Münchhausen« dichtete und 1837 die »Göttinger Sieben«, sieben Göttinger Professoren, darunter auch die Brüder Grimm, gegen die Aufhebung der liberalen Verfassung im Königreich Hannover durch Ernst August I. protestierten. Ediths Kommilitone Georg Moskiewicz, kurz »Mos« genannt, hatte ihr zuvor genau erklärt, welche Schritte sie in Göttingen zu unternehmen hätte.

Allerdings hatte man bestens vorgesorgt. Familiäre Kontakte halfen. Mit dem Cousin Richard Courant existierte eine »Filiale« der Familie bereits vor Ort und allein würde sie ja auch nicht gehen, sondern in Begleitung ihrer Freundin Rose Guttmann. Zum Leben vieler Göttinger Bürgerfamilien gehörte es dazu, an Studenten zu vermieten. Studentinnen gehörten noch einer Minderheit an den Universitäten an. Viele Vermieter nahmen aus unterschiedlichen Gründen keine Studentinnen auf, in der Hauptsache aus moralischen Vorurteilen oder weil sie befürchteten, dass ihre Küchen zum Waschen, Bügeln und Kochen über Gebühr in Anspruch genommen werden würden, doch in Letzterem bestand bei Edith Stein keine Gefahr, denn entweder aß sie in preiswerten Gasthäusern oder miete sich mit Vollpension ein. Cousin Richard half beim Finden der Unterkunft in der Lange-Geismar-Straße Nummer 2, gleich neben dem Albanikirchhof, am Rand der Altstadt, an die sich eine schicke Villengegend anschloss. Von der Albani Kirche drang dreimal am Tag das Angelus-Läuten zu ihr.

Obwohl sie später auch wieder längere Zeiten im Elternhaus in Breslau verbringen sollte, so täuschte sich Auguste Stein nicht: Ediths Aufbruch nach Göttingen bedeutete einen Abschied, einen Bruch, ihren Aufbruch in ihr Leben, nicht nur selbstbestimmt, sondern auch selbst gefüllt mit neuen Inhalten, nicht weniger als ein Weltenwechsel, ihre erste Konversion, die Konversion in die Phänomenologie. Nicht umsonst deklarierte Edmund Husserl als Grundvoraussetzung für phänomenologisches Arbeiten die phänomenologische Einstellung – und die ging weit über wissenschaftliche Normen hinaus, sie verlangte eine Haltung zur Welt, die einerseits im vorurteilsfreien Beschreiben der Phänomene der Welt, andererseits in der kameradschaftlichen Zusammenarbeit bestand. Anders konnte die monumentale Aufgabe, die Husserl gestellt hatte, die Beschreibung der Welt in all ihren Phänomenen, auf den verschiedensten Feldern vom Recht bis zur Religion, von der Psychologie bis zur Physik, von der Sprache bis zur Skulptur, nicht gelingen. Selten hatte eine philosophische Richtung so an den Gemeinschaftsgeist ihrer Adepten appelliert. In diesen Kreis von Philosophen, die darauf brannten, die Welt aus ihren Phänomenen heraus zu schauen, fuhr sie nun. Würde sie Teil einer großen Bewegung, von sittlich reinen und intellektuell hingebungsvoll arbeitenden Wissenschaftlern werden?

9.

In Göttingen

»Die Stadt Göttingen, berühmt durch ihre Würste und Universität gehört dem Könige von Hannover und enthält 999 Feuerstellen, diverse Kirchen, eine Entbindungsanstalt, eine Sternwarte, einen Karzer, eine Bibliothek und einen Ratskeller, wo das Bier sehr gut ist.«[1] So begann Heinrich Heine seine *Harzreise* mit einem hübschen Porträt Göttingens im Jahr 1824. 89 Jahre später, als Edith Stein am 17. April 1913 in Hamburg in den Zug in die mitteldeutsche Universitätsstadt stieg – begleitet und verabschiedet von ihrem Schwager Max Gordon – dürfte sich nicht allzu viel geändert haben. Göttingen lebte noch von seinen Würsten, wie von seiner Universität, die bis hin zu den zahlreichen Vermietungen einen wichtigen Wirtschaftsfaktor in der Stadt darstellte. Viel größer dürfte die beschauliche Stadt nicht geworden sein, im Ratskeller wurde noch das gute Bier ausgeschenkt und auch die Universität nutzte noch ihren Karzer, wovon sich Edith Stein ein paar Jahre später überzeugen konnte. Ein Jahr bevor der Zug der hochmotivierten Studentin in den Bahnhof der Universitätsstadt einfuhr, hatte die noch heute berühmte Konditorei Cron und Lanz ihre Geschäft in die Weender Straße 25 verlegt, nachdem die Konditorei durch die Vereinigung der Geschäfte der Bäcker Cron und Lanz 1876 entstanden war, wovon Heine selbstredend noch nichts wissen konnte. Die Konditorei wurde zum Treffpunkt für Studenten und Professoren. Auch Edith Stein hatte dort so manche Stunde mit Kommilitonen, vor allem mit Phänomenologen wie Roman Ingarden, verbracht. Die Entscheidung der Konditoreibesitzer war mit kluger Voraussicht getroffen, denn am Ende der Straße lag das Auditorienhaus, der Mittelpunkt des Universitätslebens. Wer immer zu seiner Vorlesung eilte, der kam an der Konditorei mit ihren verlockenden Backwerken vorbei – und manchmal auch nicht weiter.

Der Zug aus Hamburg traf abends in Göttingen pünktlich ein und Cousin Richard holte Edith pflichtgemäß vom Bahnhof ab, um sie zu ihrer Unterkunft zu begleiten, obwohl er an einem »schlimmen Fuß« laborierte. Bei ihm die erste Nacht in der fremden Stadt zu verbringen, so wie es ihr besorgter Schwager Max in Hamburg dringend anriet, zumal ihre Mitbewohnerin Rose erst ein paar Tage später aus Berlin eintrudeln würde, hatte sie, die endlich ihr eigenes Leben beginnen wollte, konsequent abgelehnt. Das vielfältig geknüpfte Netz der Familie war eben beides zugleich, Fluch und Segen. Ihrer künftigen Vermieterin fiel ein Stein vom Herzen, statt einer älteren, vielleicht noch griesgrämigen Studentin, eine junge, offene, humorvolle und sympathische Frau von 21 Jahren ins Haus geflattert zu bekommen. Der Charme des Anfangs ihres selbstgewählten Lebensweges klingt noch aus jedem Wort, mit dem sich Edith Stein 20 Jahre später im Karmel zu Köln an diese Zeit erinnerte: »Ich war 21 Jahre alt und voller Erwartung, was nun kommen sollte.«[2] Der Satz erinnert an Hermann Hesses Vers: »Und jedem Anfang wohnt ein Zauber inne,/Der uns beschützt und der uns hilft, zu leben.« In ihren Erinnerungen schlug sie den Bogen von dem Anfang in Göttingen in der Phänomenologie 1913 zu ihrer Konversion 1922, nicht ohne Berechtigung, wie sich überhaupt die Einschnitte in ihrem Leben in Dekaden vollzogen: 1913 Göttingen, 1922 die Konversion in den katholischen Glauben, 1933 der

Eintritt ins Kloster. Was sie nicht ahnte, war, wie kurz das Paradies nur noch bestehen würde: »Ich glaube, nur, wer in den Jahren zwischen 1905 und 1914, der kurzen Blütezeit der Göttinger Phänomenologenschule, dort studiert hat, kann ermessen, was für uns in diesem Namen schwingt.«[3] Allerdings hatte sich der erste Kreis der Phänomenologen bereits zerstreut, als sie in der mitteldeutschen Stadt ankam.

Natürlich gab Edith Stein ihre Leidenschaften – das Spazierengehen und das Wandern – nicht auf, sondern erkundete mit Rose, mit anderen Kommilitonen, mit Erna, die sie besuchte, die Stadt und die nähere Umgebung, die sanften Hügel und erkundete von Göttingen aus die lieblichen Landschaften Mitteldeutschlands. Dazu zählten durchaus weitere Fahrten, die teils zu Fuß, teils mit der Bahn bewältigt wurden, und die sie nach Kassel, durch das Weserland, den Harz oder nach Thüringen führten, auf die Wartburg, zum Großen Inselsberg oder über den Rennsteig. Mit Rose brach sie nach Weimar auf, besuchte das Goethe- und das Schillerhaus, schließlich Tiefurt, nur sah sie sich gezwungen, den Plan, auf dem Rückweg die Freie Schulgemeinde Wickersdorf zu besuchen, aufzugeben, weil Rose zu wenig Geld eingesteckt hatte. Diese Unternehmungen, die deshalb einen Ausgleich boten, weil sie der anderen Seite ihres Wesens, der ausgelassenen, der humorvollen und mutwilligen Edith entsprachen, ließ sie nicht zu kurz kommen. Ihre Geselligkeit fand im Zirkel der Phänomenologen sofort Raum und Heimat, denn wie keine andere philosophische Schule bildeten die Phänomenologen ein komplexes und vor allem verlässliches Beziehungsgeflecht untereinander heraus. Was sie nicht wusste, aber aus den Erzählungen von ihrem Breslauer Kommilitonen Georg Moskiewicz ahnte, war, dass sie eine Familie erwarten würde, deren Verwandtschaft in der Art des Denkens und dessen Moralkodex bestand.

Ihren Anfang hatte die phänomenologische Bewegung an jenem sonnigen Tag im Jahr 1902 in Göttingen genommen, als ein junger, leicht verschwitzter Student, der von Braunschweig nach Göttingen geradelt war, um dem Herrn Professor Husserl seine Aufwartung zu machen, nachdem er den ersten Band der *Logischen Untersuchungen* geradezu verschlungen hatte, vor der Tür des Hauses am Hohen Weg am Aufgang zur 1830 eröffneten Ausflugsgaststätte »Der Rohns« stand. Der junge Mann hieß Johannes Daubert, der 1877 in Braunschweig das Licht der Welt erblickt hatte und ansonsten in München bei Theodor Lipps studierte. Zum Gespräch zog Husserl schließlich seine kluge Frau Malvine, auf deren Meinung er äußersten Wert legte, hinzu. Begeistert auf Daubert verweisend verkündete er, dass ihn dieser junge Mann verstanden habe. Und Daubert hatte sehr gut verstanden. Kaum in München zurück machte er seine Kommilitonen, Schüler des Philosophen Theodor Lipps wie er, die den »Akademischen Verein für Psychologie« ins Leben gerufen hatten, um über die Arbeit ihres Lehrers und ihre eigenen philosophischen Bemühungen zu diskutieren, mit dem Werk von Husserl bekannt. Zum Kreis gehörten, neben Johannes Daubert, Alexander Pfänder, der es zu dieser Zeit bereits zum Privatdozenten gebracht hatte, Moritz Geiger, der 1904 bei Lipps promoviert wurde, und der Student Adolf Reinach. Reinach war Schüler Pfänders, deshalb steckte in Ediths Bemerkung über Reinach und Pfänder in dem Brief an Roman Ingarden vom 30. September 1922 aus dem »Phänomenologenheim Bergzabern« der reinste Spott: »Reinachs Schüler sind nach der Freiburger Historie auch Pfänder und Daubert«[4], wo doch eben in Wahrheit Reinach Pfänders Schüler war. Daubert hatte erwirkt, dass Theodor Lipps Husserls *Logische Untersuchungen* im Seminar besprach. 1904 kam Husserl schließlich selbst nach München, um im »Akademischen Verein für Psychologie« zu sprechen. Ein Jahr später gingen Adolf Reinach, Johannes

Daubert, Wilhelm Schapp, Alfred Schwenninger nach Göttingen, um bei Husserl zu studieren, 1906 kam für ein Semester Moritz Geiger dazu, 1907 der tatkräftige Theodor Conrad, der sogleich die »Göttinger Philosophische Gesellschaft« gründete, die er eigentlich auch Phänomenologische Gesellschaft hätte nennen können. Wilhelm Schapp, der sich später Verdienste um die phänomenologische Untersuchung des Verstricktseins des Menschen in Geschichten, der Bedeutung von Geschichten und dem Erzählen für den Menschen erwarb, berichtete über den Inhalt der Sitzungen der Gesellschaft: »Wir prüften immer von neuem Wortgefüge wie roter Wein, rotseiender Wein, der Wein ist rot, um festzustellen, inwiefern sich in solchen Ausdrucksnuancen sachliche Bedeutungsunterschiede verbergen.«[5] Hans-Georg Gadamer berichtete, dass Adolf Reinach sogar ein ganzes Semester lang untersucht habe, was ein Briefkasten eigentlich sei, wie Heidegger übrigens später einmal in einer Vorlesung über das Phänomen des Vorlesungspultes laut nachgedacht hatte.

Wenn in Husserls Seminar ein Anfänger im Philosophieren nur allzu großspurig Behauptungen aufstellte, soll Husserl gern gesagt haben: »Nicht immer die großen Scheine, meine Herren, Kleingeld! Kleingeld!« Husserls Art zu philosophieren, sein ansteckendes Pathos der Sachlichkeit und Redlichkeit, begeisterte seine Studenten so sehr, dass sie ihn, wie bereits angesprochen, als den »Meister« verehrten, selbst später im Dissens noch. »Es ging eine eigentümliche Faszination von dieser Arbeitsweise aus. Sie wirkte wie eine Läuterung, eine Rückkehr zur Ehrlichkeit, eine Befreiung von der Undurchsichtigkeit überall herumgereichter Meinungen, Schlagwörter und Kampfrufe.«[6] In den Seminaren gaben die Münchener bald den Ton an, weil sie durch den »Akademischen Verein für Psychologie« geschult darin waren, gemeinsam zu philosophieren. Das gemeinsame Philosophieren sollte eine Spezialität der Phänomenologen werden. Da sich auch Husserl offen für Diskussionen zeigte und seinen Studenten ans Herz legte, die Vorlesungen seiner philosophischen Gegner zu besuchen, um vorurteilsfrei deren Methoden und Argumentationen kennenzulernen, entwickelte sich rasch eine ganz eigene Atmosphäre des Umganges miteinander. Autorität besaß nur das Argument. Für Husserl dürfte es im tiefsten Sinne der Worte ein Phänomen gewesen sein, dass andere anders philosophierten als er. Vor Edith Stein kamen zu ihm nach Göttingen: Alfred von Sybel 1907, 1908 Alexandre Koyré und Dietrich von Hildebrand, Jean Héring 1909, 1911 Hans Lipps und Winthrop Bell, 1912 Roman Ingarden und Adolf Grimme. Die Begeisterung, die all diese jungen Leute beherrschte, beschrieb Hedwig Conrad-Martius so: »Wir besaßen keine Fachsprache, kein gemeinsames System, das am allerwenigsten. Es war nur der geöffnete Blick für die geistige Erreichbarkeit des Seins … Es war das Ethos der sachlichen Reinheit und Reinlichkeit (Wust würde ›Keuschheit‹ sagen). Das musste natürlich auf Gesinnung, Charakter und Lebensweise abfärben.«[7]

Georg Moskiewicz hatte Edith Stein noch in Breslau ans Herz gelegt: »Wenn man nach Göttingen kommt, geht man zuerst zu Reinach; der besorgt dann alles übrige«.[8] Und sie befolgte den Rat. Der zum Privatdozenten Aufgestiegene galt als Husserls rechte Hand. Reinachs philosophische Interessen zeichnete eine impressionistische Vielfalt aus, die vom Phänomen der Bewegung, über das Recht bis zur Sprachphilosophie reichte, in der er die Begriffe »Sozialer Akt« und »Sachverhalt« entwickelte. Er unterschied zwischen Sachverhalten und Gegenständen. Während Gegenstände in Zeit und Raum existieren, bestanden Sachverhalte unabhängig von Zeit und Raum. Ein sozialer Akt lag für ihn dann vor, wenn die sprachliche Äußerung ihr Ziel erreichte, wenn zum Beispiel eine Frage gehört wurde, denn nur, wenn jemand die Frage als Frage hörte, war sie auch eine Frage. Sprachliche Äußerungen sind also soziale Akte. Diese Vorstellungen scheinen in gewisser Hinsicht den Überlegungen vorauszugreifen, die John Austin in seiner berühmten Vorlesung von 1955 an der Harvard Universität darlegte, die dann 1962 unter dem Titel *How to Do Things with Words* publiziert wurde, und in der er formulierte, dass sprachliche Äußerungen zugleich Handlungen, wenn man so will, soziale Akte wären. Damit begründete Austin die berühmte Sprechakttheorie.[9] Allerdings ging Austin wohl nicht von Reinach, sondern von Gottlob Frege, Ludwig Wittgenstein und Noam Chomsky aus.

Reinach war die Seele des Göttinger Phänomenologenkreises, er versammelte seine Studenten bei sich zu Hause, wo auch die Seminare stattfanden, die man sich als gemeinsames Philosophieren unter seiner unmerklichen Führung vorstellen muss. Er hatte wie ein großes Kind eine reine Freude am Denken. Ingarden behielt ihn als »guten Lehrer und vor allem glänzenden Leiter der philosophischen Übungen« in Erinnerung, der in den Übungen interessante Problemstellungen formulierte, präzise Antworten und überzeugende Zurückweisungen von fehlerhaften Gedankengängen bot. Besonders kostbar war, »dass er die Fähigkeit hatte, unsere oft ungeschickt formulierten Fragen oder Behauptungen richtig zu verstehen und in den richtigen Problemzusammenhang hineinzustellen … Reinach selbst fungierte anscheinend bloß als der Hüter, dass man nicht auf Abwege geriet.«[10]

Gleich nach ihrer Ankunft in Göttingen besuchte Edith Stein also, wie von Moskiewicz geraten, Husserls Adlatus, dessen Haus am Rande der Stadt an ein Kornfeld grenzte. Ein blondes Dienstmädchen führte sie in Reinachs Arbeitszimmer, einem großen Raum mit zwei hohen Fenstern, rechts stapelten sich Bücher in deckenhohe Regale, links ging es durch eine Schiebetür mit buntem Glas in ein Nebenzimmer. Zwischen der Tür und dem Fenster stand der große Schreibtisch Reinachs und ihm gegenüber Klubsessel. Zwischen den beiden Bücherwänden sorgten Tisch, Klubsofa und Sessel für Gemütlichkeit. Wenn Reinach an seinem Schreibtisch saß, konnte er auf eine Reproduktion von Michelangelos *Erschaffung des Menschen* aus der Sistina an der Wand sehen. Der Hausherr, mittelgroß, schlank, aber mit breiten Schultern und einem Kneifer auf der Nase, bot ihr einen der Klubsessel an, dann eröffnete er ihr ohne Umschweife, dass Moskiewicz ihm geschrieben und sie avisiert hätte. Nach ein paar Fragen bezüglich ihrer Beschäftigung mit der Phänomenologie nahm er sie in seine »Übungen für Fortgeschrittene« auf und versprach, sie Husserl anzukündigen. Sein Angebot, sie in die »Göttinger Philosophische Gesellschaft« einzuführen, lehnte sie freundlich ab, weil das Moskiewicz schon erledigen würde. Reinachs knappe Antwort verrät viel von dem Gemeinschaftsgeist der Phänomenologen: »Richtig! Dann lernen Sie ja bald alle kennen.«[11]

Bei Reinach lernten die jungen Phänomenologen, natürlich auch Edith Stein, Philosophieren. Dafür bewahrte sie eine große Dankbarkeit für ihn in ihrem Herzen: »Es war mir, als sei mir noch nie ein Mensch mit einer so reinen Herzensgüte entgegengekommen. Daß die nächsten Angehörigen und Freunde, die einen jahrelang kennen, einem Liebe erweisen, schien mir selbstverständlich. Aber hier lag etwas ganz anderes vor. Es war wie ein erster Blick in eine ganz neue Welt.«[12]

Reinachs Vorlesung konnte sie besuchen, aber seine Übungen zunächst nicht, da sie zu dieser Zeit im Historischen Seminar bei dem liberalen Historiker Max Lehmann saß, einem Schüler von Leopold von Ranke, bei dem sie auch eine Vorlesung über die Reformierung des preußischen Staates im Zeitalter von Stein und Hardenberg hörte. Lehmann, auch von Heinrich von Treitschke gefördert, hatte als nationalliberaler Historiker begonnen und ursprünglich die »borussische« Linie der Historiografie vertreten, distanzierte sich aber im letzten Jahrzehnt des 19. Jahrhunderts davon und vertrat zunehmend linksliberale Positionen, die Edith Stein damals eher entgegenkamen und nicht ohne Einfluss auf ihre Entscheidung nach dem Krieg, sich für die Deutsche Demokratische Partei zu engagieren, blieben.

Ursprünglich hatte Edith Stein geplant, nur für ein Semester nach Göttingen zu gehen. Zwar galt ihr Interesse Husserl und der Philosophie, doch führte sie auch das Studium der Germanistik und Geschichte weiter. Aus diesem Grund besuchte sie nicht nur die Vorlesung, sondern auch ein Seminar bei Max Lehmann. Doch dieses Seminar erwies sich als sehr anspruchsvoll, auch hinsichtlich der Zeit, die es erforderte, denn der Professor vergab in der ersten Übung die Themen für die Seminarreferate. Jedes neue Seminarmitglied hatte eine schriftliche Arbeit abzuliefern. Allerdings sollte ihr die Arbeit über den Vergleich der deutschen Reichsverfassung mit dem Verfassungsentwurf für ihrer kurze politische Phase in der DDP und für ihr Buch über den Staat noch einmal von großem Nutzen sein. Das ahnte sie aber im April 1913 nicht. Ein wenig Stolz stellte sich allerdings bei ihr ein, dass sie sich durch Lehmann gewissermaßen als »Enkelschüler« Rankes betrachten durfte.

Zumindest hörte sie Reinachs »Einleitung in die Philosophie«, bei dem Historiker Karl Brandi »Staatensystem und Kultur der Renaissance«, bei dem »Psychologisten« und erbitterten Husserl-Gegner Georg Elias Müller »Psychophysik der Farbempfindungen«, bei dem Germanisten Richard Weißenfels eine Vorlesung zu »Börne und Heine und das junge Deutschland« und bei dem Germanisten Edward Schröder die Interpretation des mittelhochdeutschen Versepos »Moritz von Craun«. Während sie Weißenfels' Vorlesung eher als Erholung, denn als Arbeit empfand, nahm sie den gestrengen Schröder als »Phänomen« wahr.

In ihrer Erinnerung erwähnte Edith Stein auch den bedeutenden Philosophen Leonard Nelson, dessen Hauptinteresse der Ethik und der praktischen Philosophie galt. Nelson schloss an Immanuel Kant und an dessen Schüler Jakob Friedrich Fries und dem Konzept der praktischen Vernunft an. »*Praktisch* ist, der unmittelbaren Bedeutung nach, was sich auf das Handeln bezieht.«[13] Die Aufgabe der Philosophie sah Nelson darin, die Regeln zu geben, »die wir brauchen, um die Tatsachen des Lebens deuten und meistern zu können. Wir brauchen solche Regeln, um den Tatsachen des Lebens nicht blind und wehrlos gegenüberzustehen, wir brauchen sie, um über diese Tatsachen vernünftig urteilen zu können und, mehr noch, um handelnd auf sie einwirken, sie nach vernünftigen Zwecken umgestalten zu können.«[14] »Zwei genau zu trennende Bedingungen soll also die Philosophie erfüllen: Was sie lehrt, soll Wahrheit sein, und die Form, in der sie es lehrt, soll Wissenschaft sein.«[15] Damit stand er gegen die Lebensphilosophie, aber auch gegen die Phänomenologie. Und es war Husserl, der ihm Steine in den akademischen Weg in Göttingen legen sollte. Nelson, 1882 geboren, grundgescheit, scharf in der Analyse und im Ausdruck, war für universitäre Verhältnisse mit seinen 31 Jahren noch ein junger Mann. Andererseits hatte er um sich einen recht illustren Freundes- und Schülerkreis versammelt, zu dem der Physiker Max Born, der Nobelpreisträger Otto Meyerhof, aber auch David Hilberts Mitarbeiter Paul Bernays, der Nationalökonom Alexander Rüstow und auch Ediths Cousin, der Mathematiker Richard Courant, gehörten. Der bedeutende Mathematiker Hilbert war ihm freundschaftlich verbunden – und Nelson widmete sein Hauptwerk *Kritik der praktischen Vernunft* »seinem Lehrer und Freunde David Hilbert ... in Dankbarkeit und Verehrung«. Das Werk selbst nannte er in der gedruckten Widmung einen »Versuch, dem Herrschaftsbereich der strengen Wissenschaft eine neue Provinz zu erschließen«, nämlich die des gesellschaftlichen und politischen Lebens. Nelson spielte nicht nur auf Kants *Kritik der praktischen Vernunft* an, ging nicht nur von dessen kategorischem Imperativ aus, sondern auch von der Forderung Kants, sich des eigenen Verstandes zu bedienen. Wenn Edith Stein sich erinnerte, dass seine Ethik »in der Ableitung eines etwas abgewandelten kategorischen Imperativs« bestünde, zeigte sich hierin die typische Herablassung, mit denen Husserl und Husserls Schüler Nelsons kritizistischem Ansatz begegneten.

Nelsons abgewandelter kategorischer Imperativ fragte nämlich danach, »wie es möglich ist, durch äußere Einwirkung einen Menschen zu bestimmen, sich nicht durch äußere Einwirkungen bestimmen zu lassen«.[16] Das Ziel der Erziehung bestünde folglich in vernünftiger Selbstbestimmung. Nelson stellte seine Ethik auf das Prinzip der Autonomie, »wonach keine anderen Gesetze für uns Verbindlichkeit haben als solche, zu deren Verbindlichkeit wir durch eigene Einsicht gelangen.«[17] In seinen Vorlesungen analysierte er – nicht gerade behutsam – die neuzeitlichen Erkenntnistheoretiker und wies ihnen logische Fehler nach, am liebsten diagnostizierte er den Zirkelschluss, der stillschweigend voraussetzt, was erst gefolgert werden soll. Als Edith Stein Nelsons Vorlesung über die Ethik hörte, sah sich Nelson noch als Liberaler, doch nach dem Ersten Weltkrieg wurden seine Positionen immer sozialistischer, allerdings im nichtmarxistischen Sinn. Mit der SPD überwarf er sich bald schon und gründete den Internationalen Sozialistischen Kampfbund, der auch nach seinem frühen Tod 1928 bestehen blieb und gegen die Nationalsozialisten kämpfte.

Nelson engagierte sich im Rahmen seiner Ethik für Tierrechte und vertrat den Vegetarismus, dem er im Alltagsleben auch folgte. Er war eine charismatische Persönlichkeit, lebte nach seinen ethischen Grundsätzen und erwartete dies auch von seinen Schülern. Durch einen Zufall legte Edith Stein einmal mit Nelson ein Stück

Weg in Göttingen zurück, der am Verlagsgebäude von Vandenhoeck & Ruprecht endete. Er erkundigte sich nach Husserl, gab zu, sich nicht allzu gut in dessen Schriften auszukennen, weil es doch etwas zu viel Zeit und Anstrengung kosten würde, sich in die komplizierte Terminologie Husserls hineinzuarbeiten. Auf Edith Steins Vorschlag, sich stattdessen mit Reinach zu beschäftigen, winkte Nelson nur ab: »Reinach ist klarer, aber dafür ist er weniger tief.«[18] Mit der Bemerkung traf Nelson den Kern des Problems, und deshalb überlieferte Edith Stein das Bonmot, das erlaubte, Reinach zu kritisieren, ohne ihn zu kritisieren. Denn indem sich Reinach in seiner Wendung zu den Sachen, zur Wesensschau und zu den Wesenseinsichten zwar der phänomenologischen Methode bediente, die Methode jedoch nicht durch die Kritik der Methode absicherte, also nicht die ständige Frage nach ihrer tatsächlichen Leistungsfähigkeit stellte, nach der Erarbeitung objektiver Kriterien, nach denen reduziert oder eingeklammert werden sollte, drohte die Phänomenologie »als methodenloser Intuitionismus«[19] in Verruf zu geraten. Diesen »methodenlosen Intuitionismus« warf Nelson Reinach impliziert vor. Letztlich blieb ungeklärt, nach welchen objektiven Kriterien eingeklammert und reduziert, was abgeschnitten oder ignoriert wurde, was zum Wesen gehörte und was nicht – und blieb damit am Ende aller Tage der Willkür des Phänomenologen anheimgestellt.

Zudem zeigte sich immer deutlicher eine offene Flanke der Phänomenologie, die entweder in ihrer Letztbegründung oder im Fehlen jeder Weltanschauung, jeder Einbettung bestand. Selbst wenn man die Phänomenologie als Einstellung zur Welt erklärte, fehlte dieser Einstellung die Fundierung, »hing sie in der Luft«. Sie erzeugte geradezu eine Sehnsucht nach Metaphysik, letztlich nach Glauben. Das erklärt, weshalb Husserl in die Bewegung des transzendentalen Idealismus zurückfiel, während andere Phänomenologen sich dem christlichen Glauben, zumeist in seiner katholischen Konfession zuwandten. Als »Ausweg« schien es nur den Glauben oder den Idealismus zu geben, bis Martin Heidegger, der zu dieser Zeit in Freiburg studierte und vorgab, katholische Philosophie zu betreiben, einen dritten Weg anbieten sollte.

Zwischen Husserl auf der einen Seite und Reinach und den frühen Phänomenologen auf der anderen Seite begann mit dem Erscheinen des ersten Bandes der *Ideen zu einer reinen Phänomenologie und phänomenologischen Philosophie*, eine Entfremdung einzusetzen. Husserls Schüler meinten, in seinen »Ideen« Ansätze zu einem Rückfall in den transzendentalen Idealismus zu entdecken, dass er sich von der Welt abwenden und sich auf die Bewusstseinssphäre, auf die kantische Trennung zwischen den Empfindungen und dem Ding an sich, das nicht erkennbar war, zurückziehen würde. Während man Husserl selbst bald zunehmend für einen Idealisten hielt, sahen sich seine Schüler als Realisten und damit hatte die Phänomenologie ihr Idealismus-Realismus-Problem. Husserls Ideen »enthielten einige Wendungen, die ganz danach klangen, als wollte ihr Meister zum Idealismus zurücklenken. Was er uns mündlich zur Deutung sagte, konnte die Bedenken nicht beschwichtigen. Es war der Anfang jener Entwicklung, die Husserl mehr und mehr dahin führte, in dem, was er ›transzendentalen Idealismus‹ nannte (es deckt sich nicht mit dem transzendentalen Idealismus der kantischen Schulen), den eigentlichen Kern seiner Philosophie zu sehen und alle Energie auf seine Begründung zu verwenden: ein Weg, auf dem ihm seine alten Göttinger Schüler zu seinem und ihrem Schmerz nicht folgen konnten.«[20]

Edith Stein geriet in die beginnenden Spannungen und Differenzen zwischen Husserl und seinen Schülern, die sich zum Wintersemester 1913/1914 noch verstärken sollten. Statt sich in dieser Frage auf eine Seite zu schlagen, sollte sie bis hin zu ihrem späteren philosophischen opus magnum *Endliches und Ewiges Sein. Der Aufstieg vom Sinn von Sein* ihre eigene Antwort suchen.

Husserl hatte, wie er es stets tat, am Schwarzen Brett im Philosophischen Seminar eine Vorbesprechung angekündigt, wo sich auch die Studenten einfinden sollten, die beabsichtigten, zum ersten Mal an Husserls Seminar teilzunehmen. In ihren Erinnerungen nannte Edith Stein den damals 54-jährigen Husserl einen »vornehmen Professorentypus«, »mittelgroß, die Haltung würdevoll, der Kopf schön und bedeutend. Die Sprache verriet sofort den geborenen Österreicher: er stammte aus Mähren und hatte in Wien studiert. Auch seine heitere Liebenswürdigkeit hatte etwas vom alten Wien.«[21]

Husserl, der bereits von Reinach informiert worden war, erkundigte sich, wie übrigens bei allen Neuen, ob sie schon etwas von ihm gelesen habe. »Den zweiten Band der *Logischen Untersuchungen*«, antwortete Edith Stein. »Den ganzen zweiten Band? Nun, das ist eine Heldentat.« Mit diesen Worten war sie im Seminar aufgenommen.[22] Während der erste Band die Auseinandersetzung mit den zeitgenössischen Strömungen der Philosophie und die Formulierung eines eigenen Standpunktes vornahm, arbeitete Husserl im zweiten Band seine Methode aus. Um die Methode zu erlernen, um sie handhaben zu können, war Edith Stein ja in der Hauptsache nach Göttingen gekommen. Im Seminar sollte nun das kurz vor dem Semester erschienene Buch *Ideen zu einer reinen Phänomenologie und phänomenologischen Philosophie* diskutiert werden. Sie erwarb natürlich sofort Husserls neues Buch, dessen Abdruck das von Husserl selbst, Moritz Geiger, Alexander Pfänder, Adolf Reinach und Max Scheler bei Niemeyer in Halle herausgegebene *Jahrbuch für Philosophie und phänomenologische Forschung* eröffnete. Zeitgleich mit Husserls *Ideen* erschienen übrigens Pfänders *Zur Psychologie der Gesinnungen I*. Im zweiten Band, *Zweiter Teil des Jahrbuchs* genannt, erschien, ebenfalls 1913, Schelers berühmte Schrift *Der Formalismus in der Ethik und die materiale Wertethik*, Moritz Geigers *Beiträge zur Phänomenologie des ästhetischen Genusses* und Adolf Reinachs *Die apriorischen Grundlagen des bürgerlichen Rechtes*. Insgesamt elf Bände des Jahrbuches, in dem auch Edith Stein zweimal publizieren wird, werden bis 1930 erscheinen.

Zügig ging die Studentin an die Lektüre des jüngsten Werkes des »lieben Meisters« und bemerkte schnell, dass sich dieses deutlich von den *Logischen Untersuchungen* unterschied. Mochte das für Husserls Schüler erstaunlich gewesen sein, so überraschte es nicht, wenn man bedenkt, dass Husserls ein sehr produktiver Philosoph war. Es klingt fast wie ein Paradoxon: Seine enorme Produktivität behinderte seine Publizität, denn Husserl wurde im Grunde nie fertig, sondern durchdachte ein Problem wieder und wieder, ließ es dann ruhen, wenn es wieder »langweilig« wurde, um sich einem neuen Problem zuzuwenden, nahm dann aber ältere Gedanken wieder auf, nicht ohne sie völlig umzuarbeiten. Der Mann war eine einzige Work-in-Progress-Maschine. Und alle hatten sich seiner Produktivität unterzuordnen, denn er empfand sich auch wirklich als »Meister«, als Erneuerer der Wissenschaften und besaß ein großes, wenn auch ein feines und subtil annonciertes Sendungsbewusstsein. Aufgrund dieser Arbeitsweise befanden sich in Husserls Nachlass schließlich etwa 40 000 Manuskriptseiten und Notizen.

Couragiert nutzte Edith Stein nach Lektüre des neuesten Werkes des »lieben Meisters«, ungeachtet der Tatsache, dass sie ein Neuling im Seminar war, Husserls Angebot an seine Schüler, ihn an einem bestimmten Nachmittag in der Woche zu Hause aufzusuchen, um über die *Ideen* zu diskutieren. Ohne ein Blatt vor den Mund zu nehmen, sprach sie von ihren »Bedenken«. Nach und nach trafen weitere Schüler ein. Letztlich drangen sie mit ihren Skrupeln jedoch nicht durch, denn Husserl lebte, wie Heidegger in noch stärkerem Maße später, auch in seiner eigenen Welt, im Gegensatz zu Philosophen wie Ernst Cassirer in einem gewissen geistigen Autismus. Edith Stein flüchtete sich später einmal, um die Verehrung des »lieben Meisters« bei allen Kritikpunkten aufrechterhalten zu können, in die mehr hübsche, als erklärende Formulierung, dass er seine Menschlichkeit seiner Wissenschaft geopfert hätte.[23] Doch was soll das für eine Wissenschaft »ohne Menschlichkeit« sein? Allerdings erfreute sich in dieser Zeit – nicht nur bei Edith Stein – der »Opfer-Gedanke«, dass ethisch geboten wäre, sich für einen edlen Zweck zu opfern, großer Beliebtheit. Ediths Steins Entscheidung erst zur Konversion und schließlich zum Eintritt ins Kloster, die nicht monokausal, sondern aus einer Vielzahl von Gründen zu verstehen ist, entbehrt auch nicht der grundsätzlichen Akzeptanz der Möglichkeit des eigenen Opfers. Es ging darum, sich in Beziehung zu etwas zu setzen, das größer war als man selbst, darum, den notwendigen Schritt zum Sinn des Lebens oder, in der Sprache von Heidegger und Stein, zum Sinn von Sein.

Im Seminar diskutierten Husserls Schüler mit ihm dann Paragraph für Paragraph der *Ideen I*. Husserl erläuterte die schwerverständlichen Stellen. Roman Ingarden erinnerte sich, dass man immer den Eindruck gewann, dass Husserl »über Dinger sprach, die er längst wusste und schon vor vielen Jahren durchdacht und bearbeitet hatte und jetzt aus dem Gedächtnis hervorholte. Er war der Weise, der schon Jahrzehnte wissenschaftlicher Arbeit vor sich hatte und jetzt das von ihm bereits Gewußte nur mitteilte.«[24] Im Sommersemester sprach Husserl in der Vorlesung zum Thema »Natur und Geist«. Ingarden bezeugte, dass Husserl in der Vorlesung erstaunlicherweise nicht über Aspekte sprach, die in den *Ideen I* behandelt worden waren, sondern die den Kern von *Ideen II* bildeten, die erst 1928 publiziert werden sollten, und das auch nur dank der Arbeit von Edith Stein. Erstaunlich war das insofern nicht, weil Husserl nur das interessierte, worüber er gerade nachdachte. Zwar ging er mit einem Manuskript in die Vorlesung, doch kam es nicht selten vor, dass er nicht mehr auf das Manuskript blickte, sondern laut dachte, eben schlicht: philosophierte. Seinen Vorlesungen ging die genialische Grundstimmung Max Schelers ab, sie verliefen ausgesprochen nüchtern, ohne Überschwang. Doch scheint die dennoch enorme Wirkung auf dem Pathos der Präzision bis hin zur Pedanterie beruht zu haben.

Die Universitäten waren damals noch keine Massenuniversitäten und das Verhältnis zwischen den Mitgliedern der Universität gestaltete sich daher viel persönlicher. Zuweilen bestand ein Seminar nur aus acht bis zehn Personen, und auch die eine oder andere Vorlesung fand im viel kleineren Kreis statt als heute üblich. Edith Stein faszinierten die Vorlesungen und Seminare bei Husserl und bei Reinach. Hier traf sie mit Gleichgesinnten zusammen. Im Kreis ihrer Kommilitonen war ohne Zweifel Hans Lipps eine durch seine Originalität bis hin zur Schrulligkeit faszinierende Persönlichkeit, die nicht nur Ediths Verstand, sondern auch ihr Herz ansprach. Der große, schlanke Mann, der jünger aussah, als er war, wirkte wie ein zu schnell gewachsener Junge. Auf einem Foto aus dem Ersten Weltkrieg sieht man ihn, wie er vorsichtig, zärtlich ein Käuzchen in der Hand hält, über das er sich beugte. Er barg das Tier, mit dem er eine Weile an der Front lebte, in seinen Händen, barg es mit seiner ganzen Persönlichkeit. Noch in der Erinnerung später im Kloster geriet Edith Stein ins Schwärmen, wenn sie über Hans Lipps schrieb, über sein »schönes, ausdruckvolles Gesicht«, das »frisch wie das eines Kindes« war: »und ernst – fragend wie die eines Kindes – blickten seine großen, runden Augen.«[25] Und wie zur Bestätigung für Steins Charakterisierung von Hans Lipps, die Hans-Georg Gadamer nicht kannte, beschrieb auch jener: »Die großen Augen traten ihm beinah aus dem Kopfe, wenn er sagte, was er dachte. Und er sagte immer ohne Vorbehalt, was er dachte. Was er sagte, war immer klug. Aber es war nicht immer klug, dass er es sagte, wie er während des Dritten Reiches manchmal mit Bestürzung erfahren musste.«[26] Lipps äußerte sich in kurzen, geradezu apodiktischen Sätzen. Keine Einleitung, keine Hinführung, keine Erklärung, nichts Verbindendes nur die Sache selbst. Bitten um Erläuterungen wies er mit dem Hinweis ab, dass sich nicht mehr sagen ließe, die Sache spräche für sich. »Sie liebte Hans Lipps … Ich bin auch gewiss, dass sie ihn geheiratet hätte, wen er es gewollt hätte. Er wollte aber nicht«, berichtete Edith Steins spätere Freundin Hedwig Conrad-Martius in einem Brief an einen Theologen.[27]

In der Philosophischen Gesellschaft traf sich Husserls engster Schülerkreis, nur Reinach hatte sich zwar nicht völlig, aber doch etwas – aus Zeitgründen, seitdem er Privatdozent geworden war – zurückgezogen. Die Gesellschaft tagte im Haus eines vermögenden Gutsbesitzers, jung an Jahren, der es sich zum Hobby auserkoren hatte, philosophische Vorlesungen zu hören und mit Philosophen zu verkehren. Nach der Diskussion im »feudalen Esszimmer« wurde noch Tee oder Wein ausgeschenkt. »Ich werde es nie vergessen,« erinnerte sich die Karmelitin später in Köln, »wie Hans Lipps während eines eifrigen Gesprächs die Asche seiner Zigarre in die silberne Zuckerdose abstreifte, bis unser Lachen ihn aufschreckte.«[28] Am 22. November 1889 war Johann Heinrich Lipps, genannt Hans Lipps, in Pirna geboren worden. Der Vater, ein Fabrikant, verstarb früh. Von 1900 bis 1909 besuchte er das renommierte Gymnasium zum Heiligen Kreuz (Kreuzschule) in Dresden und studierte anschließend Kunstgeschichte, Ästhetik und Philosophie in München, wandte sich dann aber vom Studium der Kunstgeschichte ab und dem Studium der Innenarchitektur, dann Architektur an der Technischen Hochschule zu. Um sich zu finanzieren, mehr noch, um Klarheit darüber zu gewinnen, was er eigentlich studieren möchte, verließ er die Universität und leistete von 1910 bis 1911 seinen Dienst als Einjährig-Freiwilliger beim 1. Königlich-Sächsischen Leib-Grenadier-Regiment Nr. 100 ab. Während seiner Dienstzeit studierte er Philosophie an der Technischen Hochschule in Dresden, vertiefte sich in die Mathematik und vor allem in Husserls *Logische Untersuchungen*. Von da ging er 1911 nach Göttingen, um bei Husserl und Reinach Philosophie zu studieren. Zudem belegte er Medizin und Naturwissenschaften. Auch er fand sich in der Philosophischen Gesellschaft Göttingen ein, deren Vorsitz er im Wintersemester 1913/1914 innehatte. 1912 wurde er promoviert mit einer Arbeit *Über Strukturveränderung von Pflanzen in geändertem Medium*. Die junge Studentin aus Breslau, die aufgebrochen war, die Phänomenologie zu erobern, empfand es als große Freude, wenn sie Lipps in der Philosophischen Gesellschaft traf oder auf der Straße von Weitem schon seine blaue Jacke entdeckte. Hedwig Conrad-Martius sah in der gemeinsamen Art des Denkens und Forschens den Nährboden für den freundschaftlichen Umgang der Phänomenologen untereinander.

Doch betraf das nicht alle, sondern letztlich nur einen inneren Kreis, der sich erst herausbildete. In der Philosophischen Gesellschaft herrschte eben nicht nur eitel Sonnenschein. Mit ihrer beherzt-offensiven Art, die auch als vorlaut und überheblich empfunden werden konnte, gewann Edith Stein nicht alle Herzen. Zwei Kommilitoninnen, die »seit einer Reihe von Semestern Mitglieder der Philosophischen Gesellschaft«[29] waren, legten ihr Steine in den Weg. Die Verfasserin ihrer Erinnerungen revanchierte sich durch den maliziösen Hinweis auf die Länge der Mitgliedschaft, die nicht auf große Erfolge in der eigenen Entwicklung hinweise, denn obwohl sie länger als Edith Stein dabei waren, schwiegen sie zumeist und verübelten ihr, dass sie munter mitdiskutierte und noch mehr, dass man sie bat, Protokoll zu führen, was sie gern und zu aller Zufriedenheit auch erledigte. Da sie nun schon länger der Gesellschaft angehörten, sich aber nicht zutrauten, selbstbewusst mitzudiskutieren, sondern schweigend zuhörten, mussten sie Ediths unverblümte Art als Affront und als Hohn empfinden. Sie erschwerten ihr, im Kreis der Gesellschaft wirklich anzukommen. Da Edith Stein im Sommersemester noch mit ihrer Breslauer Freundin Rose Guttmann zusammenwohnte, machte ihr das nicht allzu viel aus, zumal sie von den Intrigen und Intrigchen erst später erfuhr. Zur Gesellschaft stieß der bemerkenswerte Fritz Kaufmann, mit dem sie Freundschaft schließen, der später emigrieren und auf die Feindesliste der Nationalsozialisten geraten sollte. Kaufmann hatte vorher bei Paul Natorp, dem Neukantianer, in Marburg studiert.

Thematisiert wurde in der Philosophischen Gesellschaft, genauer am 21. Mai 1913, auch Max Schelers gerade im *Jahrbuch für Philosophie und phänomenologische Forschung* erschienenes Werk *Der Formalismus in der Ethik und die materielle Wertethik.* So wie Husserl aus phänomenologischer Perspektive die Logik analysierte, strebte Scheler aus eben jenem Blickwinkel eine Ethik an. Mithilfe der phänomenologischen Methode versuchte er, eine materiale Wertethik zu schaffen, also keine Ethik, die rein formalen Kriterien folgte, sondern die aus dem Leben, aus der Realität gewonnen war und Realität auch fasste. Gegen Immanuel Kant wandte sich Scheler, wenn er das Wesen der Werte darin erblickte, dass sie, analog der Farben, unabhängig von den Gütern sind, an denen sie sich darstellen. Allerdings sind sie nicht ohne dingliche Unterlagen, deshalb besitzen sie eine Rangfolge, die entscheidend ist. Es ist entscheidend für ihre Einordnung, welchem Bereich die Werte angehören. Die Werte sind nur fühlbar durch sinnliche oder personale Gefühle. Entscheidend für den Rang der Werte ist demzufolge, ob sie sich an Leib und Leben oder an der Person zeigen. Scheler unterschied fünf materiale Ränge: sinnliche Werte, Nützlichkeits- und Lebenswerte, geistige Werte und Heiligkeitswerte. »Gut« und »Böse« ordnete Scheler nicht zu den materialen, sondern zu den moralischen Werten. Die Person, höchster Wert, Wert aller Werte, war für ihn der Träger der Werte, ihr »Aktzentrum«, von dem alles ausging. Sie war es schließlich, die in den sozialen Verbänden, in der Welt agierte. Alle Akte der Person sah er begründet in Liebe und Hass, wobei der Hass wiederum in der Liebe fußte und Scheler ihn daher als eine Art negative Liebe verstand. »Während aber die Liebe eine Bewegung ist, die vom niederen zum höheren Wert geht und in der jeweilig der höhere Wert eines Gegenstandes oder einer Person erst zum Aufblitzen kommt, ist der Hass eine entgegengesetzte Bewegung. Damit ist auch ohne weiteres gegeben, dass der Hass auf die mögliche Existenz des niedrigeren Wertes gerichtet ist … und auf die Aufhebung schon der möglichen Existenz des höhere Wertes … .«[30] Aus diesem Grund konnte Scheler schlussfolgern, dass das Wesen der Person nicht Vernunft, sondern Liebe sei. Die Grundthese von Schelers Philosophie besteht darin, dass die Person ens amans ist, also liebend seiend. »Der Mensch ist, ehe er ein ens cogitans ist oder ein ens volens, ein ens amans.«[31] Will heißen: Der Mensch ist (gegen Kant gewandt), ehe er ein vernünftiges Wesen, ehe er eine wollendes Wesen ist (gegen Schopenhauer und Nietzsche gewandt), ein liebendes Wesen. Liebe also ist die Vorbedingung für das Erkennen und Wollen. Durch sie geht der Mensch über sich hinaus, nimmt er teil, durch sie agiert er, geht er in die Welt. Man könnte auch an Blaise Pascals berühmten Ausspruch erinnern: »Das Herz hat seine Gründe, die die Vernunft nicht kennt, das erfährt man in tausend Fällen.«[32]

Im Zentrum des Denkens von Max Scheler stand die Person, und ihren Urgrund erblickte er in der Liebe. Die Begegnung mit Schelers Personalismus sollte auf Edith Stein einen nicht zu überschätzenden Einfluss ausüben, denn Scheler war es, nicht Husserl, der das Rätsel des Menschen, die Geheimnisse der menschlichen Person ins Visier genommen hatte. Am Ende des Semesters war es dann so weit, dass sie das Enfant terrible der Philosophie, den Skandalumwitterten persönlich kennenlernen sollte.

Wie in jedem Semester kam Max Scheler auf Einladung der Philosophischen Gesellschaft auch jetzt wieder für ein paar Wochen nach Göttingen, um Vorlesungen zu halten. Da ihm aus moralischen Gründen die Lehrberechtigung entzogen worden war, traf man sich in Konferenzräumen von Hotels. Ohne in die Tiefe dieser verworrenen Angelegenheit gehen zu wollen, sei nur so viel gesagt: Schelers Verfemung geschah aufgrund eines Rosenkriegs, den seine geschiedene Frau unter fast ingeniöser Mithilfe ihrer Mutter erfolgreich vom Zaun gebrochen hatte.

Zeitgenossen berichteten von Schelers Charisma, dem auch Edith Stein erlag, wenn sie rühmte, dass ihr nie wieder bei einem Menschen das Phänomen der Genialität in so reiner Form begegnet wäre.[33] Der Eindruck, den Scheler hervorrief, schien sie noch fast zwanzig Jahre später zu verunsichern, wenn sie ihn als Phänomen zu objektivieren versuchte und eine Freundin aus dieser Zeit zitiert, die Schelers Gesicht an das Bildnis des Dorian Gray erinnerte, in dessen Antlitz der wüste Lebenswandel zwar seine Linien gezeichnet habe, die Jugendschönheit aber dennoch erhalten geblieben sei. Scheler war somit von Habitus und Temperament das ganze Gegenteil von Husserl. Während Husserls Schüler die philosophische Begeisterung erst über den Umweg über Husserls trockene und verzweigte Darstellungen und Versuche, die phänomenologische Methode anzuwenden, in ihren Herzen entfachen konnten, trug Scheler das Feuer selbst an die Schüler heran. Husserl überzeugte, Scheler begeisterte. Der kardinale Unterschied in Temperament, Lebens- und Denkweise erzeugte eine Grundspannung im Verhältnis von Scheler und Husserl. Scheler sah sich ständig genötigt, zu erklären, dass er kein Schüler Husserls war, sondern die phänomenologische Methode selbst und auf eigenem Weg gefunden habe. Husserl und Scheler kannten sich noch aus Halle, und Husserl glaubte daher, dass Scheler letztlich philosophisch von ihm abhängig wäre, was Scheler zutiefst verletzte.

Schelers Vorlesungen fanden häufig kein wirkliches Ende, sondern gingen nach dem offiziellen Schluss noch über Stunden bis tief in die Nacht hinein, zuweilen sorgte nur ein kleiner Ortswechsel in irgendein Café für ein unmerkliche Unterbrechung. Nachdem Edith Stein an den ersten Verlängerungen bis in die Nacht teilgenommen hatte, vermied sie das künftig, um nicht ins Zwielicht einer Illoyalität zu geraten, denn Scheler spürte natürlich den Dissens, der sich durch die *Ideen I* zwischen Husserl und seinen Schülern täglich vergrößerte und schien sich nicht zu fein dazu gewesen zu sein, Öl ins Feuer zu gießen. Edith Stein missfiel der Ton, »in dem von Husserl gesprochen wurde. Scheler war natürlich auch scharf gegen die idealistische Wendung und äußerte sich fast von oben herab; manche von den Jungen erlaubten sich nun einen ironischen Ton, und das empörte mich als Ehrfurchtslosigkeit und Undankbarkeit.«[34] Dennoch faszinierte er auch sie durch seine fast spielerische Fähigkeit, »geniale Anregungen auszustreuen, ohne ihnen systematisch nachzugehen … Dazu kam, daß er von lebensnahen Fragen sprach, die jedem persönlich wichtig sind und besonders junge Menschen bewegen, nicht wie Husserl von nüchternen und abstrakten Dingen.«[35] Letztlich zog sie Husserls strenge Form der ins Formlose abgleitenden Art Schelers, des Verschwimmens der Ordnung vor. Scheler aber beeinflusste sie in zweierlei Richtungen dann doch stärker als Husserl, denn er beschäftigte sich zu dieser Zeit mit der Phänomenologie der Gefühle. 1913 erschien auch Schelers Werk *Zur Phänomenologie und Theorie der Sympathiegefühle und von Liebe und Hass*, das in späteren Auflagen nur noch *Wesen und Formen der Sympathie* hieß. Dieses Werk gewann für sie insofern eine große Bedeutung, weil sie sich zu dieser Zeit mit dem Problem der Einfühlung beschäftigte, mit der Frage, wie wir vom anderen wissen können. Im ersten und vor allem im fünften Kapitel setzte sich Scheler mit den Problem der Einfühlung auseinander, ein Thema, das Husserl noch nicht behandelt hatte und das eine Lücke in seinem Theoriekomplex darstellte. Diese Lücke wollte Edith Stein schließen.

Auch dem Katholizismus begegnete sie zum ersten Mal in Schelers Eloquenz, denn der Philosoph befand sich gerade in seiner »katholischen Phase«. In *Wesen und Formen der Sympathie* führte Scheler deutlich aus: Die höchste Liebe zu Gott sei nicht die Liebe zu Gott als einer Sache, sondern die »höchste Form der Gottesliebe« ist »der *Mitvollzug* seiner Liebe zur Welt (amare mundum in Deo) und zu Sich selbst (amare Deum in Deo), d.h. das, was die Scholastiker, die Mystiker und vorher schon Augustinus »amare in deo« nannten. Wollen wir Gott die höchste sittliche Qualität in unendlicher Seinsweise zubilligen, so können wir dies nur, indem wir das Lieben (mit Johannes und Augustinus) zu seinem innersten Wesen selber machen und sagen: er *sei* unendliches Lieben.«[36] Edith Stein wird in ihrem philosophischen opus magnum zwischen endlichem und unendlichem Sein unterscheiden – und den Sinn von Sein schließlich im Mitvollzug des unendlichen Seins, dem im mystischen Sinne Aufstieg zu Gott durch die unendliche Liebe Gottes sehen. Um sich mit »Glaubensfragen« systematisch zu beschäftigen, war sie allerdings jetzt noch zu ausgefüllt von anderen Dingen. Zum ersten Mal aber wurde sie mit der Welt des katholischen Glaubens konfrontiert – und das auch noch mit eloquenter und eleganter Wucht –, was das »rationalistische Vorurteil« infrage stellte, indem sie aufgewachsen war. Im eklatanten Unterschied zwischen Husserl und Scheler wird jedenfalls sehr deutlich, dass die Konsequenz der Phänomenologie darin besteht, entweder, in einem gewissen Sinne, zu

Kant zurückzukehren, wie es Husserl dann unternahm, oder die Letztbegründung des Denkens und in ethischer Hinsicht des Handelns in Gott zu finden. Oder man schuf – wie Heidegger später – eine neue Metaphysik oder man schloss – durch das Denken und in Übungserfahrung der Methode der Phänomenologie geschult – wieder an die Lebensphilosophie, vor allem an Dilthey an, wie es die Hermeneuten, wie es Georg Misch, Hans-Georg Gadamer und in gewissen Sinn auch Hans Lipps unternahmen.

Eigentlich hätte Edith Stein im Wintersemester 1913 wie Rose Guttmann nach Breslau zurückkehren sollen, doch wollte sie ganz und gar nicht aus Göttingen weg, aus dem Kreis der Phänomenologen, in dem sie zwar noch nicht völlig angekommen war, aber in dem sie bereits Fuß gefasst hatte. Wie gerufen kam ihr daher das Angebot des Historikers Max Lehmann, ihre Seminararbeit als Staatsexamensarbeit anzunehmen. Das Staatsexamen in Geschichte noch vor der Promotion zu machen, hatte etwas Verlockendes und gab auch ein gutes Argument der Mutter gegenüber, weshalb es sinnvoll wäre, in Göttingen zu bleiben. Zuerst schrieb sie an William Stern, von dem sie sich vor ihrer Abreise nach Göttingen ein Dissertationsthema hatte geben lassen, dass sie sich so tief in die Phänomenologie eingeübt hätte, dass sie in Göttingen und bei Husserl bleiben wolle. Mit der ihm eigenen Noblesse antwortete Stern, dass er ihr raten würde, ihren Doktor bei Husserl zu machen. Auch die Mutter erhob keine Einwände. So bat sie Husserl tatsächlich um ein Thema für eine Doktorarbeit. So sehr Husserl die Studentin schätzte, fand er dennoch, dass Frauen nicht in die Philosophie, in die Wissenschaft gehörten. Dass sich ein Student schon nach einem Semester nach einem Thema für eine Dissertation bei ihm bemühte, war an sich, auch für einen Mann, schon sehr ungewöhnlich. Deshalb erkundigte er sich skeptisch, ob sie denn schon so weit wäre und warnte sie, dass er die allerhöchsten

Anforderungen an eine Dissertation stellen würde. Er fragte nach dem Fortgang des Staatsexamens, da er großen Wert darauf legte, dass seine Doktoranden sich gründlich mit einer Spezialwissenschaft beschäftigt hatten. Husserl selbst kam ja von der Mathematik. Deshalb empfahl er ihr, zuerst das Staatsexamen abzulegen. Doch Edith Stein ließ sich nicht abschrecken, sondern blieb hartnäckig, auch wenn Husserls Versuch, ihr den Mut zu nehmen, nicht spurlos an ihr vorüberging. Schließlich, nachdem es dem Professor nicht gelungen war, seine Schülerin zu überzeugen, bot er ihr an, ihr eine Thema für eine Arbeit zum Staatsexamen zu stellen, das sie dann zur Dissertation ausbauen würde. Als sie auf seine Frage, welches Thema sie bearbeiten wolle, das Problem der »Einfühlung« nannte, interessierte ihn das sehr. In der Vorlesung über »Natur und Geist« hatte Husserl ausgeführt, dass die objektive Außenwelt nur durch viele Individuen, die in Beziehung zueinander stehen, also intersubjektiv, zu erfahren wäre. Diese Beziehung der Individuen untereinander hatte er in der Vorlesung »Einfühlung« genannt, nicht aber erklärt, was darunter zu verstehen sei. Dieses Desiderat im Theoriebau des »Meisters« schließen zu wollen, nicht weniger bot die Studentin mit ihrer Dissertation an. Obwohl Husserl das gefiel, wollte er seiner vor Tatendrang sprühenden und zu einer gewissen Selbstüberschätzung neigenden Schülerin das Husarenstück doch nicht ganz so einfach durchgehen lassen. Husserl war der Mann, der an seinem System baute, der vor sich hin und immer weiterphilosophierte, nicht aber der Polemiker, auch nicht der, der sich allzu intensiv mit dem Denken der Kollegen auseinanderzusetzen liebte. Deshalb stellte er Edith Stein die Aufgabe, das voluminöse Werk des Münchener Ordinarius Theodor Lipps mit Blick auf die Problematik der Einfühlung durchzuarbeiten. »Er wollte nämlich gern, daß seine Schüler in ihren Arbeiten das Verhältnis der Phänomenologie zu den anderen bedeutenden philosophischen Richtungen der Zeit klarstellten. Ihm selbst lag das wenig. Er war zu sehr von seinen eigenen Gedanken erfüllt, um sich für die Auseinandersetzung mit anderen Zeit zu nehmen.«[37] Doch auch seine Schüler – schließlich waren sie *seine* Schüler – verspürten dazu wenig Neigung. So stöhnte er gelegentlich: »Ich erziehe meine Schüler zu systematischen Philosophen, und dann wundere ich mich, daß sie keine philosophiegeschichtlichen Arbeiten machen mögen.«[38] Diese Episode ist insofern sehr aufschlussreich, weil sich in Steins Denken und in ihrer Arbeit, sieht man von der Scholastik im Allgemeinen und von Thomas von Aquin im Besonderen ab, eher ein geringer Bezug zur Philosophiegeschichte findet. Eine Arbeit wie von Richard Hönigswald *Die Philosophie der Renaissance bis Kant* oder *Denker der italienischen Renaissance. Gestalten und Probleme* oder von Ernst Cassirer *Kants Leben und Lehre* oder *Individuum und Kosmos in der Philosophie der Renaissance* sucht man bei ihr vergebens, selbst bei Heidegger, man denke an das Kant-Buch oder an das Nietzsche-Buch, findet man mehr.

Doch sie nahm Husserls Bedingungen und Aufgabenstellung an und beschloss, das Staatsexamen vor der Promotion zu machen. Vorerst kündigte sie ihre Wohnung, denn ohne Rose als Mitbewohnerin war sie zu groß und zu teuer. Doch bevor sie sich eine neue Wohnung suchte, ging sie über die Semesterferien zurück zur Familie, zurück nach Breslau.

10.

Der Krieg

Als Edith Anfang August zu den großen Ferien nach Hause reiste, kam sie zur Jahrhundertfeier der Freiheitskriege in der schlesischen Hauptstadt an. Im Deutschland des Jahres 1913 reihte sich ein nationales Festspiel an das andere, doch den Höhepunkt sollten die Feierlichkeiten in Breslau darstellen, die an den Breslauer Aufruf Friedrich Wilhelms III. vom 20. März 1813 erinnerten, mit dem zum antinapoleonischen Befreiungskrieg aufgerufen wurde. Im Grunde besaß Preußen drei Hauptstädte, Königsberg als Krönungsstadt, Berlin als Residenzstadt, Brandenburg repräsentierend, und als Hauptstadt des schlesischen Preußens Breslau. Nichts lag näher, als den Schlesier Gerhart Hauptmann zu beauftragen, das *Festspiel in deutschen Reimen* zu verfassen, das Max Reinhardt inszenieren sollte. Dramaturgisch stellte das Festspiel Hauptmann vor seriöse Probleme, zum einen existierte eine stillschweigende Übereinkunft, dass kein Mitglied des Herrscherhauses auf der Bühne durch einen Schauspieler dargestellt werden durfte, zum anderen stand die schwierige Frage im Raum, wie man diese Stoffmassen sinnvoll bewältigen konnte, ohne dass es in Nationalkitsch kippte. Hauptmann schuf dem Regisseur eine Möglichkeit, dass sich die Schauspieler im Stück umziehen und die Arrangements verändert werden konnten, indem er ein Puppenspiel erfand, welches, an

Goethes *Faust* erinnernd, mit einem Vorspiel auf dem Theater begann und dann immer wieder zwischen die Szenen des Monumentalspiels gelegt wurde. Reinhardt hatte sich einen Namen gemacht als ein großer Regisseur, der es vortrefflich verstand, Massenszenen zu choreografieren. Unter »deutsche Reime« hat man Knittelverse zu verstehen, die nicht samt und sonders als gelungen gelten dürfen. Hinzu trat das 25-jährige Thronjubiläum Kaiser Wilhelms II. Der Kronprinz Wilhelm, zu dieser Zeit als Truppenkommandeur bei Danzig stationiert, übernahm das Patronat der Feierlichkeiten. Hauptmanns Festspiel löste Kontroversen aus, wobei die Demarkationslinie nicht unbedingt zwischen rechts und links verlief. Der Anarchist Erich Mühsam etwa geriet in arge Nöte, weil er glaubte, das von ihm nicht geschätzte Festspiel verteidigen zu müssen, da es von borussischer und konservativer Seite angegriffen wurde.

Zum Aufführungsort hatte man die Festspielhalle, die heutige Jahrhunderthalle, bestimmt, einen kolossalen Rundbau mit einem Durchmesser von 65 Metern, der mit einer Stahlbetonkuppel überdacht war und 6000 Sitzplätze bot oder eben 20.000 Stehplätze. In der Mitte befand sich wie in einem Amphitheater die Bühne, um die herum die Zuschauertraversen anstiegen. Von jedem Platz aus hatte man eine großartige Sicht auf die Bühne.

Der Etat der Aufführung konnte sich mit 250.000 Reichsmark sehen lassen. Genutzt wurden 24 Scheinwerfer allein auf der Galerie, 16 Pauken, 12 Trompeten und eine riesige Orgel mit 14.000 Pfeifen.[1]

Mit Sonderzügen reiste aus Berlin zur Premiere am 31. Mai 1913 dann auch brav die Prominenz an. Der Kritiker der *Neuen Zürcher Zeitung*, Hermann Kienzl, jubelte: »Die Gipfel dieser grandiosen Aufführung waren die korybantischen Revolutionsszenen vor der Guillotine und der Wallerzug eines ganzen Volkes zum Friedensdom.«[2] Doch am 2. Juni begannen Karl Strecker in der *Täglichen*

Rundschau sowie Karl Westphal und Erich Schlaikjer in der *Welt am Montag* mit heftigen Verrissen, das Stück zu skandalisieren. Karl Strecker, wahrlich kein Freund eines grobschlächtigen Patriotismus, empörte sich dennoch: »Wenn Hauptmann für diesen eigentlichen und tief sittlichen Kern der Freiheitskriege kein Gefühl und kein Verständnis hat, so wollen wir ihm das nicht vorwerfen; nur hätte er es dann ablehnen müssen, ein Festspiel zur Jahrhundertfeier 1913 zu schreiben.« Am 26. Juni 1913 schäumte Erich Schlaikjer in der *Welt am Montag*, »wie sehr wir es hier mit einem schmutzigen Pamphlet gegen die Kraft des Volkes zu tun haben«.[3] Man darf nicht vergessen, dass den Konservativen, aber auch den Nationalliberalen, der Schock noch hart im Genick saß, dass die SPD aus den Reichstagswahlen von 1912 als stärkste Partei hervorging. Theodor Wolff verteidigte Hauptmann und erwies ein feines Gespür dafür, von wo die Angriffe ausgehen werden: »Aber weil in diesem Festspiel kein Monarch verhimmelt, das Erweckerverdienst den Stein und Scharnhorst und Gneisenau und Fichte zugewiesen, der Klerikalismus … etwas unzeitgemäß attackiert und neben der äußeren Knechtschaft nicht ganz die innere vergessen wird, sprechen selbstbewusste Feudalherren, Knopflochpatrioten und ahnungslose Mitläufer dem Dichter das Vaterlandsgefühl und das deutsche Empfinden ab …«.[4]

So hatte im Puppenspiel spöttisch der *Direktor* im Vorspiel auf dem Theater auf den Verzicht des Anhimmelns der Monarchen verwiesen:

»Nun kommt ein Artikel, extra rar:
ein Preußenkönig, ein Kaiser, ein Zar.
Doch sind diese Püppchen höchst diffizil,
wir lassen sie lieber aus dem Spiel.
Bräche sich eines von ihnen ein Bein,
meine Stellung würde erschüttert sein.«[5]

Und die erwarteten Angriffe wurden dann auch von hoher Stelle vorgetragen. Am 10. Juni schrieb der Kronprinz an den Oberpräsidenten der Provinz Schlesien, Hans von Guenther, »dass das von Gerhart Hauptmann geschriebene Festspiel in Breslau alles andere als ein deutsch nationales patriotisches Stück wäre, dass es im Gegenteil eine Verherrlichung der Revolution, Napoleons und der demokratischen Weltanschauung sei«.[6] Schließlich drohte der Kronprinz damit, das Protektorat niederzulegen, wenn das Stück nicht abgesetzt werden würde. Anlass für die Kritik des Kronprinzen mochte in Versen des *Direktors* wie in diesem zur Französischen Revolution bestehen:

»Ja, ganz Europa geriet ins Tanzen.
Ihr erfahrt es sogleich im großen und ganzen.
Es wackelten Zöpfe, Köpfe und Grenzpfähle,
Kirchtürme, Schilderhäuschen und Thronsäle.
Durcheinander purzelten Thrönchen und Krönchen
und allerlei hohe und niedre Persönchen.«[7]

Natürlich gefiel es den Blaublütigen nicht als »hohe Persönchen« verspottet zu werden. In Breslau beugte man sich und nahm das Stück schweren Herzens vom Spielplan. Der Magistrat betonte, dass »der Beschluss der Einstellung *nichts mit Inhalt des Stückes* zu tun« hat. Dadurch aber, dass der Kronprinz mit in den Streit um das Stück hineingezogen worden war, geriet nicht nur das Festspiel, sondern auch die Ausstellung zur Jahrhundertfeier in Gefahr. Der veränderten Sachlage Rechnung tragend brachte der Magistrat mit der Einstellung weiterer Aufführungen ein »Opfer«, »das ihm sicher nicht leicht geworden ist. Er hat geglaubt, in einer Zeit der patriotischen Erhebung und der Erneuerung des Zusammenschlusses zwischen Thron und Volk jedes Hindernis beseitigen zu sollen«, hieß es in der Erklärung des Oberbürgermeisters Paul Matting über das Verbot.[8] Am 1. Juni fand die letzte Vorstellung, die elfte von 15 geplanten Aufführungen statt, sodass Edith Stein, als sie im August heimkam, das Festspiel nicht mehr sehen konnte. Doch hatte sie es in Göttingen gelesen und als sehr gelungen erachtet. Ihr, die selbst für Feiern im Familien- oder Freundeskreis begeistert Spottverse und kleine Szenen dichtete, gefiel die Ironie von Hauptmanns Knittelversen. Jedenfalls störte sie die Ironie nicht in ihrem patriotischen Gefühl, im Gegenteil. Es ist interessant, aber Edith Stein vertrat hier die später oftmals vergessene Haltung des liberalen Bürgertums, das bei allem sehr tiefen preußischen Patriotismus eine Distanz zum Kaiser und seiner Entourage empfand. Das auftrumpfende, laute Wesen dieses Patriotismus, den Heinrich Mann im *Untertan* so gut karikierte und deren Vertreter Theodor Wolff so trefflich »Knopflochpatrioten« nannte, stieß Edith Stein ab. Noch Jahre später im Karmel echauffierte sie sich über das Verhalten des Kaisers, der sich nicht einmal die Zeit nahm, das Konzert von 10.000 Volksschulkindern in der Jahrhunderthalle, die er architektonisch nicht schätzte, anzuhören. Man sieht ihr Kopfschütteln, wenn man liest: »Ich fand das Verhalten des Kaisers unbegreiflich töricht. Ich dachte, mit ein paar Worten hätte er so viele Kinderherzen gewinnen und für ihr Leben zu treuen Untertanen machen können. Aber es war ihm nicht gegeben, solche Gelegenheiten zu erfassen.«[9] Hübsch maliziös vermutete sie, dass Wilhelm II. sich nicht allzu gern in Breslau aufhielt, weil eine Frau ein Attentat auf ihn versucht hatte. In der Tat hatte im Jahr 1900 Selma Schnapka mit einem Beil nach ihm geworfen. Übrigens gab es damals kaum Personenschutz, sodass es nicht schwierig war, auf Wurfweite an den Kaiser heranzukommen.

In der zweiten Oktoberhälfte kehrte Edith Stein, kurz vor Beginn der Vorlesungen zum Wintersemester 1913, nach Göttingen zurück und mietete sich in der Schillerstraße unweit des Domizils ihres Cousins Richard ein. Das Zimmer im Neubau lag außerhalb der Wohnung, besaß einen eigenen Eingang und befand sich im Erdgeschoß. Die Wirtin versorgte die Studentin morgens mit Milch zum Frühstück und abends mit Tee zum Abendessen und bald schon, zu einem geringen Aufpreis, mit einem Mittagessen. So musste sie nicht mehr in billigen Gaststätten essen. Doch fühlte sie sich einsam, Rose fehlte ihr. Auch mochte sie nicht durch die Lange Geismarstraße gehen, weil sie der Anblick ihrer Unterkunft, in der sie mit Rose gelebt hatte, schmerzte. Und sie arbeitete viel, zu viel.

Edmund Husserl las derweil über Immanuel Kant und die Philosophie der Neuzeit, gab sein Seminar für Fortgeschrittene; Adolf Reinach hielt seine Erkenntnistheoretischen Übungen in seiner Wohnung ab, die Edith nun endlich wahrnehmen konnte, weil keine andere Veranstaltung mehr zeitgleich stattfand. Da sie aber im Anschluss an Husserls Vorlesung stattfanden, ging es von dort zu Reinachs Übung im gestreckten Galopp. Die Stunden in Reinachs Arbeitszimmer, erinnerte sie sich später im Karmel zu Köln, empfand sie als die glücklichsten in ihrer Göttinger Zeit. Ihr Breslauer Freund Georg »Mos« Moskiewicz, der wohl für die Psychologie, nicht aber für die Phänomenologie talentiert war, besuchte sie regelmäßig und spannte ihre Geduld mit seinen Selbstzweifeln auf die Folter.

Außer Philosophie hörte sie in diesem Semester nur die notwendigen Vorlesungen und Übungen für das Staatsexamen, das anstand: »Geschichte des Zeitalters der Aufklärung« bei Max Lehmann und natürlich dessen Übung; »Geschichte der deutschen Sprache« bei Edward Schröder; ein Seminar zu »Wolframs Parzival« bei Friedrich Ranke. Daneben arbeitete sie möglichst viel zu Hause an ihrer philosophischen Schrift zur Einfühlung und paukte den Stoff in Geschichte und Germanistik fürs Examen. Anscheinend war ihr bis jetzt vieles einfach zugefallen, sodass sie keine Methodik des Lernens entwickelte hatte, denn sie ließ sich von der Fehleinschätzung leiten, dass sie die Dinge wusste, wenn sie nur einmal etwas darüber gelesen hatte. Als sie nach einigen Wochen merkte, dass sie vieles von dem Gelesenen, was sie für gesichert hielt, wieder vergessen hatte, meldete sich eine anfangs leichte Panik, die jedoch wuchs. Wie sollte sie diese Stoffmassen behalten können und »zur rechten Stunde gegenwärtig« haben?[10] Zu allem Überfluss hatte sie sich ja vorgenommen, in diesem Semester ihre philosophische Arbeit zu schreiben. Die Tage wurden länger und dehnten sich rücksichtslos in die Nacht aus, und die Nacht war schon vorbei, bevor sie sie überhaupt begann. Edith stand um sechs Uhr morgens auf und arbeitete bis Mitternacht. Ans Bett legte sie sich Stift und Zettel, um Einfälle, die ihr im Traum kamen, notieren zu können. Im Grunde dachte sie nur noch über ihr Einfühlungs-Problem nach. Und sie wühlte sich durch die Werke von Theodor Lipps. Husserls entfernte Vorstellung von Einfühlung und Lipps konkreter Begriff davon, der im Zentrum seiner Philosophie stand, berührten einander nicht einmal. Die allgemeine Vorstellung der Phänomenologen, dass Philosophieren empfangen sei, teilte Edith Stein, ohne es zu bemerken, nur als Phrase. Tatsächlich suchte sie die Erkenntnis, was Einfühlung sei, mit ihrer großen Energie und ihrer noch größeren Willenskraft zu erzwingen. Hatte nicht ihre Mutter aus ihrer Lebenserfahrung heraus in großer Ruhe immer formuliert, dass man das, was man will, auch kann? Doch je intensiver sie arbeitete, desto unklarer wurde ihr alles. Sie drohte, sich zu verzetteln und den Wald vor Bäumen nicht zu sehen. In dieser Zeit »verlernte« sie das Schlafen. Erschwerend kam hinzu, dass sie alles auf einmal wollte und das auf so unterschiedlichen Gebieten wie Philosophie, Germanistik und Geschichte –alles Wissenschaften, die über ihre eigenen Methoden und Denkweisen verfügen. Schon das Alternieren zwischen den Gebieten kostete Kraft. So kam es ihr stets so vor, als ob beim Wechsel von einer Wissenschaft zur anderen, »mein Gehirn sich um 180° herumdrehen müsste«[11]. Sie rannte mit dem Kopf gegen eine Wand, doch gab nicht die Wand, sondern der Kopf nach. »Es war zum ersten Mal in meinem Leben, dass ich vor etwas stand, was ich nicht mit meinem Willen erzwingen konnte.«[12] So wuchs die Verzweiflung und sie näherte sich einem Nervenzusammenbruch, spürte eine große Erschöpfung, die sich in Todesgedanken und -phantasien ausdrückte, wie beispielsweise beim Überqueren einer Straße überfahren zu werden.

In dieser Situation ließ ihr Hans Lipps, der über Moskiewicz von ihrem Thema erfahren hatte, ausrichten, dass er sehr interessiert sei, mehr davon zu hören. So besuchte sie ihn in seiner kleinen Unterkunft. Was sie dort erlebte, zeigte sich in der üblichen Skurrilität, mit der Hans Lipps auf seine Umwelt reagierte. Er setzte die Kommilitonin in eine Sofaecke, zog einen weißen Arztkittel an, stopfte sich eine Pfeife und setzte sich an seinen Schreibtisch. Die ganze Szenerie erinnert an die zu der Zeit gerade in Mode gekommenen Freud'schen Psychoanalysen, doch handelte es sich hier um Philosophie. Aus seinen großen Augen sah er sie gespannt an. Jetzt musste sie Farbe bekennen. Ihre schnelle Auffassungsgabe, ihre Offenheit und ihre Lust, sich sofort in eine Diskussion einzubringen, hatte ihr in der Philosophischen Gesellschaft und in den Übungen das Gefühl vermittelt, philosophisch weiter zu sein, als sie es tatsächlich war, wie der Beifahrer, der durch häufiges Sitzen auf dem Sozius bald schon zur Überzeugung kommt, selbst fahren zu können, weil alles so einfach aussieht. Im gemeinsamen Philosophieren durch die Beherrschung des Jargons vorwärtsgetrieben zu werden und, angeregt durch die Ideen anderer, oder durch Reinachs kluge Seminarführung geistige Trittsicherheit zu gewinnen, war etwas radikal anderes, als im stillem Kämmerchen methodisch Stück für Stück eine eigene Arbeit zu entwickeln, allein zu philosophieren. Sie war vollkommen auf sich selbst zurückgeworfen. In ihrer Erinnerung formulierte Lipps Einwände, doch Edith konterte, dass Reinach ihr zugestimmt habe. »Dann durchstreichen Sie alles, was ich gesagt habe. Vor Reinach habe ich den größten Respekt«, antwortete Lipps ehrlich darauf. Doch seine Reaktion half ihr nicht, denn das Gespräch mit Reinach hatte zum Ende des Sommersemesters stattgefunden und es ging in ihm um das Thema an sich. Reinach hatte sie bestärkt, das Thema vorzuschlagen, doch sie hatten seitdem nicht über ihre Fortschritte oder vielmehr über das Ausbleiben selbiger, darüber, dass sie stecken blieb, gesprochen. Damals machte sie eine hochinteressante Entdeckung, die ihr jede neue Arbeit bestätigte: »Bücher nützten mir nichts, solange ich mir die fragliche Sache nicht in eigener Arbeit zur Klarheit gebracht hatte. Dieses Ringen nach Klarheit vollzog sich nun in mir unter großen Qualen und ließ mir Tag und Nacht keine Ruhe.«[13]

In den Weihnachtsferien fuhr sie nach Hamburg und traf dort auch ihre Mutter. Doch ließen die Schwierigkeiten in der Ehe ihrer Schwester sie nicht die nötige Ruhe und Erholung finden, die sie sich erhofft hatte. So kehrte sie getrieben nach Göttingen zurück. Inzwischen suchte sie sich damit zu beruhigen, dass, wenn es zur Philosophin nicht reichte, immer noch eine passable Lehrerin aus ihr würde. Doch sinnvoll fand sie das nicht, denn was hatte das Leben noch für einen Sinn, wenn es zur Philosophin nicht reichte? Ähnliche Gedanken quälten ihren Freund Georg Moskiewicz, der sich schließlich das Leben nehmen sollte, weil er nur als Philosoph zu leben gedachte, der »arme Mos«, wie Edith Stein ihn nannte, den viele hinter seinem Rücken verspotteten wegen seiner unglücklichen Liebe zur Philosophie.

Aber jetzt war es wieder eben jener treue Moskiewicz, der die Lösung brachte. Nachdem er sie immer wieder aufgefordert hatte, sich Rat bei Reinach zu holen, gab sie ihrem Herzen, und wohl auch ihrem Selbstvertrauen und vor allem ihrem Stolz, einen Stoß und bat jenen um eine Unterredung, die ihr natürlich gewährt wurde. In der ihm eigenen, freundlichen Art antwortete er auf ihr Geständnis, dass ihr alles so unklar wäre: »Nun, über die Unklarheiten wird man sich doch klar werden können.« [14] Im bequemsten Klubsessel von Reinachs Arbeitszimmer berichtete Edith Stein vom Stand der Arbeit, von den Stoffmassen, die sie eifrig zusammengetragen hatte, von dem Plan, der ihr vor Augen stand. Der erfahrene Dozent lobte sie für diesen Status quo und verdeutlichte ihr, dass sie schon viel weiter wäre, als sie dachte, doch nun käme es darauf an, die Gedanken zu Papier zu bringen, zu schreiben, nicht dem verbreiteten Anfängerfehler zu verfallen, über das Schreiben zu räsonieren, sondern mit der Niederschrift zu beginnen, Wort für Wort, Satz für Satz. Und wenn sich hinterher etwas als falsch erweisen würde, so würde man es einfach wieder streichen oder korrigieren und weiterschreiben. Es war ein wenig wie die Angst vor dem Sprung ins Wasser. Man musste beginnen und weiterschreiben, nicht nach den ersten drei bis fünf Seiten aufhören, sondern weitermachen, irgendwann würde sich der Knoten lösen, das feindselige Weiß des unbeschriebenen Papiers zum einladenden Freund werden, der nur darauf wartete, neue Ideen aufzunehmen und zu verwahren. Buchstaben für Buchstaben tastete sie sich in den nächsten Tagen voraus, ließ nicht locker und schrieb weiter, vollkommen unsicher, ob das etwas taugte oder nur groben Unfug darstellte. Die Einsamkeit des Schreiben ist oft nur Unsicherheit, sobald sich Sicherheit einstellt, verflüchtigt sich die Einsamkeit. Edith Stein rang mit jedem Satz, aber ihr Wille trieb sie voran. Schließlich hatte sie 30 große Aktenseiten vollgeschrieben und benötigte ein Urteil, eine Kritik, um weiterarbeiten zu können. Die drei Wochen, die ihr Reinach als Frist gestellt hatte, endeten, da packte sie das Manuskript unter den Arm und ging laut schlagenden Herzens erneut zu ihrem Mentor. Zu ihrer Überraschung platzierte er sie wieder in einen Sessel, drückte ihr Hegels *Phänomenologie des Geistes* in die Hand, mit der sie sich die Zeit vertreiben sollte, während er ihre Arbeit gleich las. Für einen Anfänger stellte das wohl das Höchstmaß an Folter dar, Zeuge der ersten Lektüre des eigenen Manuskripts durch einen anderen zu werden und diesen ersten Leser auch noch dabei zu beobachten. Adolf Reinach lobte die Arbeit, spornte Edith an, sie nun fertigzustellen und riet ihr, in Göttingen zu bleiben und nicht in den Semesterferien nach Hause zu fahren, weil, wie er selbst wisse, es dort nur allzu viele Ablenkungen gäbe.

So blieb sie in Göttingen, während er zur Familie nach Mainz fuhr. Wie immer leerte sich das Universitätsstädtchen zu Semesterende. Tapfer schrieb sie nun von morgens bis abends, da keine Lehrveranstaltungen stattfanden. Und nun, wo das Eis gebrochen war, wurde das weiße Papier zum geduldigen Freund, der sich alles aufbürden ließ. Sie schrieb wie in einem Rausch. Nach einer Woche setzte sie gegen acht Uhr abends den Schlusspunkt. Nun drängte es sie auf die Straße. Es nieselte. Wie von allein fanden ihre Füße den Weg zu Reinachs Wohnung. Und zuweilen belohnt das Schicksal mit seltsamen Zufällen: Als sie den Steinsgraben erreichte, bog ein Taxi in die Straße. Sie blieb stehen. Das Taxi hielt vor Reinachs Haus. Wenig später wurde sein Arbeitszimmer vom tiefen gelben Schein des Lichts erleuchtet. Reinach war aus Mainz zurückgekehrt – au point zur Fertigstellung ihres Manuskripts. Am nächsten Morgen wurde sie bei ihm vorstellig, vom Hausherrn eingelassen. Wieder las er sofort das Manuskript und empfahl, es als Staatsexamensschrift bei Husserl einzureichen. »Husserl werde sich darüber freuen, er bekäme nicht oft solche Arbeiten«, versicherte ihr Reinach.[15]

Dadurch, dass sie ihre Arbeitsgebiete so darstellte, dass als Prüfer für die Philosophie, für die Germanistik und für die Geschichte nur diejenigen infrage kamen, die sie sich wünschte, wurde für die Philosophie Husserl, für die Germanistik Weißenfels und für Geschichte Lehmann bestimmt. Unter den Voraussetzungen der modernen Massenuniversität ist das kaum noch vorstellbar, aber damals funktionierte es. Wenn man ein Spezialthema benannte, konnte man davon ausgehen, dass der Spezialist prüfte. Hätte sich Edith Stein in der Philosophie beispielsweise kein phänomenologisches, sondern ein Thema aus dem Neukantianismus gewählt, hätte der Prüfer auch Leonard Nelson sein können, doch sicher nicht Husserl. Das Lehrer-Schüler-Verhältnis war viel ausgeprägter und man suchte, wenn man Ehrgeiz besaß, die Universitäten nach den wissenschaftlichen Kapazitäten aus.

Lehmann und Weißenfels erwiesen sich als unproblematisch. Im November hatte sie die Arbeiten einzureichen, was bedeutete, eigentlich nur noch etwas Literatur hineinzuarbeiten. Husserl jedoch, von Edith Steins Arbeit angeregt, wünschte sich nun mehr. Ihm reichte es nicht mehr, dass sie das Thema der Einfühlung bei Theodor Lipps behandelte, sondern er verlangte von ihr, dass sie dieses Thema auf eine breitere Literaturbasis stellte. Damit traf er womöglich einen wunden Punkt, denn die Literaturrecherche, die Auseinandersetzung mit der Rezeptionsgeschichte oder mit der historischen Seite eines Begriffes geriet vor ihrem Drang zum Selbstentwickeln und Selbstnach- oder besser -vorausdenken ins Hintertreffen. In ihrer Erinnerung nannte sie die Erweiterung der Themenstellung eine »böse Überraschung«. Doch eigentlich spürte der Lehrer doch zweierlei: erstens, dass er von dieser Schülerin bei Weitem mehr als von anderen fordern durfte und daher auch musste; zweitens, dass die philosophiegeschichtliche Arbeit nicht zu ihren großen Interessen und daher nicht zu ihren Stärken gehörte. Diesmal fuhr sie in den Semesterferien nach Breslau zurück.

Ins Sommersemester 1914 kehrte sie mit einer jungen Frau zurück, die nicht nur ihre Freundin werden sollte, sondern auch etwas Regelmäßigkeit in ihr Leben – in Form feststehender Mittagsmahlzeiten und Abendspaziergänge – brachte. Tony Meyer war mit ihr aus Breslau nach Göttingen gekommen, um bei Husserl Phänomenologie zu hören. Zur Vorbereitung auf das Staatsexamen in Germanistik, Philosophiegeschichte und in Geschichte bildete sie mit Kommilitoninnen Arbeitsgemeinschaften, um sich gemeinsam auf die Prüfungen vorzubereiten. In diesem Sommer kam auch Adolf Reinachs Schwester Pauline nach Göttingen, um klassische Sprachen zu studieren. In diesem Semester lernte sie Jean Héring, der aus Straßburg kam, und Winthrop Bell besser kennen. Husserl las im Sommersemester über Ethik und veranstaltete Übungen zur Phänomenologie und zu Kants Grundlegung der Metaphysik der Sitten und zur Kritik der praktischen Vernunft. Diese Übung passte natürlich präzise zur Vorlesung über Ethik, denn man konnte kaum über Ethik sprechen und über Kant schweigen, dazu allerdings legte Husserl Wert darauf, dass sich seine Studenten in der Handhabung der phänomenologischen Methode schulten. Reinach beschäftigte sich übrigens auch mit Kant, wenn er in den Mittelpunkt seiner erkenntnistheoretischen Überlegungen die Kategorienlehre stellte. Bei Weißenfels hörte sie Poetik und eine zweite Vorlesung über die deutsche Literatur von Luther bis Opitz, Späthumanismus und Barock, und bei Lehmann die Deutsche Geschichte 1815/1848. Schaut man auf ihre Vorlesungen und Übungen, die sie in Breslau und in Göttingen belegt hatte, fällt auf, dass die Geschichte des Altertums nahezu fehlt und dass das Mittelalter, die Mediävistik also, sehr kurz kam, während das 19. Jahrhundert, besonders die Zeit von 1815 bis 1848/49 einen großen Raum einnahm. Ihr Interesse galt offensichtlich der Gegenwart, was sich übrigens später in ihrem Engagement für die Deutsche Demokratische Partei, für die Liberalität, und in ihren Studien zum Staat niederschlug. Interessanterweise wird ihre intensive Beschäftigung mit Thomas von Aquin sich weniger auf den historischen Thomas, sondern auf den Zeitgenossen Thomas richten.

Und dann kam der Juli 1914. Am 28. Juni 1914 wurden in Sarajevo der österreichisch-ungarische Thronfolger Erzherzog Franz Ferdinand und seine Frau Sophie von dem serbischen Nationalisten Gavrilo Princip in Bosnien erschossen. Schnell kam heraus, dass die Terroristen – alle österreichisch-ungarische Staatsangehörige – in Serbien mit Waffen ausgerüstet und von einer Organisation serbischer Nationalisten über die österreichisch-ungarische Grenze geschmuggelt worden waren. Der russische Geheimdienst hatte das Attentat finanziert. Die Beweise für die offizielle oder inoffizielle Mitschuld Serbiens an der Ermordung des Erzherzogs überzeugten die Mitglieder der österreichisch-ungarischen Regierung, Krieg gegen Serbien zu führen, wenn sich Serbien nicht von dem Attentat distanzierte. Doch Österreich-Ungarn wollte nicht allein gegen Serbien vorgehen, ersuchte Beistand beim Dreibund und löste damit den Bündnisfall aus. Am 5. Juli ermächtigte Wilhelm II. seinen Emissär, Kaiser Franz Joseph, mitzuteilen, dass Österreich-Ungarn auf Deutschlands Unterstützung bauen könne, nur müsse Österreich-Ungarn klare Entscheidungen treffen, was es zu tun gedenke. Wilhelm II. ging davon aus, dass sich weder England, Russland noch Frankreich in der Sache engagieren würden, verfügte deshalb auch keine vorbereitenden Maßnahmen und begab sich auf seine Hochseejacht in den Urlaub. So begann auch für Edith Stein der Sommer zwar in Spannung, doch im Vertrauen darauf, das sich am Ende alles beruhigen würde: »Alles sah danach aus, als ob ein schweres Gewitter heraufzöge. Aber wir konnten es nicht fassen, daß es wirklich dazu kommen sollte.«[16] Nicht von ungefähr hatte Christoper Clark den Titel für sein Buch über den Ersten Weltkrieg einem Roman Hermann Brochs entlehnt: *Die Schlafwandler*. Obwohl ständig mit dem Säbel gerasselt wurde, konnte sich niemand vorstellen, dass der Säbel auch tatsächlich gezogen werden würde. Am 7. Juli trat in Wien das erste Mal nach dem Attentat der Ministerrat zusammen, jedoch ohne eine Entscheidung zu treffen. Erst am 19. Juli beschloss der Ministerrat eine Note an Serbien, die aber noch kein Ultimatum darstellte. In der Note forderte Österreich-Ungarn: 1. Serbien soll auf der Titelseite des Regierungsblattes das Attentat verurteilen. 2. Die Erklärung ist durch einen Tagesbefehl der serbischen Armee mitzuteilen. 3. Fünf weitere Forderungen führen das Verbot von Propaganda und Subversion gegen Österreich-Ungarn genauer aus. 8. Über die Durchführung aller Maßnahmen ist Österreich-Ungarn zu informieren. 9. Serbische Amtspersonen, die in das Attentat verwickelt waren, müssen verhaftet, verhört und bestraft werden. 10. Vertreter Österreich-Ungarns wirken an den Verfahren mit und überprüfen sie.

Am 23. Juli wurde die Note übergeben. Die Serben hatten 48 Stunden Zeit, um zu antworten. Obwohl dem serbischen Ministerpräsidenten Nikola Pašić die Note angekündigt worden war oder vielleicht gerade deshalb, verließ er die Hauptstadt, um aufs Land zu fahren. Die russische, die französische und die deutsche Regierung erhielten um die gleiche Zeit Abschriften der Note. Am 24. Juli traf sich Pašić endlich mit seinen Ministern. Belgrad war tiefste diplomatische Provinz. Ausgerechnet hier braute sich ein Konflikt mit gesamteuropäischer Dimension zusammen. Obwohl in dieser Situation eine Abstimmung mit den Großmächten mehr als erforderlich war, lag zu diesem Zeitpunkt der britische Gesandte krank danieder, der russische Botschafter war gerade verstorben, ohne dass es bereits einen Nachfolger gab, und der Nachfolger des französische Gesandten, der gerade eintraf, befand sich in einem veritablen Zustand eines Nervenzusammenbruchs. Der britische Außenminister Edward Grey empfahl den Serben, möglichst viele Punkte der österreichisch-ungarischen Note anzunehmen. Bis zum

Nachmittag des 25. Juli fanden sich die Serben zum Nachgeben bereit, doch dann trafen unbegreiflicherweise Berichte der Gesandten vom Zarenhof ein, dass die Stimmung in Russland äußerst proserbisch wäre. Der Zar hatte noch nicht zur Mobilmachung ausgerufen, aber den Beginn der »Vorbereitungsperiode zum Krieg« befohlen. Die Serben fühlten sich dadurch ermutigt und kippten nun den Kabinettsbeschluss vom Vormittag, der alle zehn Punkte der österreichisch-ungarischen Note fast ohne Einschränkung akzeptierte. Nun wurden sechs Forderungen mit sehr einschränkenden Bedingungen versehen und die wichtigste Forderung abgelehnt. Die Antwort übergab Pašić dem österreichisch-ungarischen Gesandten, der noch in der gleichen Nacht Belgrad verließ.

Am 26. und 27. Juli mobilisierten die Serben das Heer und Russland rief seine Reservisten ein. Wilhelm II. befand sich auf seiner Jacht auf See, Raymond Poincaré an Bord der France. Sie erhielten Funksprüche. Der deutsche Reichskanzler Theobald v. Bethmann-Hollweg wies die deutschen Botschafter in London und Paris an, davor zu warnen, dass die russischen Aktivitäten als Bedrohung gewertet werden könnten. Sie sollen in diesem Sinn auf ihren Verbündeten Russland mäßigend einwirken. In Sankt Petersburg warnte der deutsche Botschafter, dass ein Fortschreiten der russischen Mobilisierung die deutsche Mobilisierung in Gang setzen würde und dass dann ein »europäischer Krieg nicht mehr aufzuhalten wäre«. Die Briten und Franzosen versuchten, Russland zurückzuhalten: Es schien möglich, diese Krise, wie die Krisen von 1909 und 1913, durch Gespräche beizulegen. Einer der wenigen Hellsichtigen, der britische Botschafter George William Buchanan, beschwor die Russen, dass, wenn Russland weiter mobilisiert, Deutschland wahrscheinlich nicht nur mobilisieren, sondern auch zuschlagen werde.

Am 28. Juli 1914 schließlich: Österreich-Ungarn erklärt Serbien den Krieg. Über die Wendungen der Juli-Krise, wie man später das

Tändeln in den Krieg hinein, das Agieren der Schlafwandler nannte, wusste Edith Stein Bescheid, täglich kaufte sie mit Tony Meyer die Zeitung und informierte sich über den Fortgang der Ereignisse, und obwohl es alles bedrohlich und immer bedrohlicher wirkte, konnte sich niemand vorstellen, dass es wirklich zum Krieg kommen würde. Sowohl der Zar als auch der englische König, genauso wie der deutsche Kaiser waren enge Verwandte, Cousins um genau zu sein. Nikolaus nannte Wilhelm »Willy« und Willy Nikolaus »Nikki«. Man sollte also meinen, dass eine Verständigung in letzter Sekunde auf höchster Ebene noch hätte möglich sein sollen. Es trifft die Stimmung dieser Tage, wenn Edith Stein in ihren Erinnerungen schrieb: »Wer in Kriege oder nach dem Kriege herangewachsen ist, der kann sich von der Sicherheit, in der wir bis 1914 zu leben glaubten, keine Vorstellung machen. Der Frieden, die Festigkeit des Besitzes, die Beständigkeit der gewohnten Verhältnisse waren uns wie eine unerschütterliche Lebensgrundlage.«[17]

Am 28. Juli 1914 verkündete Russland die Mobilmachung. Einen Tag später versuchte Wilhelm II. zu retten, was noch zu retten war, und telegrafiert an Nikolaus II., er bitte dringend, die Schwierigkeiten, die noch entstehen könnten, zu beseitigen. Nikolaus antwortete, er empfehle, das österreichisch-serbische Problem der Haager Konferenz 1915 vorzulegen. Wilhelm antwortete Nikolaus noch am selben Abend, dass es für Russland durchaus möglich sei, bei dem österreichisch-serbischen Konflikt in der Rolle des Zuschauers zu verharren, ohne Europa in den entsetzlichsten Krieg zu verwickeln, den es je gesehen hat. Wilhelm II. bot sich als Vermittler an. Ein kurzer Hoffnungsschimmer leuchtete auf. Es schien, dass die Vernunft siegen würde. Der Zar widerrief die Mobilmachung. Am 30. Juli versuchten die Briten ebenfalls eine Vermittlung. Weder Deutschland noch England und Frankreich hatten die Truppen mobilisiert.

Doch dann rief Russland am 30. Juli die Generalmobilmachung aus, am 31. Juli folgte die Generalmobilmachung Österreich-Ungarns. Um vier Uhr am Nachmittag begann Edith Stein die Lektüre von Arthur Schopenhauers Hauptwerk *Die Welt als Wille und Vorstellung*. Als sie eine Stunde später das Buch beiseitelegte, um zu einer Vorlesung zu gehen, informierten sie zwei Kommilitoninnen, die bei ihr vorbeikamen, dass die Vorlesung ausfiele, weil der Kriegszustand erklärt wäre. Zu den drei Studentinnen stieß die Frau ihres Cousins Richard Courant, Nelly. Richard Courant hatte als Reservist seinen Stellungsbefehl erhalten und müsse sich, wenn die Mobilmachung verkündet werden würde, sofort bei seinem Ersatzbataillon als Offiziersstellvertreter in Thüringen einfinden. Offenbar rechnete Richard Courant bereits damit, dass der Krieg tatsächlich ausbrechen würde. Da er seine Frau nicht allein in Göttingen zurückzulassen gedachte und bei Kriegsausbruch der Personenverkehr, wenn schon nicht zum Erliegen kam, so doch stark beeinträchtigt werden würde, schickte er sie nach Breslau zur Familie zurück. Nelly erkundigte sich, ob Edith mitkäme, denn sie würde noch heute abreisen, um acht Uhr ginge der Zug. Dass Edith Stein sich entschloss mitzufahren, hatte weniger etwas mit ihrer eigenen Sicherheit, sondern mit der Unsicherheit der Familie zu tun, denn Breslau lag nur wenige Stunden von der russischen Grenze entfernt, sodass es nicht auszuschließen war, dass die Stadt von russischen Truppen angegriffen werden könnte. Noch bemühten sich der Kaiser samt Reichsregierung einen Krieg abzuwenden und telegrafierten nach Frankreich und Russland: Die deutsche Mobilmachung muss erfolgen, falls nicht Russland jede Kriegshandlung gegen uns und Österreich-Ungarn einstellt. Mobilmachung bedeutet unvermeidlich Krieg.[18] Ein wesentliches Element des Automatismus ist die Generalmobilmachung. Einmal ausgesprochen, muss sie unweigerlich zum Krieg führen. Die Militärdoktrin der europäischen Länder zu dieser Zeit sah vor, dass derjenige, der zuerst zuschlägt, sich wesentliche, wenn nicht kriegsentscheidende Vorteile verschaffte. Deshalb wurde die Mobilmachung fast mit der Kriegserklärung gleichgesetzt, sodass man versuchte, sie zu verhindern oder rückgängig zu machen. Tatsächlich war aber jetzt der Zünder scharf gemacht: Als Großmächte konnten Russland und Frankreich das Ultimatum nicht akzeptieren, Deutschland es, wiederum als Großmacht, nicht zurücknehmen. Nun rannte auch für Edith die Zeit mit Siebenmeilenstiefeln. Sie informierte Tony Meyer, drängte sie, mitzukommen nach Breslau, verabschiedete sich von Adolf Reinach, der sich, wie so viele, freiwillig melden wollte. In dieser Phase reifte in Edith auch der Entschluss, sich beim Roten Kreuz zu melden. Richard begleitete sie indes noch zum Zug, seine Frau Nelly, Edith und Tony Meyer. Alle berichteten von einem Jahrhundertsommer, warm und hell und freundlich. Mit Kriegsausbruch schlug die Stimmung in Begeisterung um. Das kurze Gespräch zwischen Adolf Reinach und Fritz Kaufmann, das Edith Stein überlieferte, bringt die damalige Stimmung auf den Punkt: »›Sie müssen auch mit, Herr Doktor?‹, fragte Kaufmann. ›Ich muss nicht, ich d a r f‹, gab Reinach zurück. Ich freute mich herzlich über diese Antwort. Sie entsprach durchaus meinem eigenen Empfinden.«[19] Am späten Nachmittag des 31. Juli, nach einer chaotischen Fahrt, kamen sie in Breslau an. Am Morgen des 1. August notierte Harry Graf Kessler in sein Tagebuch: »Früh noch keine Antwort Russlands auf das gestrige Ultimatum. Schwer und schwül drückt die Unsicherheit auf die Stimmung … Russland oder Frankreich hätten um eine weitere sechsstündige Bedenkfrist gebeten.«[20] Am Abend des 1. August erklärte die Reichsregierung auf Drängen der Militärs aufgrund der russischen Generalmobilmachung Russland den Krieg. Kaiser Wilhelm II. verkündete vom Balkon seines Berliner Schlosses: »Will unser Nachbar es nicht anders, gönnt er uns den Frieden nicht, so hoffe ich zu Gott, dass unser gutes deutsches Schwert siegreich aus diesem schweren Kampfe hervorgeht.«

Edith Steins Haltung ähnelt der vieler deutscher Intellektueller, jetzt, wo der Krieg da war: »Ich war in einer fieberhaften Anspannung, sah aber mit großer Klarheit und Entschlossenheit den Dingen ins Auge. ›Ich habe jetzt kein eigenes Leben mehr‹, sagte ich mir. ›Meine ganze Kraft gehört dem großen Geschehen. Wenn der Krieg vorbei ist und wenn ich dann noch lebe, dann darf ich wieder an meine privaten Angelegenheiten denken.‹«[21]

11.

Studium und Kriegsdienst

In Breslau meldete sich Edith Stein mit Ausbruch des Krieges für einen Krankenpflegekurs für Studentinnen am Allerheiligenhospital an, um eine medizinische Grundausbildung zu erhalten. Sie wollte nicht abseits stehen, sondern ihren Platz einnehmen, das ihr Gemäße beitragen. Die Schlacht bei Tannenberg vom 23. bis zum 31. August 1914, in der die deutsche Armee siegte, nahm den Druck auf Schlesien. Dieser Sieg löste Jubel aus, und ein Verseschmied, dessen Begeisterung seine dichterischen Fähigkeiten bei Weitem übertraf, verzapfte: »Das war der Marschall Hindenburch/der haute die Russen von hinten durch.« Reinachs Einheit wurde schließlich von der Ostfront an die Westfront verlegt. Doch in der Marneschlacht brach am 9. September der deutsche Angriff zusammen. Der Grund lag im selbstherrlichen und zu wenig abgestimmten Vorgehen der deutschen Armeeführer. Von da an datierte eine neue Zeitrechnung, die Zeit des Stellungskrieges, die Zeit des industriellen Schlachtens, der Millionen Menschen, vor allem Soldaten, das Leben kosten sollte. Mit jedem Tag länger im Graben starb die Hoffnung auf ein schnelles Ende des Krieges. Der Krieg verwandelte sich in eine »große(n) Saugpumpe, die alle Kraft aus dem Land herauspumpte«.[1] Adolf Reinach fragte in einem Brief scherzend den Phänomenologen und Ehemann von Hedwig Conrad-Martius, Theodor Conrad: »Ob Sie in dem dreckigen Kerl mit dem struppigen schwarzen Vollbart den friedlichen Göttinger Privatdozenten erkannt hätten?«[2]

Inzwischen kamen auch die ersten Todesmeldungen von der Front, die Freunde und Bekannte betrafen. Mit der Hoffnung auf einen schnellen Sieg oder ein schnelles Ende des Krieges schwand zugleich die Beschwingtheit, wurde der Alltag immer drückender, Hysterien griffen um sich. Einige glaubten sich von Spionen umstellt. Das musste Winthrop Bell am eigenen Leibe erfahren. Aus dem Fenster schauend antwortete er unbekümmerterweise auf die Frage eines Bekannten, der gerade vorbeikam, was er von der japanischen Kriegserklärung hielte: »Für uns«, und damit meinte er die Entente, »ist sie natürlich sehr vorteilhaft.« Eine Passantin, die Bells Worte aufschnappte, erstattete sofort Anzeige. In ihrer Erregung verdrehte sie zudem die Worte, sodass aus der harmlosen Bemerkung eine »deutschfeindliche Kundgebung« wurde. Bell wurde in Schutzhaft genommen, was im Grunde nur hieß, dass er Hausarrest bekam. Deshalb war es ihm aber nicht möglich, in die Universität zu gehen, um dort seine Prüfung abzulegen. Seine freundlichen Prüfer kamen daraufhin in seine Wohnung. Doch die Freundlichkeit, die nette Harmlosigkeit löste eine Groteske aus, denn nun protestierten Kollegen, die davon erfahren hatten, um ihre patriotische Gesinnung unter Beweis zu stellen, wo sie doch nicht im Felde waren, und erreichten, dass die Prüfung für ungültig erklärt und die vor Kriegsausbruch eingereichte Arbeit sogar abgelehnt wurde.

Als Edith Stein nach ihrem Krankenpflegekurs in Breslau, weil man noch keine Verwendung für sie fand, in der zweiten Oktoberhälfte zum Wintersemester 1914 wieder nach Göttingen zurückkehrte, bleib ihr nur, den armen Bell im Karzer der Universität zu besuchen. Der Karzer war kein finsteres Verlies, sondern lag im obersten Stock der Aula, wie das Geschäftsgebäude der Universität allgemein genannt wurde, das sie bisher nur von festlichen Anlässen und dem Entrichten der Kolleggelder kannte. Vom Polizeidirektor holte sie sich einen Besuchsschein. Die Frau des Hausverwalters führte sie zu dem sehr zivilen Universitätsgefängnis. Zu ihrer Verwunderung wurde hinter ihr die Tür abgeschlossen, sodass sie nun für die Dauer des Besuches mit ihrem Kommilitonen eingeschlossen war. Die Wände des hellen Raumes verzierten Zeichnungen unterschiedlicher Qualität. In ihm standen ein eisernes Bettgestell, zwei Holzstühle und ein Holztisch, auf dem sich Bücher stapelten. Bell wurde später in das Internierungslager für »feindliche« Ausländer nach Berlin-Ruhleben überstellt, wo er die Kriegszeit verbrachte. Edith begann, ihm Pakete zu schicken, um ihn aufzumuntern.

In Göttingen bezog sie nun die verwaiste Wohnung ihres Cousins, der inzwischen auch an der Front stand, während seine Frau sich weiter in Breslau aufhielt. Die Zahl der Studenten hatte sich spürbar verringert, viele kämpften an einer der Fronten. Von den alten Freunden trugen nun Fritz Kaufmann, Adolf Reinach und Hans Lipps feldgrau. Nur der Pole Roman Ingarden hielt sich in Göttingen auf, der infolge eines Herzfehlers aus der Polnischen Legion ausgemustert worden war. Vor dem Krieg war er mehr unter seinen Landsleuten geblieben, nun entstand zwischen ihm und Edith zaghaft eine Freundschaft. Zu ihnen stieß der junge Helmuth Plessner, der ihr versuchte, sein »System« zu erklären und »in welchen Punkten er nicht mit Husserl gehen könnte, aber es war ihm nicht gegeben, sich verständlich zu machen«.[3] Edith Stein verhielt sich immer stärker, ohne dass ihr das aufgefallen sein dürfte, als Lordsiegelbewahrer der phänomenologischen Methode, denn die anderen – Reinach, Lipps – fehlten und so versuchte sie unbewusst, die Lücke zu schließen. Neue Freundschaften zu älteren Studentinnen, aber auch zu Pauline und Anne Reinach entstanden. Und eine

Einschätzung im Rückblick erstaunt dann doch: »Trotz der lastenden Kriegssorgen ist wohl dieser Winter die glücklichste Zeit während meiner Göttinger Studienjahre gewesen. Die Freundschaft mit Pauline und Erika (Gothe – der Verf.) war tiefer und schöner als die alten Studienfreundschaften. Es war zum ersten Mal, dass nicht ich der führende und umworbene Teil war, sondern daß ich in den andern etwas Besseres und Höheres sah, als ich selbst war.«[4]

Es mochte auch daran gelegen haben, dass sie nun ernten konnte, was sie mühsam gesät und sorgfältig gehegt hatte. Pünktlich reichte sie die Examensarbeiten ein. Die Prüfungen wurden für den 14. und 15. Januar 1915 anberaumt. Zu Weihnachten blieb sie in Göttingen, doch als Jüdin waren es für sie ohnehin keine Feiertage, die sie demzufolge auch nicht vermisste. Die Übungen bei Weißenfels zu Heinrich von Kleist empfand sie als »langweilig« und »nutzlos«. Literaturwissenschaftliches Denken schien ihr weiterhin fremd zu bleiben. Das Staatsexamen bestand sie dennoch glänzend mit dem Prädikat »Ausgezeichnet«. Noch nicht wirklich belehrt über alle akademischen Umgangsregeln, hatte sie allerdings einfach vergessen, ihren akademischen Lehrer Edmund Husserl über den Ausgang der Prüfung zu informieren. Im Karmel in Köln erinnerte sich Edith Stein später, dass der »sonst so freundliche Meister merklich verstimmt« war. Eingeschnappt riet er ihr, ihre Doktorarbeit in Geschichte und Literatur zu schreiben. Tief gekränkt empörte sie sich: »Herr Professor … es kommt mir nicht darauf an, mir mit irgend einer Doktorarbeit den Titel zu erwerben. Ich will die Probe machen, ob ich in Philosophie etwas Selbständiges leisten kann«.[5] Auf einer anderen Ebene formulierte sie Husserl gegenüber ihre Einsicht, dass ihr Bücher nicht helfen würden und sie sich selbst eine Problematik erarbeiten müsste. Da sich Literaturwissenschaft primär damit beschäftigt, Literatur zu analysieren, wozu die Literaturgeschichte gehört, die in Manuskripten und Büchern festgehalten ist, versteht man ihre Distanz zu Germanistik, die in ihren Erinnerungen sehr deutlich wird. Später wird sie in einer Rede die Frage stellen, ob Goethes *Faust* für die katholische Bildung geeignet wäre. Allerdings misslingt die Antwort, weil sie nicht den Text in den Mittelpunkt stellt, sondern die katholische Ethik. Seltsam, dass sie den Text nicht als Sache selbst sah, sondern ihn nach seinem ideologischen Gehalt befragte. Husserl jedenfalls war verunsichert durch ihre Antwort, sodass er ihr wesentlich freundlicher mit geradezu väterlicher Sorge antwortete: »Jetzt müssen sie sich erst einmal richtig erholen, Fräulein Stein. Sie sehen ja ganz angegriffen aus.« Anderntags lud Husserl sie zum Kaffeetrinken nach Hause ein. »Fräulein Gothe«, »Fräulein Reinach« und »Fräulein Wiegelt« seien auch eingeladen. Die kleine Feier und die Einladung hatte Malvine Husserl, seine kreuzgescheite und eigensinnige Frau, initiiert. Malvine Husserl wurde im Phänomenologen- und Schülerkreis gefürchtet. Wer ihre Gunst nicht eroberte oder verspielte, hatte zu leiden. Sie verfügte über eine treffsichere und beißende Spottlust, die sie nicht zügelte, und vermochte mit einer einzigen spitzen Bemerkung den anderen in gehörige Verlegenheit zu bringen. Sie hatte ihr Leben ganz der Arbeit ihres Mannes untergeordnet und war dank ihrer hohen Intelligenz auch ein fachlich anerkannter Gesprächspartner, aber vor allem besaß sie ein feines Gespür dafür, wer ihrem Manne nutzen oder schaden konnte. Sie sollte sich denn auch nur ein Mal irren, und zwar im Falle Heideggers. Aber wen hatte Heidegger nicht getäuscht? Am meisten wohl sich selbst.

Vom Roten Kreuz hörte Edith indes immer noch nichts. Sie hatte sogar wiederholt angefragt, denn sie brannte darauf, so wie ihre Kommilitonen ihre Art von Kriegsdienst zu leisten.

Sie beendete das Semester in Göttingen, hörte die Vorlesungen zu Ende und arbeitete zielstrebig an ihrer Dissertation in Philosophie bei Husserl. Dann reiste sie nach Hause, nach Breslau. Dort bekam sie Besuch von einer Mitarbeiterin des Roten Kreuzes, die sie zu bewegen suchte, in einem Seuchenlazarett im österreichischen Weißkirchen den Dienst anzutreten, da zwar in Deutschland immer noch kein Bedarf an Schwestern bestand, dafür aber in Österreich Krankenschwestern für Lazarette händeringend gesucht wurden. Sie hatte Erfolg. Edith sagte sofort zu. Mit ihrer Zusage lehnte sie sich ungewollt gegen ihre Mutter auf, die ihre Einwilligung verweigerte. »Dann muss ich es ohne deine Einwilligung tun«, lautete kurz und bündig die entschlossene Antwort.[6] Verständlich, dass die Mutter ihre Tochter weder der Gefahr noch den schlimmen Erfahrungen auszusetzen gedachte, die nicht zu vermeiden waren. In den großen Lebensentscheidungen würde sich Edith auch fortan gegen ihre Mutter stellen und diese Entscheidungen auch durchsetzen, dickköpfig, für kein Argument erreichbar, aber nicht ohne darunter zu leiden. Das erklärt die Idealisierung der Figur der Mutter in den Erinnerungen, zu einem guten Teil wohl auch gespeist aus Schuldgefühlen. Es besaß schon eine tragische Komponente, der geliebten Mutter in den tiefsten, den wichtigsten Dingen wehzutun, doch gab es keinen anderen Weg, wenn sie ihren eigenen Weg suchen, finden und gehen wollte. Sicher, sie strebte danach, Philosophin zu werden, doch hatte die Vorstellung, die sie mit der Lebensweise des Philosophen verband, etwas Pythagoreisches im Sinne eines Ordens. Überhaupt fanden sich bereits in der Vorkriegszeit, stärker aber noch in dem allgemeinen und vollkommenen Zusammenbruch nach dem Ersten Weltkrieg allenthalben Sehnsüchte nach einer Schar Gleichgesonnener, die ein hohes Ethos verband, so etwa in der bündischen Jugend, so im George-Kreis, aber auch in Texten wie Hermann Hesses *Morgenlandfahrer* oder in seinem *Glasperlenspiel*. Von diesem Ethos der Gemeinschaft erfüllt, schied sie von der Mutter in gedrückter Stimmung, die sich auch nicht dadurch hob, dass die Mutter schweren Herzens einlenkte. Was sollte sie auch anderes tun?

Das Seuchenlazarett in Mährisch-Weißkirchen war als Etappe der Karpatenfront für 4000 Patienten in einer Kadettenanstalt eingerichtet worden. Eine der großen Erzählungen der Moderne – was Edith allerdings nicht wusste, damals nicht und später auch nicht – spielte genau hier, nämlich Robert Musils Debüt *Die Verwirrungen des Zöglings Törleß*. Den Ort, zu dem Edith jetzt aufbrach, beschrieb Musil knapp zehn Jahre früher so: »Eine kleine Station an der Strecke, die nach Russland führt. (…) Denn die kleine Stadt lag weitab von der Residenz, im Osten des Reiches, in spärlich besiedeltem, trockenem Ackerland. (…) Hier erhielten die Söhne der besten Familien des Landes ihre Ausbildung, um nach Verlassen des Institutes die Hochschule zu beziehen oder in den Militär- oder Staatsdienst einzutreten, und in allen diesen Fällen sowie für den Verkehr in den Kreisen der guten Gesellschaft galt es als besondere Empfehlung, im Konvikt zu W. aufgewachsen zu sein.«[7] Für Musil, der selbst von September 1894 bis August 1897, von seinem 13. bis 16. Lebensjahr, als Zögling die Kadettenanstalt erlebt hatte, war Mährisch-Weißkirchen nur: »MW-Hranice (Das A-Loch des Teufels).«[8] Ab September 1890 litt auch der vierzehnjährige Rainer Maria Rilke drei lange, sehr lange Monate in der Kadettenanstalt, bevor ihm eine Krankheit den Weggang ermöglichte.

Während für einige das Sommersemester in Göttingen begann, andere in Schützengräben lebten, fuhr Edith Stein im April 1915 also nach Mährisch-Weißkirchen. Nicht nur die Mutter hatte Bedenken, auch der Geheimrat, der ihr die externe Griechisch-Prüfung abnehmen soll, versuchte sie von ihrem Entschluss abzubringen: »Aber da Sie keinen Vater mehr haben, fühle ich mich doch verpflichtet, Sie zu warnen. Wissen Sie denn, wie es in den Lazaretten zugeht?« Zwanzig Jahre später kommentierte Edith Stein die Warnung des Geheimrates, die so oder ähnlich auch ihre Mutter formuliert haben dürfte, mit den Worten: »Ich wusste es nicht; aber wenn es war, wie er es andeutete – daß man sich sittlichen Gefahren aussetzte und daß die Schwestern in einem schlechten Ruf standen – dann war das ja furchtbar traurig, und ich fand es nun erst recht nötig, daß Menschen mit einer ernsten Auffassung in diese Stellen kämen.«[9] Dass Edith Stein im Karmel diese Auffassung vertrat, verwundert nicht, doch hatte wohl auch die junge Frau bereits diese fest gegründete Sicht der Dinge. Sie wusste wirklich nicht, was sie erwartete, hatte aber, sehr gefördert durch das Umfeld der Phänomenologen, durch Reinach, durch Husserl, dieses feste moralische Weltbild, dessen Grundsätze durch nichts zu erschüttern waren. Überraschend war ihr klares Urteil in zwischenmenschlichen Angelegenheiten, das ohne alle Erfahrung auskam. Mährisch-Weißkirchen veränderte sie nicht grundlegend, aber die Erlebnisse im Lazarett formten sie und zurrten ihr moralisches Koordinatensystem zurecht. Sie wurde im Seuchenlazarett mit dem Tod in aller Unmittelbarkeit, minutiös mit jeder Phase des Sterbens, mit dem vergeblichen Kampf des Lebens, mit dem Aufbäumen gegen das Unvermeidliche und dem Verlust der Hoffnung konfrontiert. Anfangs bemühte sie sich um eine distanzierte Haltung, erfuhr den Tod als »Arbeit« und schützte ihre Seele hinter diesem Wall des sachlichen Umgangs mit ihm als Vorgang, dem klar geregelte Abläufe, das Wort allein sagt es: Behandlungsroutinen folgten. Man musste dafür sorgen, dass die Leiche abtransportiert würde, die Habseligkeiten hatten abgegeben zu werden, damit sie an die Hinterbliebenen, Eltern, Ehefrauen, Kinder geschickt werden konnten, das Bett wartete darauf, abgezogen und gereinigt zu werden, damit es dem nächsten Patienten Platz bot. Unter den Habseligkeiten eines Verstorbenen fand sich ein Gebet, das dessen Frau aufgeschrieben und ihm mitgegeben hatte, damit es sein Leben schützte. Offensichtlich hatte es seinen Zweck nicht erfüllt. Doch veränderte dieses Gebet Ediths Haltung, machte ihr das ganze Ausmaß der Traurigkeit bewusst, denn es ging nicht nur um den Toten als Sache, sondern da gab es Ehefrauen und Kinder und Eltern, die mit dem Tod des Verstorbenen leben mussten. Der Tod bekam auf einmal eine menschliche Dimension. Worin bestand also der Sinn von Sein im Angesicht des Nichtseins, und wie konnten die, die den Nichtmehrseienden liebten, ihren Sinn von Sein bewahren, neu finden, sich damit abfinden, mit Nichtsein sein? Einfacher ausgedrückt, wie es die Dichterin Mascha Kaleko in dem Gedicht *Memento* formuliert: »Bedenkt: den eignen Tod, den stirbt man nur,/ Doch mit dem Tod der andern muss man leben.«[10] Und ein Zweites geschah: Durch das Gebet sah sie den Verstorbenen mit den Augen der ihn liebenden Frau, entdeckte sie ihn als Mensch, der geliebt wurde. Doch ein Mensch, der geliebt wird, ist keine Sache. Die Liebe macht uns zu Menschen. Und auch Edith selbst war, was sie war, dadurch, dass sie von ihrer Mutter, von ihren Geschwistern geliebt wurde. Jetzt begriff sie Max Scheler nicht nur, sondern sie verstand ihn auch: In dem Gebet der Frau für ihren Mann fand sie die praktische, die reale Bestätigung für Schelers Behauptung, dass der Mensch vor allem ein liebendes Wesen sei. Schließlich begegnete sie Scheler ja auch und zeigte sich von ihm beeindruckt, als er sich gerade in seiner katholischen Phase befand. Doch bei Lichte besehen, handelte es sich eher um einen schwärmerischen Katholizismus, ein wenig wie ihn einige deutsche Romantiker pflegten, er ist eher von einer philosophischen Option als von einem Glauben untersetzt. Sehr vergröbert könnte man auch sagen, die Philosophie der Liebe von Scheler tendiert zur Theologie der Liebe des Christentums.

Bald schon übernahm sie die schwierigen Nachtschichten, denn in der Nacht arbeitete weniger Personal, dennoch traten auch hier und manchmal verstärkt die großen Krisen, die medizinischen, aber auch die seelischen auf. Was sie in diesen Nächten leistete, ging weit über die Kräfte eines Menschen, vor allem seine psychischen hinaus. Sie hatte es mit Soldaten in Todesangst zu tun, mit entsetzlichen Schmerzen, mit Soldaten, deren Leben sie leise und still oder schmerzentstellt verließ, mit Soldaten, deren Leben sie aber auch durch Wachsamkeit, durch Aufmerksamkeit und dann durch entschlossenes Handeln retten konnte, sie hatte es mit allem zu tun, was in der menschlichen Existenz, im menschlichen Dasein als Person wichtig war. So erinnerte sie sich an einen Italiener: »Die Krankheit war bei ihm mit ungewöhnlicher Heftigkeit aufgetreten. Sein Mund war beständig mit einem oft mit Blut untermischten Schleim gefüllt. Schwester Loni wies mich an, ihm jedesmal, wenn ich vorbeikäme, mit einem Läppchen den Mund zu reinigen. Für diesen Liebesdienst dankte er immer mit einem Blick. Sprechen konnte er überhaupt nicht; er hatte die Stimme ganz verloren. Bei jeder Visite wurde er gründlich untersucht. Arzt und Schwestern sprachen dann an seinem Bett von ihm, als ob er nichts verstünde. Aber ich sah es seinen großen, glänzenden Augen an, daß er bei völlig klarer Besinnung war und gespannt auf jedes Wort hörte. Meist lag er ganz still da, folgte uns aber mit den Blicken. Die andern Fieberkranken waren fast alle schwer benommen und merkten nichts von dem, was um sie herum vorging. Man besorgte sie wie kleine Kinder und war erstaunt, wenn sie nach Wochen zu sich kamen und sich wie richtige Menschen benahmen. Bei manchen war der Typhus schon im Abklingen, aber sie hatten noch an Begleiterscheinungen zu leiden. Lungen- und Rippenfellentzündungen waren häufig auftretende Komplikationen und forderten mehr Opfer als der Typhus selbst. Einige hatten aus dem Karpathenwinter erfrorene Füsse mitgebracht und mussten daraufhin behandelt werden.«[11] In dieser starken Anspannung half anderen das Vergessen, halfen kleine Feiern, Tanzen, Alkohol und flüchtiger Sex. Doch all das stellte für Edith keine Option dar. Einmal und nie wieder besuchte sie einen der »Abende«. Die Kompensation für die Überforderung riefen bei ihr nur Ekel hervor. Die Zeit im Lazarett festigte ihre strengen moralischen Grundsätze, ihre Abstinenz von allem Ungeistigen, von allem, was ihr zur dunklen Seite des Lebens zu gehören schien. Eine erstaunliche Fähigkeit, sich in sich selbst zurückzuziehen, wurde deutlich, sich geradezu in sich zu verschanzen.

Nach fünf Monaten nahm sie Urlaub und kehrte im September 1915 nach einer heftigen Erfahrung mit dem Leben nach Breslau zurück. In ihrer Abwesenheit wurde das Lazarett aufgelöst und sie nicht wieder einberufen. Ein kleines juristisches Nachspiel hatte die Episode dennoch, denn sie hatte Briefe nach Deutschland mitgenommen. Als die bei einer Militärkontrolle auffielen, folgte eine Anklage wegen Umgehung der Zensur, die jedoch auch durch die Hilfe des DRK niedergeschlagen wurde.

Zurück in Breslau begann sie, sich Vorwürfe zu machen, dass sie ihre wissenschaftliche Arbeit vernachlässigt hatte. Nebenbei legte sie das Graecum ab, um sich dann wieder ihrer Dissertation zu widmen. Aber erst mal war sie in Breslau zurück, wieder in ihrem alten Freundeskreis, zumindest, was die Freundinnen betraf und Georg Moskiewicz, der als Oberarzt in einer Nervenheilanstalt Dienst tat. Und sie genoss es. Die letzten fünf Monate hatten sie, mehr, als sie wahrhaben wollte, über ihre Leistungsgrenzen getrieben.

12.

Beim Meister

Ihr »lieber Meister« hatte sie in der ganzen Zeit nicht vergessen. Seine beiden Söhne hatten sich zum Göttinger Freiwilligenregiment gemeldet. Er schrieb ihr lange, teilnehmende Briefe, die sie mit Berichten über ihre Erlebnisse und ihr Leben im Lazarett erwiderte. Aber auch von Adolf Reinach hatte sie Post nach Mährisch-Weißkirchen erhalten, in dem er ihre Gemeinsamkeit hervorhob: »Jetzt sind wir Kriegskameraden.«[1] Die längsten Briefe kamen von Fritz Kaufmann, die kürzesten von Hans Lipps, der nur über scheinbar Alltägliches berichtete, über eine Grille in der Nähe seines Unterstandes oder ein Käuzchen, das er im Wald gefangen hatte und mit dem er lebte. Zu Hause in Dresden besaß er einen Steinkauz, den seine Mutter, worum Lipps sie gebeten hatte, mit Kanarienvögeln fütterte. Schnell hatte Edith herausgefunden, dass sie Hans mit Feldpostpäckchen »glücklich machen« konnte. Was sie nur allzu gern tat, denn in Lipps hatte sie sich, ohne es sich einzugestehen, verliebt. Sie schickte ihm Abhandlungen über die Relativitätstheorie, Pralinés, einen japanischen Holzschnitt und freute sich sehr über sein Lob, dass sie »eine ungeheure Treffsicherheit im Herausfinden dessen« beweise, was er »gerade nötig habe«.[2]

Gleichzeitig belastete es Edith, dass ihre Freundin Tony Meyer in München, wo sie inzwischen lebte, nach einem psychischen Zusammenbruch in eine Nervenheilanstalt eingeliefert worden war, die sie nicht mehr verlassen sollte. Eine andere seelische (Selbst-) Zerstörung konnte sie bei ihrem Freund Georg Moskiewicz beobachten: Ein erstklassiger Psychologe und Nervenarzt, dessen ganze Liebe der Phänomenologie gehörte, für die ihm aber traurigerweise jegliche Begabung fehlte. Zur geistigen Zerrüttung trug die aufreibende Tätigkeit als Oberarzt in der Nervenheilanstalt in der Breslauer Einbaumstraße einiges bei, genauso wie seine unglückliche Liebe zu Rose Guttmann. Moskiewicz schien ein Mensch zu sein, der sich auf fatale Art selbst im Wege stand.

In diesen Tagen, in denen sich Edith Stein wieder ihrer Dissertation widmete, wurde sie von Nelly Courant zu einem Spaziergang abgeholt, die ihr mitteilte, dass sie sich von Richard scheiden lassen würde. Da war er wieder, der Ausbruch der Unordnung in der Ordnung, den Edith so verabscheute. Dass diese Ehe scheiterte, tat ihr sehr leid und noch mehr, dass da nichts mehr zu retten war. Mit ihren festen Vorstellungen von Moral und Ordnung und ihrer gleichzeitigen Erfahrungslosigkeit in diesen Dingen nahm sie kräftigen Anteil an dem Prozess der Ehescheidung. Um Wertungen war sie nicht verlegen.

Auch ihre Liebe zur Phänomenologie entsprang diesem Sinn für Ordnung, genauso wie ihre Dissertation, an der sie nun wieder intensiv arbeitete, in der Ordnung des Denkens und des Erkennens und der Vervollständigung eines Systems, einer philosophischen Ordnung bestand. Ordnung ist Methode, Methode ist Ordnung. So erlebte sie ein beglückendes Gefühl, einen Rausch, weil sich beim Schreiben alle Widerstände lösten und sie Satz für Satz, Seite für Seite vorankam. Jeder, der nicht nur formuliert, nicht nur einen Text zusammenschraubt nach vorgeformten Mustern, jeder, der wirklich schreibt und sich vorbehaltlos und mit offenem Ausgang dem Prozess des Schreibens, der auch immer ein Prozess des

Erfahrens ist, anvertraut – wobei es vollkommen gleichgültig ist, ob es sich um Literatur oder Philosophie handelt – kennt das, was Edith Stein in ihren Erinnerungen beschreibt. Und weil es so präzise formuliert ist, soll die Beschreibung in ganzer Länge zitiert werden, weil sie diese Arbeitsweise, die sie nun gefunden hatte, nie wieder aufgeben sollte: »Jetzt legte ich entschlossen alles beiseite, was aus Büchern stammte, und fing ganz von vorn an: eine sachliche Untersuchung des Einfühlungsproblems nach phänomenologischer Methode. oh, wie anders ging das jetzt als damals! Freilich setzte ich mich jeden Morgen mit Zagen an meinen Schreibtisch. Ich war wie ein winzig kleiner Punkt im unendlichen Raum – würde aus dieser großen Weite etwas zu mir kommen, was ich fassen konnte? Ich legte mich in meinem Stuhl ganz weit hintenüber und richtete mit schmerzhafter Anspannung den Geist auf das, was mir gerade die dringlichste Frage war. Nach einer Weile war es, als ob ein Licht aufginge. Ich konnte zum mindesten die Frage formulieren und fand Wege, ihr zu Leibe zu rücken. Und sobald mir eine Sache klar war, eröffneten sich neue Fragen, nach verschiedenen Seiten (»neue Horizonte«, pflegte Husserl zu sagen). Ich hatte immer neben den schönen Blättern, auf die der laufende Text kam, einen Zettel liegen, um alle die aufsteigenden Fragen zu notieren; sie mussten ja alle an ihrem Ort behandelt werden. Indessen füllte sich Seite um Seite, ich wurde rot und heiß vom Schreiben und ein ungekanntes Glücksgefühl durchströmte mich. Wenn ich zum Mittagessen gerufen wurde, kehrte ich wie aus einer andern Welt zurück. Erschöpft, aber voll Freude ging ich hinunter. Ich war ganz erstaunt, was ich nun alles wusste; Dinge, von denen ich vor ein paar Stunden noch nichts geahnt hatte; und ich war froh über die vielen angesponnenen Fäden, die ich wieder aufgreifen konnte. Dennoch war es jeden Tag wie ein neues Geschenk, daß es weiterging. Und es ging immer weiter, etwa drei Monate lang in einem

Zuge. Dann hatte sich etwas von mir abgelöst und wie zu einem Dasein gerundet. Ich konnte noch nachprüfen, Einzelheiten berichtigen und ergänzen; vor allem musste ich noch viel Literatur nachlesen und mit Hilfe dessen, was ich mir nun selbst erarbeitet hatte, kritisch erwägen.«[3]

Mitten in der Arbeit erreichte sie ein Brief von Pauline Reinach, in dem ihr Adolf Reinachs Schwester mitteilte, dass ihr Bruder zu Weihnachten Urlaub bekommen würde und Edith zu dessen 33. Geburtstag am 23. Dezember 1916 nach Göttingen eingeladen war. So traf sie nach einem Jahr Abwesenheit wieder in Göttingen ein. Nicht nur Reinach hatten sich die Entbehrungen, die Begegnung mit dem anderen Leben ins Gesicht geschrieben, auch Edith. Doch fand sie, dass er »breit« und »kräftig« geworden war und der »Felddienst« ihm gut bekam. An der Front hatte er eine phänomenologische Skizze über Vorahnungen verfasst. Nun war sie ganz in der Familie der Phänomenologen angekommen. Reinachs Frau Anne lernte sie nun richtig kennen, sie stieß nicht nur als Studentin zum Kreis hinzu, sondern gehörte ihm nun vollgültig an. Reinach scherzte, dass, wenn er im Krieg fiele, Edith zu den »Trauernden erster Ordnung« gehörte.[4]

Beim Geburtstagskaffee stieß es ihr unangenehm auf, dass ihr Cousin das große Wort führte und unaufhörlich scherzte, schließlich sogar über das Eiserne Kreuz spottete. Reinach und Edith tauschten einen Blick aus, dann entgegnete Reinach »leise, aber sehr fest: ›Mir hat es sehr viel bedeutet.‹«[5] Doch im Grunde versuchte Richard Courant nur, seine Nervosität über den Prozess zu überspielen. Ausgerechnet zu Reinachs Geburtstag fand der Scheidungsprozess von Richard und Nelly Courant vor Gericht statt. Von der Geburtstagstafel brachen beide zum Gerichtsgebäude, zum Prozess auf, der auch an diesem Tag noch seinen Abschluss fand. Nach dem Urteil sprachen sie noch lange. Wenig später schrieb sie, die noch nie in einer Beziehung gelebt hatte, dass er sich in seiner Ehe benommen hätte wie ein »grüner Junge«.

Natürlich nutzte sie die Zeit in Göttingen auch, um Husserl lange Passagen aus dem Manuskript ihrer Dissertation vorzulesen. Dieser zeigte sich mit dem Fortgang der Arbeit sehr zufrieden. In die letzten Stunden des Göttinger Aufenthalts platzte die Nachricht, dass Husserl als Nachfolger von Heinrich Rickert nach Freiburg berufen wurde. Das war Ehre und harte Arbeit zugleich, denn in Freiburg herrschte die badische Schule des Neukantianismus, vertreten von Wilhelm Windelband und eben Heinrich Rickert. Praktisch hieß das für Husserl in den Kampf zu ziehen und die Phänomenologie in Freiburg durchzusetzen.

Edith Stein stellte sich indes das Problem, dass sie die mündlichen Prüfungen nicht mehr bei denselben Professoren ablegen konnte, also bei Weißenfels und Lehmann, von denen sie schon für das Staatsexamen geprüft worden war. So kehrte sie zunächst nach Breslau zurück. Dort erwartete sie bereits die Bitte, ob sie an ihrer alten Schule als Lehrerin aushelfen konnte. Dem durfte sie sich nicht entziehen. Zu ihrer Arbeit an der Dissertation kam also die Tätigkeit als Lehrerin hinzu. Bald stellte sie fest, dass sich für sie Schuldienst und wissenschaftliches Arbeiten nicht vereinbaren ließen, sie das erste nicht zu beenden und das zweite nicht aufzugeben vermochte, denn für das eine stand ihr Pflichtbewusstsein, für das andere ihre Leidenschaft. Deshalb verfolgte sie beides mit gleicher Ernsthaftigkeit und gleichem Elan, sodass sie wieder ihre Kräfte überspannte. In dieser Zeit, als Husserl mitten in den Vorbereitungen des Umzuges nach Freiburg war, traf die Nachricht vom Tod seines glänzend begabten Sohnes Wolfgang an der Front ein. An Edith schrieb er, dass man das »ausdulden« müsse.

Ihre Dissertation nahm unter diesen Umständen immer mehr die Bedeutung eines Orakels an. Lange würde sie den Spagat zwischen

Schul- und Wissenschaftsdienst gesundheitlich nicht durchstehen, deshalb lief alles auf eine Entscheidung hinaus. Würde Husserl die Dissertation annehmen und für gut befinden, würde sein Urteil lauten, dass sie zur selbstständigen philosophischen Arbeit befähigt wäre, dann würde sie den Schuldienst kündigen und ganz der Wissenschaft dienen. Ihr weiterer Lebensweg hing also von Husserls Urteil über ihre Dissertation ab. Ihre Ansprüche an sich selbst hatte sie in eine Höhe geschraubt, dass nur die Frage übrig blieb, ob sie ihnen auch zu entsprechen vermochte.

Was der Nachwelt als Dissertation überliefert worden ist, stellt lediglich einen Teil der dreigliedrigen Arbeit dar. Durch den Papiermangel im Krieg und die hohen Druckkosten verursacht, musste sich der Verlag Max Niemeyer, das Verlagshaus für die Phänomenologie, einschränken. Außerdem hatte sie die Druckkosten selbst zu tragen. An Roman Ingarden schrieb Edith Stein als Postskriptum am 28. Januar 1917: »Meine Arbeit ist im Druck: 9 Bogen, 546 M«[6], also circa 144 Seiten, während die Dissertation eigentlich viel länger gewesen sein dürfte. Entweder durch die Vernichtung jüdischen Schrifttums durch die Nationalsozialisten oder durch einen Brand im Freiburger Universitätsarchiv ging das maschinenschriftliche Exemplar, das Edith Stein für die Promotion im Universitätsarchiv hinterlegt hatte, verloren. Weder im Nachlass von Roman Ingarden noch in dem von Edmund Husserl fand sich ein Exemplar – unglücklicherweise. So kam nur die gedruckte, erheblich reduzierte Fassung auf uns. Auch wenn sie selbst diesen Teil für den wichtigsten hielt, stellt die Tatsache, dass die anderen Teile fehlen für die geistesgeschichtliche Forschung einen herben Verlust dar. Denn während sich die Positionen im systematischen Teil aus den späteren Schriften *Einführung in die Philosophie* und *Beiträge zur philosophischen Begründung der Psychologie und der Geisteswissenschaften* erschließen lassen, ist die Auseinandersetzung mit der geistesgeschichtlichen Entwicklung des Begriffs der Einfühlung, ihre Beschäftigung mit Literatur und die Anwendung auf das Gebiet der Ästhetik nicht durch spätere Werke zugänglich. Einzelne Briefstellen geben zwar Hinweise, doch die darf man nicht überinterpretieren. Bernhard Kellermann und Thomas Mann, die Roman Ingarden gelesen hatte, sah Edith nicht als »Maßstab« für die deutsche Literatur und verweist auf Goethe, zu dem man ein »Verhältnis« haben müsste, wollte man über die deutsche Literatur urteilen. Dann allerdings unterlief ihr eine Fehleinschätzung, wenn sie vermutete, dass »unsere Größe … nicht auf dem Gebiet des Romans« liegt. Der »ethische Grundcharakter« des deutschen Volkes fand ihrer Ansicht nach »seinen adäquaten Ausdruck nur in der hohen Tragödie«.[7] In der damaligen Gegenwartsliteratur fanden sich allerdings – sieht man von Gerhart Hauptmann ab – keine hohen Tragödien, dagegen aber beeindruckende Leistungen in der Lyrik, der erzählenden Prosa und im Roman.

Wie groß der Verlust ist, lässt sich schwer schätzen, aber man geht sicher nicht fehl in der Annahme, dass es sich um mehr als die Hälfte bis zu Zweidrittel des Gesamtvolumens der Dissertation handelt. Im ersten Teil zeichnete Edith Stein die schmerzlich vermisste Begriffsgeschichte nach, begonnen beim Sensualismus von Johann Gottfried Herder bis in das 20. Jahrhundert hinein. Mit den nächsten Abschnitten, Teil zwei (Wesen der Einfühlungsakte), drei (Konstitution des psychophysischen Individuums) und Teil vier (Einfühlung als Verstehen geistiger Personen) – dem systematischen Teil –, befinden wir uns auf sicherem Terrain, denn der wurde gedruckt. Teil fünf, der die Einfühlung in der ethischen, und Teil sechs, der selbige in der ästhetischen Sphäre untersucht, hingegen fehlen.[8] Auf Geschichte und Nutzanwendung wurde also zugunsten der Systematik verzichtet. Für Edith selbst dürfte der gedruckte auch deshalb der wichtigere Teil gewesen sein, weil sie eine Lücke in Husserls Systematik zu schließen beabsichtigte. Husserl sah es nicht anders. In seinem Gutachten schrieb er, dass Edith Stein zwar »zunächst (Theil I) in lehrreicher Weise die Geschichte des Einfühlungsproblems von Herders bahnbrechenden Ausführungen ab bis zur Gegenwart« untersucht hätte, »das Schwergewicht der Arbeit liegt aber in den systematischen Versuchen des II. – V. Theils zu einer Phänomenologie der Einfühlung und den Anwendungen derselben auf die Klarlegung des phänomenologischen Ursprungs der Ideen Leib, Seele, Individuum, geistige Persönlichkeit, sociale Gemeinschaft und Gemeinschaftsgebilde«.[9] Deshalb riet er ihr, wenn schon eine kürzere Version, dann die systematischen Ausführungen drucken zu lassen, zumal sie sich in ihnen als selbstständig schaffende und kreative Philosophin präsentierte. Husserl reklamierte zwar, dass die Verfasserin von seinen »Göttinger Vorlesungen und persönlichen Anregungen bestimmt« wäre, der »große Stil aber, indem sie die Anregungen verarbeitet, und die wissenschaftliche Gründlichkeit sowie Scharfsinn, den sie dabei erwiesen hat, verdienen die größte Anerkennung«.[10] Ihr »lieber Meister« bestätigte ihr unterm Strich eine sehr gute Arbeit, womit er recht hatte. Angetrieben wurde sie allerdings von einem eigenständigen Erkenntnisinteresse, und zwar dem nach dem Aufbau der menschlichen Persönlichkeit, und hierbei stellte der Problemkreis der Einfühlung in der Tat ein wichtiges Momentum dar. Es steht hier die letztlich unbeantwortbare Frage zur Debatte, inwieweit man ein Thema wählt oder man von einem Thema erwählt wird. In einer sehr großen Familie aufwachsend, kann es gerade für sensible, emphatische Naturen durchaus zum Problem werden, sich von den Geschwistern, den Anderen abzugrenzen, und nicht umsonst gehört nicht erst seit Augustinus die Frage der Selbsterkenntnis, die Frage danach, herauszubekommen, wer man ist, zu den grundlegenden philosophischen Angelegenheiten. Wer nach der Einfühlung fragt, problematisiert den Anderen. Da der Andere Nicht-Ich ist, gilt es herauszufinden, wie Ich ihn wahrnehmen, wie Ich von ihm wissen kann und schließlich zu fragen, wer Ich bin, denn das Nicht-Ich wird zum Orientierungspunkt für das Ich. Mit anderen Worten: Ich weiß erst von mir selbst durch den Anderen. Das absolut Andere ist Gott. Und so zielt letztlich die Erforschung jedes Anderen auf Gott. Für den gläubigen Menschen wird aus der Frage, wer man ist, die Frage, was Gott mit einem vorhat. Doch so weit hatte sich Edith Stein dem christlichen Glauben noch nicht genähert, obwohl die Arbeit nicht nur dorthin weist, sondern in ihrem letzten Kapitel tatsächlich beim Christentum anklopft.

Unter Einfühlung versteht Edith Stein zunächst die Erkenntnis der fremden Subjektivität, und eine Theorie der Einfühlung, wie sie Edith Stein in der Dissertation entwickelt, gehört, ihres Erachtens, in eine vollständige Theorie der Erfahrung mit hinein.[11] Demzufolge untersuchte sie, wie die Erfahrung und das Erleben fremder Subjektivität möglich ist, weiter gefragt, wie Erleben und Erfahren überhaupt möglich sind. Vermutlich entwickelte Edith Stein aus phänomenologischer Sicht und mit phänomenologischer Methode ihren Begriff von Einfühlung als Grundbaustein der Persönlichkeit – in Auseinandersetzung mit dem Begriff des Verstehens bei Wilhelm Dilthey. Denn, so Edith Stein, die Einfühlung ermöglicht Erkenntnis der anderen und – vielleicht sogar noch wichtiger – die Selbsterkenntnis. Mittels Einfühlung in einen anderen Menschen ist der Mensch nicht nur in der Lage, einen anderen Menschen zu erkennen, sondern in der Erkenntnis des anderen findet zugleich auch ein Akt der Selbsterkenntnis statt: »Aus dem Gesagten geht auch hervor, welche Bedeutung die Erkenntnis der fremden Persönlichkeit für unsere ›Selbsterkenntnis‹ hat. Sie lehrt uns nicht nur, wie wir früher sahen, uns selbst zum Objekt zu machen, sondern bringt als Einfühlung in ›verwandte Naturen‹, d.h. Personen unseres Typs, zur Entfaltung, was in uns ›schlummert‹, und erklärt uns als Einfühlung in anders geartete Personalstrukturen über das auf, was wir nicht, was wir mehr oder weniger als andere sind. Damit ist neben der Selbsterkenntnis zugleich ein wichtiges Hilfsmittel der Selbstbewertung gegeben.«[12] Nur in »Personen unseres Typs«, nicht eher generell in Personen? Edith Stein hebt den Wert hervor als das, was gilt. Werte machen den Sinn von Handlungen aus und verleihen der Handlung Kraft, Dynamik und Richtung. Erst das Wissen um die Werte ermöglicht es mir, mich über meine Taten zu freuen oder zu ärgern. »Die Rangordnung der Werte, die Tiefenordnung der Wertgefühle« hängt wesentlich mit der Schichtenordnung der Person zusammen.[13] Ohne Werte lässt sich die Person nicht denken, in der »Schichtenordnung der Person« enthüllt sich die Tiefenordnung der Wertgefühle. Wir werden von unseren Werten bestimmt. Besonders in der Vorstellung von den Werten des Geistes, der Persönlichkeit, der Gleichheit von psychischem und physischem Bereich sowie der Öffnung hin zum religiösen Erleben neigte Edith Stein stärker zu Max Scheler als zu Edmund Husserl, so sehr, dass Scheler in seiner grenzenlosen Eitelkeit – verbunden mit dem Gefühl, beständig geistig bestohlen zu werden – der frisch promovierten Philosophin vorwarf, ihn plagiiert zu haben. Dieser Vorwurf wurde noch befeuert durch das Missgeschick, dass Edith es verabsäumte, ihm die Dissertation zu schicken, was seinen Argwohn so weit auf den Plan gerufen hatte, dass er ihn in ihrer Dissertation bestätigt fand. Nach einem unerfreulichen Sturm im Wasserglas legte sich die Aufregung sehr schnell wieder, zumal alle Beteiligten und Eingeweihten wussten, dass Max Scheler grundsätzlich meinte, dass alles Kluge und Brillante, was gedacht wurde, zuerst von ihm gedacht worden war. War einerseits der Mensch grundsätzlich ein Liebender, so der Philosoph, wenn er nicht fehlging, dann auch andererseits ein Plagiierender – und zwar ein ihn Plagiierender.

Im Vorwort ihrer Dissertation umriss Edith Stein sehr klar, dass die historische Untersuchung der Problematik der Einfühlung unterschiedliche Betrachtungsweisen wie die erkenntnistheoretische, die rein deskriptive und die genetisch psychologische aufzeigte, die zu unterschiedlichen Begriffen der Einfühlung führte, Einfühlung als ästhetische Einfühlung, Einfühlung als Erkenntnisquelle für fremdes Erleben und ethische Einfühlung. Auch wenn von einer Geschichtsbetrachtung nichts anderes zu erwarten war, befriedigte sie diese Vermengung nicht, zumal ihr systematisches Interesse nicht historischer, sondern überzeitlicher Natur war. Sie wollte die Problematik grundsätzlich und nicht historisch ausloten. Sie hatte zwar recht, wenn sie klarstellte, dass es keine Geschichtswissenschaft mehr gibt, wenn die »Historiker es für ihre Aufgabe halten, psychologische Tatsachen der Vergangenheit festzustellen und zu erklären«[14], aber da man von beiden Seiten vom Pferd fallen kann, ist es falsch, dass »die genaueste Feststellung alles dessen, was Friedrich der Große vom Tage seiner Geburt bis zu seinem letzten Atemzuge getan hat ... uns nicht einen Funken von dem Geist, der in die Geschicke Europas umgestaltend eingriff« gibt, »während der verstehende Blick sich seiner in einer hingeworfenen Bemerkung in einem kurzen Brief bemächtigt«.[15] Man könnte apodiktisch erwidern, der »Geist« findet sich in dem »vom Tage seiner Geburt bis zu seinem letzten Atemzuge« Getanen. Überhaupt erstaunt die Radikalität, in der sie sich vom Geschichtspositivismus abwendet, wo sie noch einige Jahre zuvor stolz darauf war, eine Enkelschülerin von Leopold von Ranke zu sein.

Der verstehende Blick verdankt seine Fokussierungsmöglichkeit der genauen Feststellung der historischen Fakten, und so bedeutet die Bemerkung »in einem kurzen Brief« erst etwas, wenn dieses Etwas geklärt ist, das heißt, die Kontexte offengelegt sind, denn nicht der »Geist« handelt und macht durch sein Handeln »Geschichte«, sondern die Menschen. Unter dieser Perspektive könnte man Geschichte auch als Versuch verstehen, das Chaos, das die Menschen täglich, stündlich produzieren, zu ordnen. Was Edith Stein hier noch unter Geist versteht, begreift sie später als Handeln Gottes in der Geschichte. Martin Heidegger wird in seiner Wendung zum »Atheismus«, wie ihm vorgeworfen wurde, auf den Begriff des Geistes verzichten. Edith Stein ging den umgekehrten Weg und sah Geist immer stärker in der Gegenüberstellung von endlichem und absolutem, unendlichem Geist in einer heilsgeschichtlichen Perspektive, indem ihr Geist zunehmend zum Sein wurde. »Weil das persönliche Leben ein Aus-sich-herausgehen und zugleich ein Sein und Bleiben in sich selbst ist, dieses beides aber das Wesen des Geistes kennzeichnet, darum muss persönliches Sein und geistiges Sein schlechthin zusammenfallen: ob ein ›unpersönliches‹ geistiges Sein denkbar ist und ob das, dessen Träger die Person ist, notwendig ein rein Geistiges sein muss.«[16] Geist oder Sein entwickelt sich schließlich zum Zentralbegriff der Erlösung, der eschatologischen Öffnung: »Die Dreifaltigkeit Gottes *ist* das eigentliche ›Reich des Geistes‹, das ›Überirdische‹ schlechthin. Alle Geistigkeit oder Geistbegabtheit von Geschöpfen bedeutet eine ›Erhebung‹ in dieses Reich, wenn auch in verschiedenem Sinn und auf verschiedene Weise.«[17]

Wollte man Edith Steins weiten Weg bis zur Ankunft im Katholizismus intellektuell, abstrakt philosophisch nachzeichnen, was bei einer so fachphilosophisch ausgerichteten Denkerin überaus legitim und produktiv wäre, so könnte man das am Begriff des Geistes, näherhin des Geistes und der Person, von der Dissertation 1916 bis zu ihrem philosophischen Hauptwerk *Endliches und ewiges Sein, Versuch eines Aufstiegs zum Sinn von Sein*, das im Wesentlichen zwischen 1935 bis 1937 entstand, als eine Einfühlung in den Katholizismus, philosophisch gewendet: in einem mit phänomenologischer Methode aktualisierten Neuthomismus verstehen. Am Ende der Dissertation tauchte philosophisch die Perspektive des Christentums auf, wenn sie schrieb: »Es hat Menschen gegeben, die in einem plötzlichen Wandel ihrer Person das Einwirken göttlicher Gnade zu erfahren meinten … .« Doch herrschte bei ihr noch eine gewisse Skepsis vor, denn: »Ob hier echte Erfahrung vorliegt, ob jene Unklarheit über die eigenen Motive, die wir bei der Betrachtung der Motive, die wir bei der Erfahrung der *Idole der Selbsterkenntnis* fanden, wer will das entscheiden?« Mit *Idole der Selbsterkenntnis* bezog sich Edith Stein auf einen Aufsatz Schelers von 1911, in dem jener verdeutlichte, dass im Bereich des Physischen und des Psychischen Täuschungen möglich sind, weil der psychische Bereich so real ist wie der physische, was Husserl in den *Ideen* anders sah, wenn er keinen Unterschied mehr zwischen Sein und Erscheinung mehr zuließ. Doch bei aller Zurückhaltung richtete Edith den Blick dennoch nach vorn, indem sie die Perspektive umkehrte, wie es Pawel Florenski für die Ikonen beschrieben hatte: »Aber ist nicht mit den Trugbildern solcher Erfahrung auch schon die Wesensmöglichkeit echter Erfahrung auf diesem Gebiete gegeben? Jedenfalls scheint mir das Studium des religiösen Bewusstseins als geeignetes Mittel zur Beantwortung unserer Frage, wie andererseits ihre Beantwortung von höchstem Interesse für das religiöse Gebiet ist.«[18]

Man überliest es allzu schnell, aber in dem »andererseits« blitzt eine Ahnung auf, die phänomenologische Methode auf die Theologie zu beziehen, auf die Phänomene des christlichen Glaubens. In dieser Zeit arbeitete Rudolf Otto an seinem bahnbrechenden Werk *Das Heilige,* das 1917 erscheinen und im Kreis von Husserl auch von Edith Stein rezipiert und diskutiert werden wird. Das Religiöse rückte jedenfalls unverkennbar immer stärker in ihr Blickfeld und es ist ihrer Auffassung nach mit der Problematik des Aufbaus der Person verbunden. In ihren Erinnerungen erwähnte Edith Stein zwei Begegnungen mit einer tiefen Religiosität einfacher Menschen, die sie sehr beeindruckten. Im Rückblick waren es Erlebnisse katholischer Religiosität, die sie protestantischer und jüdischer gegenüberstellte und sie tief bewegten. Susanne M. Batzdorff, Ediths Nichte, hatte in ihrem Buch eingeschätzt, dass Edith Stein »nur wenig mit dem Judentum vertraut war«[19]. Aber auch, dass sie ihr jüdisches Erbe dennoch nie verleugnete und stolz darauf war.

Im Juli 1916, sobald die Schulferien begannen, fuhr sie über Dresden und Leipzig nach Freiburg im Breisgau. In Dresden traf sie zu ihrer großen Freude Hans Lipps. Doch ihr erster Ferientag war sein letzter Urlaubstag, sodass ihnen zum Gespräch nur die Zugfahrt von Dresden nach Leipzig blieb. In einem Café unweit vom Bahnhof warteten sie gemeinsam auf die Abfahrt des Zuges. »Wir tauschten Nachrichten über unsern Kreis aus. Dabei fragte er: ›Gehören Sie auch zu diesem Klub in München, der alle Tage in die Messe geht?‹ Ich musste über seine drollige Ausdrucksweise lachen, obgleich ich den Mangel an Ehrfurcht lebhaft empfand. Er meinte Dietrich von Hildebrand und Siegfried Hamburger, die konvertiert hatten und nun einen großen Eifer zeigten. Nein, ich gehörte nicht dazu. Fast hätte ich gesagt: ›Leider nein.‹ ›Was ist das eigentlich, Fräulein Stein? Ich verstehe gar nichts davon.‹ Ich verstand ein wenig, aber ich konnte nicht viel darüber sagen. Dann saßen wir in einem Abteil II. Klasse einander gegenüber, die meiste Zeit allein. Lipps hatte auf der Herfahrt den Meister in Freiburg besucht. ›Haben Sie gehört, ob er schon etwas von meiner Arbeit gelesen hat?‹ ›oh, keine Spur! Gezeigt hat er sie mir. Er bindet manchmal die Mappe auf, nimmt die Hefte heraus, wägt sie in der Hand und sagt wohlgefällig: Sehen Sie nur, was für eine große Arbeit mir Fräulein Stein geschickt hat! Dann legt er sie schön in die Mappe zurück und bindet sie wieder zu.‹ ›Das sind ja gute Aussichten‹, sagte ich lachend. Ich erzählte von unserm Schulbetrieb und meinen Lateinstunden. Plötzlich unterbrach mich Lipps: ›Ach, Fräulein Stein, Sie wissen gar nicht, wie inferior ich mir Ihnen gegenüber vorkomme!‹ Ich schüttelte den Kopf. ›Wie ist das möglich, da Sie doch diese Dinge selbst für durchaus inferior halten?‹ ›Diese Dinge – ja …‹ Aber der Eindruck war da. Er beruhte übrigens durchaus auf Gegenseitigkeit. Schon früher war mir in seinen knappen Äußerungen eine Tiefe der Einsicht entgegengetreten, neben der mir alle meine Arbeit als Stümperei erschien. Und so ging es mir auch jetzt.«[20] In Heidelberg unterbrach sie die Reise, um die Stadt zu besichtigen. In Frankfurt am Main traf sie sich mit Pauline Reinach, doch tiefer als die Goethe-Stätten, stärker als Römerberg und Hirschgraben machte ein anderes Erlebnis auf sie Eindruck: »Wir traten für einige Minuten in den Dom, und während wir in ehrfürchtigem Schweigen dort verweilten, kam eine Frau mit ihrem Marktkorb herein und kniete zu kurzem Gebet in einer Bank nieder. Das war für mich etwas ganz Neues. In die Synagogen und in die protestantischen Kirchen, die ich besucht hatte, ging man nur zum Gottesdienst. Hier aber kam jemand mitten aus den Werktagsgeschäften in die menschenleere Kirche wie zu einem vertrauten Gespräch. Das habe ich nie vergessen können.«[21] Der Katholizismus begann stetig, eine ungeheure Anziehungskraft auf sie auszuüben, die man mit den Begriffen Zugehörigkeit und Ordnung beschreiben kann, eine Ordnung, die sich in Liturgie, Hierarchie und einer speziellen Frömmigkeit ausdrückte.

Als sie endlich in Freiburg eintraf, bestätigte sich Lipps' Aussage. In der Tat hatte Husserl Edith Steins Arbeit noch nicht angeschaut – und es war schließlich erst Malvine Husserl zu verdanken, die ihren Mann antrieb, die Arbeit seiner begabten und treuen Schülerin endlich zu lesen.

Während Husserl die Arbeit ungelesen angenommen hatte, sich nun aber letztlich in die Lektüre vertiefte, bereitete sich Edith auf das Rigorosum vor. Sie besuchte Husserls Vorlesung und traf dort Roman Ingarden wieder, den sie nun näher kennenlernen sollte, was während der Göttinger Zeit nicht geschah, weil Ingarden sich stärker im Kreis der polnischen Studenten aufhielt. In diesen Tagen wurde der Grundstein für eine tiefe Freundschaft, aus der auch Liebe hätte werden können, gelegt. In dieser Zeit lernte sie auch Martin Heidegger kennen, der bei Heinrich Rickert habilitiert worden war und nun Anschluss an dessen Nachfolger Husserl suchte. »An diesem Abend gefiel mir Heidegger sehr gut. Er war still und in sich gekehrt, solange nicht von Philosophie gesprochen wurde. Sobald aber eine philosophische Frage auftauchte, war er voller Leben.«[22]

Von einer Freundin und Studentin bei Husserl erfuhr sie, dass er einen Assistenten suchte. Bei einem Spaziergang, als er über ihre Arbeit sprach, sie sehr lobte und einwandte, dass sie manches aus dem zweiten Teil seiner *Ideen* vorwegnähme, nutzte sie die Gunst der Stunde und fragte den »lieben Meister« frank und frei, ob sie bei ihm als Assistentin anfangen könnte. Der Meister blieb mitten auf der Friedrichsbrücke stehen und rief in freudigster Überraschung: »›Wollen Sie zu mir kommen? Ja, mit Ihnen möchte ich arbeiten!‹ Ich weiß nicht, wer von uns beiden glücklicher war. Wir waren wie ein junges Paar im Augenblick der Verlobung. In der Lorettostraße standen Frau Husserl und Erika und sahen uns entgegen. Husserl sagte zu seiner Frau: ›Denke Dir, Fräulein Stein will zu mir als Assistentin kommen.‹«[23] Promotion und Rigorosum absolvierte sie mit summa cum laude.

Damit waren die Würfel gefallen, das Orakel hatte gesprochen. Sie würde den Schuldienst quittieren und bei Edmund Husserl anfangen, dem Philosophen, den sie für den größten ihrer Zeit hielt.

Als Husserls Assistentin ordnete sie seine Manuskripte – und Husserl hatte Berge voller beschriebener Zettel und Zettelchen produziert –, um sie publikationsreif zu machen, besuchte seine Vorlesungen, gab ein Einführungsseminar in die Phänomenologie, das sie später über Jahre hinweg zu einem Buch ausbaute und das posthum unter dem Titel *Einführung in die Philosophie* publiziert wurde. Allerdings stimmte der Buchtitel nur, insofern man die Anschauung vertrat, dass die Philosophie sich vollständig in der Phänomenologie erschöpfte, denn die Arbeit stellte eine vorzügliche Einführung in die Phänomenologie, nicht aber in die Philosophie als solche dar. Etwas sarkastisch nannte sie ihr Seminar den »philosophischen Kindergarten«, der übrigens auch unter den teilnehmenden Studenten so hieß. Gewissenhaft, mit großer Ernsthaftigkeit und streng füllte sie diese Aufgabe aus, denn die Philosophie, mehr noch die Phänomenologie, betrachtete sie instinktiv als etwas Heiliges, dem man sich nur mit dem notwendigen sittlichen Ernst nähern durfte.

Die Philosophin Gerda Walther, Enkelin des Pazifisten und Friedensnobelpreisträgers Fredrik Bajer, die in ihrer Kindheit durch das Elternhaus mit Wilhelm Liebknecht, Rosa Luxemburg, Clara Zetkin und August Bebel – einem Duzfreund ihres Vaters, den sie Onkel August nannte – bekannt wurde, berichtete über ihre Begegnungen mit Husserls Assistentin: Dass sie als Sozialistin, die sich allerdings vom Sozialismus zu lösen begonnen hatte, von Husserl trotz anfänglicher Bedenken ins Seminar aufgenommen wurde, verdankte sie Edith Stein, die die Sache mit »Humor« nahm »und versprach Husserl zu beschwichtigen«.[24] In einer Anekdote erinnert sich Gerda Walther auch an Edith Steins Strenge: Als die Studenten im Vorlesungssaal auf Husserl warteten, scherzten Ludwig Ferdinand Clauß, der später einigen Ruhm als »Völkerpsychologe« und eben auch als Rassentheoretiker erwerben sollte, und sie selbst mutwillig und ausgelassen miteinander. Da drehte sich Edith Stein um und sagte streng: »›Also bitte! Wir wollen diesen Ton doch nicht einreißen lassen.‹ Wir schwiegen wie getadelte Kinder.«[25]

Doch schon bald zeigte sich die Arbeit beim »lieben Meister« zunehmend als unbefriedigend. Aufopfernd transkribierte Edith Stein seine in der Gabelsberger Stenografie verfassten Texte, die er sich dann doch nicht mehr ansah, weil sie ihn langweilten und er bereits über andere Probleme nachdachte. Sie arbeitete in ein schwarzes Loch hinein, ohne Erfolgserlebnis, ohne Bestätigung. Es stellte zu einem großen Teil ihren Verdienst dar, dass die *Ideen II* und die *Vorlesungen zur Phänomenologie des inneren Zeitbewusstseins* publiziert wurden. Herausgegeben wurden die Vorlesungen dann 1928 von Martin Heidegger – ohne auch nur mit einer Zeile oder einem Hinweis Edith Steins Arbeit zu erwähnen. Gleichzeitig half sie Roman Ingarden in der Überarbeitung seiner Dissertation. Zum eigenen wissenschaftlichen Arbeiten kam sie kaum und musste mit ansehen, dass ihr »lieber Meister« ihre Arbeitskraft zwar nach Kräften ausnutzte, aber nichts für ihre wissenschaftliche Karriere tat, während er Roman Ingarden nach Kräften förderte. Gerda Walther schrieb in ihren Erinnerungen, dass Husserl ihr sagte, als sie sich forsch nach der Möglichkeit einer Habilitation erkundigte, dass er »nunmal« der Meinung sei, dass die Aufgabe der Frau im Grunde doch das Heim und die Ehe sei. »Er habe deshalb auch Edith Stein nicht zur Habilitation bei sich veranlasst. (Was zweifellos möglich gewesen wäre.)«[26] Edith versuchte sich immer wieder zu motivieren, andere Wege zu finden. Wenn der Meister ihr nicht half, würde sie die Bearbeitung der Manuskripte, wozu verbindende Texte und zusätzliche Erläuterungen zu erstellen waren, allein und selbstständig vornehmen, sie redete sich sogar ein, dass der Meister sie brauchte. Im April 1917 schrieb sie an Ingarden, der zum intensiven Gesprächspartner via Brief wurde: »Dann nimmt mich meine Assistententätigkeit doch so in Anspruch, dass an eine intensive und ungestörte Arbeit daneben schwer zu denken ist, anderseits kann ich unmöglich daran denken, sie in absehbarer Zeit aufzugeben, denn es scheint mir sicher, dass der Meister *allein* überhaupt nicht mehr veröffentlichen würde, und dass seine Sachen herauskommen, das halte ich doch für wichtiger, als irgendwelche Produkte, die ich ev. in die Welt setzen könnte.«[27] Mit anderen Worten: Sie opferte sich auf – war aber klug genug, das mit ihrem wachen Verstand, den sie nicht zu beschwichtigen vermochte, auch zu bemerken.

Ihr Engagement wurde ausgenutzt, vom »Meister«, aber mehr noch und bewusster von Malvine Husserl, die ihr Leben dem Werk ihres Mannes untergeordnet und gewidmet hatte. Warum sollte sie das daher nicht auch von anderen Frauen erwarten, ja voraussetzen dürfen? In dieser unglücklichen Situation wucherten natürlich die Selbstzweifel: »Dass ich es lernen muss, mehr in die Tiefe zu gehen, ist mir auch längst fühlbar geworden. Ich glaube allerdings, dass hier der wunde Punkt meiner Begabung liegt. Ich arbeite im Grunde mehr mit dem armseligen Verstande als mit intuitiver Veranlagung, vielleicht bin ich gerade deshalb darum zur Assistentin des Meisters geeignet. Aber natürlich hatte auch ich das Ganze nur als ein Schema angesehen, das ich im Laufe meines Lebens ausfüllen wollte. Nun habe ich ja manchmal, seit ich hier bin, das beängstigende Gefühl, dass ich mein Leben nicht mehr so fest in der Hand habe wie früher.«[28] Sie spürte den Kontrollverlust, der ihrem Naturell sehr zuwider war, den Verlust eigener Ordnung, das Aufgehen nicht in einer Sache, sondern im Egoismus, in der persönlichen Ordnung eines anderen Menschen, der sie zur Sache zu machen versuchte. Was sie eher metaphorisch Schema nennt, ist bei näherem Hinsehen auch die phänomenologische Methode, die sie beherrschte und einsperrte, sie noch erfüllt, aber noch längst nicht souverän von ihr gehandhabt wird, die Methode des Meisters, aber nicht ihre. Etwas fehlte, etwas, das jenseits der Methode lag, insofern das Weltanschauliche, indem es ihre Anschauung der Welt war, die Anbindung der Methode. Unangebunden konnte die Methode Gefahr laufen, durch ihre Deskriptivität, durch die Ebene der Beschreibung etwas Oberflächliches, Austauschbares zu bekommen. Bildlich gesprochen: Wenn die Methode ein Hebel war, dann wurde in ihrem Fall der Hebelnde vom Hebel gehebelt. Es musste aber andersherum sein, was wiederum einen Standpunkt voraussetzt. Die gepriesene, phänomenologische Haltung konnte darüber letztlich nicht hinwegtäuschen, sondern forderte sie gewissermaßen ein. Nicht wenige Phänomenologen – Adolf Reinach, Hedwig Conrad-Martius, Gerda Walther, Dietrich von Hildebrand, Jean Héring, Alexandre Koyré, Max Scheler, Alfred von Sybel – fanden zum Christentum, zumeist zum Katholizismus oder im allerweitesten Sinne – wie Maurice Merleau-Ponty, Jean-Paul Sartre und Jacques Derrida – zur säkularen Religion des Marxismus.

Spätestens mit dem Beginn der Assistentenzeit begann Edith Stein, sich intensiv mit dem Katholizismus auseinanderzusetzen, der Protestantismus blieb ihr fremd. Mit Martin Luther hatte sie sich nicht – wie Heidegger beispielsweise, der als großer Luther-Kenner galt – tiefer auseinandergesetzt. Eine ähnliche Entwicklung nahm auch Adolf Reinach. An der Front war der Intellektuelle täglich mit der Gefahr an Leib und Leben, dem Erleben von Tod, Leid, Angst, Schmerzen und schweren Verwundungen konfrontiert. Der Schriftseller Hans Marchwitza verarbeitete seine Fronterfahrung in der Erzählung *Vor Verdun verlor ich Gott*, Adolf Reinach hingegen fand an der Front zu Gott. An Edmund Husserl schrieb er: »Wie eine schwere finstere Nacht liegt die Zeit der großen Offenbarung hinter mir ... und doch erfüllt mich Glück und unendliche Dankbarkeit, dass ich diese Zeit erleben und überleben durfte. Nun lebe ich in einer ganz anderen Welt.«[29] Im April 1916 fand die evangelische Taufe von Anne und Adolf Reinach statt. Welchen Anteil Edith Stein an Reinachs Konversion nahm, belegt ein Brief an Fritz Kaufmann über ihr Gespräch zu Weihnachten 1916: »Er behauptet, im Felde die Entdeckung gemacht zu haben, dass er weder philosophisch begabt noch jemals ernst dafür interessiert gewesen ist. Das liegt daran, dass er jetzt ganz von religiösen Fragen in Anspruch genommen ist, und seine Arbeit wird sicherlich nach dem Krieg in erster Linie diesem Gebiet gelten.«[30] Wie sehr ihn die phänomenologische Beschäftigung zur Religion trieb, verdeutlichte Reinach in einem kurzen Notat von der Front: »Religiöse Erkenntnis und Werterkenntnis stehen sich nah, insofern sie beide sich aus einem Fühlen entwickeln. Auch sofern der Schwerpunkt und Wert, das eigentliche ›Leben‹, im Erleben liegt und nicht im Erkennen.«[31] Doch zur religionsphilosophischen Arbeit sollte der Göttinger Privatgelehrte in Feldgrau nicht mehr kommen, denn Adolf Reinach fiel im November 1917 bei einem gefährlichen Einsatz. Er hatte sich hierfür freiwillig gemeldet. Vom Tod des Freundes und Vorbilds, des Lehrers und philosophischen Führers erfuhr Edith Stein, als sie die Zeitung aufschlug. Es traf sie wie ein Beil. Nun war sie tatsächlich eine »Trauernde erster Ordnung«. Roman Ingarden erinnerte sich als Augenzeuge: »Ich habe ihre Reaktion nach seinem Tode gesehen. Was für einen schrecklichen Eindruck hat Reinachs Tod auf sie gemacht! Ich bin der Meinung, dass es der Anfang gewisser Wandlungen war, die sich in ihr später vollzogen.«[32] Unter den gewissen Wandlungen verstand Ingarden die Konversion zum Katholizismus, der er entschieden ablehnend gegenüberstand. Der »Jugendübermut« war »zum Teufel«. Ingarden gegenüber schüttete Edith ihr Herz aus. »Neulich sah ich in meinem Bücherschrank eine ganze Reihe Dissertationen von Breslauer Studienfreunden, die nun sämtlich tot sind. Dann kommt man sich vor, als ob man einer längst ausgestorbenen Generation angehören würde, und fragt sich erstaunt, wieso man eigentlich noch lebt. Gelegentlich wacht wohl dann die unverbrauchte Lebenskraft in einem auf und erhebt Protest gegen diese ganze Atmosphäre der Müdigkeit und Schwere. Aber das sind nur vorübergehende Anwandlungen. Im allgemeinen sind es eigentlich nur 2 Sachen, die meine Spannkraft aufrecht erhalten: die Begier zu sehen, was aus Europa wird, und die Hoffnung, etwas für die Philosophie zu leisten ... aber ich bin nicht davon abzubringen, dass die Weltgeschichte einen Sinn hat und sich durchsetzt, auch wenn kein Mensch da ist, der ihr den Weg vorzuzeichnen vermag. Welcher Spielraum hier dem Eingreifen des einzelnen offengelassen ist, darüber zerbreche ich mir schon lange den Kopf.«[33] Der Einzelne ist sie selbst. Und die Frage bezieht sich auf den Sinn von Sein. Darüber nachzudenken, welche Möglichkeiten der Mensch besitzt, seine Geschichte zu gestalten, ob ihm eine Interaktions- und Aktionsmöglichkeit zukommt oder ob er dem blinden Fatum ausgeliefert ist, dem Wirken unerkennbarer Mächte, über all das nachzudenken heißt, die eigene Perspektive zu analysieren. Sie stand vor der gleichen Frage, die bereits Pelagius und Augustinus, Martin Luther und Erasmus von Rotterdam diskutiert hatten.

Sicher, in all den Wirrungen brachen auch immer wieder schöne Tage und unbeschwerte Wochen an, etwa wenn es im Urlaub doch zu einer Zusammenarbeit mit dem »Meister« kam oder wenn Freunde oder ihre Schwester Erna sie in Freiburg besuchten und sie Ausflüge in die Umgebung unternahmen.[34]

Die Siegeszuversicht begann allerdings zu schwinden. Am 31. Januar 1917 hatte die deutsche Regierung törichterweise den »uneingeschränkten U-Boot-Krieg« erklärt. Die Reichsregierung hoffte dadurch, England zu substanziellen Friedensverhandlungen zu zwingen, nachdem die Vermittlungsbemühungen des amerikanischen Präsidenten Woodrow Wilson erfolglos geblieben waren. Von nun an schossen deutsche U-Boote ohne Vorwarnung auf alle Schiffe in »feindlichen« Meeren. Auch Edith Stein, die dem Wilhelminismus als preußische Liberale immer ablehnend gegenübergestanden hatte, begrüßte die Entscheidung. Nachdem auch amerikanische Schiffe versenkt worden waren, traten die USA am 2. April 1917 aufseiten der Entente gegen die Mittelmächte in den Krieg ein. Im Februar 1917 bekräftigte Edith Stein noch einmal in einem Brief an Roman Ingarden ihre Haltung von 1914, an der sich nichts geändert hätte: »Heute hat mein individuelles Leben aufgehört und alles, was ich bin, gehört dem Staat; wenn ich den Krieg überlebe, dann will ich es als neu geschenkt wieder nehmen.«[35] In diesen unerfreulichen Monaten fand sie schließlich im Februar 1918 die Kraft, ihre Assistenz bei Husserl zu kündigen. Ingarden gegenüber fasste sie ihren Entschluss in Worte, die noch den Kampf erahnen lassen, den sie mit sich focht: »Im Grunde ist es der Gedanke, jemandem zur Verfügung zu stehen, den ich nicht vertragen kann. Ich kann mich in den Dienst einer *Sache* stellen, und ich kann einem Menschen allerhand zuliebe tun, aber im Dienst eines Menschen stehen, kurz gesagt: gehorchen, das kann ich nicht. Und wenn Husserl sich nicht wieder daran gewöhnt, mich als Mitarbeiterin an der Sache zu behandeln – wie ich unser Verhältnis immer angesehen habe und er in der Theorie auch, so werden wir uns trennen müssen.«[36] Am 28. Februar 1918 berichtete sie dann Ingarden, dass der Meister ihren »Rücktritt in Gnaden« angenommen habe. Auf Edith folgte Martin Heidegger als Assistent, der es als Mann einfacher hatte und dessen wissenschaftliche Kariere von Husserl auch gefördert wurde.

Vermutlich hatte es sich Edith Stein auch selbst etwas zu schwer gemacht. Vermutlich hatte sie zu viel gewollt, hätte mit weniger Ethos, Strebsamkeit und Fleiß und einer größeren Portion Egoismus mehr Zeit für ihre eigene Arbeit gehabt. Aber auch dann hätte Husserl nicht für ihre akademische Entwicklung gesorgt. »Ich bin also jetzt frei, und ich denke es ist gut so, auch wenn ich augenblicklich nicht gerade froh bin.«[37] Ja, sie war frei, doch frei wofür?

13.

Von der Philosophie in die Politik

Für Edmund Husserl bedeutete der Weggang Edith Steins mit Sicherheit, dass ihm mit ihr eine engagierte Mitarbeiterin verloren ging. Nach anfänglichem Schmollen versuchte er sie zurückzugewinnen, vermochte aber nur zu erreichen, dass sie im Sommersemester 1918 ein wenig aushalf und weiterhin das Einführungsseminar gab, den »philosophischen Kindergarten« aufrechterhielt. Doch den Manuskripte-Wust des »lieben Meisters« ließ sie unberührt und sollte ihn sich auch nie wieder vornehmen.

Auf der Promotionsfeier von Roman Ingarden im Januar 1918 hatte Edmund Husserl dem begabten Polen großzügig angeboten, ihm bei der Habilitation behilflich zu sein. »In drei Jahren mussen Sie sich habilitieren«, sagte Husserl bestimmt und bestimmend zu ihm.[1] Auch wenn Edith Stein nicht anwesend war, sondern in Breslau weilte, dürfte sie dennoch von dieser Großzügigkeit, auf die sie selbst vergebens hoffte, erfahren haben. Für sie, seine loyale, fleißige und brillante Schülerin, hatte er statt des Angebots der Habilitation nur folgende Perspektive im Sinn: »Die neueste Prognose des Meisters für das Werden der Ideen: ich muss zunächst so lang bei ihm bleiben, bis ich heirate; dann darf ich nur einen Mann nehmen, der ebenfalls sein Assistent wird und die Kinder desgleichen.« Schließlich hing Edmund Husserl der Überzeugung an, dass eine Frau sich um den Haushalt und die Familie zu kümmern hatte und schloss eine wissenschaftliche Karriere für Edith Stein aus. Sie fand das zu Recht »höchst infaust«[2], also ungünstig, unglücklich. Interessant ist, dass Edith Stein hier einen Begriff aus der Medizin gebrauchte, der dann Anwendung fand, wenn ein Krankheitsverlauf sich ungünstig entwickelte. Und tatsächlich haftete der Vorstellung Husserls schon etwas fast pathologisch Solipsistisches an. Nach einem Ausflug in die Wissenschaft sollte sie sich seiner Meinung nach ins Heim und an den Herd verfügen und könnte ihrem Ehemann wie seine Frau sogar auch im Wissenschaftlichen eine große Hilfe sein. Bescheiden im Hintergrund. Für Edith Stein, die sich nach eigenständiger wissenschaftlicher Arbeit sehnte, also schlicht ihrer Begabung zu entsprechen, dürfte diese Vorstellung verletzend, verstörend und ein Angriff auf ihren berechtigten Stolz gewesen sein. Das Bild ihrer starken, eigensinnigen Mutter vor Augen stellte Husserls Perspektive in der Tat keine Alternative für sie dar. Und es spricht Bände, dass zu dieser Zeit und auch später noch zu Ediths liebsten Dichtungen Heinrich von Kleists großes Penthesilea-Drama gehörte:

»Frei, wie der Wind auf offnem Blachfeld, sind
Die Frau'n, die solche Heldenthat vollbracht,
Und dem Geschlecht der Männer nicht mehr dienstbar.
Ein Staat, ein mündiger, sei aufgestellt,
Ein Frauenstaat, den fürder keine andre
Herrschsücht'ge Männerstimme mehr durchtrotzt …«[3]

Sicher stellte sich Edith Stein keinen reinen Frauenstaat vor, wohl aber einen Staat, in dem die Frauen die gleichen Rechte und Pflichten wie die Männer besaßen, in dem tatkräftige Frauen wie sie nicht vom Vorurteil behindert und verhindert wurden, sondern vor allem einen positiven und notwendigen Beitrag für die Entwicklung der Gesellschaft leisten durften. Zwölf Jahre später wird sie in dem Vortrag *Der Ethos der Frauenberufe* diese Vorstellung mit Blick auf die deutsche Gesellschaft konkretisieren: »Ja, man kann sagen, gerade hier, wo jeder in Gefahr ist, ein Stück Maschine zu werden und sein Menschentum zu verlieren, kann die Entfaltung der weiblichen Eigenart zum segensreichen Gegengewicht werden. Wer weiß, daß ihn an der Arbeitsstätte Hilfsbereitschaft und Teilnahme erwartet, in dessen Seele wird manches lebendig erhalten oder geweckt werden können, was sonst verkümmern müsste. Das ist die eine Art, das berufliche Leben durch die weibliche Eigenart anders zu formen als es der Mann durchschnittlich tut. Es ist noch eine andere Art möglich. Alles Abstrakte ist letztlich Teil eines Konkreten. Alles Tote dient letztlich dem Lebendigen. Jede abstrakte Tätigkeit steht darum letztlich im Dienst eines lebendigen Ganzen. Wer es vermag, sich den Blick auf dieses Ganze zu verschaffen und lebendig zu bewahren, der wird sich ihm auch in der ödesten abstrakten Beschäftigung verbunden fühlen, und diese Beschäftigung wird ihm dadurch erträglich werden, sie wird in vielen Fällen auch sachlich besser und sinngemäßer ausfallen, als wenn man über dem Teil das Ganze aus dem Auge verliert. Der Mann wird bei Gesetz oder Verordnung vielleicht auf die vollkommenste juristische Form hinarbeiten und dabei ev. die konkreten Verhältnisse wenig bedenken, die es zu regeln gilt, während die Frau, wenn sie ihrer Eigenart auch im Parlament oder Verwaltungsdienst treu bleibt, vom konkreten Zweck ausgehen und das Mittel ihm anpassen wird. So könnte das Eindringen der Frauen in die mannigfaltigsten Berufszweige zum Segen für das gesamte soziale Leben, das private und das öffentliche, werden, gerade wenn das spezifisch weibliche Ethos gewahrt würde.«[4] Die Unterschiedlichkeit der Geschlechter bedingt erst das Große und Ganze und Produktive, nicht die Gleichmacherei, nicht ein Sichtbarmachen von weiß Gott was, sondern die beglückende Unterschiedlichkeit von Frau und Mann schafft erst den Reichtum der Gesellschaft.

In Kleists Drama verliebt sich die Königin der Amazonen, Penthesilea, in Achill, gegen den sie zu Felde ziehen muss, um das Gesetz der Mütter zu erfüllen und ihren Frauenstaat zu schützen. Individuelles Glücksverlangen steht gegen das Gesetz. Um ihr die Schande der Niederlage zu ersparen, entspricht Achill aus Liebe der Bitte Prothoes, einer Vertrauten von Penthesilea, und will sich im Zweikampf von ihr besiegen lassen, denn eine Amazone darf nur einen Mann lieben, den sie zuvor besiegt hatte. Doch Penthesilea, die nichts von der Vereinbarung weiß, verwundet Achill im Zweikampf tödlich und lässt ihn von ihren Hunden zerfleischen. Als sie die Wahrheit erfährt, begreift sie, dass der Sinn des alten Gesetzes verloren ging und im Schmerz um Achill folgt sie dem Geliebten in den Tod.

»Ach! Wie gebrechlich ist der Mensch, ihr Götter!
Wie stolz, die hier geknickt liegt, noch vor Kurzem,
Hoch auf des Lebens Gipfeln, rauschte sie!«

Auf diesen Hinweis der Oberpriesterinnen auf die Gebrechlichkeit des Menschen entgegnet Prothoe:

»Sie sank, weil sie zu stolz und kräftig blühte!
Die abgestorbne Eiche steht im Sturm,
Doch die gesunde stürzt er schmetternd nieder,
Weil er in ihre Krone greifen kann.«[5]

Auch Edith Stein blühte stolz und kräftig und es war ihr guter Stolz, der in dieser Zeit infrage gestellt wurde, ihre Selbstverortung. Überhaupt erlebte sie seit November 1917 die härtesten Anfechtungen. Am 16. November war Adolf Reinach gefallen. Sein Tod ließ sie in eine tiefe Trauer sinken. Roman Ingarden wurde Zeuge von dem »schrecklichen Eindruck«, den Reinachs Tod auf sie gemacht hatte. Das Jahr 1917, in dem in Russland eine Revolution stattfand, die den Lauf der Welt bis zum heutigen Tage ändern sollte, endete mit dem Begräbnis der sterblichen Überreste Reinachs auf dem Göttinger Stadtfriedhof am 31. Dezember 1917. Dietrich von Hildebrandt hielt die Trauerrede.

Das ganze Jahr 1916 bis Anfang 1917 traf Edith fast täglich Roman Ingarden, zuweilen diskutierten sie mit dem Meister, aber auch allein untereinander. Da beide für die Phänomenologie glühten, entstand eine geistige Nähe, die sie immer mehr erfüllte, sodass sie sich in ihn zu verlieben begann. Jedenfalls empfand sie den Abschied Anfang Januar 1917, als Ingarden nach Krakau ging, als »schrecklichen Abend, an dem ich so abgespannt war, dass absolut nichts mehr in mich eindringen konnte«.[6] Doch Briefe halfen die Entfernung zu überbrücken und sie einander näher zu bringen. Ihre Korrespondenz, die sich entspann, sollte fast ein Leben lang andauern. Als er seine Rückkehr nach Freiburg ankündigte, kümmerte sie sich sofort, praktisch und zupackend wie sie auch war, um sein »Quartier« und machte für ihn eine Vermieterin aus. Als er Ende September für seine Dissertation nach Freiburg zurückkehrte, war jedenfalls diesbezüglich alles geklärt.

Ein Brief in dieser Zeit sticht heraus, steht wie ein Rätsel da und wird wohl eines bleiben – in mehrerlei Hinsicht: Am 16. November fiel Adolf Reinach, kurz darauf erfuhr Edith von seinem Tod. Beruflich fühlte sie sich bei Husserls nicht mehr wohl, weil ihre Arbeit ins Leere lief. Ingarden erinnerte sich, dass sie den zweiten und dritten Teil der *Ideen*, letztlich Tausende Seiten in Maschinenschrift, für die Publikation aus der Gabelsberger Stenographie transkribiert und bearbeitet hatte. Husserl »kam aber nie mehr darauf zurück«. Zwei Tag las er das, was Edith Stein für die Publikation vorbereitet hatte, dann legte er es aus der Hand und kümmerte sich nicht mehr darum, denn »es langweilte ihn«.[7] Darin kann man, wenn man will, das schöpferische Genie Husserls sehen, aber auch eine grobe Rücksichtslosigkeit der Arbeit eines anderen, zumal es um seine, nicht um ihre Manuskripte ging.

Ihre Arbeit erschien ihr deshalb von Tag zu Tag sinnloser, ihre berufliche Perspektive verschwamm. In diesen Tagen hatte sie sich Ingarden auch emotional angenähert, suchte und fand auch Trost bei ihm. Sie entschuldigte sich in einem Brief bei ihm für die »schweren Tage, die hinter und vor« ihr liegen, in denen sie »zu keiner frohen Stunde mehr fähig war«[8]. Am meisten bedrückte sie, dass sie nicht die »Kraft hatte, Dir mein Leid zu verbergen, und so einen Schatten mehr in Dein Leben gebracht habe statt ein wenig Sonnenschein«.[9] Doch woher sollte sie den Sonnenschein nehmen? In der sinnlosen Beschäftigung bei Husserl, ohne Zukunft in der Wissenschaft, nach Reinachs Tod. Worin einen Sinn, philosophisch gesagt, einen Sinn von Sein, entdecken? In dem Brief vom 24. Dezember 1917 schrieb sie vom »völlig gebrochenen Selbstbewusstsein«. Sie war am tiefsten Punkt ihrer Depression angekommen. Am Abend zuvor, am 23. Dezember, hatte sie noch mit ihm gesprochen, nachdem sie beide eine Disputation mit Husserl gehabt hatten, die sie hinterher auszuwerten gedachten. Wo? Man weiß es nicht. Bei Roman Ingarden? Auf einem Spaziergang? Nur allzu gern würde sie einen Abend später, am 24. Dezember, »noch einmal« bei Roman sein, ihm »manches sagen«, was sie ihm am Abend zuvor »schuldig geblieben ist«. Doch lieber schrieb sie ihm, denn sie traute sich selbst nicht, fürchtete, so uneins, wie sie mit sich war, einen erneuten Kontrollverlust. Hatte sie Angst vor sich? Vor ihrem Herzen, das sie ihm ganz oder zu einem großen Teil ausgeschüttet hatte? Sie hasste es, unreflektiert zu sein, unreflektiert zu reden, unreflektiert zu handeln. Roman Ingarden gegenüber hatte sie am 23. Dezember anscheinend unreflektiert gesprochen.

Die Reflexion war für Edith Stein von existenzieller Sicherheit. In ihr schuf sie ihre Ordnung. Die Reflexion half ihr, die Lanzen – Kafkas Bewaffnete – nach innen zu richten. Die Reflexion konnte sie nicht übersteigen. Doch für einen Moment lang schien die Ordnung außer Kraft zu sein, weil die Reflexion in die Grübelei abrutschte. Für sich selbst war Edith in diesen Tagen und Stunden nichts mehr, wie konnte sie da anderen etwas sein? Und zu dem Wichtigen, was für sie im Leben zählte, gehörte auch, für andere da zu sein, anderen zu helfen, so, wie und wo man konnte. Darin bestand ihr kategorischer Imperativ: ihrem Sittengesetz zu folgen. Auch Ingarden quälten Selbstzweifel. Kurz vor der Promotion fragte er sich, ob er dem hohen Anspruch entsprechen könnte, den er an sich stellte. Er und Edith ähnelten sich in ihrem Wesen in dem gemeinsamen Punkt, dass sie außerordentlich ernsthaft veranlagt waren. Vielleicht etwas zu ernsthaft, sodass es ihnen unmöglich blieb, auch nur ein Mal alle fünfe gerade sein zu lassen. So wird der Anspruch, den man an sich stellt, mitunter zu einer schwer tragbaren und zu ertragenden Bürde. Auch Ingardens wissenschaftliche Perspektive wurde von dickem Nebel eingehüllt, denn niemand wusste, wie der Krieg ausgehen und was aus seinem Vaterland, was aus Polen werden würde. Seine patriotische Überzeugung saß keinesfalls lockerer als ihre.

Höchstwahrscheinlich hatten sie sich beide in der Stunde der Ratlosigkeit geöffnet, versucht, einander zu trösten, hatten eine Nähe und Offenheit erreicht, die sie in Romans Gefühlen ihr gegenüber zu einer Selbsttäuschung veranlasste, dass sie anderes hinter seiner Zuwendung vermutete als tiefe Melancholie. Möglich auch, dass es zu einer flüchtigen Berührung gekommen war, die sie missverstand. Sie waren beide sehr, vielleicht zu ernsthafte Naturen. Er hatte sich der Schwester im Geiste geöffnet und sie hatte in diesem Moment nicht dem Kameraden, sondern dem Mann in die Augen geschaut. Ein Missverständnis, das sie diesen Abend aufgewühlt und das eben jenes tiefe Gefühl der Liebe wachgerufen hatte, im Glauben, dass diese auf Gegenseitigkeit beruhte. Aus diesem Grunde hatte sie ihm, was sie stets vermied, ihr Innerstes geöffnet. Dieses Fehlers, dieses Streichs, den ihr das Herz gespielt hatte, sollte sie nur allzu schnell gewahr werden. Sie stürzte in einen Abgrund aus Enttäuschung und Scham.

Sie schämte sich für ihren Kontrollverlust und wollte Ingarden erst wiedersehen, wenn sie ihr Zentrum zurückgewonnen hatte, aber auch jetzt noch suchte sie Zuversicht zu spenden, wenn sie ihm beschwörend schrieb: »Du weißt, dass ich wissenschaftlich sehr viel von Dir erwarte.« Selten hatte sich eine innige Liebeserklärung in einem so weit entfernten Genre versteckt, denn nichts anderes drückte dieses Mutmachen aus, nichts anderes als Liebe, als eine zumindest sehr große Verliebtheit, ein verliebtes Schwärmen. Dieser Brief offenbarte ihre stets sorgsam verborgene, jedoch tiefe Emotionalität, die sonst die Prozeduren der Rationalisierung durchlaufen und sich konditional absichern musste, bevor sie sich offenbaren durfte. Edith glaubte daran, dass sich Roman aus der Melancholie, wie auch sie sich aus der Depression, zu erheben vermögen würde, doch nicht jetzt. Wort um Wort rang sie um sich und geriet plötzlich ins Schwärmen – wie man es nur in ganz jungen Jahren vermag: »Und ich wünsche Dir ein Leben mit aller Fülle und allem Reichtum, den die Welt zu bieten hat.« Wollte sie verzichten, ihm Lebewohl sagen, um ihm nicht hinderlich zu sein oder lästig zu fallen? Doch dann sprach eine tiefe Sehnsucht aus ihrem Herzen: »Ich möchte die Zauberkräfte besitzen, die der Meister gestern von mir verlangte, um es Dir selbst schaffen zu können.« Die Zauberkräfte besitzen: Hieß das, dass sie sich, im Zustand höchster emotionaler Verunsicherung, das von Husserl vorgestellte Leben – als die Frau seines Assistenten – vorzustellen wagte als Fluchtpunkt vor der tristen Unordnung der Realität, der Anarchie der Wirklichkeit? Spielte sie mit dem Gedanken oder der Gedanke mit ihr, wenigstens ein paar unsichere Stunden lang, als Frau Doktor, als Frau Professor Ingarden über die Zauberkräfte zu verfügen, die notwendig sein würden, um ihrem Mann den Weg zu ebnen, so ähnlich, wie es Malvine Husserl mit den ihren Zauberkräften getan hatte? Oder hatte Husserl im Gespräch am Nachmittag des 23. Dezember andeutend so etwas verlangt? Vor dem philosophischen Werk, der Konversion, dem Gang ins Kloster, dem Lebensweg überhaupt und den Lebensentscheidungen gerät schnell ihre verborgene Seite, ihre Wünsche und Hoffnungen, sofern sie nicht die Wissenschaft betreffen, ins Hintertreffen, doch es besteht keinerlei Zweifel daran, dass sie sich eine Ehe und eine Familie innig wünschte und gleichzeitig alles unternahm, um diesen Wunsch so weit abzusichern, dass es schließlich einer Verhinderung gleichkam. Ja, diese Zauberkräfte wünschte sie sich für einen kurzen Moment, aber das hieß ja auch nur, dass sie die Zauberkräfte nicht besaß.

Das Schwere, das vor ihr stand und von dem sie im selben Brief schrieb, war Reinachs Beerdigung, zu der sie im Begriff stand, nach Göttingen aufzubrechen, wie zu einer Hinrichtung, denn mit seiner Beerdigung, dem Abschied erlangte sein Tod die Endgültigkeit. An seinem Grab als »Trauernde erster Ordnung« – was sie zwar nicht durch Verwandtschaft, aber durch Geist, Gefühl und Intellekt war – zu stehen, jagte ihr Angst ein. So beendete sie den Brief mit der verwunderlichen Formel: »Damit endgültig Lebewohl! Deine Edith« Vom Schluss aus gesehen, liest sich ihr Brief tatsächlich wie ein Abschiedsbrief: Sie wäre zwar gern bei Ingarden, um all das Ungesagte zu sagen, doch ist sie dazu nicht nur nicht fähig, sondern sie verdunkelt überdies sein Leben zu einer Zeit, in der er ohnehin in dunklen Selbstzweifeln ausharrt. Sie würde ihm so gern helfen, doch erlaubt das ihr eigenes angeschlagenes Selbstbewusstsein nicht, heute würde man sagen, sie täten einander jetzt nicht gut. Wenn sie über die Zauberkräfte verfügte, sein und ihr Leben zu heilen, so wollte sie ihm die Welt schaffen, in die er gehörte.

Mit dem Brief schickte sie ihm ein Weihnachtsgeschenk, doch wird man leider niemals in Erfahrung bringen, worin es bestand. Es dürfte mehrfach codiert gewesen sein und einen symbolischen Sinn gehabt haben oder im semiotischen Sinn ein Zeichen gewesen sein, denn, so schrieb sie, es würde ihr Freude bereiten, wenn er es so ansehen könnte, als käme »etwas Verlorenes wieder« zu ihm zurück. Damit verabschiedete sie sich »endgültig«. Endgültig, bis sie ihre Fassung zurückhatte? Endgültig für das ganze Leben?

In Göttingen erwartete sie eine Überraschung. Dort erlebte sie etwas, womit sie nicht gerechnet hatte, was sie auch nicht erwarten konnte. Anne Reinach, die Witwe, wirkte auf der Beerdigung äußerst gefasst, stark im Glauben, der ihr die Stärke verlieh, den schweren Verlust zu ertragen, ihn als Gottes Ratschluss anzunehmen, in der Gewissheit, dass ihr Mann sie niemals verlassen würde und sie dereinst einander wiedersehen würden, am Ende ihrer Erdentage. Sie ging folglich keine neue Ehe ein. Ihre Haltung, die in einem festen Gottvertrauen gründete, beeindruckte Edith Stein vor allem deshalb, weil sich ihr erstmals eine höhere, nicht von Menschen beeinflussbare Ordnung offenbarte, eine Ordnung, die keine Unordnung kannte. Nicht nur mit Anne Reinachs christlicher Festigkeit wurde sie konfrontieret, mit der Ordnung ihres unerschütterlichen Gottvertrauens, sondern auch mit den religionsphilosophischen Notizen Reinachs, die er hinterließ. So las sie bei ihm: »Vor allem: den religiösen Erlebnissen ihren Sinn lassen! Auch wenn er zu Rätseln führt. Gerade diese Rätsel sind vielleicht für die Erkenntnis von dem höchsten Werte.«[10] Ihre Dissertation beendete Edith Stein mit dem Ausblick, dass Menschen »einen plötzlichen Wandel ihrer Person« als »Einwirken göttlicher Gnade« erfahren hätten. Stand ihr nicht in dem Frontoffizier Reinach, der in den Gefechtspausen über Gott nachdachte, ein solcher Mensch gegenüber? Die Auseinandersetzung mit Reinachs religionsphilosophischen Notizen aktualisierte deshalb die Frage im Ausgang ihrer Dissertation, zumindest der publizierten Teile: »Ob hier echte Erfahrung vorliegt, ob jene Unklarheit über die eigenen Motive, die wir bei der Betrachtung der Motive, die wir bei der Erfahrung der *Idole der Selbsterkenntnis* fanden, wer will das entscheiden?« Wenn Reinach notierte: »Suchen wir etwas tiefer einzudringen in das Geheimnis, wie irdisches Erleben, das wie alles Irdische innerhalb der Stufenreihe von Vollkommenheit und Unvollkommenheit sich bewegen muss, dennoch des Absoluten teilhaftig werden kann«[11], liest sich das wie ein tastender Verweis auf das, was Edith Stein in ihrem philosophischen Opus magnum *Endliches und ewiges Sein. Ein Aufstieg vom Sinn von Sein* grundlegen und entwickeln wird. Anne Reinachs gelebter Trost, den sie in Christus gefunden hatte, und Reinachs späte, vielleicht letzte Worte mögen ihr zu einer Wegweisung geworden sein: »Wer eines solchen Erlebnisses teilhaftig geworden ist, der mag hinübergehoben werden über alle Zweifel des Lebens«, die sie eingeholt hatten und festhielten, doch: »er mag eine Umkehrung und Wandlung in sich erfahren, die mit keinem anderen Ereignis seines Lebens vergleichbar ist, er mag eine feste Richtung erhalten haben, die nunmehr alle seine Schritte seines Lebens lenkt und sicher macht«.[12] Auch wenn Edith Stein zu Reinachs Begräbnis diese Zeilen noch nicht gelesen hatte, so besaß sie schon seit ihrem letzten Treffen zu Weihnachten 1916 eine Ahnung von Reinachs religiöser Orientierungssuche. Eindrücklich und vorbildhaft wirkte jedenfalls Anne Reinachs Contenance. Später im Kloster erinnerte sich Edith Stein: »Es war dies meine erste Begegnung mit dem Kreuz und der göttlichen Kraft, die es seinen Trägern mitteilt.«[13]

Für sie, die im Moment keine sinnvolle Perspektive der Arbeit mehr besaß, tat sich nun geradezu ein Herzensprojekt auf. Zum Jahreswechsel von 1917 zu 1918 wurde von Reinachs Schülern, die zur Beerdigung in Göttingen weilten, der Plan gefasst, die Manuskripte ihres Lehrers posthum herauszugeben. Edith Stein fing dieses Publikationsprojekt seelisch und intellektuell auf. Sie konnte tätig werden, die Trauer bewältigen, indem sie etwas für ihn tat, in seinem Sinne tätig wurde und darüber mit ihm in ein über das Grab hinweg philosophisches Gespräch geriet.

Am 3. Januar 1918 war sie in Breslau zurück. Sie hatte ihre Verhältnisse zu ordnen. Obwohl ihr längst bewusst war, dass sie die Assistenz beim Meister um ihretwillen aufzugeben hatte, zögerte sie noch etwas, weil ihr der Schritt, dem für sie auch ein wenig Odium des Verrats anhaftete, schwerfiel. Doch dem eher insinuierten Verrat an Husserl stand der schwerwiegende Verrat an sich selbst, an ihrer eigenen Arbeit entgegen. Hier half ihr in der Tat im Abwägen die größere Verpflichtung Reinachs gegenüber.

Was man manchmal übersieht ist, dass Edith Stein nicht unter Einsamkeit litt. In Breslau verfügte sie über einen großen Bekanntenkreis und besaß auch einen soliden Ruf. Kaum hatte sich die Kunde verbreitet, dass sie wieder in der Stadt war, hatten sich schon Studenten und Interessierte bei ihr gemeldet, die in die Phänomenologie eingeführt zu werden wünschten. Also nahm sie den »philosophischen Kindergarten«, den sie in Freiburg unterhalten hatte, nun auch in Breslau auf. »Die Tür zu Tante Ediths Arbeitszimmer war meist geschlossen, und wir Kinder waren draußen, während sie entweder an ihrem Schreibtisch saß und schrieb oder las oder einen ihrer häufigen Besucher empfing. Dann konnten wir die Stimmen einer leisen und ernsten Unterhaltung vernehmen. Wenn unsere Tante dann bereit war, etwas Zeit mit uns zu verbringen, tauchte sie mit einem stillen Lächeln auf und begrüßte uns. Wir schätzten diese Gelegenheiten hoch«, erinnerte sich ihre Nichte.[14] An dem »philosophischen Kindergarten« nahmen jedenfalls ungefähr 30 Hörer teil.

Nach der Promotion und der darauf folgenden kleinen Feier bei Husserl kehrte auch Roman Ingarden im Januar nach Polen zurück, nicht ohne auf Edith Steins Brief zu antworten. Hatte sie selbst den emotionalen Überschwang ihres Briefes bereits bereut? Jedenfalls empfand sie nach seiner »garstigen« Antwort eigentlich keine Lust mehr, ihm zu schreiben. Und wirklich, Ediths Brief vom 24. Dezember 1917 war der einzige – und sollte der einzige bleiben –, in dem sie ihn duzte. Vorher und nachher nutzte sie, stets korrekt, die Form des »Sies« in der Anrede. Drei Briefe wird sie benötigen, um stilistisch wieder festen Grund zu erreichen, sicher in der Anrede, sicher in der Korrespondenz. Was im »garstigen Brief« von Ingarden stand, bleibt unbekannt, doch es ist anzunehmen, dass er um Distanz bemüht war und die Maßstäbe zurechtrückte: Freundschaft ja, Liebe nein. Wenn man Ingardens Stil kennt, dürfte er nicht mehr Zeilen als unbedingt nötig für die Klärung des Status quo ihrer Beziehung aufgewandt haben, um danach sofort wieder die Ebene des Gesprächs unter zwei befreundeten Philosophen einzunehmen. Damit bot er die Möglichkeit, die Korrespondenz, den Austausch, der ihm am Herzen und vor allem am Verstand lag, fortzusetzen. Auf diese Ebene ließ Edith Stein sich, wenn auch etwas widerwillig, ein, denn, obwohl sie »überhaupt keine Lust mehr, Ihnen zu schreiben« verspürte, tat sie es dennoch, weil er »einiges ›Sachliche‹« anfragte und sie seine »Wissbegierde« befriedigen wollte.[15] Sie wollte nicht beleidigt oder schmollend wirken, überhaupt suchte sie die Kontrolle, die Ordnung über das Sachliche zurückzugewinnen. Aber beleidigt war sie doch – und das zu Recht –, denn dass Husserl sich mit ihrem Vorschlag einverstanden zeigte, einen Band des Jahrbuches Adolf Reinach zu widmen, wusste sie nicht von Husserl selbst, sondern von Roman Ingarden, wahrscheinlich aus dem »garstigen Brief«, also über einen Dritten. Einem zwar sehr vertrauten, dennoch einem Dritten. Das brachte sie Husserl nicht näher. Auch erwartete sie von dem »lieben Meister« so bald keine Post, da sie »kürzlich einen langen Herzenserguss (Leitmotiv: Arbeitsstörungen!) von ihm hatte«.[16]

Einer sarkastischen Spitze gegen Ingardens Empfindsamkeit konnte sie sich dennoch nicht enthalten, denn nicht nur sie hatte die Ebene der »Sachlichkeit« verlassen, sondern er nicht minder: »Und überhaupt alles Gute für das neue Stadium Ihres Lebensweges, der hoffentlich anders ausfallen wird als Sie ihn in grauester Katerstimmung (›geistiger‹ meine ich natürlich!) vor sich sahen.«[17] Das klang nicht mehr nach »Fülle« und »Reichtum« und schon gar nicht nach »Zauberkräften«. Zwei Wochen später, mit Abstand, versuchte sie immer noch, die Deutungshoheit über das Ereignis zu gewinnen, wenn sie gestand, dass sie sich über seinen Brief »aufgeregt« hatte, weil er ihr Unvermögen in einer Situation trostloser Stimmung, in der er sich befand, vor Augen führte, ihm »etwas zu sein«. Das wäre »ein bisschen zu viel für« ihr »immer noch etwas labiles seelisches Gleichgewicht« gewesen. Die Begegnung mit Anne Reinach und die neue Aufgabe, Reinachs Notizen zu veröffentlichen, hatte sie schon ein wenig herausgeführt aus der Depression, wenn auch nicht gänzlich, wenngleich sie immer noch wund war, weil sie bezüglich Husserl die notwendige Entscheidung weiter vor sich her schob.

Plötzlich kam ihr eine Einsicht, die nur oberflächlich auf ihr Verhältnis zu Ingarden zielte, jedoch von universeller Dimension war: »Aber man muss wohl mal die eigene Ohnmacht recht nachdrücklich zu Gemüte geführt bekommen, um von dem grenzenlosen naiven Vertrauen auf sein Wollen und Können, wie ich es früher besaß, geheilt zu werden.«[18] In diesen Wochen manifestiert sich der

Bruch mit der Weltanschauung der Mutter, mit deren optimistischem Motto: Was man selbst will, das kann man auch. Es fiel ihr schwer, sich in das Gefühl der »absoluten Machtlosigkeit« zu schicken, zu akzeptieren, dass der reine Wille nicht genügt, nicht genügen kann, dass etwas existiert, das ihn übersteigt. »Wichtig ist überall die Absolutheit, die uns dem Göttlichen gegenüber erfüllt, und die sehr abweicht von dem ins Unendliche Steigerbaren auch analoger menschlicher Erlebnisse«[19], liest Edith zu dieser Zeit in Reinachs Notizen. Eine Woche später fragte sie in dem Brief an Ingarden, in dem sie die stilistische Ebene endlich gefunden hatte, die von nun an ihre Korrespondenz – mitfühlend, herzlich, aber auch ironisch und mit einer gewissen Spottlust, leger – beherrschen sollte, nach der Rolle, die »wir Menschen im Weltgeschehen spielen«. Ausgehend von Lukas 22,22: »Denn der Menschensohn geht zwar dahin, wie es beschlossen ist; doch weh dem Menschen, durch den er verraten wird!«, fragt sie nach der persönlichen Verantwortung des Menschen. Im Brief schrieb sie: »Zwar der Menschensohn geht dahin, wie es beschlossen ist. Aber Wehe dem Menschen, der ihn verraten wird.« Möglich, dass sie im Brief aus dem Kopf zitierte, wörtlich findet man diese Übersetzung jedenfalls nicht. Das würde belegen, wie sehr sie sich bereits mit dem Evangelium auseinandersetze. Tief blicken ließe dann, dass sie die Stelle bei Lukas nicht mit »Der Menschensohn« oder »Denn« beginnt, sondern mit dem einschränkenden »Zwar«. Obwohl wir handeln und handeln müssen, meinte sie, wissen wir dennoch nicht, »was wir tun und können die Weltgeschichte nicht aufhalten, auch wenn wir uns ihr versagen«.[20] »Zwar« tragen wir eine Verantwortung, doch können wir ihr nicht gerecht werden, weil wir letztlich keine Gewalt über die Folgen unseres Tuns besitzen. Unter den Umständen, dass der Krieg eine für Deutschland und auch für Edith Stein deprimierende Wendung nahm, unter dem Eindruck der Verluste, der beruflichen Unsicherheit und der persönlichen Verunsicherung, öffnete sie ihren Blick für die Geschichtsphilosophie.

In diesem Jahr erschien auch der erste Band von Oswald Spenglers *Untergang des Abendlandes.* Allerdings nahm sie den historischen Charakter der Geschichtsphilosophie sofort wieder zurück, weil sie sonst die phänomenologische Methode hätte problematisieren müssen, und hebelte die Geschichte mit der Religion aus. So kam sie zu der fragwürdigen Vorstellung, dass »die mittelalterlichen Chronisten, die die Weltgeschichte zwischen Sündenfall und Weltgericht einspannten, kundiger waren als die modernen Specialisten, denen über wissenschaftlich einwandfrei festgestellten Tatsachen der Sinn für Geschichte abhanden gekommen ist«.[21] Es stellt sich dabei nur die Frage, was das für ein honettes Ding denn sein soll, der »Sinn für Geschichte«. Wenn man jedoch das Eschatologon einklammert, wie die Phänomenologen sagen würden, bleibt am Ende doch die Frage nach ihrer Stellung im Leben, danach, welchen Sinn sie ihrem Leben geben soll. Auf der großen Weltbühne lief ihr Stück, das Drama ihres Lebens, denn etwas später. Jetzt, nach dem Vorspiel im Himmel, zwischen Sündenfall und Weltgericht, teilte sie Ingarden mit, dass sie die Sünde begangen hatte, dem »Meister« die Assistenz zu kündigen und nun auf das Weltgericht in Form der Antwort des Meisters wartete. Was sie täte, wenn Husserl »einschnappte«, also den Bannstrahl auf sie richtete, wusste sie nicht, doch hoffte sie auf Fürsprache und Vermittlung ihrer Gönnerin Malvine Husserl. Im gleichen Brief schrieb sie den großen lutherischen oder kantischen Satz: »Aber im Dienste eines Menschen stehen, kurz gehorchen, das kann ich nicht.«[22] Mit diesem Satz hatte sie ihren kategorischen Imperativ formuliert.

Es folgten Tage des Bangens, wie man ihren »Abfall« in der Lorettostraße, wo Husserl in Freiburg wohnte, aufnehmen würde. Neun Tage später in einem Brief an den Freund in Polen hörte man förmlich den Riesenseufzer der Erleichterung. »Der Meister hat meinen Rücktritt in Gnaden genehmigt.«[23] Das Weltgericht hatte zwar getagt, aber das Strafgericht war ausgeblieben. Zu gut wusste man in Freiburg, dass man die demissionierte Assistentin nicht verprellen sollte – zumindest Malvine Husserl wusste es, und so auch ihr Mann.

Ende März 1918 fuhr Edith Stein nach Göttingen und dürfte die evangelische Taufe von Pauline Reinach miterlebt haben. Übrigens sollten sowohl Anne als auch Pauline Reinach später zum Katholizismus konvertieren. In Göttingen arbeitete sie an der Aufbereitung von Reinachs Manuskript *Das Problem der Bewegung* für den Druck.

Die Bande zwischen den Phänomenologen wurden enger. Im Sommer 1918 einigten sie sich schließlich darauf, dass kein Band mit Arbeiten der Schüler und Freunde Reinachs, sondern Reinachs eigene Texte publiziert werden sollten. Da man auf den sechzigsten Geburtstag von Edmund Husserl im Jahr 1919 blickte, den eine Festschrift seiner Schüler und Kollegen erforderlich machte, sollten diese Arbeiten für Husserls Festschrift verwendet werden, da Reinachs Schüler und Freunde, genau wie er selbst, zuallererst als Schüler Husserls gelten durften. Es gelang Edith Stein, die Herausgeberschaft an Alexander Pfänder durchzureichen, doch hieß das nicht, dass sie keinerlei Arbeit mit dieser Festschrift mehr gehabt hätte, denn Pfänder fand sich nur bereit, die Herausgeberschaft zu übernehmen, wenn die Beiträge auch zugesagt wären. Bis April 1917 hatte sie die Teile eins und zwei der *Ideen II* für den Druck vorbereitet, doch der Teil drei machte eine umfangreiche Überarbeitung, die nur mit Husserl gemeinsam hätte erfolgen können, notwendig.

Die Zusammenarbeit mit Husserl musste aus zwei Gründen schon inhaltlich scheitern, denn den »lieben Meister« plagten Skrupel. Er wollte nichts Halbfertiges oder Missverständliches publizieren, zumal er selbst bei Weitem noch nicht mit der Begründung der Phänomenologie abgeschlossen hatte und er an einer »neuen, prinzipiellen, tieferen und umfassenderen Grundlegung der Phänomenologie«[24] arbeitete, die ihm bei seinen älteren Schülern den Vorwurf eingetragen hatte, den Realismus verlassen zu haben und in den transzendentalen Idealismus zurückgefallen zu sein. Vielleicht hatte der »Meister« gespürt, dass sich der Weg seiner Schülerin von seinem trennen würde, denn im Rückblick stellte er bitter fest, dass ihm auf den Weg zur Vollendung der Phänomenologie seine früheren Schüler nicht mehr folgen wollten und auch Edith Stein nur bis 1917. Der Lehrer sah also weit früher, dass sich ihre Wege trennen würden. Was sich ihm offenbart hatte, war, dass ihre Art zu arbeiten und zu denken, sich grundsätzlich von seiner unterschied. Während Edith Stein einem einmal eingeschlagenen Weg im Denken konsequent und systematisch folgte, ging Husserl intuitiver, anarchistischer vor, ließ sich von den Wendungen des Denkens überraschen, und dort, wo sie nicht überraschten, langweilten sie ihn. Husserls Ordnung entstand aus dem Chaos, Steins Ordnung aus der Ordnung. Deshalb fühlte sie sich in der Zusammenarbeit mit Husserl »halb verblödet«, weil sie mit seiner Arbeitsmethodik, die ihrer diametral entgegengesetzt war, nicht zurechtkam. Husserls Art zu arbeiten lähmte sie, wirkte auf sie kontraproduktiv und macht sie ganz leer und »blöd« im Kopf. Systematisch wollte sie eigentlich die »dunklen« Stellen bei Husserl, die Bindeglieder in seinem Bau ausarbeiten, wie sie das bereits in ihrer Dissertation zur Einfühlung unternommen hatte. Parallel arbeitete sie deshalb seit Anfang 1917 an einer Schrift unter dem Titel *Die ontische Struktur der Person und ihre erkenntnistheoretische Problematik*, in der sie ihr großes Projekt, nämlich die *Analyse der Person*[25] weiterverfolgte. Es ging in dieser Arbeit darum, die Person nicht psychologisch, sondern philosophisch zu erfassen, nicht darüber nachzusinnen, wie die Person ist, wie sie sich gibt, verhält, fühlt, denkt, sondern was sie *ist*. Mit der Analyse der Person verfolgte sie die Frage weiter, die sie schon im Studium bei William Stern in Breslau beschäftigt hatte und weshalb sie damals zu Husserl nach Göttingen gewechselt war, eine philosophische Grundlage für die Psychologie zu schaffen. Mit Husserl stimmte sie in der Vorstellung überein, dass Phänomenologie eine »Wesenswissenschaft vom Bewusstsein ist«, »die eine Psychologie als Tatsachenwissenschaft allererst möglich macht ... Eine Wissenschaft erfordert aber ein wissenschaftliches Bewusstsein von der Art und Tragweite der Prinzipien, die für ihre Methode bestimmend sein können und müssen.«[26] Möglicherweise standen hier schon bei Husserl Hybris und Irrtum dicht beieinander, denn ihre Methodologie musste schon jede Wissenschaft für sich selbst entwickeln, sowie sie grundlegende Methoden und Prinzipien nicht von einer anderen Wissenschaft für sich entwickeln lassen konnte. Vielleicht hatte Karl Marx in seiner Einschätzung, dass mit Hegel die Philosophie enden würde, nicht vollkommen unrecht. Allerdings wurde Philosophie dort produktiv, wo sie sich im Rahmen der analytischen Philosophie und der Sprachphilosophie mit semiotischen und linguistischen und im engeren Sinne sprachphilosophischen Problemen beschäftigte. Von Husserls Schülern ging Adolf Reinach ein wenig in jene Richtung, aus der später die einflussreiche Sprechakttheorie hervorgehen sollte. Fronterfahrung und schließlich der Tod im Krieg beendeten diese Entwicklung zu früh.

Für Husserls Schülerin Edith Stein war es jedenfalls nur konsequent, wenn sie die Arbeiten an der ontischen Struktur der Person in die beiden Abhandlungen *Psychische Kausalität* und *Individuum und Gesellschaft* einordnete, die sie unter dem Titel *Beiträge zur philosophischen Begründung der Psychologie und Geisteswissenschaften* zusammenfasste und schließlich in eine Schlussbetrachtung unter dem Titel *Die prinzipielle Scheidung von psychischem und geistigem Sein, Psychologie und Geisteswissenschaften* münden ließ. Diese Beiträge, die zwischen 1917 und 1919 entstanden waren, wollte sie ursprünglich in Husserls Festschrift veröffentlichen, doch erwiesen sie sich als zu umfangreich. Erschienen sind die Beiträge schließlich im Jahrbuch für Phänomenologie 1923, Band 4, übrigens gemeinsam mit Ingardens Dissertation *Intuition und Intellekt bei Henri Bergson*, an deren Redaktion sie, wie gesagt, dem Freund uneigennützig und im bedeutenden Maße half. Im Sommer 1918 hatte sich Edith Stein entschlossen, die *Beiträge* als Habilitationsschrift einzureichen – ganz zum Trotz der Einschätzung des »lieben Meisters«.

Man hatte später einen Bruch zwischen Edith Steins frühen, phänomenologischen und den späteren, neuthomistischen Arbeiten ausmachen wollen, doch übersieht diese Betrachtung die Kontinuität und Konsequenz ihres Denkens, denn zum einen erarbeitete sie sich ihre neuthomistische Philosophie mit den phänomenologischen Methoden der eidetischen Reduktion und der Epoché, zum anderen schloss sie die Lücke der Letztbegründung der Phänomenologie durch den Glauben.

Edmund Husserl reagierte auf diese offene Flanke mit dem Rückzug in den kritischen Transzendentalismus, dessen kompliziertes Begriffswerk letztlich ihm selbst die Illusion vermitteln sollte, nicht zu Immanuel Kant zurückgekehrt zu sein. Martin Heidegger mythisierte Ich und Existenz als Kapitän der Nussschale Mensch im wilden Meer des Seins. Und machte sich damit blind für diese offene Flanke. Die Letztbegründung verortete er in der Gewissheit, sterben zu müssen, und unser Leben als Sorge und Furcht vor dem Tod. In der *Einleitung in die Philosophie* deklarierte der junge Heidegger: »Das Wesen des Einfachen und Selbstverständlichen ist es, dass es der eigentliche Ort für die Abgründigkeit der Welt ist.

Und dieser Abgrund öffnet sich nur, wenn wir philosophieren, aber nicht wenn wir glauben, dergleichen schon zu wissen.«[27] Für Heidegger war Philosophie philosophieren[28], also eine Tätigkeit oder besser ein Tätigsein und als solches wiederum eine Grundfunktion des Menschseins: »Wir philosophieren nicht dann und wann, sondern ständig und notwendig, sofern wir als Menschen existieren ... Menschsein heißt schon philosophieren.«[29] Philosophieren ist demnach also nur ein anderes Wort für existieren. Legt man Edith Steins *Einführung in die Philosophie* daneben, wird deutlich, dass für sie Philosophie das »Streben nach der reinen Erkenntnis ist«[30], die zunächst ohne Absicherung bleibt. Heidegger löst die Frage der Letztbegründung in die unhinterfragbare Existenz auf, die von der Zeit bestimmt wird. Als Sinn von Sein setzt Heidegger die Zeit. Die Zeit ist es, die unserem Leben den Sinn verleiht. Man könnte auch mit Alfred Polgar spotten: »An dem Zwischenfall, geboren worden zu sein, schleppt man ein Leben lang. Über ihn kommt niemand auch nur einen Tag früher als am letzten hinweg. Sich mit ihm abzufinden, damit vergeht die ganze Zeit, die hier bewilligt ist ... . ›Geburtstagskind‹ sagen wir auch von dem alten Esel, der bereits zum x-ten mal es ist: Hier wird schon im Wort das dauernd Hilflose, Ohnmächtige, Rührende der Kreatur erfasst ...«[31]

Zeit jedoch stellt die Frage nach Endlichkeit und Ewigkeit. Philosophie ist für Heidegger nicht deshalb endlich, weil sie abgeschlossen oder abschließbar wäre, sondern die Endlichkeit »liegt nicht am Ende, sondern am Anfang der Philosophie, das heißt die Endlichkeit muss in ihrem Wesen in den Begriff der Philosophie aufgenommen werden. Entscheidend ist nicht, die einmal begonnenen Wege in der Endlosigkeit doch zu Ende gehen zu wollen, sondern je wieder einen neuen Weg einzuschlagen.«[32] Vor allem – und da zeigt sich Heideggers Herkommen aus der Phänomenologie – begreift er die Realität gut spätscholastisch als realitas, die nach dem spanischen Jesuiten Francisco Suárez nichts anderes bedeutet als »Wesen, Sachhaltiges, Positives, einem Etwas zugesprochenem Wesen«.[33] Dem hätte Edith Stein zugestimmt. In ihrer *Einführung in die Philosophie,* die parallel zu den *Beiträgen* und zur *Untersuchung über den Staat* als Folge der Einführungsseminare in die Philosophie entstand, bezeichnete sie die Philosophie als »Wesenswissenschaft«. Die Philosophie als Wesenswissenschaft konnte ihre Aufgabe nur lösen, eine Wesensbeschreibung des Bewusstseins nur leisten, wenn »Hand in Hand damit die Struktur der Welt, der Wesensaufbau aller Gegenstände geleistet wird«.[34] Alles verweist in Edith Steins Denken auf die Person zurück, die sie gut phänomenologisch auch in einer Struktur sukzessive zu erforschen vermag. Es stellt sich allerdings die Frage, ob in ihrem frühen Ansatz nicht Aufbau oder Struktur und Wesen der Person verschwimmen? Gehört zum Begriff des Wesens nicht auch die Zeit? Läuft ein über alle Zeiten schwebendes Wesen nicht Gefahr, zu einer leeren Abstraktion zu werden?

Steins *Einführung in die Philosophie* setzte Philosophie mit Phänomenologie gleich, und die wiederum mit Methode, Werkzeug. Husserls Vorstellungen von der phänomenologischen Einstellung und der eidetischen Reduktion und Heideggers Destruktion als Radikalisierung der eidetischen Reduktion –Vorstellungen, die von Maurice Merleau-Ponty, von Jean-Paul Sartre, aber auch von Alexandre Kojéve, Alexandre Koyré und Jean Héring in Frankreich verbreitet und von denen die junge Generation der französischen Philosophen nach dem Zweiten Weltkrieg ergriffen worden waren – ebnete über Michel Foucaults Poststrukturalismus und vor allem Jacques Derridas Dekonstruktivismus den Weg der Selbstzerstörung des europäischen Geistes. Heideggers Destruktion wurde bei Derrida so etwas wie die permanente Auflösung. Seine Dekonstruktion, die sich laufend destruiert und konstruiert, also dauernd dekonstruiert, wird zum Geschwätz, zur kognitiven Tautologie, weil die Assoziation nur noch Assoziationen assoziiert, die inzwischen die Sachen ersetzt haben. Sicher kamen in der neueren französischen Philosophie noch Marxismus, Nietzsches Philosophie und Freuds Psychoanalyse zum Molotowcocktail des Geistes hinzu, doch bereits bei Heidegger finden sich in der Existenzphilosophie, in der Problematik der Entfremdung durchaus Berührungspunkte mit dem Marxismus, was sich bis in die Begrifflichkeit hinein verfolgen lässt.

Diesen Weg der Auflösung der Wirklichkeit in Phänomene wollte Edith Stein nicht gehen, was sich in der Auseinandersetzung mit Heidegger dokumentieren sollte. In den drei wichtigen Werken der Zeit zwischen 1917 und 1922, der *Einführung in die Philosophie,* in den *Beiträgen* und in der *Untersuchung zum Staat,* entwickelte Edith Stein die phänomenologische Methode zur Meisterschaft, stieß aber zugleich an die Grenzen dessen, was Methode zu leisten im Stande war. Methode stiftet keinen Sinn.

Das zunehmende politische Interesse Edith Steins liegt in der *Untersuchung zum Staat,* die 1925 im Band sieben des *Jahrbuches für Philosophie und phänomenologische Forschung* veröffentlicht werden würde, auf der Hand. Ein wenig verborgener, jedoch nicht weniger intensiv verfolgte sie dies bereits in den *Beiträgen,* wenn sie beispielsweise Seele, Psyche und Geist begrifflich zu fassen sucht und ihre Rolle im Aufbau der Person nachverfolgt. Hier wird das praktische Interesse sofort deutlich in der Untersuchung von Seele und Geist der Gemeinschaft. In der *Untersuchung zum Staat* stellte sie schließlich Gemeinschaft und Gesellschaft gegenüber. Hinter der »doppelten Grundgesetzlichkeit«, »die in einem psychischen Subjekt von sinnlich-geistigen Wesen zusammenwirkt – Kausalität und Motivation«, steht die Frage, inwieweit Kausalität nicht nur in der Natur, sondern auch in der Psyche des Menschen eine Rolle spielt, und nimmt damit die alte Streitfrage über die Determination der Freiheit, über den freien oder unfreien Willen wieder auf, die bereits von Pelagius und Julian von Eclanum auf der einen und Augustinus auf der anderen Seite intoniert, von Erasmus von Rotterdam und Martin Luther orchestriert wurde.

So weit geht jedoch Edith Stein nicht zurück, sondern referiert die Auseinandersetzung zwischen David Hume und Immanuel Kant. An diese Auseinandersetzung schloss sich eine Untersuchung der Phänomene des Psychischen an. Im Zentrum des Menschen entdeckte sie schließlich die Lebenskraft, die sie unterschied in die sinnliche, die geistige und die seelische Lebenskraft. »Die Seele selbst ist ein Quell des Lebens. Wenn sie erwacht, so strömen diese neuen Kräfte dem geistigen Leben zu, und die Welt geht gleichsam neu vor dem erlebenden Individuum auf.«[35] Im Verfolgen dieser Analyse kommt sie jedoch zu der Erkenntnis, die biografisch mitverursacht wurde, dass die seelische Lebenskraft einem ständigen Verbrauch unterliegt. So wie sie es an sich selbst in der großen Krise und Depression beobachten musste, als ihr die Kräfte versagten und sie sich »am Ende« fühlte, lesen sich ihre Überlegungen wie eine verallgemeinerte Selbstanalyse: »Wenn es nicht aus der Tiefe, aus seiner Seele herauslebt, so gehen diese Kräfte seinem Leben verloren. Und nun kann es auch geschehen, dass die Seele, ohne ausgeschaltet zu werden, aufhört, Leben zu spenden. Der Quell, den sie in sich birgt, kann versiegen. Die Welt schlägt dann wohl noch in ihr zusammen, aber sie kann nicht darin ›zünden‹, sie hat keine ›Antworten‹ mehr darauf. Die Empfänglichkeit für Werte versagt, obwohl sie noch erkannt werden, und auch die ›ruhenden Qualitäten‹ scheinen entschwunden: Die Güte strahlt nicht mehr aus in positiven Gesinnungen und gütigen Handlungen, das Innere scheint entleert von allem, was es erfüllte und worin sich die selbst unnennbare Individualität aussprach. Ein solcher

Bruch im Leben einer Person kann eintreten, wenn ein ›Schicksalsschlag‹ alle Kräfte ihrer Seele verzehrt, sie kann auch durch ständigen übermäßigen Kraftverbrauch allmählich ›verkümmern‹, und es müssen ihr aus fremden Quellen neue Kräfte zugeführt werden, um sie wieder zu neuem Leben zu erwecken. Überall, wo die Seele aus der Lebensaktualität ausgeschaltet ist, fehlt dem Verhalten und dem sichtbaren Sein des Individuums die individuelle, oder, wie wir auch sagten, die ›persönliche‹ Note; selbst wenn es in seinem persönlichen Stil fortlebt und äußerlich gesehen seine Eigenart bewahrt, trägt diese Eigenart doch den Stempel der Unechtheit. Sein Leben wird von sinnlichen Kräften und evtl. vom Willen getrieben oder auch von fremden seelischen Kräften getragen, es kommt nicht aus dem Zentrum seines eigenen Seins und es mangelt ihm daher die Ursprünglichkeit und Echtheit des ›kernhaften‹ Lebens. Wir können uns Individuen denken, denen es an einem eigenen Zentrum ihres Seins überhaupt gebricht, und damit zugleich an echter Personalität und (qualitativer) Individualität. Beim Menschen wird man in allen Fällen von ›seelenlosem‹ Verhalten nur sagen dürfen, daß er ›sich selbst‹ noch nicht gefunden oder zeitweise verloren hat und daß so lange seine Individualität unerkennbar ist (wofern der Grenzfall eines ›absolut‹ seelenlosen Verhaltens überhaupt als realisiert gedacht werden kann und es sich nicht nur um ein Mehr oder Minder handelt).«[36]

Das alles traf auf sie selbst zu. Sie hatte sich »noch nicht gefunden«, erlebte den »ständigen übermäßigen Kraftverbrauch« und die »Güte strahlte nicht mehr aus«. Diese beeindruckenden Sätze resultierten weniger aus dem Denken als vielmehr aus dem Erlebnis und der Erfahrung und stellten so lediglich einen Versuch der Objektivierung dar. Edith Stein beschrieb hier präzise die ins Psychische gespiegelten Phänomene dessen, was Karl Marx Entfremdung und Georg Lukács und Martin Heidegger Verdinglichung nannten.

In der Situation der Entfremdung, in der der Wille nur noch »von fremden seelischen Kräften« getrieben wurde, woher vermochte die Seele dann noch Kraft zu schöpfen und wieder zu sich selbst zu kommen? Wie wieder aus eigenem Antrieb heraus zu leben? Augustinus hatte in seinem Buch *De vera religione* geschrieben: »Geh nicht nach außen, zu dir selbst kehre zurück; im inneren Menschen wohnt die Wahrheit. Und wenn du deine Natur als veränderlich wahrnimmst, übersteige dich selbst. Sei jedoch dessen eingedenk, dass du, wenn du dich übersteigst, deine der Vernunft mächtige Seele übersteigst. Dorthin also trachte, von wo das Licht deiner Vernunft sich entzündet. Denn wohin gelangt jeder, der seine Vernunft recht gebraucht, wenn nicht zur Wahrheit?«[37]

Hatte sie sich, hatte sie ihre der Vernunft mächtige Seele überstiegen? Doch, was hieß es, in sich selbst zurückkehren, was war die Wahrheit, was die neue Kraftquelle der Seele? Meister Eckharts Antwort lautete auf diese Frage: »Die Leute sagen oft zu mir: ›Bittet für mich!‹ Dann denke ich: Warum geht ihr aus? Warum bleibt ihr nicht in euch selbst und greift in euer eigenes Gut? Ihr tragt doch alle Wahrheit wesenhaft in euch.«[38] Durch Reinachs Tod und durch die Beschäftigung mit seinen religionsphilosophischen Überlegungen, für die sich auch Edmund Husserl interessierte und die der junge Martin Heidegger eifrig exzerpierte, aber auch in den Gesprächen mit Anne Reinach erschloss sich Edith Stein immer stärker die Welt des Glaubens. Reinach sprach vom »Gefühl der Geborgenheit schlechthin«[39], vom »Grunderlebnis: Geborgensein in Gott«.[40] Und schließlich: »Indem das Ich sich in Beziehung zu Gott fühlt, indem es seine Abhängigkeit von ihm und seine Geborgenheit in ihm mit beseligender Gewissheit empfindet, enthüllt sich ihm etwas Neues, erfasst es einen Zusammenhang, der ihm nun feststeht und an dem es wissend festhält durch alle Zeit hindurch.«[41] Von nichts anderem als davon spricht sie erstaunlicherweise an dieser Stelle in den *Beiträgen,* als führe sie Reinachs Gedanken weiter: »Außer diesem Zuströmen von Triebkräften, das ein gewisses Maß an Lebenskraft bereits voraussetzt – nämlich das zum Erleben der kraftspendenden Gehalte erforderliche – gibt es offenbar noch ein anderes, das nicht an diese Voraussetzung gebunden ist. Es gibt einen Zustand des Ruhens in Gott, der völligen Entspannung aller geistigen Tätigkeit, in dem man keinerlei Pläne macht, keine Entschlüsse fasst und erst recht nicht handelt, sondern alles Künftige dem göttlichen Willen anheimstellt, sich gänzlich ›dem Schicksal überlässt‹. Dieser Zustand ist mir etwa zuteil geworden, nachdem ein Erlebnis, das meine Kräfte überstieg, meine geistige Lebenskraft völlig aufgezehrt und mich aller Aktivität beraubt hat. Das Ruhen in Gott ist gegenüber dem Versagen der Aktivität aus Mangel an Lebenskraft etwas völlig Neues und Eigenartiges. Jenes war Totenstille. An ihre Stelle tritt nun das Gefühl des Geborgenseins, des aller Sorge und Verantwortung und Verpflichtung zum Handeln Enthoben seins. Und indem ich mich diesem Gefühl hingebe, beginnt nach und nach neues Leben mich zu erfüllen und mich – ohne alle willentliche Anspannung – zu neuer Betätigung zu treiben. Dieser belebende Zustrom erscheint als Ausfluss einer Tätigkeit und einer Kraft, die nicht die meine ist und, ohne an die meine irgendwelche Anforderungen zu stellen, in mir wirksam sind. Einzige Voraussetzung für solche geistige Wiedergeburt scheint eine gewisse Aufnahmefähigkeit zu sein, wie sie in der dem psychischen Mechanismus enthobenen Struktur der Person gründet.«[42] Wollte man auf der ontologischen Ebene verweilen, könnte man auch auf Mircea Eliade verweisen, der behauptet hatte, dass – ob wir nun an Gott glauben oder nicht – unser Bewusstsein zutiefst religiös strukturiert sei. Man könnte auch auf René Descartes verweisen, dessen Denken Edith Stein gut kannte, der die Existenz Gottes vom Zweifel ausnahm, weil niemand außer Gott uns die Idee Gottes ins Bewusstsein gegeben haben konnte. Für Edith Stein wurde jedoch die Bibel wichtiger. In Moses 1,27 heißt es unmissverständlich: »Und Gott schuf den Menschen zu seinem Bilde, zum Bilde Gottes schuf er ihn; und schuf sie als Mann und Frau.« Diesen Gedanken nahm der Prophet Jesus Sirach wieder auf: »Der Herr hat den Menschen aus Erde geschaffen und ihn wieder zur Erde zurückkehren lassen. Er bestimmte ihnen die Zeit ihres Lebens und gab ihnen Macht über das, was auf Erden ist, und verlieh ihnen Kraft, wie er selber sie hat, und schuf sie nach seinem Bilde.« (Jesus Sirach 17,3). Aufgrund der Ebenbildlichkeit von Schöpfer und Geschöpf konnte Meister Eckhart sagen, dass der Mensch als Geschöpf Gottes Gottes Wahrheit als sein Wesen in sich trug. An diesen belebenden Zustrom als Ausfluss einer Tätigkeit durfte Edith Stein anschließen, am Göttlichen, das im Menschen wirken konnte, an die Wahrheit Gottes, die zum Wesen des Menschen werden durfte, wenn er seine Gnade annahm. Sie begann eine neue Welt zu entdecken.

Im Sommersemester 1918 kehrte sie nach Freiburg zurück, um beim »Meister« auszuhelfen, und gab wieder ihren Einführungskurs in die Philosophie. Zu Pfingsten ging sie mit Jean Héring zu Husserl, der die Ferien in Bernau im Schwarzwald zubrachte. Sie beschäftigten sich mit Reinachs religionsphilosophischen Notizen. Durch die sich abzeichnende Niederlage Deutschlands im Ersten Weltkrieg, den Verlust des Sohnes, überhaupt durch den geistigen und moralischen Zusammenbruch des Kaiserreichs, den Verlust jeglichen Sinns, beschäftigte sich Edmund Husserl verstärkt mit religionsphänomenologischen Fragen. Er las Rudolf Ottos Buch *Das Heilige*. Am 8. Juni unternahmen Edith Stein, Edmund Husserl und Martin Heidegger, der sich sehr um Husserl bemühte, einen »religionsphilosophischen Spaziergang«, der einige Stunden in Anspruch nahm. In Freiburg war es auch, dass Edith Stein ins Gespräch mit der Katholikin Philomene Steiger kam, die ihr vom Propheten Elias, der Gott in der Einsamkeit im ununterbrochenen Gespräch mit ihm nahekommen wollte.

Edith Steins Habilitationsschrift, die *Beiträge,* erwies sich also als ein sehr persönlicher Text, der den Aufbau der menschlichen Persönlichkeit in zweierlei Hinsicht untersuchte, einmal in seiner letztlichen Ausrichtung auf Gott als Heimat der menschlichen Seele, die immer nur nach Hause will, und gleichzeitig als Analyse des Menschen in seiner irdischen Existenz, die ihn zweifach politisch band, als Teil der Gemeinschaft und als Teil der Gesellschaft. Die Gegenüberstellung von Gemeinschaft und Gesellschaft hatte Edith Stein von dem Soziologen Ferdinand Tönnies übernommen. Diese Aufteilung zeigt doch eine deutsche Spezifik, denn die Unterscheidung zwischen Gemeinschaft und Gesellschaft fand sich auf anderer Ebene in dem Gegensatz zwischen Kultur und Zivilisation, der von kaum jemandem besser zum Ausdruck gebracht wurde als von Thomas Mann in den *Betrachtungen eines Unpolitischen*: »Der Unterschied von Geist und Politik enthält den von Kultur und Zivilisation, von Seele und Gesellschaft, von Freiheit und Stimmrecht, von Kunst und Literatur.«[43] Allerdings hätte Manns Vorstellung, Geist und Politik gegeneinander auszuspielen – den Geist für deutsch und die Politik für kosmopolitisch und international zu halten und das Deutschtum als »Kultur, Seele, Freiheit, Kunst« zu überhöhen und diese hohen Werte den niederen der »Zivilisation, Gesellschaft« dem »Stimmrecht« und der »Literatur« gegenüberzustellen[44] – den schärfsten Widerspruch Edith Steins hervorgerufen. Gemeinschaft entstand für sie bereits auf der untersten oder einfachsten Stufe, wenn von »zwei Personen zwei Lebensströme zusammentreffen und sich vereinen, ohne daß die Trennung der Subjekte dadurch aufgehoben würde«.[45] Steins Phänomenologie von Gesellschaft und Gemeinschaft versucht zumindest, sich der Bewertung zu enthalten: »Der Mensch findet sich, sobald er zu bewusstem Leben erwacht, in der Gemeinschaft mit Menschen vor, und prinzipiell ist aktuelle Gemeinschaft mit jedem andern Menschen möglich, so daß er potenziell tatsächlich mit allen in Gemeinschaft steht … Es weist ferner jeder Mensch durch seinen Ursprung, sein Abstammungsverhältnis, auf den Ursprung der Gemeinschaft zurück. Der genetische Zusammenhang allein würde aber keine Gemeinschaft begründen, wenn nicht Lebensgemeinschaft zum Menschentum gehörte.«[46] Von diesen Gemeinschaften unterschied Edith Stein nun Gesellschaften, die aufgrund von Zwecksetzungen gebildet werden. Aus der Zwecksetzung der Gesellschaft resultiert, dass Personen als Subjekte und Objekte auftreten, dass die einen den anderen zum Zweck dienen. Es sind demnach die Gesellschaften, in denen Entfremdung und Verdinglichung stattfinden können.

Die Phänomenologie von Gemeinschaft, Gesellschaft und Staat stößt allerdings dort an ihre Grenzen, wo sie konsequent vom Individuum ausgeht. Wenn dessen »Einigungsdrang« »in der Gesellschaft verwirklicht wird, so sehen wir ihn nicht bloß in der Umbildung der individuellen Person und ihrer möglichen Anpassung an einen höherwertigen Typus, sondern in der Erlösung des Individuums von seiner naturhaften Einsamkeit und in der neuen überindividuellen Persönlichkeit, die die Kräfte und Fähigkeiten der Einzelnen in sich vereinigt, sie zu ihren Funktionen werden lässt und durch diese Synthesis Leistungen hervorbringen kann, die alle Wirkungsmöglichkeiten des Individuums überschreiten.«[47] Obwohl sie betonte, dass Staaten historische Gebilde wären, stellte sie die Frage nach der Rolle des Individuums »in der Geschichte« und »welche Bedeutung umgekehrt die Geschichte für das Individuum hat« zurück.[48] Das Individuum selbst wird bereits in der Gemeinschaft gebildet, findet die Gemeinschaft vor, auch die Gesellschaft, und wird daher nicht von »seiner naturhaften Einsamkeit«

erlöst, denn das Individuum findet die Gesellschaft vor, in dem es gebildet wird. Wenn Stein »die Geschichte als einen geistigen Entfaltungsprozess«[49] oder als »den Verlauf des geistigen Lebens, in dem Kulturen erwachsen«[50] versteht, dann stellt sich die Frage, was ein geistiger Entfaltungsprozess sein soll, wie er sich im Äther entfaltet. Die Materialität des geschichtlichen Prozesses entgeht ihrer Betrachtung völlig, sodass die *Untersuchung zum Staat* schließlich vollkommen ahistorisch erfolgt, der Staat darin zu einer abstrakten Bestimmung wird und Edith Stein deshalb Gefahr läuft, Äpfel mit Birnen zu vergleichen, weil für sie alles Äpfel oder alles Birnen sind. In der *Untersuchung zum Staat* verweist die konsequente Handhabung der phänomenologischen Methoden auf ihre Grenzen, auf den Rest von Subjektivität, der in der Entscheidung verharrt, was Wesen ist und was nicht ist, im vorgeschalteten und nicht reflektierten metaphysischen Raum der Entscheidungen.

Aus Edith Steins Sicht ist es zwar richtig, die Geschichte als geistigen Entfaltungsprozess aufzufassen, doch fällt sie hinter Hegel, ja schon hinter Kant zurück, wenn sie feststellt, dass es nicht die Freiheit sein kann, die sich entfaltet, obwohl sie vollkommen recht hat, klarzulegen, dass »die Freiheit« sich ohnehin nicht entfalten kann: »Sie kann nur da sein oder nicht da sein, und es kann im einzelnen Fall einen Moment geben, in dem sie anfängt zu sein.«[51] In ihrer Betrachtung des Staates kam sie zu der Schlussfolgerung, dass keine Staatsform die beste wäre, doch wäre der »Bestand des Staates« in der Demokratie am sichersten begründet, wiewohl diese Staatsform die höchsten Anforderungen an die Staatsbürger stellen würde. Mit Blick auf das Jahr 1933 hatte sie recht, dass »in einem parlamentarisch geordneten Staat mit dem Wechsel der Parteien verschiedene Staatstheorien ans Ruder« kommen können, sodass, »auf gesetzlichem Wege und ohne Rechtsbruch systematisch auf den Untergang des Staates hingearbeitet werden« könne.[52]

Und zwar auf den parlamentarisch geordneten Staat. Allerdings besteht das Werden der parlamentarischen Demokratie im friedlich und demokratisch geregelten Interessenwettbewerb. Darin besteht auch seine Stärke, dass er zu einem Ausgleich und zu Kompromissen zwischen unterschiedlichen Interessen in der Lage ist. Diesen Streit »verschiedener Theorien« fand sie bedenklich.

Die Skepsis wird sofort verständlich, wenn man bedenkt, dass sie diese Vorstellungen entwickelte, als die Weimarer Republik im Werden war und links- wie rechtsradikale Kräfte gegen die Demokratie für eine linke, kommunistische oder eine rechte, ständische Diktatur kämpften. Ende 1918 war Edith Stein in die Deutsche Demokratische Partei eingetreten und hielt sich deshalb öfter in Berlin auf, wo sie Zeugin der bewaffneten Kämpfe linker und rechter Gruppierungen und schließlich 1920 des Kapp-Putsches wurde. Die Frage stellt sich, welche Alternative zum Kampf der Interessen sie vorschlug. »Ein Korrektiv gegen all diese möglichen zerstörenden Einflüsse politischer Theorien liegt in der Kraft der ratio, die die realen Verhältnisse selbst in sich tragen. Jede Rechtsordnung, die gegen diese ratio verstößt, statt ihr Rechnung zu tragen, muss gewärtig sein, daß die Wirklichkeit sich ihr widersetzt und mit ständigen Durchbrechungen der Rechtsordnung ihren Gang geht.«[53] Letztlich soll und muss es die Ratio, hier also die Rechtsordnung, richten. Im Grunde berührte sie hier das Paradoxon, das später Ernst-Wolfgang Böckenförde in das berühmte Diktum fassen sollte: »Der freiheitliche, säkularisierte Staat lebt von Voraussetzungen, die er selbst nicht garantieren kann. Das ist das große Wagnis, das er, um der Freiheit willen, eingegangen ist. Als freiheitlicher Staat kann er einerseits nur bestehen, wenn sich die Freiheit, die er seinen Bürgern gewährt, von innen her, aus der moralischen Substanz des einzelnen und der Homogenität der Gesellschaft, reguliert. Anderseits kann er diese inneren Regulierungskräfte nicht von sich aus, das heißt mit den Mitteln des Rechtszwanges und autoritativen Gebots zu garantieren suchen, ohne seine Freiheitlichkeit aufzugeben und – auf säkularisierter Ebene – in jenen Totalitätsanspruch zurückzufallen, aus dem er in den konfessionellen Bürgerkriegen herausgeführt hat.«[54]

Edith Stein kam von anderer Seite zu ähnlichen, wenngleich abstrakter formulierten Überlegungen: »Und ebenso sind es alle anderen Motive, die den einzelnen treiben, den Staat ›anzuerkennen‹ oder sich ihm zu versagen. Aber diese Motive bilden, wie immer wieder betont wurde, nur das Fundament, auf das die Existenz des Staates angewiesen ist. Sie sind gleichgültig für das, was der Staat als solcher ist. Denn das liegt ganz und gar in der Sphäre der Freiheit.«[55] Dieser Gedanke führte Edith Stein zu ihrem Abschlusskapitel in der *Untersuchung zum Staat,* in dem sie über den Staat und Wertgeschichtspunkte nachdachte. Aus ihrer Sicht ermöglicht der Staat die »Realisierung von Werten«, die sie als Sinn der Geschichte verstand. [56] Den Schluss ihrer Untersuchung bildete das, was sie immer stärker interessierte und mit dem sie sich zunehmend intensiv auseinandersetzte – die Religion. So wichtig sie die Religion findet, sieht sie in ihr kein Terrain des Staates. »Die Frage, ob der Staat Träger eigener religiöser Werte sein kann, ist nach den vorausgehenden Untersuchungen negativ zu beantworten. Denn die religiösen Werte gehören einer personalen Sphäre an, die dem Staat fehlt.«[57] Mit dem Philosophen Josef Pieper könnte man den Glauben auch als Reich der Freiheit sehen, denn zu »mancherlei kann der Mensch gezwungen werden … glauben kann man nur, wenn man will«. Der Schritt zum Glauben »kann nur in völliger Freiheit getan werden«.[58]

Am 9. November 1918 endete das deutsche Kaiserreich unter den Kämpfen der Novemberrevolution und durch die Ausrufung der sozialistischen Räterepublik durch Karl Liebknecht vom Balkon des Berliner Schlosses und der parlamentarischen Republik durch Philipp Scheidemann am Reichstag. Es wurden die Wahlen zur Nationalversammlung vorbereitet, die auch die Frauen mitwählen durften, die zum ersten Mal ein Stimmrecht erhielten. Am 14. August trat die Weimarer Verfassung in Kraft. Überschattet wurden die politischen Reformen durch blutige Kämpfe, Putschversuche und politische Morde, wie an Matthias Erzberger und Walther Rathenau. Am 30. November 1918 schrieb Edith Stein, die einerseits an ihrer philosophischen Karriere arbeitete, anderseits aber höchst aktiv an den politischen Entwicklungen Anteil nahm, an Roman Ingarden: »Ich habe mich der neugebildeten Deutschen demokratischen Partei angeschlossen, es ist sogar möglich, daß ich demnächst hier in den Parteivorstand gewählt werde.«

Durch die liberale Erziehung im Elternhaus, die liberale Gesinnung in der Familie hatte sie von jeher eine Distanz zum preußischen Militarismus und »Hurra«-Patriotismus, fühlte sich aber ihrem Vaterland und ihrem Preußen sehr verbunden. Als Breslauerin konnte sie dem Mitteleuropa-Konzept – das sie als Modernisierungsprogramm für Preußen begriff – des Gründers der DDP, Friedrich Naumann, sehr viel abgewinnen. Sie hoffte, dass »ihr Preußen« deutscher und mitteleuropäischer, also in ihren Augen liberaler werden würde. Abseits der Revolution, abseits von rechts und links, engagierte sie sich in der DDP für eine bürgerlich-demokratische Republik. »An den ›Errungenschaften der Revolution‹ kann ich freilich vorläufig noch keine Freude haben, ich gehöre nicht zu denen, die leichten Herzens einen Strich durch ihre ganze Vergangenheit machen. Aber der Zusammenbruch des alten Systems hat mich davon überzeugt, daß es überlebt war, und wer sein Volk lieb hat, der will natürlich mithelfen, ihm eine neue Lebensform zu schaffen, und wird sich nicht einer notwendigen Entwicklung entgegenstemmen.«[59] Für Edith Stein, wie für alle Deutschen, brach mit der Niederlage und dem Niedergang des Kaiserreichs, mit den entehrenden und brutalen Bedingungen des Versailler Friedens, eine Welt, ihre Welt zusammen, samt aller Sicherheiten, jeder Verlässlichkeit, allen Glaubens und aller Orientierung. Unter den Intellektuellen und Künstlern – und nicht nur unter ihnen – brach eine sehnsuchtsgeladene Sinnsuche aus. Die Frage nach dem Sinn von Sein beschäftigte viele. Aus diesen zwar abstrakten oder verallgemeinernden Gedankengängen erwuchsen die personalen und existentialistischen Philosophien von Martin Heidegger, Karl Jaspers, Edith Stein, aber auch die großen Ideologien wie der Marxismus, dem sich in den 1920er-Jahren bedeutende Intellektuelle und Künstler annäherten, ihn vertraten oder weiterentwickelten – Bertolt Brecht etwa, Walter Benjamin, Karl Korsch, Ernst Bloch oder Georg Lukács. Eine neue Hinwendung zur Religion, zum Katholizismus oder Protestantismus geht ebenfalls damit einher. Ausprobiert wurden auch buddhistische Vorstellungen, wie beispielsweise von Hermann Hesse. In der Kunst brachen sich neue Ausdrucksformen und neue Annäherungen an die Wirklichkeit Bann.

In die Parteiarbeit, mit der sie im Herbst 1918 in Breslau begann, steckte Edith Stein viel Energie und viele Hoffnungen: »Außer der Parteigründung beschäftigt mich die Aufklärungsarbeit, die notwendig ist, um die Frauen zu den Wahlen heranzukriegen. Beides dient zunächst zur Vorbereitung der Nationalversammlung, die ja für uns jetzt die Lebensfrage ist. Die Vielgeschäftigkeit schützt vor trüben Gedanken. Denn wenn ich mal zur Ruhe komme, dann wollen mir immer Zweifel aufsteigen, ob es denn für uns – so ausgeblutet, wie wir jetzt sind – überhaupt noch eine Zukunft geben kann. Übrigens versuche ich, mir täglich wenigstens einige Stunden für philosophische Arbeit zu retten, weil ich so ein Leben der absoluten Dekonzentration auf die Dauer einfach nicht aushalten würde.«[60] Auch wenn sie die politische Arbeit als ihre Pflicht ansah, spürte sie doch nur zu gut, dass ihr das politische Feld nicht lag, nicht umsonst empfindet sie es als »Dekonzentration«, als Ablenkung von dem ihr Eigentlichen. Nicht zuletzt ging es jedoch bei ihrem Engagement auch um ihre Heimat im engeren Sinne, denn der Versailler Frieden sah eine Volksabstimmung in Oberschlesien vor, in der sich die Bürger entscheiden mussten, ob sie zu Polen oder zu Deutschland gehören wollten.

So beschäftigte sie sich mit der »Abfassung von Flugblättern und ähnlichen Scherzen«. Sie bemühte sich, die Jugend und die Frauen gegen die alten Herren zu gewinnen, die »begreiflicherweise in ihrem gewohnten Fahrwasser bleiben« wollten.[61] Doch sie verausgabte sich – einmal mehr. Sie vermochte das politische Tagesgeschäft nicht mit der Philosophie und ihrer religiösen Suche unter einen Hut zu bringen. Sie hatte verkannt, dass das Politische ein eigenes Handwerk war, die Kunst des Hinterzimmers. Nach Weihnachten schrieb sie am 27. Dezember an Ingarden, dass sie die Politik »satt bis zum Ekel« habe. Sie war dort gescheitert, wo sie scheitern musste. »Es fehlt mir das übliche Handwerkszeug dazu völlig: ein robustes Gewissen und ein dickes Fell. Immerhin werde ich bis zu den Wahlen aushalten müssen, weil es zu viel notwendige Arbeit gibt. Aber ich fühle mich gänzlich entwurzelt und heimatlos unter den Menschen, mit denen ich zu tun habe. Wenn ich mich von all dem Wust freimachen kann, dann will ich versuchen, eine Habilitationsschrift zu machen. In dem »neuen Deutschland« – ›falls es ist‹ – wird ja die Habilitation keine prinzipielle Schwierigkeit mehr machen. Ich würde es zuerst in Breslau probieren, voraussichtlich allerdings mit wenig Glück.«[62]

Glück mit der Habilitation sollte sie nicht nur in Breslau nicht, sondern auch in Freiburg nicht und auch in Göttingen, Hamburg nicht haben. Die Gründe lagen zwar unterschiedlich, aber immer zu ihrem Nachteil. In Freiburg verhinderte es Husserl selbst, der sich bei Georg Misch in Göttingen für Edith Stein einsetzte, doch dort verhinderte schließlich Husserls erbitterter Feind Georg Elias Müller ihre Zulassung, indem durch die Bildung einer Vorkommission verhindert wurde, dass ihre Habilitationsarbeit den Gremien überhaupt nur vorgelegt wurde. Man wies sie ab, ohne ihre Arbeit je zur Kenntnis genommen zu haben. In Hamburg gab es zu viele Bewerber und noch dazu ein Übergewicht an jüdischen Philosophen. Edith Steins Bemühungen, sich zu habilitieren scheiterten an der Tatsache, dass man Frauen, obwohl sie inzwischen das Recht dazu besaßen – von ihren Fähigkeiten ganz zu schweigen –, nicht habilitieren *wollte*, an wissenschaftlicher Feindschaft und an Antisemitismus.

Sie musste sich der Erkenntnis stellen, dass ihre Habilitation nicht vorankam und auf unüberwindbare Hindernisse stieß. So stand sie 1920 schließlich vor dem Scherbenhaufen ihrer wissenschaftlichen Karriere und dem Ende ihres politischen Engagements. Einstweilen hatte sie noch mit der Bearbeitung von Reinachs Manuskript und der Fertigstellung der *Untersuchung zum Staat* und dem Manuskript über die *Einführung in die Philosophie* zu tun. Doch die »venia legendi«, die Lehrerlaubnis, die sie sich selbst erteilt hatte, die Vorlesungen und Übungen, die sie privat ab Oktober 1920 im mütterlichen Haus in Breslau hielt, stellten auf die Dauer keine Perspektive dar.

Sie würde umdenken mussen.

14.

Die Ankunft

In Breslau empfand sie ein »wahnsinniges Heimweh nach Göttingen«. Im März 1920 konnte sie endlich ihrer Sehnsucht folgen, wohnte aber beim Cousin Richard Courant, der gerade im Begriff stand, umzuziehen. So half sie nicht nur beim Umzug, sondern zog zu Hans Lipps, der sich nach unerfreulichen Ereignissen in Freiburg nun auch in Göttingen aufhielt. Nachdem Lipps in einen Vaterschaftsprozess in der Familie Clauss geraten war und von Malvine und Edmund Husserl für schuldig befunden wurde, verstrich die Möglichkeit, sich bei Husserl zu habilitieren, sodass er nun in Göttingen lebte. Er hatte es Edith zu verdanken, die es geschickt eingefädelt hatte, sich in Göttingen bei Richard Courant habilitieren zu dürfen. Ein wenig hoffte sie darauf, dass, mithilfe ihres Cousins, sich auch für sie noch einmal die Chance zur Habilitation ergeben würde – und darauf, eine wissenschaftliche Zusammenarbeit und ein gemeinsames Leben mit Hans Lipps aufzubauen. An Roman Ingarden berichtete sie am 9. September 1920: »Ich habe wieder mal in Göttingen eine Habilitation in die Wege geleitet, aber nicht meine, sondern die von Lipps. Die strategische Leitung liegt diesmal ganz in meiner Hand, und der Plan ist so, daß die garstigen Leute, die mich so schlecht behandelt haben, möglichst ausgeschaltet bleiben. Es wird eine Arbeit über die Grundlagen der Mathematik gemacht, so daß es im wesentlichen auf das Votum der Mathematiker ankommt. Courants Berufung kam mir da natürlich sehr erwünscht, er ist bereits für den Plan gewonnen und wird sicher alles prachtvoll machen. Er hofft sogar, wenn auch nicht bald, so doch vielleicht später, mich auch noch anbringen zu können, und das wäre ja dann ein idealer Zustand.«[1] Bis auf Lipps Habilitation sollte sich keine der Hoffnungen erfüllen. Da Lipps Witwer geworden war, hielt er später, 1932, um Ediths Hand an, doch zu spät. Sie ließ ihn wissen, dass sie bereits eine andere Disposition getroffen hatte.

1920 hatte sie auch die Philosophin Hedwig Conrad-Martius, deren Schriften sie zustimmend las, kennengelernt. Über diese Begegnung, die zu einer »ganz großen« Freundschaft führen sollte, schrieb Edith Stein im gleichen Brief an Ingarden: »Einen Monat habe ich oben auf dem Hainberg residiert, weil ich am Semesterschluß vollständig abgekämpft war und Pflege und Ruhe brauchte. Dann zog ich zur Erleichterung des Verkehrs herunter zu meinem Vetter, dem kleinen Courant, der jetzt ein großer Bonze ist. Er ist eben, nachdem er ein Semester als Ordinarius in Münster war, nach Göttingen auf den Kleinschen Lehrstuhl zurückberufen worden. Es waren viele Phänomenologen da: Frl. Gothe, Lipps, zuletzt Frau Conrad. Und von allen, die nicht da waren, Nachrichten. Von Bell, der jetzt endlich in Canada ist und wohl in absehbarer Zeit eine Professur haben wird; er möchte gern nach Toronto. Von Koyré und Héring, die beide jetzt meist in Paris leben und zu den Ferien in Bergzabern waren, brachte Frau Conrad Grüße. Frau C. kennen zu lernen war eine ganz große Freude. Wir haben uns herrlich verstanden, und ich soll in den nächsten Ferien lange nach Bergzabern kommen. Sie hat jetzt in Göttingen die Einleitung zu Reinachs Schriften verfasst, ganz wunderschön.«[2]

Theodor Conrad hatte sich mit seiner Frau Hedwig auf ein Apfelgut nach Bad Bergzabern zurückgezogen, das er zum Lebensunterhalt bewirtschaftete. Ihr Haus wurde in den Zwanzigerjahren zum Mittelpunkt der Phänomenologen. Hierher kamen sie in den Ferien alle, hier versammelten sie sich, hier diskutierten sie, lebten miteinander immer wieder für kleine Zeiten. Und Edith Stein fand hier endlich den intellektuellen Austausch, den sie in Breslau so bitter vermisst hatte und der in Göttingen sich nicht wieder hatte etablieren wollen. All das Positive, all das Hymnische, was sie über die ideale Gemeinschaft geschrieben hatte, fand sie hier an der südlichen Weinstraße im gastlichen Haus der beiden Philosophen.

Dankend hatte sie die Einladung angenommen und reiste Ende Mai 1921 nach Bergzabern. Zuvor hatte Anne Reinach sie zum Abschied gebeten, sich ein Buch aus ihrer Bibliothek auszusuchen, das sie ihr schenken wollte. Ihre Wahl fiel auf die Autobiografie der heiligen Teresa von Ávila – eine Schicksalswahl. Dieses Buch hatte sie im Gepäck, als sie in Bergzabern eintraf. An Ingarden hatte sie bereits im September 1918 geschrieben: »Ich weiß nicht, ob Sie es aus früheren Äußerungen schon entnommen haben, daß ich mich mehr und mehr zu einem durchaus positiven Christentum durchgerungen habe. Das hat mich von dem Leben befreit, das mich niedergeworfen hatte, und hat mir zugleich die Kraft gegeben, das Leben aufs neue und dankbar wieder aufzunehmen. Von einer ›Wiedergeburt‹ kann ich also in tiefstem Sinne sprechen.« Als sie nun in Bad Bergzabern ankam, befanden unabhängig voneinander Hedwig Conrad-Martius und sie sich in einer »religiösen Krise«. 1958 erinnerte sich Conrad-Martius: »Wir gingen beide wie auf einem schmalen Grate dicht nebeneinander her, jeder in dem Augenblick des göttlichen Rufs gewärtig. Er geschah, führte uns aber nach konfessionell verschiedene Richtungen.«[3] Noch war nichts entschieden, doch Hedwig Conrad-Martius neigte dem Protestantismus, freilich in freikirchlicher Ausprägung, und Edith Stein dem Katholizismus zu. Diese unterschiedliche Ausrichtung führte zu konfliktgeladenen Gesprächen: »Und wie es bei den Anfangsschritten, nachdem uns die Gnade ergriffen hat, zu sein pflegt: es kam eine gewisse, wenn auch immer nur in kurzen Gesprächen und Worten leise geäußerte gegenseitige Aggressivität in unseren persönlichen Verkehr. In diesem Zusammenhang fiel das erwähnte Wort Secretum meum mihi. Es war eine etwas schroffe Geste der Abwehr mir gegenüber. Ähnliches geschah aber auch umgekehrt.«[4] Kaum ein anderer Satz charakterisierte Edith Steins hermetische Seite ihres Wesens besser als dieser Satz der Verschlossenheit: »Mein Geheimnis gehört mir.« Und er erklärt, weshalb sich Edith Stein ausgerechnet zum Katholizismus hingezogen fühlte: dieses Hingezogensein zum, diese Affinität für das Geheimnis. In ihrem philosophischen Hauptwerk sollte das Geheimnis – man möchte es fast nicht Begriff, sondern Symbolon nennen – zu einem zentralen Konzept werden. Das Geheimnis wird die Realität begründen. Für sie war der Himmel im Protestantismus verschlossen, im Katholizismus hingegen offen.

Im Sommer begann sie mit der Lektüre der Autobiografie der heiligen Teresa deren Leben und Denken sie überwältigte. Die Lektüre machte ihrem »langen Suchen nach dem wahren Glauben ein Ende«[5]. Der Ruf überkam sie so unzweideutig und unzweifelhaft, dass man beinahe stutzig werden kann. Sie, die zeitlebens dem Geheimnis des Wesens und dem Sinn von Sein auf der philosophischen Spur war, die sich immer neu annäherte, findet nun im Katholizismus die Antworten, nach denen sie sucht. Oder hatte sie unbewusst nach einer höheren Ordnung gesucht? Einer Ordnung, die nicht Menschenwerk ist? Wie vergänglich Menschenwerk war, hatte ihr der Krieg und das Ende des Kaiserreiches, in das sie hineingeboren worden war und das sie deshalb auch für ewig gehalten hatte, gezeigt. Tief in ihrer Seele schien eine Sehnsucht nach dem Unbedingten gelebt zu haben. Ihr Blick auf ihre Familie wurde stärker vom Imperativ der Wahrheit bestimmt als vom Verständnis der Nachsicht. Diesem Verlangen nach Wahrheit kann aber nichts und niemand entsprechen, außer das Ewige, das Reine, Klare, das Liebende. Gott ist der Einzige, der ihrer Unbedingtheit standhält. In diesem Sinn wies ihr Teresa den Weg, die auch eine Frau war in einer Männerwelt und sich keinesfalls bereitfand, den Platz einzunehmen, den man ihr zuteilte. Überhaupt kennzeichnete das die großen Mystikerinnen wie Mechthild von Magdeburg, Gertrud von Hackeborn, Gertrud von Helfta, Marguerite Porete, die Beginen und schließlich Teresa von Ávila: Sie suchten sich ihren Weg selbst und erkannten nur eine Autorität an – Jesus Christus.

Auch wenn dieses Erweckungserlebnis sehr stark an die berühmte Stelle in den »Confessiones« des Augustinus erinnert, schielte Edith Stein nicht nach einer Literarisierung, sondern stellte diese für sie wichtigen Tage und Wochen in Bad Bergzabern wahrheitsgemäß dar. Am Morgen nach der Lektüre stand ihr Entschluss fest, katholisch zu konvertieren. Die innere Ordnung würde sich durch diesen Schritt etablieren. Teresas Beispiel machte ihr Mut und inspirierte sie. Man darf nicht vergessen, dass der mystische Weg für diese Frauen auch ein Weg der Emanzipation war.

Edith suchte den katholischen Pfarrer in Bergzabern, Eugen Breitling, auf. Nachdem sie mit ihm alles geklärt hatte, kehrte sie am 3. August 1921 nach Breslau zurück und studierte die Werke Søren Kierkegaards und setzte ihre Lektüre der Teresa von Ávila fort. Doch nicht die radikale Gottferne des Menschen Kierkegaards überzeugte sie (die für Martin Heidegger wichtig werden sollte), sondern der Aufstieg Teresas zu Gott, ihr Bemühen, mit ihm ins Gespräch zu kommen. Ihre Mutter und ihre Familie weihte sie in ihre Pläne nicht ein. Als sich Edith Stein wieder einmal nach Bergzabern begab, ahnte Auguste nichts von der bevorstehenden Konversion ihrer Tochter.

In Bad Bergzabern ließ sich Edith Stein nun von Eugen Breitling examinieren, doch bald schon kam sich der Prüfer geprüft vor, so gründlich hatte sie sich auf die Konversion vorbereitet, vermutlich und eigentlich schon seit Jahren – seit Reinachs Tod 1917.

Am 1. Januar 1922, am Hochfest der Beschneidung Christi, ein jüdisch und zugleich christlich zu verstehendes Fest, trat Edith Stein im weißen Hochzeitskleid von Hedwig Conrad-Martius vor den Altar. Breitling hatte die Genehmigung erwirkt, dass Conrad-Martius, obwohl sie Protestantin war, als Patin für Edith Stein stehen durfte. Einen Tag später empfing Edith Stein die erste heilige Kommunion. Am 2. Februar 1922 wurde sie durch den Speyrer Bischof Dr. Ludwig Sebastian gefirmt. Als Patin in der Firmung stand ihr die Speyrer Klavierlehrerin Ernestine Mühe zur Seite.

Nun war sie katholisch, nun war sie angekommen im Glauben. Später ließ Edith Stein anklingen, dass sie zu dieser Zeit schon bereit gewesen wäre, ins Kloster zu gehen, doch brachte sie es nicht übers Herz, ihrer Mutter das anzutun, wo schon die Taufe allein, die Konversion geeignet war, ihr das Herz zu brechen.

In der Tat, die jetzt anstehende Reise nach Breslau unternahm sie keineswegs leichtfüßig. Nachdem sie ihre Mutter informiert hatte, verwies diese ihre Lieblingstochter des Hauses. Als streng gläubige Jüdin konnte sie den Schritt ihrer Tochter weder nachvollziehen, noch ihn tolerieren. Zumal sie vorab nicht einmal mit einbezogen wurde. Es sollte einige Zeit dauern, bis sie wieder vorsichtig Kontakt aufnahmen und sich die Wogen glätteten. Erst mal kehrte Edith Stein nach Bad Bergzabern zurück.

Aber auch Roman Ingarden akzeptierte ihren Entschluss nicht und versuchte in seinen Briefen, sie umzustimmen. Edmund Husserl zeigte sich ebenfalls konsterniert. An Ingarden schrieb er: »Was Sie von Frl. Stein schrieben, hat mich betrübt – mir selbst schrieb sie nicht. Es ist leider eine große Übertrittsbewegung – ein Zeichen des inneren Elends in den Seelen. Ein echter Philosoph kann nur frei sein: das Wesen der Philosophie ist radikalste Autonomie; ganz in ihrem Sinne.«[6]

Während Martin Heideggers philosophischer Weg von Gott wegführen sollte, begab sie sich auf den Weg zu ihm hin, in einem durchaus philosophischen Sinne und begann, die Scholastik zu studieren, angeregt von dem Phänomenologen Alexandre Koyré, den sie in Bergzabern traf.

15.

Abschied von der Wissenschaft?

Aber die luziden, die anregenden Aufenthalte und das für sie entscheidende Taufereignis in Bad Bergzabern täuschten Edith Stein nicht darüber hinweg, dass sie – gerade in einer Zeit, in der die Hyperinflation auf ihren Höhepunkt zuhielt – durch die Konversion faktisch heimatlos geworden war, denn ihre Mutter glaubte nun, dass der Aufenthalt ihrer Tochter in ihrem Hause völlig unmöglich geworden sei. Husserl hielt inzwischen all seine ehemaligen Schüler, die ihm die Gefolgschaft verweigert hatten, für abtrünnig, er glaubte sogar, dass er vor Freiburg niemals wirkliche Schüler gehabt hätte. Vor allem aber erfüllte ihn die Entwicklung Martin Heideggers mit großer Freude, der im Gegenzug peinlich darauf achtete, seine philosophische Differenz zu Husserl nicht durchscheinen zu lassen. Darüber hinaus stand die katholische Philosophie und alles, was man dafür hielt, nicht in hohem Ansehen, wirkte veraltet und verstaubt. Daran trug allerdings die katholische Kirche ein erhebliches Maß an Mitschuld, zumal angehende Priester seit 1910 den Antimodernisteneid abzulegen hatten.

Unter Modernismus verstand man Theologien, die die kirchliche Lehre und den aktuellen Stand der Wissenschaft und Philosophie zu verbinden suchten. Das begann bei der Abstammungslehre und reichte bis zur historisch-kritischen Exegese, die rundherum abgelehnt wurden. Erst Papst Paul VI. schaffte den Eid 1967 ab. Doch durch diesen Eid nahm sich die katholische Kirche aus der zeitgenössischen Diskussion heraus. Die Wiederentdeckung der Scholastik und des Werkes des Thomas von Aquin setzte gerade erst ein durch die Arbeiten des jungen Alexandre Koyré und Étienne Gilsons.

Von Eugen Breitling erfuhr der Speyrer Domkapitular Joseph Schwind von Edith Stein. Das Dominikanerinnenkloster Sankt Magdalena in Speyer unterhielt eine katholische Mädchenschule, ein Lyzeum, eine Frauenarbeitsschule, eine Handelsschule und das Lehrerinnenseminar. Im Kloster unterrichteten nur Nonnen. Doch bedingt durch eine Ausgründung in Mannheim trat ein Mangel an Lehrpersonal ein. Schwind fragte bei Edith Stein an, ob sie Interesse hätte, ab Ostern 1923 die Schülerinnen am Lyzeum in Deutsch und Geschichte zu unterrichten und die angehenden, katholischen Lehrerinnen an der Lehrerinnenbildungsanstalt zu übernehmen. Wissenschaftlich bedeutete das einen Abstieg, aber in Zeiten der Inflation bedeutete es eine sichere Arbeit und – was in dieser Zeit für Edith Stein fast wichtiger wurde – eine Beschäftigung im katholischen Milieu. Schwind hatte ihr geraten, nicht in ein Kloster einzutreten, sondern ihre Fähigkeiten für die Kirche im weltlichen Bereich einzusetzen. So kam sie nach Speyer.

Da Edith Stein keine wirklich methodische Ausbildung für den Lehrberuf erhalten hatte, musste sie den Stoff selbst ordnen und eine eigene Didaktik entwickeln. Das kam bei den Schülerinnen sehr gut an, auch wenn sie zuweilen an die Grenzen ihrer Auffassungsgabe gebracht wurden. In diesem ersten Schuljahr 1923 unterrichtete sie zwölf Stunden am Lyzeum und am Lehrerinnenseminar, ein Jahr später 14 Stunden. Ihr Tag war angefüllt von

Unterrichtsvorbereitungen, vom Unterricht selbst natürlich, von Konferenzen, den persönlichen Gesprächen mit den Schülerinnen, für die sie zunehmend so etwas wurde, was man heute eine Vertrauenslehrerin nennt, und von Ausflügen, besonders ins Theater. Sie wollte ihre Schülerinnen zu selbstbewussten und emanzipierten Frauen entwickeln. Deshalb behandelte sie gern Texte oder besuchte Theateraufführungen von Stücken, in denen selbstbewusste, mutige Frauen im Mittelpunkt standen, wie beispielsweise Hendrik Ibsens *Nora oder Ein Puppenheim*. Ihre Unterkunft lag im Pfortenbereich des Lyzeums. Sie war die einzige Lehrerin, die keine Nonne war. An Ingarden gab sie ausführlichen Bericht: »Und als meine Mutter ihre Abneigung dagegen einigermaßen überwunden hatte, griff ich rasch zu. Denn was für meine Mutter einen bedenklichen Haken an der Sache bedeutete, das war für mich gerade der Hauptanziehungspunkt: es handelte sich nämlich um ein großes altes Dominikanerinnenkloster, dem eine ganze Menge Lehranstalten angegliedert sind, u. a. die katholische Lehrerinnenbildungsanstalt für die Pfalz. Da bin ich also jetzt angestellt, gebe deutschen Unterricht in 4 Klassen, außerdem in einer Klasse Geschichte. Als kleine Nebenbeschäftigung fand sich bald ein Philosophiekursus für die Schwestern des Kollegiums dazu, seit einiger Zeit auch noch Lateinstunden für 2 junge Schwestern, die das Abiturium machen sollen. Die Schulerinnen sind zum großen Teil im Internat, und da wohne auch ich drin. Mein Zimmerchen ist ganz winzig, aber ich bin noch nirgends so gern gewesen. Im Sommer war ich zu Besuch daheim, in den kleinen Ferien immer nur ein paar Tage in Bergzabern – dahin ist es ja nicht weit. Und jedesmal, wenn ich zurückkomme und von weitem die Speyerer Domtürme sehe und dann das kleine spitze Türmchen unserer Klosterkirche, dann werde ich ganz unsagbar froh. Die Kinder sind mir sehr lieb, und wir vertragen uns recht gut, obgleich sie aus mir ganz fremden Lebensverhältnissen stammen. Schwierigkeiten gibt es natürlich, aber nicht mehr als in der Erziehung – und gar der Internatserziehung – als solcher liegen. Außer mir unterrichten nur Schwestern, und das ist ein idealer Zustand. Es gibt gar keine Reibungsflächen. Das geistige Niveau ist unvergleichlich mit dem, was man draußen an Schulen trifft. Die Klosterkandidatinnen sind an sich schon eine Auswahl und dann werden für das Seminar die allerbesten herausgesucht und ausgebildet. Die Hauptsache ist für mich natürlich die religiöse Basis des ganzen Lebens. Ich weiß nicht, ob man Ihnen darüber mal etwas Näheres sagen darf.«[1]

In einem gewissen Sinne lebte sie bereits im Kloster. Ihren Tagesrhythmus passte sie an das Leben der Dominikanerinnen an. Wenn sie das Kloster Beuron besuchte, das Zentrum der liturgischen Bewegung, rief sie bei anderen Gästen zuweilen Missmut hervor, weil es sie bei den Mahlzeiten nicht lange am Tisch hielt, sondern es sie in die Kirche zu den Meditationen trieb. Immer stärker entfaltete Edith Stein ein reiches religiöses Leben. In den Meditationen allein in der Zwiesprache mit Gott zu sein, dem sie ihr Geheimnis, die verschwiegene Seite ihres Wesens öffnen durfte – das befreite sie, füllte sie aus, beglückte sie. Dass sie Ingarden gegenüber ihr neues Leben in den hellsten Farben malte, lag allerdings auch daran, dass er seine Bedenken äußerte und ihren Entschluss nicht billigte. Mit ihrer Mutter hatte sie sich inzwischen ausgesöhnt und sich mit ihr darauf geeinigt, sie in den Sommerferien zu besuchen.

Doch die wissenschaftliche Arbeit fehlte ihr auch, vor allem der intellektuelle Austausch. Die Besuche in Bad Bergzabern bei Theodor Conrad und der Freundin Hedwig Conrad-Martius wurden so für sie eine wichtige Brücke in die philosophische Welt. Möglicherweise hatte Edith Stein 1922 in Bergzabern von Alexandre Koyré dessen Descartes-Buch bekommen, auf jeden Fall begann sie mit Hedwig Conrad-Martius dessen Übersetzung aus dem Französischen ins Deutsche. Über Koyré gewann sie eine eigene Einführung in die Scholastik und ein stärker werdendes Interesse an Thomas von Aquin, denn Koyré stellte das Bild René Descartes als rationalsten und ersten Denker der Neuzeit infrage und versuchte zu zeigen, wie sehr Descartes dem Denken der Scholastik verhaftet war. Descartes Nachdenken über das »Ich« innerhalb des Cogito, ergo sum rang auf anderen Wegen um einen neuzeitlichen Gottesbeweis. Um das zu belegen, stellte Koyré Descartes in die Denk- und Argumentationsmuster der Scholastiker. Für Edith Steins Beschäftigung mit Thomas von Aquin lieferte Koyrés Auseinandersetzung die notwendigen Anregungen.

Über Vermittlung erreichte Edith Stein außerdem die Anfrage des Theatiner-Verlages, Kardinal John Henry Newman zu übersetzen. Newman konvertierte als anglikanischer Geistlicher zum Katholizismus und wurde zu einem der wichtigsten religiösen Schriftsteller und Theologen des 19. Jahrhunderts, der darum kämpfte, dass die katholische Messe nicht den Anschluss an die Moderne verlöre. Der Verlag war von ihrer Übersetzung begeistert und brachte ihr einen weiteren Auftrag ein, wieder Newman. Dadurch erschloss sich ihr ein neues Arbeitsfeld und vor allem lernte sie durch diese Arbeit den Philosophen, Theologen und Jesuiten Ernst Przywara kennen, der einer ihrer geistlichen Berater wurde.

Die Übersetzungsarbeit hatte ihre Sehnsucht nach wissenschaftlichem Arbeiten erneut entfacht. In der Beschäftigung mit Thomas von Aquin und dessen durchgearbeiteten Begriffsapparat wurde ihr wieder bewusst, wie sehr der Phänomenologie genau diese begriffliche Präzision fehlte. Ihr wurde immer klarer, dass gerade phänomenologische Methode und scholastische Begriffsdisziplin einander ergänzen würden. Sie malte sich aus, Husserl mit Thomas von Aquin zu konfrontierten. Schnell wuchs in ihrem Kopf ein Wissenschaftsprogramm, das sie über Jahre hätte beschäftigen können. Przywara machte sie aufmerksam auf die *Quaestiones disputatae de veritate* des Thomas von Aquin, die zum einen nicht übersetzt und zum anderen in einem nicht ganz einfachen Latein gehalten waren. Ihr Ehrgeiz war gepackt: 1925 bat Edith Stein um die Reduzierung ihrer Lehraufgaben, die ihr bewilligt wurde, und begann mit der Übersetzungsarbeit, mit dem Versuch, Thomas korrekt in ein heutiges und verständliches Deutsch zu bringen. Bis 1928 sollte die Arbeit an der Übersetzung andauern, die 1931 unter dem Titel *Des heiligen Thomas Untersuchung über die Wahrheit* erschien.

Mit dieser Übersetzung ist der Bann gebrochen und Edith Stein verabschiedet sich vom Abschied von der Wissenschaft. Sie begann, erneut an einer Habilitationsschrift zu arbeiten, diesmal sollte im Mittelpunkt die Vorstellung von »Potenz und Akt« des heiligen Thomas stehen, von Möglichkeit und Wirklichkeit, auch von letzter Wirklichkeit. Langsam schälte sich die Vorstellung bei ihr heraus, die Letztbegründung der Phänomenologie nicht in der irdischen Existenz zu suchen, sondern in der Quelle der Existenz, bei Gott, dort, wo auch Descartes angesetzt hatte, wie sie von Alexandre Koyré erfahren hatte.

In der zweiten Hälfte der 1920er-Jahre erreichten Edith Stein immer mehr Anfragen zu bildungspolitischen Fragen oder zu Fragen der Stellung der Frau in der Gesellschaft, zu Fragen der Emanzipation der Frau zu sprechen. Sie versuchte, keinen Vortrag abzulehnen. Zuweilen sprach sie ohne Manuskript zwei Stunden lang, vor 500 Menschen in ihrer ruhigen, logischen Rhetorik, der jegliche prätentiösen Effekte fremd waren.

Sie war in die Wissenschaft und in das öffentliche Leben zurückgekehrt. Es war Martin Heidegger, der Edith Stein empfahl, es noch einmal mit einer Habilitation zu versuchen, und Heinrich Fink wies sie auf ein Stipendium der Görresgesellschaft für Habilitanden hin, das sie auch erhielt. *Akt und Potenz* sollte ihre neue Habilitationsschrift werden.

1931 kündigte sie in Sankt Magdalena. Fing nun – zehn Jahre verspätet – die wissenschaftliche Kariere doch noch an?

16.

Die große Entdeckung

Das umfangreiche Werk des Thomas von Aquin war für Edith Stein eine echte, eine große Entdeckung. Sein Weltensystem, die summa, die alle Bereiche des Lebens ordnet, und damit verbunden einen neuen Zugang zu Aristoteles bietet, vor allem aber die Möglichkeit, die phänomenologische Methode über Thomas in ein im wahrsten Sinne des Wortes weltanschauliches Konzept einzuordnen, der Phänomenologie die fehlende Letztbegründung zu erarbeiten – das faszinierte sie. Was die Kündigung in Speyer betraf, bedeutete sie bei allem Pflichtgefühl und bei aller aufrichtigen Anteilnahme an der geistigen Entwicklung ihrer Schülerinnen dennoch eine Befreiung für Edith Stein: »Der heilige Thomas ist nicht mehr zufrieden mit den abgesparten Stunden, er will mich ganz«, schrieb sie am 28. März 1931 an die Dominikanerin Callista Kopf.[1] Der Versuch also, die Phänomenologie zu fundieren und durch das Denken des Aquinaten zu richten und zu dynamisieren, erforderte Zeit. Einer der tiefgründigsten Sätze der Philosophie, das sokratische »Ich weiß, dass ich nichts weiß«, wurde ihr jetzt Grundeinsicht und Leitmotiv. Der Freundin Hedwig Conrad-Martius gegenüber klagte Edith Stein, dass sie an ihrer »gräßlichen Unwissenheit (besonders in Pädagogik und Philosophiegeschichte) und der Unmöglichkeit, das noch je wieder einzubringen« leide.[2] Da sie in diesen Jahren das Universum der mittelalterlichen Philosophie entdeckte und erkundete, wurde ihr, die stets streng systematisch und eben nicht kursorisch oder eskapistisch arbeitete, bewusst, was alles aufzuarbeiten war. Letztlich verlangte das eine Summa der Sachen zu entwickeln, eine Gesamtdarstellung aus der scholastischen Methode heraus. Sie wollte in die Philosophie zurück, dorthin, wo sie hingehörte, wo ihre eigentlichen Talente lagen. Wobei ihr die praktische Arbeit allerdings auch gutgetan hatte, denn sie hatte Fühlung mit dem Leben aufgenommen, mit Menschen, die »ganz mit ihrem Lebenswerk verwachsen sind, richtig fachlich dafür gebildet und darin großgeworden«.[3]

In Absprache mit dem Freiburger Philosophen Martin Honecker versuchte sie also in ihrer Habilitationsschrift *Potenz und Akt* das Werk Thomas von Aquins mithilfe der phänomenologischen Methode zu erkunden, wenn man so will: auszuhorchen, auszudeuten. Honecker, der nicht zufällig von 1925 bis 1929 Generalsekretär der Görresgesellschaft war, hatte sich 1924 bei dem bedeutenden Neuthomisten Joseph Geyser habilitiert. 1930, ein Jahr nach Geysers 60. Geburtstag, erschien zu dessen Ehren die zweibändige Festschrift *Philosophia Perennis.* Der Titel sagte alles, es ging um eine immerwährende, eine ewige Philosophie, eine neue Metaphysik als erste Philosophie. Besonders intensiv hatte sich Geyser mit Husserls Phänomenologie und mit Schelers Metaphysik auseinandergesetzt. Honecker nun übernahm 1924 Geysers Lehrstuhl in Freiburg.

Doch wieder blieb Edith Stein eine herbe Enttäuschung nicht erspart, denn Honecker musste ihr mitteilen, dass ihre Schrift und ihre frühere Lehrtätigkeit eine Habilitation zwar durchaus rechtfertigen würden, doch aufgrund der wirtschaftlichen Lage derzeit nicht durchsetzbar wäre. Diese Antwort ereilte sie 1931. Richtig war, dass die Weltwirtschaftskrise Fahrt aufnahm und Deutschland aufgrund der engen Verflechtung mit der Wirtschaft der Vereinigten Staaten heftig von der Krise getroffen wurde. Katastrophal wirkte sich aus, dass Deutschland immer noch beträchtliche Reparationen zu entrichten hatte. Das politische Klima wurde angesichts der wachsenden Not und des Massenelends, der zunehmenden Selbstdelegitimierung des Staates durch das Regieren der Präsidialkabinette mit Notverordnungen immer rauer. Extremistische Kräfte griffen die Demokratie von den politischen Rändern aus an, die man angesichts der Massen, die sie ansprachen, eigentlich nicht mehr »Ränder« nennen konnte. Auch der Antisemitismus gewann in den politischen Auseinandersetzungen, die teilweise bürgerkriegsähnliche Ausmaße annahmen, an Wucht, einer Wucht, die Edith Stein zu spüren bekam und die letztlich das entscheidende Wort bei der Ablehnung ihrer Habilitation mitsprach.

Aber sie hatte sich entschieden. Edith Stein wollte mit ganzer Kraft ihrem wissenschaftlichen Programm folgen. In der Auseinandersetzung mit der Scholastik, die ihre Übersetzung von Koyrés Descartes-Buch eröffnete und sie zum heiligen Thomas von Aquin, aber auch zu Duns Scotus führte, vollzog sich bei ihr nicht weniger als der philosophische Durchbruch. Martin Heidegger hatte sich 1926 mit *Sein und Zeit* von Edmund Husserl emanzipiert. Er hatte seinen philosophischen Weg gefunden, der das In-der-Welt-Sein des Individuums, das Geworfensein in die Existenz zum Thema machte. Ein Weg, der ihn weg von Gott führte, die Metaphysik infrage stellte, indem er mit großer Geste die Philosophiegeschichte von Platon bis Nietzsche zu einem Irrweg erklärte. Heideggers fortwährende Destruktion und seine Etymologisierung von Philosophie kam der Krisenstimmung nach dem Ersten Weltkrieg entgegen, verlieh der Krise der Institutionen und des Lebens, dem Gefühl der Vereinzelung in der Massengesellschaft, der Entfremdung des Menschen von sich selbst einen philosophischen Ausdruck. So eindrucksvoll seine Befunde auch klangen, so tief sie durch seine teils skurrilen, doch immer originellen Wortschöpfungen wirkten, die das In-der-Welt-Sein ausdrücken sollten, so unbefriedigend blieben sie in ihren Lösungsvorschlägen. Er verharrte in der Forderung des Wesentlich-Werdens des Menschen, der sich selbst übergipfeln sollte, indem er die Verdinglichung abstreifte, indem er destruierte, was ihn gefangen hielt und den Nihilismus überwand.

Edith Stein ging den entgegengesetzten Weg, den Weg vom Menschen hin zu Gott. Polemisch fragte sie gegen Heidegger, wer denn, wenn der Mensch tatsächlich in die Existenz geworfen wäre, der Werfer wäre. Sie ging vom Menschen zu Gott.

Der Sinn von Sein, der sie schon seit frühester philosophischer Beschäftigung umtrieb, war für Edith Stein nicht Zeit – wie Heidegger behauptete – sondern Ewigkeit. Das Wesen des Menschen bestand nicht im Geworfensein in die Existenz, sondern in seinem Aufgehobensein in Gott. Der Mensch wird Person, wenn er seine Möglichkeiten erkennt und verwirklicht, die Potenz aktualisiert, sie zum Akt macht und sich als Handelnder erlebt: »Der Kern der Person ist das Seiende, das sie in sich ist und wodurch sie similitudo des göttlichen Seins ist; das, was der analogia entis positiv zugrunde liegt. … Er ist actu ens, aktuell Seiendes, im Gegensatz zu bloßer Möglichkeit, und zwar nicht nur zu logischer Möglichkeit, sondern auch zu bloßer Potenz im Sinn unausgebildeter Fähigkeit; er ist aber nicht actus purus, sondern ein Aktuelles, das einer Seinssteigerung fähig ist, und zwar zu der Seinsform bewußten Geisteslebens. Im Hinblick auf diese Seinssteigerung kann sein Sein potentiell genannt werden.«[4]

Der Mensch, wenn er Person wird, begreift die Fülle seines Seins als die Fülle seiner Möglichkeiten, die er verwirklichen oder aktualisieren muss. Doch Edith Stein ging der Ewigkeitspotenz des Menschen in Gott nicht nach, um »theologischem Interesse« gerecht zu werden – und sie wehrte sich auch, in die Theologie abgeschoben zu werden –, sondern um dem, »was wir als Kern der Person bezeichnet haben, … näherzukommen«. Es drängten sich ihr vier Fragen auf: »1. Ist der Kern der Person etwas Aktuelles oder Potentielles? 2. Ist er etwas Einfaches oder etwas Teilbares? 3. Ist er etwas Wandelbares oder Unwandelbares? 4. Ist das aktuelle Leben der Person ganz oder nur teilweise im Kern verankert, oder kann es gar ganz ohne Beteiligung des Kerns – ›unpersönlich‹ – verlaufen?«[5] Sie ist sich nur allzu bewusst darüber, dass sie einen ganz neuen philosophischen Weg eingeschlagen hatte, über den Husserl übrigens nicht glücklich war, aber auch, dass sie hier noch am Anfang stand.

In dieser Situation, in der sie zwischen Baum und Borke stand – in Speyer hatte sie aufgehört, die Habilitation wurde abgelehnt und durfte wieder einmal als gescheitert angesehen werden –, erhielt sie das Angebot, als Dozentin am Deutschen Institut für wissenschaftliche Pädagogik in Münster als Dozentin für Fragen der Mädchen- und Frauenbildung anzufangen. Sie war die berühmteste Unberühmte, hatte sich durch ihre zahlreichen Vorträge einen soliden Ruf in der katholischen Bildungsarbeit als Kämpferin für die Mädchen- und Frauenemanzipation erworben und wurde in Phänomenologen-Kreisen als Philosophin und als Phänomenologin geschätzt. Letzteres nützte ihr allerdings nicht allzu viel, denn en vogue war eben Husserls Phänomenologie, und Heideggers und Karl Jaspers Existenzphilosophie galten philosophisch als le dernier cri, als moderner letzter Schrei. Außerdem erlebte das marxistische Denken auch durch die Kritische Theorie und den Aufstieg der Soziologie einen ungeheuren Aufschwung. Georg Lukács, Walter Benjamin, Theodor W. Adorno, Siegfried Kracauer beherrschten virtuos die öffentliche Diskussion. Kurioserweise hatte Edith Stein zu dieser Entwicklung in gewissem Maße beigetragen. Zu ihrem »philosophischen Kindergarten« in Breslau hatte auch ein junger

Mann namens Norbert Elias gehört, den sie für begabt hielt, dem allerdings, ihrer Meinung nach, die kritizistischen Flausen ausgetrieben werden mussten, die er sich bei Hönigswald angewöhnt hatte. Jetzt erwarb sich Elias seine Meriten.

Sie zögerte etwas, bevor sie das Angebot aus Münster annahm, schließlich war sie durch die Zeit in Speyer ein »gebranntes Kind« und fürchtete, nicht genügend Zeit für den »heiligen Thomas« übrig zu behalten. Andererseits spielte die Frage der »Seinssteigerung«, der Entwicklung zur Person, der Verwirklichung des eigenen Menschseins auf das pädagogische Terrain hinüber. Da sich Erziehung für sie nur noch »katholisch« denken ließ, sie in ihren Vorträgen die Frage nach der katholischen Prägung von Erziehung stellte – und das Institut in Münster genau diesen Fragen auf wissenschaftlicher Grundlage nachging – rang sie sich schließlich durch, die Stelle anzunehmen, zumal die Frage einer katholischen Pädagogik noch sehr am Anfang stand.

In Münster hielt sie dann auch die Vorlesung zum christlichen Menschenbild, das Erziehung fundieren musste, zum »Aufbau der menschlichen Person«, im Grunde also zu den Themen, die sie seit ihren frühen Arbeiten zur Einfühlung beschäftigten. In der Vorlesung gelangte Edith Stein zu Einsichten, die über die Schrift *Potenz und Akt* hinausreichten und auf ihr philosophisches Projekt, das thomistische Denken mit der Phänomenologie zu entdecken, zurückwirkten. Mehr noch, die Auseinandersetzung mit der Anthropologie wird im Zusammenspiel mit der Phänomenologie und dem Neothomismus zur Ausprägung ihrer eigenen Philosophie, zu ihrem Hinausgehen über Husserl werden, zu einer Philosophie, die man personale Phänomenologie nennen könnte, denn ihr Denken ging von der Person aus, die sie als einen um eine Mannigfaltigkeit an Möglichkeiten bereicherter Mensch sah: »Was heißt es, daß der Mensch für sich verantwortlich sei? Es heißt, daß es an ihm liegt, was er ist, und daß von ihm verlangt wird, etwas Bestimmtes aus sich zu machen: Er kann und soll sich selbst formen. Was besagt das ›Er‹ und das ›Sich Selbst‹, das ›Kann‹ und das ›Soll‹ und das ›Formen‹? Er ist jemand, der von sich Ich sagt. Das kann kein Tier. Ich blicke in die Augen eines Tieres und es blickt mir etwas daraus entgegen. Ich schaue in ein Inneres, in eine Seele hinein, die meinen Blick und meine Gegenwart spürt. Aber es ist eine stumme und gefangene Seele: in sich selbst gefangen, unfähig, hinter sich selbst zurückzugehen und sich selbst zu fassen, unfähig, aus sich selbst heraus und zu mir zu gelangen. Ich schaue in die Augen eines Menschen und sein Blick antwortet mir. Er läßt mich eindringen in sein Inneres oder wehrt mich ab. Er ist Herr seiner Seele und kann ihre Tore öffnen und schließen. Er kann aus sich selbst heraustreten und in die Dinge eingehen. Wenn zwei Menschen einander anblicken, dann stehen ein Ich und ein anderes Ich einander gegenüber. Es kann eine Begegnung vor den Toren sein oder eine Begegnung im Innern. Wenn es eine Begegnung im Innern ist, dann ist das andere Ich ein Du. Der Blick des Menschen spricht. Ein selbstherrliches, waches Ich sieht mich daraus an. Wir sagen dafür auch: eine freie geistige Person. Person sein heißt, ein freies und geistiges Wesen sein. Daß der Mensch Person ist, das unterscheidet ihn von allen Naturwesen.«[6] Nicht aus seinem unpersönlichen, einsamen Geworfensein in die Existenz ergeben sich die Möglichkeiten, das Personwerden des Menschen, sondern aus seiner Gottebenbildlichkeit. Zur fundamentalen Vorstellung ihrer Philosophie wird das Axiom, dass »jeder Mensch … ein Gottsucher und darin am stärksten dem Ewigen verbunden« ist. »In allem Schönen und Guten, was der Mensch in sich und um sich findet, ahnt er ein Höchstes über sich und allem und fühlt sich angetrieben, es zu suchen und ihm zu dienen.«[7] Zöge man dieses Axiom oder Dogma aus der Stein'schen Philosophie heraus, bräche sie in sich zusammen.

Diese Entscheidung, die Edith Steins Philosophie vorausgeht, wurde im metaphysischen Raum getroffen, sie ist nicht philosophisch, sondern vorphilosophisch und bedingt daher Philosophie. Sie beruht auf der der eigenen Biografie abgerungenen Überzeugung, dass der Mensch das Tiefste und Eigenste, was er ist, Gott verdankt, »Gott allein, und alles, was er irdischen Gemeinschaften verdankt, verdankt er mittelbar Gott. Gott ist er mit allem verpflichtet, was er ist. Durch Gott ist er in die Gemeinschaften hineingestellt, in denen er steht, und Gott bestimmt das Maß der Verpflichtungen, das er ihnen gegenüber hat. Was ich zu verantworten habe, das habe ich vor Gott zu verantworten. Worin es besteht, d. h. was meine Pflicht ist, das sagt mir mein Gewissen. Ihm zu folgen ist Sache meiner Freiheit.« Das Gewissen jedoch ist im Wort Gottes gefangen, sagte Martin Luther 1521 in Worms, nachdem er zuvor die Freiheit eines Christenmenschen in einer großen Schrift begründet hatte. Genau diese Dialektik der Freiheit – frei und unfrei zu sein – hatte Edith Stein im Blick, wenn sie weiter ausführte: »Es gibt in jedem Menschen einen Bezirk, der frei ist von jeder irdischen Bindung, der nicht von andern Menschen stammt und nicht von andern Menschen bestimmt wird. Hier steht er allein vor Gott. Das ist das Innerste der Seele, das schlechthin individuelle und freie Ich, das personale. Was es durch seine Abstammung empfangen hat, das ist ihm in die Hand gegeben, um es zu gestalten und in seinem Wirken fruchtbar werden zu lassen. Das Wirken ist zumeist Wirken in Gemeinschaften.« Und dann schreibt sie plötzlich über sich, über ihre Lebensoptionen, denkt über sich im philosophischen Genre nach, indem sie über alle reflektiert: »Es kann einem Menschen aufgegeben sein, vorwiegend in einer engeren Gemeinschaft zu wirken, etwa in der Familie. Es kann sich der Sinn seines Daseins in diesem Wirken erfüllen, ohne daß er sich der Zugehörigkeit zu einer größeren Gemeinschaft bewußt ist und sich ihr verpflichtet weiß; es kann dies Wirken im engen Kreis dennoch für die größere Gemeinschaft fruchtbar sein. Es kann eines Menschen Beruf sein, seine ganze Kraft im Dienst seines Volkes einzusetzen. Leben und Gedeihen eines Volkes ist daran gebunden, daß es Menschen gibt, die diesen Beruf haben und ihm folgen. Es gibt aber auch Menschen, die herausgerufen werden aus ihrem Volk und ihrer Verwandtschaft. Kann sein, daß ihre Sendung an andere Völker geht. Es kann aber auch sein, daß der Herr sie für sich selbst aussondert. Aus der Erlösungsordnung wird es begreiflich, daß auch ein völlig weltabgeschiedenes und von aller irdischen Gemeinschaft gelöstes Leben für die Menschheit fruchtbar sein kann. Aber der Wert des Menschen bemißt sich nicht danach. Nicht, was er für eine Gemeinschaft leistet – für Familie, Volk, Menschheit – ist letzter Maßstab seines Wertes, sondern ob er dem Ruf Gottes folgt.«[8] Befand sie sich – zumindest mental – bereits auf dem Weg ins Kloster? Wuchs die Sehnsucht in ihr? Zumindest fragte sie sich, ob sie den Anschluss verloren und für diese Welt allseitig untauglich sei.[9]

Eine Einladung, die sie erreichte, sollte sie für eine kurze Weile aus diesen Gedanken herausreißen und sie wieder die enge und beglückende Gemeinschaft der Phänomenologen erfahren lassen. Eine Reise, die sie nach Frankreich führte und die Möglichkeiten einer Existenz aufzeigte, die von der Zeit und von ihrer Sehnsucht nach dem Leben im Kloster verschlossen wurde. So bekamen diese Tage in Paris, ohne dass sie es wusste, vielleicht jedoch ahnte, etwas von einem großen Abschied. Im August schrieb Edith Stein an Adelgundis Jaegerschmid: »Am nächsten Samstag reise ich, wahrscheinlich mit einigen Aufenthalten, nach Paris zur Arbeitstagung der Société Thomiste über Phänomenologie und Thomismus.«[10] Eigentlich reiste sie nicht mehr gern, weil es ihr um die Zeit leidtat, die das Unterwegssein verschlang. Doch in diesem Fall lagen die Dinge anders, schließlich stand ein wissenschaftlicher Austausch mit den größten Neuthomisten dieser Zeit an, der die Themen behandelte, mit denen sie sich intensiv beschäftigte – außerdem würde sie alte Freunde wie Alexandre Koyré, bei dem sie auch übernachten wollte, wiedersehen.

Aufgebrochen war sie am 3. September 1932 von Breslau um 18.22 Uhr mit dem Nachtzug, um Zeit zu sparen, und kam am 4. September um 8.45 Uhr in Würzburg an. Von Würzburg ging, nach einem kurzen Aufenthalt, die Reise weiter nach Heidelberg, wo sie Hedwig Conrad-Martius traf. Von dort ging es nach Straßburg zu Jean Héring weiter und dann nach Paris. Die Tagung selbst fand am 12. September statt, doch vorher wollte sie noch »etwa eine Woche bei Koyré sein, ein bißchen Paris kennen lernen und viel für mein Scholastikstudium profitieren«.[11] Am 15. September besuchte sie den berühmten Philosophen Jacques Maritain in Meudon, der eine der großen Autoritäten des Neuthomismus war.

An der Tagung nahmen 35 Philosophen teil, Edith Stein als einzige Frau. Unter ihnen befanden sich fünf deutsche Teilenehmer: Daniel Feuling OSB, Alois Mager OSB, beide aus Beuron, Fritz-Joachim von Rintelen aus München, Bernhard Rosenmöller aus Münster und Gottlieb Söhngen aus Bonn.

In Juvisy-sur-Orge bei Paris unterhielten die Dominikaner ein Studienkolleg, in dessen Räumlichkeiten sie die Tagung veranstalteten. Daniel Feuling erinnerte sich: »Das Ansehen, das Edith Stein auch über die Grenzen des deutschen Sprachgebietes hinaus genoß, sowie ihre Vertrautheit mit der Lehre Husserls und anderer Vertreter der phänomenologischen Forschungs- und Denkart wurde zum Anlaß, daß die Leitung der Société Thomiste sie einlud, an den Besprechungen ausgewählter philosophischer Forscher und Gelehrter teilzunehmen, die im September 1932 zu Juvisy bei Paris stattfanden. An den Aussprachen nach den zwei Vorträgen dieses

Studientages (Journée d'études) nahm Dr. Edith Stein im hervorragenden Maße teil; im Unterschied zu den andern deutschen Teilnehmern sprach sie dabei in gewandter französischer Sprache und zwar ganz frei, da ja ihr Wort bestimmt sein mußte durch das, was vorgetragen und in der Diskussion gesagt und gefragt worden war. Ihre wiederholten Äußerungen fanden großen Beifall bei der Versammlung großenteils bedeutender Männer.«[12]

Es waren für Edith Stein inspirierende Tage, die ihr zeigten, dass sie auf dem richtigen Weg war. Nicht nur Thomas hatte sie nunmehr im Blick, sondern auch die mystische Theologie, genauer Dionysius Aeropagita, den sie auch übersetzen sollte.

Zumindest war es ihr im September 1932 vergönnt, diese unbeschwerten Tage zu genießen, bevor wenige Monate später die Katastrophe des Nationalsozialismus über sie hereinbrechen sollte.

17.

Abschied von der Mutter

Eigentlich hatte Edith Stein nun alles erreicht, was sie für ihre wissenschaftliche Arbeit benötigte. Ideal war ihr Werdegang nicht verlaufen, aber ihr Erfolg war keineswegs zu verachten. Sie hatte nun eine akademische Anstellung, aus der heraus sie ihr Habilitationsvorhaben in Ruhe betreiben konnte, ein Forschungsprogramm, das sie sogar aus ihrer Position zu verfolgen vermochte, sie pflegte Freundschaften und genoss Ansehen in einem Kreis exzellenter Wissenschaftler, die sie achteten. Auf andere, auf neue Art war sie wieder mit dem wissenschaftlichen Leben und dem intensiven Austausch mit Gleichgesinnten verbunden. Die Weichen für den neuen Lebensabschnitt waren durchaus befriedigend gestellt.

Zumindest bis zum 30. Januar 1933. Mit Hitlers Machtantritt veränderte sich Edith Steins Welt schlagartig und wieder zerstoben die Hoffnungen, die sie sich hatte machen dürfen.

Die letzte Vorlesung hielt sie am 25. Februar 1933. Von ihrer Familie kamen erschreckende Nachrichten und sie beobachtete natürlich, was um sie herum vorging. Im März entschloss sie sich, den Papst über die Verfolgung der Juden in Deutschland zu unterrichten, doch da sie keine Aussicht auf eine Privataudienz erhielt, entschloss sie sich, einen Brief zu schreiben. Damit dieser nicht in den Tiefen der Kurie versinken würde, bat sie den Erzabt von Beuron,

Raphael Walzer, am 8. April, den Brief dem Papst zu übergeben. Einen Tag zuvor war Edith Stein nach Beuron gefahren, um dort die Karwoche in geistiger Sammlung, im Gebet, in Meditation und Zwiesprache mit dem Herrn zu verbringen. Normalerweise verbrachte sie diese Zeit still für sich, ganz auf ihre Exerzitien konzentriert, ohne mit jemanden – sei es durch Briefe oder Gespräche – in Kontakt zu treten. Spätestens zwischen dem 8. und dem 13. April hatte sie den Brief im Kloster auf einer Schreibmaschine getippt, vielleicht aber auch schon in Münster vorformuliert. Walzers Begleitschreiben an den Kardinalstaatssekretär Eugenio Pacelli, den nachmaligen Papst Pius XII., trägt das Datum vom 12. April 1933. In Rom übergab Walzer den Brief dem Papst, in dem Edith Stein den Heiligen Vater energisch zum Handeln aufforderte:

»Heiliger Vater!

Als ein Kind des jüdischen Volkes, das durch Gottes Gnade seit elf Jahren ein Kind der katholischen Kirche ist, wage ich es vor dem Vater der Christenheit auszusprechen, was Millionen von Deutschen bedrückt.

Seit Wochen sehen wir in Deutschland Taten geschehen, die jeder Gerechtigkeit und Menschlichkeit – von Nächstenliebe gar nicht zu reden – Hohn sprechen. Jahre hindurch haben die nationalsozialistischen Führer den Judenhaß gepredigt. Nachdem sie jetzt die Regierungsgewalt in ihre Hände gebracht und ihre Anhängerschar – darunter nachweislich verbrecherische Elemente – bewaffnet hatten, ist diese Saat des Hasses aufgegangen. Daß Ausschreitungen vorgekommen sind, wurde noch vor kurzem von der Regierung zugegeben. In welchem Umfang, davon können wir uns kein Bild machen, weil die öffentliche Meinung geknebelt ist. Aber nach dem zu urteilen, was mir durch persönliche Beziehungen bekannt geworden ist, handelt es sich keineswegs um vereinzelte Ausnahmefälle. Unter dem Druck der Auslandsstimmen ist die Regierung zu ›milderen‹ Methoden übergegangen. Sie hat die Parole ausgegeben, es solle ›keinem Juden ein Haar gekrümmt werden‹. Aber sie treibt durch ihre Boykotterklärung – dadurch, daß sie den Menschen wirtschaftliche Existenz, bürgerliche Ehre und ihr Vaterland nimmt – viele zur Verzweiflung: es sind mir in der letzten Woche durch private Nachrichten 5 Fälle von Selbstmord infolge dieser Anfeindungen bekannt geworden. Ich bin überzeugt, daß es sich um eine allgemeine Erscheinung handelt, die noch viele Opfer fordern wird. Man mag bedauern, daß die Unglücklichen nicht mehr inneren Halt haben, um ihr Schicksal zu tragen. Aber die Verantwortung fällt doch zum großen Teil auf die, die sie so weit brachten. Und sie fällt auch auf die, die dazu schweigen.

Alles, was geschehen ist und noch täglich geschieht, geht von einer Regierung aus, die sich ›christlich‹ nennt. Seit Wochen warten und hoffen nicht nur die Juden, sondern Tausende treuer Katholiken in Deutschland – und ich denke, in der ganzen Welt – darauf, daß die Kirche Christi ihre Stimme erhebe, um diesem Mißbrauch des Namens Christi Einhalt zu tun. Ist nicht diese Vergötzung der Rasse und der Staatsgewalt, die täglich durch Rundfunk den Massen eingehämmert wird, eine offene Häresie? Ist nicht der Vernichtungskampf gegen das jüdische Blut eine Schmähung der allerheiligsten Menschheit unseres Erlösers, der allerseligsten Jungfrau und der Apostel? Steht nicht dies alles im äußersten Gegensatz zum Verhalten unseres Herrn und Heilands, der noch am Kreuz für seine Verfolger betete? Und ist es nicht ein schwarzer Flecken in der Chronik dieses Heiligen Jahres, das ein Jahr des Friedens und der Versöhnung werden sollte?

Wir alle, die wir treue Kinder der Kirche sind und die Verhältnisse in Deutschland mit offenen Augen betrachten, fürchten das Schlimmste für das Ansehen der Kirche, wenn das Schweigen noch länger anhält. Wir sind auch der Überzeugung, daß dieses Schweigen nicht imstande sein wird, auf die Dauer den Frieden mit der gegenwärtigen deutschen Regierung zu erkaufen. Der Kampf gegen den Katholizismus wird vorläufig noch in der Stille und in weniger brutalen Formen geführt wie gegen das Judentum, aber nicht weniger systematisch. Es wird nicht mehr lange dauern, dann wird in Deutschland kein Katholik mehr ein Amt haben, wenn er sich nicht dem neuen Kurs bedingungslos verschreibt.

Zu Füßen Eurer Heiligkeit,
um den Apostolischen Segen bittend
Dr. Editha Stein
Dozentin am Deutschen Institut für wissenschaftliche Pädagogik
Münster/W.«[1]

Doch außer einem förmlichen Dank, der nicht einmal direkt, sondern über den Erzabt an sie gerichtet war, erhielt sie keine Reaktion, denn das Staatssekretariat arbeitete fieberhaft daran, die Stellung der katholischen Kirche im nationalsozialistischen Deutschland durch ein Reichskonkordat abzusichern und vermied daher alles, was den diplomatischen Prozess stören konnte. Was das Staatssekretariat als »molto delicato« einschätzte, kommentierte eigentlich nur einen grundsätzlichen Unterschied in der Beurteilung der Lage. Während die Kurie glaubte, dass man die Kirche und die Katholiken am besten dadurch schützte, dass man ein Abkommen mit den herrschenden Nationalsozialisten schloss, hielt Edith Stein das für einen folgenschweren Irrtum, denn sie meinte – völlig zurecht –, dass die Katholiken den Juden folgen werden würden. Tatsächlich wollten Hitler, Himmler und Rosenberg nach der »Endlösung der Judenfrage« die christlichen Kirchen, nicht nur die katholische, zerstören. Da das »Tausendjährige Reich« dann lediglich zwölf Jahre – von dem natürlich jedes einzelne ein Jahr zu viel war – Bestand hatte, kamen sie nicht mehr dazu. Man hatte der katholischen Kirche für ihre Konkordatsbemühungen und ihrem Appeasement berechtigte und unberechtigte Vorwürfe gemacht, aber dabei außer Acht gelassen, dass man in Rom sehr wohl den Schutz der katholischen Christen in Deutschland und die Arbeit der Kirche im Reich im Auge behalten musste.

Der aufrüttelnde Brief von Edith Stein hatte Papst Pius XI. tatsächlich vorgelegen. Am 20. April übergab er das Schreiben in einer Privataudienz seinem Kardinalsstaatsekretär Eugenio Pacelli zur weiteren Behandlung, machte aber keine weitere Bemerkung dazu, was Pacelli signalisierte, dass die Angelegenheit förmlich zu erledigen wäre. Förmlich hieß, dass nicht Edith Stein, sondern Erzabt Raphael Walzer eine Antwort erhielt, die darüber hinaus noch sehr allgemein gehalten war und mit keiner Silbe auf den Inhalt des Briefes einging. Edith Steins Versuch, den Papst aufzurütteln, damit das Oberhaupt der katholischen Christen das Wort erheben möge, schlug gründlich fehl.

Der Misserfolg ihrer Mission ließ sie indes weder an ihrem Glauben noch an der Kirche zweifeln. In anderem Zusammenhang im Hinblick auf Husserls Tod 1938 notierte sie einen Gedanken, der auch für die Verarbeitung dieses gescheiterten Versuchs gelten kann: »Es hat mir immer sehr fern gelegen zu denken, daß Gottes Barmherzigkeit sich an die Grenzen der sichtbaren Kirche binde. Gott ist die Wahrheit. Wer die Wahrheit sucht, der sucht Gott, ob es ihm klar ist oder nicht.«[2]

In diesen Tagen der Exerzitien in Beuron verstärkte sich in Edith Stein – auch angesichts der Unabänderlichkeit des Schreckens, der um sie herum geschah – der Wunsch, ins Kloster zu gehen, tatsächlich Nonne zu werden. Hans Lipps, in den sie einst verliebt war, eine Verliebtheit, die sich womöglich in eine Liebe wandelte, tief verschlossen in ihr, im tiefsten, im Bereich der Geheimnisse, fragte sie ein Jahr zuvor noch, ob sie seine Frau werden wolle. Doch dafür war es nun endgültig zu spät, sie hatte anders disponiert, statt seine

Braut, wollte sie Christi Braut werden. Wohin es Edith Stein wohl geführt hätte, wenn sie sich anders entschieden hätte, wenn sie tatsächlich 1932 Lipps' Frau geworden wäre? Obwohl dieser immer wieder im Dritten Reich aneckte, war er ab 1934 auch Mitglied der Reiter-SS. Er starb noch vor ihr. 1939, als Arzt zur Wehrmacht eingezogen, fiel er am 10. September 1941 als Regimentsarzt in Russland bei Schabero, Bezirk Ochwat.

Als Edith Stein kurz vor dem Beginn des Sommersemsers am 19. April 1933 nach Münster zurückkehrte, führte sie der Geschäftsführer des Instituts in sein Zimmer und eröffnete ihr schweren Herzens, dass er bedrängt werde zu verhindern, dass sie als Jüdin ihre Vorlesungen wieder aufnehmen würde. Da das Institut keine staatliche Einrichtung und sie nicht verbeamtet war, traf auf sie das »Gesetz zur Wiederherstellung des Berufsbeamtentums« zwar nicht zu, doch gerade deshalb wurde Druck ausgeübt. Er schlug ihr vor, dass sie erst mal darauf verzichten solle, die Vorlesung im Sommersemester anzubieten, und stattdessen still im Marianum, wo sie wohnte, zu arbeiten, weil er hoffte, dass sich bis zum Wintersemester alles geordnet haben würde und sie ihre Vorlesungstätigkeit wieder aufnehmen dürfe. Da sich das Institut noch in der Trägerschaft des Vereins katholischer deutscher Lehrerinnen und des Katholischen Lehrerverbandes befand, äußerte der Geschäftsführer die vage Hoffnung, dass das Institut im Herbst von der katholischen Kirche übernommen werde, die sie besser schützen könne. Um diese Hoffnungen teilen oder sich von ihn trösten lassen zu können, sah Edith Stein die Entwicklung jedoch zu genau. Zwar nicht in der unfassbaren Dimension, wie sie dann stattfinden sollte – sonst hätte sie wohl zumindest auf ihre Familie anders eingewirkt –, aber doch so vorausschauend, dass für ihre wissenschaftliche Karriere keinerlei Hoffnung mehr bestand. Zum Abschied sagte sie dem Geschäftsführer deshalb: »Wenn es hier nicht mehr geht, so gibt es in Deutschland überhaupt keine Möglichkeiten mehr für mich.«[3] Am 28. April schrieb ihr der Jesuit Josef Schröteler, der in der Katholischen Schulorganisation in Düsseldorf arbeitete: »Die Mitteilungen, die Sie mir darin machen, erregen meine stärkste innere Anteilnahme. Ich glaube aber, daß wir nichts übereilen dürfen. Soweit ich unterrichtet bin, ist man doch an vielen Stellen mit Änderungen etwas allzu schnell bei der Hand. Ich kann mir nicht denken, daß die Dinge so verlaufen, wie sie in einer stürmischen Entwicklung der letzten Tage sich anzubahnen schienen. Gleichwohl weiß man nicht, wie die Situation sich gestalten wird. Wenn Sie Pläne haben, bei denen ich Ihnen irgendwie behilflich sein kann, so tue ich das von Herzen gerne. Ich brauche Ihnen das nicht zu versichern. Wir wollen aber beten und hoffen, daß die Stürme vorübergehen.«[4] Auch hier täuschte man sich über das Ausmaß, den der nationalsozialistische Terror gegenüber jüdischen Bürgern annehmen wird. Die »Übereilung« würde sogar eine systematische Steigerung erfahren. Am 17. Mai sagte sie dann ihren letzten Vortrag ab: »Wissen Sie, daß ich Konvertitin vom Judentum bin? Und wagen Sie es, sich der herrschenden Strömung entgegenzustellen, indem Sie einer Jüdin solchen Einfluß auf deutsche Jugend einräumen? Wenn Sie danach Ihre Bitte wiederholen, will ich überlegen, ob ich noch für August eine solche Verpflichtung übernehmen kann. Ich bin als Dozentin ›zur Disposition gestellt‹, rechne aber nicht mehr mit einer Rückkehr an das Institut. Was und wo ich im August sein werde, weiß ich vorläufig noch nicht.«[5] Sie schlug sogar einen Ersatz vor.

Die Vorsitzende des Vereins, die sie damals nach Münster geholt hatte, riet ihr ebenfalls zu bleiben und still zu arbeiten. Sie würde weiter bezahlt werden, weil ihre Arbeit für die katholische Kirche und für den Verein weiterhin von Nutzen sein würde – und damit hatte sie sachlich auch recht. Ein Angebot, in Südamerika tätig zu werden, scheint Edith Stein indes auch nicht ernsthaft verfolgt zu haben. So wie sich die Dinge gestalteten, musste es ihr geradezu als Zeichen vorkommen, nun den Weg einschlagen zu können, den sie seit ihrer Taufe ins Auge gefasst hatte, der ihr immer wieder mit dem Verweis, im Weltlichen mehr für den Glauben und die katholische Kirche leisten zu können, ausgeredet wurde und den sie mit Blick auf ihre Mutter und zuweilen in der Hoffnung, doch noch in der Wissenschaft anzukommen, hintangestellte hatte. Jetzt erwies er sich als der geduldigste, als derjenige, der immer offen blieb. Nun wollte sie ihn wählen, sich nicht länger vertrösten, auch nicht die Konsequenz scheuen, auf die sie hoffte, nicht länger aufschieben, was sie als ihr aufgegeben empfand. Die Wissenschaft erwies sich als trügerisch, war so wenig verlässlich wie alles Menschenwerk, doch Gottes Weg war von Felsen bewährt. In diesen Monaten, Wochen und Tagen, in denen die Nationalsozialisten ihren (legalen) Putsch gegen die Demokratie vorantrieben, sie immer stärker in alle Bereiche des gesellschaftlichen, aber auch des privaten Lebens eingriffen – denn sie unterschieden auf ihrem Weg vom Ich zum Wir, von Eigennutz zum Gemeinnutz, zur Volksgemeinschaft nicht mehr zwischen Öffentlichkeit und Privatheit, alles war ihnen öffentlich, alles war ihnen politisch –, entschied sich Edith Stein, die Welt, in der sie nunmehr kaum noch etwas auszurichten vermochte, weil ihr alle Wirkungsbereiche verwehrt wurden, hinter sich zu lassen und sich allein der Führung Gottes anzuvertrauen. Die eine Bindung, die Bindung an den Herrn, ging sie nun endlich ganz ein.

Doch nicht nur nach der Obhut Gottes sehnte sie sich, sondern auch nach dem Aufgehobensein im Zwiegespräch, in der Kommunikation, im Kommunizieren, das Eucharistie, aber eben auch Gespräch oder Meditationen bedeuten kann, denn im Abendmahl ist der Herr anwesend. Schon in Speyer hielt sie, so es sich mit ihren Verpflichtungen vereinbaren ließ, die Stundengebete ein, verbrachte sie oftmals Stunden im Zwiegespräch mit dem Herrn. Über die Jahre wurde er ihr zum engsten Vertrauten, wie sie im Brief an Elly Dursy am 7. Mai 1933 schrieb: »… der Herr ist im Tabernakel gegenwärtig mit Gottheit und Menschheit. Er ist das nicht Seinetwegen, sondern unseretwegen: weil es Seine Freude ist, bei den Menschenkindern zu sein. Und weil Er weiß, daß wir, wie wir nun einmal sind, Seine persönliche Nähe brauchen. Die Konsequenz ist für jeden natürlich Denkenden und Fühlenden, daß er sich hingezogen fühlt und dort ist, so oft und so lange er darf.«[6] Sie bedurfte seiner, niemandem vermochte sie ihr verschlossenes Wesen vollkommen zu öffnen – nur ihm. Dass sie keine Vorlesungen mehr halten würde, bedauerte sie nicht, im festen Gottvertrauen wurde ihr immer klarer, dass der Herr wusste, was er mit ihr vorhatte und dass eine »große und barmherzige Führung« dahinter stünde.[7] Jetzt war sie sicher, dass etwas viel Schöneres kam. In dem Brief an Hedwig Conrad-Martius vom 6. Juni deutete sie an, dass sie nur noch auf eine letzte Klärung wartete, bis dahin würde sie noch in Münster bleiben, bis alles entschieden wäre. Bereits am 21. Mai hatte sie im Kölner Karmel bei der Priorin und der Novizenmeisterin vorgesprochen und um Aufnahme in den Karmel gebeten. Ende Juni, nachdem sie sich den Schwestern des Karmel und dem zuständigen Prälaten vorgestellt hatte, erreichte sie das Telegramm des Karmels in Münster: »Freudige Zustimmung. Gruß Karmel.«[8]

Einen Monat plante sie, als Gast im Kloster zu leben, nachdem sie ihr Quartier in Münster aufgelöst und ihre Sachen – vor allem sechs große Bücherkisten – nach Köln geschickt hatte. Mitte August würde sie dann nach Breslau fahren, um ihre Familie zu informieren und sich von ihr zu verabschieden, bevor sie am 15. Oktober, in Köln zurück, in die Klausur eintrat.

Nun war sie also in Breslau, ging jeden Morgen zur Messe in die Michaeliskirche, befragte ihre Mutter nach der Familiengeschichte, um Zeugnis vom jüdischen Leben abzulegen. Auguste Stein traf es tief, dass ihre Tochter Erna mit Mann und Kindern in einen anderen Stadtteil gezogen war, war die Matriarchin doch gewöhnt, sie jeden Tag um sich zu haben. Während Edith ihrer Schwester beim Packen half, weihte sie Erna in ihren Entschluss, ins Kloster zu gehen, ein. Erna erblasste, sie begriff sofort, dass diese Entscheidung die unabänderliche Trennung von der Familie bedeutete und sorgte sich um die Mutter. Anderntags sprach sie im Auftrag ihres Mannes Hans Biberstein – in den Edith einst als junge Studentin verliebt gewesen war und ihn ihrer Schwester überlassen hatte –, um sie umzustimmen. Wenn sie es aus Sorge um ihre Existenz täte, so Hans und Erna Biberstein, so wollten sie sie unterstützen, solange sie konnten. Doch Erna kannte ihre Schwester und ihre Entschlossenheit, wusste, dass sie ihre Schwester nicht von dem gewählten Weg abzubringen vermochte. und lange konnte sie nun die Stunde nicht mehr aufschieben, mit ihrer Mutter über ihre Entscheidung zu sprechen.

Es geschah am 3. September 1933, am ersten Sonntag im neuen Monat, am Morgen, als sie und Edith allein zu Hause waren. Ihre Mutter saß wie häufig am Fenster und stopfte Socken. Edith saß bei ihr und eröffnete ihr, dass sie in das Karmeliterkloster in Köln einzutreten gedachte. Die Mutter traf es wie ein Axthieb. Sie lehnte sich mit aller Kraft dagegen auf, stopfte aber trotz aller Betroffenheit dennoch weiter die Strümpfe. Irgendwie musste doch ein Rest von Normalität vorhanden sein, an den sie sich klammern konnte, den sie bewahren wollte, wo doch nun ihre Welt endgültig zusammenbrach, die äußere wie die innere, das Geschäft wie die Familie. Auguste Stein stand vor den Ruinen ihres Lebens. Immer wieder versuchte sie, ihre Tochter davon abzuhalten, sie bäumte sich mit aller Macht dagegen auf, doch vergebens. Die Geschwister, die Ediths Festigkeit kannten, hielten sich zurück, ihre Nichte Erika, eine strenggläubige Jüdin, versuchte sie umzustimmen, schließlich auch Hans Biberstein. Ohne Erfolg. Man kann nur Ahnungen äußern, welche Orkane auch in ihr tobten, dass es in ihrem Herzen stürmte, was auch ihre Erinnerungen verraten: »Die Entscheidung war so schwer, dass kein Mensch mir mit Bestimmtheit sagen konnte, dieser Weg oder jener Weg ist der rechte. Für beide ließen sich gute Gründe finden. Ich musste den Schritt völlig in der Dunkelheit des Glaubens tun.«

Eine seltsame Formulierung: die Dunkelheit des Glaubens. Sollte der Glauben nicht licht sein, erhellen? Und doch wird die Dunkelheit des Glauben zu einem zentralen Begriff von Edith Steins Religiosität werden. Der Glaube, schrieb sie in Anlehnung an Dionysius Aeropagita, den sie auch übersetzte, in *Endliches und ewiges Sein*, ist ein »dunkles Licht«. »Er gibt uns etwas zu verstehen, aber nur, um uns auf etwas hinzuweisen, was für uns unfasslich bleibt. Weil der letzte Grund alles Seienden ein unergründlicher ist, darum rückt alles, was von ihm her gesehen wird, in das ›dunkle Licht‹ des Glaubens und des Geheimnisses, und alles Begreifliche bekommt einen unbegreiflichen Hintergrund.«[9] Weil wir nach der negativen Theologie des Aeropagiten Gott nicht erkennen können, da er in dem Moment, wo wir ihn erkennen, nicht mehr Gott ist, wir ihn sozusagen vom Himmel auf unsere Erde, aus der Unendlichkeit in unsere Endlichkeit geholt und das Unbegrenzte in unsere begrenzte Erkenntnis eingesperrt haben, vermögen wir jedoch, an ihn zu glauben. Er ist deshalb dunkel, weil er aus unserer Unwissenheit kommt, die er überschreitet. Darin liegt die tiefere Bedeutung des biblischen Gebotes, sich kein Bild von Gott zu machen, weil der Mensch nur den geringsten Teil von Gott zu erkennen oder wahrzunehmen vermag. Gott erkennen heißt, seine Größe zu verkennen, ihn zu verkleinern, ihn mit unseren, nicht mit seinen Maßstäben zu messen. Nicht von ungefähr lautet auch die XXI. These im

Buch der 24 Philosophen: »Gott ist die Finsternis in der Seele, die zurückbleibt nach allem Licht.«[10]

Doch weder vermag Edith ihre Mutter von der Richtigkeit ihrer Entscheidung zu überzeugen, noch ihre Mutter sie. Einmal tobte ein ruhiger, mal ein heftiger, aber immer sehr intensiv geführter Streit: »Oft habe ich in jenen Wochen gedacht: Wer von uns beiden wird zusammenbrechen, meine Mutter oder ich? Aber wir hielten bis zum letzten Tag aus.«[11] Als sie ihre zwölfjährige Nichte Susel zufällig beim Zahnarzt traf und sie anschließend gemeinsam fortgingen, fragte Susel, die von ihrer Mutter vom Entschluss ihrer Tante erfahren und zu Hause die Gespräche ihrer Eltern darüber mitangehört hatte: »Warum tust du das *jetzt*?« Ihre hochintelligente Nichte hatte ihr zwei Fragen in einer gestellt: Erstens: Warum tust das? Und zweitens: Warum ausgerechnet jetzt, in dieser Situation, wo die Familie zusammenstehen muss, in der Zeit äußerster Bedrängnis?

Es scheint, dass Edith Stein dem Irrtum vieler hochintelligenter Menschen anhing, dass, wenn es ihr selbst klar war, auch allen anderen begreiflich sein musste. Denn sie resümierte in ihrer Erinnerung: »Ich gab ihr meine Gründe an wie einem Erwachsenen. Sie hörte nachdenklich zu und verstand.«[12] Jahrzehnte später beschrieb Susanne M. Batzdorff, eben jene Susel, die Episode aus ihrer Sicht und aus dem Abstand eines Menschenalters. Vielleicht hatte sie ihr kluges, nachdenkliches und lesenswertes Buch nur geschrieben, um zu verstehen, warum ihre bewunderte Tante die Familie in den Zeiten höchster Not verließ und in eine neue Familie eintrat. Doch vergeblich. Obwohl sie sich redlich bemühte, begriff sie Ediths Entscheidung zwar rational, doch emotional verstand sie sie immer noch nicht. Damals nicht und im Verfassen des Buches nicht, das im Übrigen die Familiengeschichte nicht aus Ediths Sicht, sondern aus der Perspektive der Familie insgesamt erzählte.

Will man also die Dimension des Septembers in Breslau verstehen, wird man die Erinnerungen und Überlegungen der Nichte neben Edith Steins Reminiszenzen legen müssen. Susel hätte lieber eine lebendige Tante als eine eingesperrte Nonne, eine tote Märtyrerin, eine Heilige gehabt.

An Ediths Geburtstag, dem 12. Oktober, der diesmal wieder auf das Laubhüttenfest fiel, begleitete sie ihre Mutter in die Synagoge. Den Rückweg wollte die inzwischen 84-jährige Frau zu Fuß zurücklegen, was etwa eine Dreiviertelstunde in Anspruch nahm. Sie mochte auf ein Wunder gehofft haben, dergestalt, dass der Geist des jüdischen Gottes am jüdischen Festtag in der Synagoge auch mittels der schönen Predigt des versierten Gelehrten in sie dringen würde, dass aus den Tiefen des Älteren die Besinnung stiege.

»War die Predigt nicht schön?«, fragte die Mutter.

»Ja«, gibt die Tochter einsilbig zurück. Sie hatte die Predigt nicht als schön empfunden.

Doch die alte Frau gab nicht auf. »Man kann also auch jüdisch fromm sein?«, hakte sie nach.

»Gewiss, wenn man nichts anderes kennengelernt hatte«, antwortete die Tochter.[13]

Wenig später wird sie in ihren Lebenserinnerungen ihre Kritik am jüdischen Glauben wie eine Antwort auf die Frage der Mutter ausformulieren, all das, was sie ihr nicht sagen konnte, nicht auf dem Weg nach Hause, nicht zu dieser Stunde, nicht in dieser Stunde. Auf diese Kritik erwiderte die Nichte ein Lebensalter später, dass Edith den jüdischen Glauben nicht richtig kennengelernt habe, nicht gut genug gekannt habe. Der leichte Trotz in Ediths Antwort, in dem »gewiss, wenn« will nicht nur die Mutter schützen, sondern verbirgt auch die eigene Unsicherheit. Die alte Frau plagten auch Schuldgefühle, ihrer Tochter den jüdischen Glauben nicht besser vermittelt zu haben. So brach aus ihr nicht nur Klage, sondern auch Selbstanklage heraus: »Warum hast Du es kennengelernt?« Und dann brachte es die einfache, theologisch ungebildete, doch lebenskluge Geschäftsfrau auf den Punkt: »Ich will nichts gegen ihn sagen (gegen Jesus Christus – der Verf.). Er mag ein guter Mensch gewesen sein. Aber warum hat er sich zu Gott gemacht?« Ob Edith Stein der Mutter hierauf antwortete, weiß man nicht, ihre Erinnerung an diese Episode brach mit der Frage der Mutter ab, doch beantwortet hat sie diese Frage, für sich, in ihrem letzten Werk der *Kreuzeswissenschaft*. Sie wusste nur zu gut, wovon sie sprach, als sie am 20. März 1934 an Adelgundis Jaegerschmid schrieb: »Nur soviel glaube ich sagen zu dürfen: unsere Wirksamkeit an andern wird nur so lange gesegnet sein, als wir keinen Zoll von der sicheren Grundlage unseres Glaubens preisgeben und unbeirrt durch alle menschlichen Rücksichten unserm Gewissen folgen.«[14]

Am Nachmittag und zum Abend hin kamen Verwandte und Freunde, um sich von Edith zu verabschieden. Doch dann wurde das Haus leer, einer nach dem anderen ging, bis nur noch Mutter und Tochter im Zimmer zurückblieben. Die Mutter legte plötzlich das Gesicht in die Hände und begann zu weinen, die Tochter legte ihren »silberweißen Kopf« an ihre Brust, so saßen sie, bis sie die Mutter zu überreden vermochte, ins Bett zu gehen. Sie half ihr beim Ausziehen, was ihr die Zerbrechlichkeit und die Erschütterung dieser doch so starken und selbstbewussten Frau offenbarte. Dann ging auch sie selbst ins Bett. »Wir haben wohl beide in dieser Nacht keine Ruhe gefunden.«[15]

Zum Abschied am nächsten Morgen küsste und umarmte ihre Mutter sie und sagte: »Der Ewige steh dir bei!«. So hoffte sie wohl, dass der jüdische Gott in seiner großen Güte auch der »Abtrünnigen« beistehen würde. »Als ich Erna umarmte, weinte meine Mutter laut auf. Ich ging schnell hinaus. Rosa und Else folgten mir. Als die Straßenbahn an unserem Haus vorbeifuhr, war niemand am Fenster, um – wie sonst – noch zum letzten Lebewohl zu winken.«[16]

Es war auch nicht wie sonst. Es war – und die alte Frau mag das zumindest geahnt, wenn nicht gar gewusst haben – ein Abschied für immer. Keine Ankunft ohne Aufbruch, am traurigsten ist es jedoch für die, die zurückbleiben, denn ihnen bleibt nur der Verlust.

18.

Aus der Welt in die Welt

Am 14. Oktober, zwei Tage nach ihrem Geburtstag, trat Edith Stein in das Kloster der unbeschuhten Karmelitinnen in Köln-Lindenthal ein. Sie betrachtete es als die Geburt eines neuen Menschen, der aus der Hülle des alten ausgezogen und in eine neue Daseinsform eingezogen war. Ihr Ankommen im Christentum mit der Taufe 1922 hatte sich nun zur Ankunft vervollkommnet. Allerdings war diese Ankunft nach wie vor durchzogen von ihrem stetigen Nachdenken, um nicht zu sagen Philosophieren. Sie hatte einmal über sich geschrieben, dass sie so veranlagt sei, dass sie nun einmal reflektieren *müsste*. Die Seele und auch der Verstand fühlten sich zu Hause, nur der Intellekt schien noch auf dem Weg zu sein.[1] Sie war jetzt Anfang Vierzig, eine Intellektuelle durch und durch, unvertraut mit einfachen Arbeiten, mit der Prosa des Lebens. Doch gerade die zählten jetzt im Kloster. Der Tag war streng geregelt: 4.30 Uhr Aufstehen, 5 bis 6 Uhr Betrachtung, 6 bis 7 Uhr Stundengebete, 7 Uhr Heilige Messe, 8 bis 9.53 Uhr Arbeitszeit, 10 Uhr Mittagessen, 11 bis 12 Uhr Rekreation, 12 bis 13 Uhr Mittagsruhe, 13 bis 14 Uhr Arbeit, 15 bis 16.45 Stundengebete, Lesung, Kreuzweg, 17 bis 18 Uhr Betrachtungen, 18 Uhr Nachtessen, anschließend Rekreation, 19.30 Uhr Stundengebete und Nachtgebet, 20 bis 21 Uhr Zelleneinsamkeit, 21 Uhr Stundengebete, Gewissensforschung, Vorbereitung der Morgenbetrachtung, wie sie im Brief an Petra Brüning schilderte. »Im Winter wird um 6 aufgestanden, um 11 Mittag gegessen, und die Mittagsruhe fällt fort.«[2]

An den alten Freund aus Studientagen, Fritz Kaufmann, schrieb sie über ihr Leben im Karmel am 14. Mai 1934: »Es war nur ein Irrtum, dass Sie meinten, von mir Abschied nehmen zu müssen. Unsere Klausur ist freilich streng: es darf niemand hinaus und herein, und im Sprechzimmer ist ein doppeltes Gitter. Aber es haben mir noch alle Besucher, die mir nahestehen, versichert, daß sie nach wenigen Minuten von diesem Gitter nichts mehr spüren, weil der Geist ungehindert hindurchgeht. Wenn Sie einmal nach Köln kommen, werden Sie das Experiment auch machen, nicht wahr? Wer in den Karmel geht, ist für die Seinen nicht verloren, sondern erst eigentlich gewonnen; denn es ist ja unser Beruf, für alle vor Gott zu stehen.«[3] Diese Einsichten hatte sie sich hart erarbeitet, denn die Mehrzahl ihrer Mitschwestern war von schlichtem Gemüte, geschickter in den einfachen Arbeiten, die ihr schwerfielen, in denen sie sich als ungelenk oder tollpatschig erwies. Doch mit der ihr eigenen Willenskraft ließ sie sich nicht verdrießen, sondern versuchte es immer von Neuem. Dabei entwickelte sie eine große Heiterkeit, vermochte über die einfachsten Scherze herzlich zu lachen, wie ein Kind. Und in gewisser Weise war sie das auch, war sie wie ein Kind in eine neue Familie gekommen. Natürlich trieb sie auch ihr Ehrgeiz an, nun ganz Nonne zu sein. Man nutzte ihr Talent, bat sie, kleine Texte zu verfassen, Lebensbilder von Gestalten des Ordens, ein Festspiel zum Ordensjubiläum einer Mitschwester, ein wenig so, wie sie es als Kind und junges Mädchen in ihrer jüdischen Familie gehalten hatte. Hinzu kam die Bitte, lateinische Hymnen für die Schwestern zu übersetzen. Für sich begann sie, erbauliche Verse, Verse der Selbstreflexion und Meditation zu verfassen, Texte, die für das Kloster und für sie selbst wichtig, aber von geringem poetischen Wert waren. Sie gewann ihrer neuen Lebenssituation, in die sich vollkommen einfügte, sogar so etwas wie eine antiphilosophische Wendung ab, denn »kein geistiges Werk kommt ja ohne schwere Wehen zur Welt. Es will auch immer den ganzen Menschen in Anspruch nehmen, und dem können wir ja unmöglich nachgeben. An sich ist es sehr gut, daß dem ›Sich-auffressen-lassen‹ ein Riegel vorgeschoben ist durch Tagesordnung und tägliche Pflichten.«[4]

Doch was sie hier beschrieb, war eigentlich der Grundzug ihres Wesens, sich von einer Arbeit oder einer Stellung »auffressen zu lassen«, ob als Husserls Assistentin, als Philosophin, als Lehrerin in Speyer, als Dozentin in Münster, als Frauenrechtlerin – und jetzt als Karmelitin. Sich ganz hineinzubegeben, keine halben Sachen zu machen. Im Grunde änderte Edith Stein ihr Verhaltensmuster nicht, richtete es nur auf ein neues Ziel aus, denn nun ließ sie sich von ihrer Bestimmung als Karmelitin »ganz auffressen«.

Aber auch der Orden wusste, wen er da jetzt in seinen Reihen hatte und dass es durchaus nicht gottgefällig war, ein großes, von Gott begnadetes Talent zu vergeuden. Die Menschen waren nun einmal mit unterschiedlichen Fähigkeiten versehen, damit sie Unterschiedliches in der Welt vollbrachten. Zum Ende ihrer Novizenzeit 1935 beauftragte die Ordensleitung Edith Stein, ihre Habilitationsschrift *Akt und Potenz* für den Druck vorzubereiten. Doch wie schon Heraklit, der Dunkle von Ephesos, wusste, konnte man nicht zweimal in denselben Fluss steigen. Es lagen fast zehn Jahre voller neuer Erfahrungen zwischen der Abfassung der Schrift und diesem Auftrag. Zum Druck vorbereiten hieß bei Edith Stein nun also, eine vollkommen neue Schrift zu erarbeiten, die schließlich unter dem Titel *Endliches und ewiges Sein. Versuch eines Aufstiegs zum Sinn des Seins* entstand. Dieses Buch kann mit Fug und Recht als ihr philosophisches Hauptwerk gelten, aber auch als eine objektivierte Autobiografie ihres Denkens und vor allem als die späte Ankunft des Intellekts im Kloster. Nun war sie wirklich ganz da.

Es ist leicht Edith Steins »summa«, ihr großes Hauptwerk, in den Himmel zu heben und zu bewundern, erzählt es doch den Aufstieg der Seele zum Glauben. Genauso leicht ist es jedoch, es mit dem Hinweis darauf abzulehnen, dass dort, wo die Philosophie nicht weiterkommt, die Theologie aushelfen muss. Das Schwerste ist also, dem Werk gerecht zu werden.

Bevor man danach fragt, was und wie etwas geschieht, empfiehlt es sich in diesem Fall, die Frage nach dem Warum zuerst zu stellen. Die Philosophie bewegte Edith Stein schon früh, fast von Anfang an als Phänomenologie, und als Fragen nach dem Aufbau der Person. Die Frage nach der Person geht aber keinem anderen Interesse nach, als zu erfahren, was der Mensch von sich aus ist, welche Stellung er deshalb in der Gesellschaft einnimmt und welche Möglichkeiten er seinem Wesen nach besitzt, mit einem Wort: was ihn ausmacht. Von der Höhe philosophischer Abstraktion befreit geht es um Selbsterkenntnis, darum herauszufinden, warum man in der Welt ist und was man in der Welt zu leisten vermag. Wenn das Nachdenken über sich dazu führt, sich selbst fremd zu werden, dann kann man die Frage nach der Person auch als Versuch bezeichnen, diese Fremdheit zu überwinden. Mit Hegel gesprochen: als Aufhebung des Anderen in Einem. Wenn Husserls Phänomenologie ursprünglich zu den Sachen wollte, dann stellte stets das Ich den Ausgangspunkt, für Husserl das reine Ich, dar. Ob das Husserl nun beabsichtigt hatte oder nicht, führte sein Weg jedoch von der Erkenntnistheorie zur Ontologie, die in Verruf geraten war. Er suchte einen Pfad, der im Grunde zur Erkenntnistheorie zurückführte, was ihm seine ersten Schüler verübelten. Martin Heidegger schritt ausgehend von der Phänomenologie zur Ontologie, die er Fundamentalontologie nannte, weil er verstehen wollte, was der

Sinn von Sein ist, was wiederum voraussetzt, zu begreifen, was unter Sein überhaupt zu verstehen ist. Sein ist Leben und Sinn von Sein ist Lebenssinn.

Heidegger begann sein epochemachendes Werk *Sein und Zeit* mit den Worten Platons: »›Denn offenbar seid ihr doch schon lange mit dem vertraut, was ihr eigentlich meint, wenn ihr den Ausdruck seiend gebraucht, wir jedoch glaubten es einst zwar zu verstehen, jetzt aber sind wir in Verlegenheit gekommen.‹ Haben wir heute eine Antwort auf die Frage nach dem, was wir mit dem Wort ›seiend‹ eigentlich meinen? Keineswegs. Und so gilt es denn, die Frage nach dem Sinn von Sein erneut zu stellen.«[5] Weil er den Sinn von Sein als Beginn aller Philosophie klären wollte, nannte er seine Philosophie Fundamentalontologie, denn: »Alle Ontologie, mag sie über ein noch so reiches und festverklammertes Kategoriensystem verfügen, bleibt im Grunde blind und eine Verkehrung ihrer eigensten Absicht, wenn sie nicht zuvor den Sinn von Sein zureichend geklärt und diese Klärung als ihre Fundamentalaufgabe begriffen hat.«[6] Den Sinn von Sein fand Martin Heidegger in der Zeit, die die Existenz des Menschen begrenzt, die ihn aus Angst vor dem Tod vor-sorgen lässt. Im Anhang ihres opus magnum, in dem sich Edith Stein mit Heidegger auseinandersetzte, brachte sie dessen Vorstellung so auf den Punkt: »Das menschliche Sein wird als ›geworfenes‹ bezeichnet. Es wird damit vorzüglich zum Ausdruck gebracht, dass der Mensch sich im Dasein vorfindet, ohne zu wissen, wie er hineingekommen ist, daß er nicht aus und durch sich selbst ist und auch aus seinem eigenen Sein keinen Aufschluß über sein Woher zu erwarten hat.«[7] In seiner Konzentration auf die Existenz des Menschen, auf sein Geworfensein, bekam Heideggers Philosophie etwas Abgelöstes, Atheistisches, etwas Antichristliches. Edith Stein führte der Weg von Husserl nicht weg von Gott – wie Heidegger –, sondern im Gegensatz zu Gott hin. Sie stellt die Alternative zu Heideggers Weg dar.

Auch für Edith Stein stand die Frage nach dem Sein im Mittelpunkt der Überlegungen von *Endliches und ewiges Sein* und man kann es durchaus als Gegenentwurf zu *Sein und Zeit* verstehen: Bei Edith Stein wird die Zeit nicht absolut gesetzt, sondern von der Ewigkeit aufgenommen. Wie Heidegger geht es ihr um eine Seinslehre, auch sie rekurriert auf die von »altersher und ebenso und allezeit und immer wieder ungelöste Frage: was ist das Seiende?«[8]

Das neuzeitliche Denken, das in der Philosophie mit René Descartes einsetzte, tauschte die Seinsfrage mit der Erkenntnisfrage und trennte sich so vom Glauben und von der Theologie. Die Philosophie wollte nicht mehr die Magd der Theologie sein. Edith Stein, angeregt von Koyré, bestreitet diesen radikalen Bruch bei Descartes und verweist darauf, dass dessen universeller Zweifel der Absicherung durch die Gewissheit Gottes bedarf, denn die Gewissheit der Existenz Gottes und des eigenen Ichs, das nämlich denkt und folglich zweifelt, sind nicht hinterfragbar. Sie kann das, weil sie das »cogito, ergo sum« zu Gott zurückführt, ohne den es das »ego« nicht gäbe, womit schließlich nur Gott als Letztbegründung übrigbleibt. Das allerdings – dass das »ego« von Gott geschaffen wurde – kann man nicht wissen, sondern nur glauben. Die Aufklärung wird im Verlauf stärker auf das »ego« als auf Gott setzen. Dadurch aber löst sie sich auch von der »geoffenbarten Wahrheit«, konstatierte Edith Stein. So entsteht Erkenntnistheorie. »Die ›moderne Philosophie‹ sah in der offenbarten Wahrheit keinen Maßstab mehr, mit dem sie ihre Ergebnisse zu prüfen hätte. Sie war auch nicht mehr bereit, sich von der Theologie Aufgaben stellen zu lassen, um sie dann mit ihren eigenen Mitteln zu lösen. Sie betrachtete es nicht nur als ihre Pflicht, sich auf das ›natürliche Licht‹ der Vernunft zu beschränken, sondern auch, nicht über die Welt der natürlichen Erfahrung hinauszugreifen. Sie wollte in jedem Sinne selbstherrliche (›autonome‹) Wissenschaft sein. Das hat dahin geführt, dass sie weitgehend auch gottlose Wissenschaft wurde. Und es führte zur Spaltung der Philosophie in zwei Heerlager, die getrennt marschierten, verschiedene Sprachen redeten und gar nicht mehr darum bemüht waren, einander zu verstehen: die ›moderne‹ Philosophie und die katholische Schulphilosophie, die sich selbst als die philosophia perennis betrachtete, von Außenstehenden aber wie eine Privatangelegenheit der theologischen Fakultäten, der Priesterseminare und Ordenskollegien angesehen wurde. Die ›philosophia perennis‹ erschien wie ein starres Begriffssystem, das als toter Besitz von Geschlecht zu Geschlecht weitergegeben wurde.«[9] Muss Wissenschaft, abgesehen von ihrer moralischen Absicherung, von ihrer eigenen Ethik, nicht gott-los sein, um Wissenschaft sein zu können? Ist hierfür der Streit um das kopernikanische Weltbild nicht ein paradigmatisches Beispiel? Man möchte so gerne mit Edith Stein diskutieren und ihr die Frage stellen: Warum sollte die Philosophie ihren Maßstab in der offenbarten Wahrheit sehen und nicht in der Philosophie selbst? Warum sollte sie sich von der Theologie Aufgaben stellen lassen, warum hinter die Aufklärung zurückfallen?

In gewissem Sinn stellt Edith Steins Buch über *Akt und Potenz* das Pendant und vielleicht auch die Antwort zu Koyrés Buch über Descartes dar, auch wenn Koyré – philosophiehistorischer als Stein, deren Ansatz wie immer weit systematischer ist – reflektiert. Doch mit *Endliches und ewiges Sein* lässt sie die Ebene der systematischen Analyse hinter sich und wagt sich an ein eigenes System, das die »gottlos« gewordene Philosophie wieder zu Gott zurückführen will. Der Sinn von Sein ist nicht die Zeit, sondern die Perspektive der Erlösung.

Biografisch kam Edith Stein von der »modernen Philosophie« und hatte dann die Werke der Scholastiker, allen voran Thomas von Aquin, mit wachsender Begeisterung studiert. Gerade die großen, universellen Ordnungssysteme, die Summen, beeindruckten sie, in denen alles seinen exakten Platz zugewiesen bekam und auch nicht das Geringste übersehen wurde. Es ist die universelle und vollendete Ordnung, die sie faszinierte. Die Summen fanden ihr Ebenbild in der Architektur der Kathedralen. Doch dieses Denken, resümierte Edith Stein, war abhängig geworden von der »modernen Philosophie« und hatte die Verbindung zu seiner großen Vergangenheit verloren. Doch sie hatte ja in Juvisy in Frankreich erlebt – in der Diskussion mit Alexandre Koyré oder Jacques Maritain oder Étienne Gilson – wie sehr sich exzellente Philosophen mit der mittelalterlichen Philosophie auseinandersetzten und zu welchen faszinierenden Ergebnissen sie kamen im Bestreben, Glauben und Wissen wieder zu vereinen. »Denn das ist die andere Seite der Sache: etwa zur selben Zeit, in der die ›christliche Philosophie‹ aus ihrem Dornröschenschlaf erwachte, machte die ›moderne Philosophie‹ die Entdeckung, daß es auf dem Wege, den sie seit etwa drei Jahrhunderten verfolgte, nicht mehr weiterging.«[10]

Was sie vorschlug, war letztlich gewissermaßen die Auflösung der Philosophie: »Die wiedergeborene Philosophie des Mittelalters und die neugeborene Philosophie des 20. Jahrhunderts – können sie sich in einem Strombett der philosophia perennis zusammenfinden? Noch sprechen sie verschiedene Sprachen, und es wird erst eine Sprache gefunden werden müssen, in der sie sich verständigen können.«[11] Diese gemeinsame Sprache suchte sie in *Endliches und ewiges Sein* zu finden, zumindest eine Prolegomena für sie zu schaffen. Bei Lichte besehen, sollte die »moderne Philosophie«, die sich für Edith Stein in der Phänomenologie erschöpfte, lediglich die Methode beisteuern, um den Neothomismus zu dynamisieren. Sie möchte eine christliche Philosophie schaffen, samt einer Sprache dazu: »Es ist aber insbesondere der gebotene Weg für die Verfasserin, die in der Schule Edmund Husserls ihre philosophische Heimat und in der Sprache der Phänomenologen ihre philosophische Muttersprache hat. Sie muß versuchen, von diesem Ausgangspunkt den Weg in den großen Dom der Scholastik zu finden. Sie glaubt das Ziel soweit zu kennen, als es nötig ist, um sich von ihm auf dem Wege leiten zu lassen.«[12] Edith Stein unterscheidet zwei Wege zur Wahrheit, die Vernunft, die aber nicht bis zur letzten Stufe gelangen kann, und die Glaubenswahrheit. Letztere liegt weit über dem, was die Vernunft zu erkennen vermag. Auf Thomas gestützt, definiert sie, dass die Philosophie im Bereich der menschlichen Vernunft und die Theologie auf der göttlichen Offenbarung beruht. Sie zitierte Jacques Maritain und Gabriel Marcel mit der Vorstellung, dass die »›Tatsache‹, dass die Gültigkeit des Offenbarungsgutes jenseits aller Erfahrbarkeit liegt, die auf rein menschlichen Grundlagen möglich ist«, ein »Skandal« für die Vernunft wäre.[13] Daraus folgte für Edith Stein, dass der Philosoph, wenn er sein Ziel verfolgt, das Seiende zu erkennen, er von seinem Glauben gezwungen wird, über die Grenzen der natürlichen Vernunft hinauszugehen und Auskunft bei der Theologie einzuholen hat. Denn die Vernunft würde zur Unvernunft, wenn sie nicht alle Möglichkeiten der Erkenntnis nutzen würde, selbst wenn diese die Vernunft überschreiten würde. Ohne die Grundwahrheiten des Glaubens – Schöpfung, Sündenfall, Erlösung, Vollendung – könne eine reine Philosophie sich nicht vollenden. Folgerichtig hat sie ihre Erkenntnisse, »mit dem, was ihr Glaube und Theologie bieten, in Einklang zu bringen«.[14]

Dass damit die Philosophie von der Theologie gemaßregelt wird und dass es gerade der große Kampf der Neuzeit war, sich von der kirchlichen Bevormundung zu befreien, focht Edith Stein nicht an, auch nicht, dass beispielsweise Galileo Galilei abschwören musste, weil er seine Erkenntnisse nicht mehr mit der Theologie in Einklang zu bringen vermochte. An dieser Stelle kommt etwas Neues in ihr Denken aus der Beschäftigung mit den spanischen Mystikern

Teresa von Ávila und Johannes vom Kreuz, nämlich das mystische Element: »Was aus der Zusammenschau von Glaubenswahrheit und philosophischer Erkenntnis stammt, das trägt den Stempel der doppelten Erkenntnisquelle, und der Glaube ist ein ›dunkles Licht‹. Er gibt uns etwas zu verstehen, aber nur, um uns auf etwas hinzuweisen, was für uns unfasslich bleibt. Weil der letzte Grund alles Seienden ein unergründlicher ist, darum rückt alles, was von ihm her gesehen wird, in das ›dunkle Licht‹ des Glaubens und des Geheimnisses, und alles Begreifliche bekommt einen unbegreiflichen Hintergrund.«[15] Für Johannes vom Kreuz fand der Aufstieg zu Gott als ein Prozess der Reinigung von Selbstsicherheit und Egozentrik statt. Der Gläubige muss ganz rein und ganz leer werden vom Eigennutz, von Selbstbezogenheit und Eitelkeit, um Platz für Gott zu schaffen. Erst jetzt kann ihm das göttliche Licht erscheinen, das so hell und blendend ist, dass es dem Auge als schwarz erscheint. Die Erfahrung, dass gleißendes Sonnenlicht auf das Auge als dunkel und schwarz wirkt, kann man in südlichen Ländern wie Spanien tatsächlich machen. »Das ist die tiefere Dunkelheit des Glaubens gegenüber der ewigen Klarheit, der er zustrebt. Von dieser doppelten Dunkelheit spricht unser hl. Vater Johannes vom Kreuz, wenn er sagt: ›… das Vorwärtsschreiten des Verstandes ist ein Mehrsichbefestigen im Glauben; und so ist das Vorwärtsgehen ein Verfinstertwerden, da der Glaube Finsternis für den Verstand ist.‹ Dennoch ist es ein Vorwärtsschreiten: ein Hinausgehen über alle begrifflich fassbare Einzelerkenntnis hinein in das einfache Umfassen der Einen Wahrheit. Darum steht der Glaube der göttlichen Weisheit näher als alle philosophische und selbst theologische Wissenschaft. Weil uns aber das Gehen im Dunkeln schwer wird, darum ist jeder Strahl des Lichtes, das als ein Vorbote der künftigen Klarheit in unsere Nacht fällt, eine unschätzbare Hilfe, um an unserem Weg nicht irre zu werden. Und selbst das kleine Licht der natürlichen Vernunft vermag wertvolle Dienste zu leisten.«[16]

Die Rangfolge ist klar: Am nächsten kommt der Mensch Gott in der mystischen Schau, doch wem die rare Begabung zur mystischen Schau fehlt, dem hilft ein starker, lebendiger Glauben, dann erst kommt die Vernunft und die Philosophie, die allenfalls behilflich sein können. Philosophie soll nicht als, sondern durch Theologie vollendet werden. Aber endet damit nicht Philosophie, wenn »der letzte Richterspruch über die Wahrheit sowohl theologischer als philosophischer Sätze der Theologie – in ihrer höchsten Bedeutung als Sprechen Gottes durch das kirchliche Lehramt – zusteht«[17]? In dieser Perspektive bestehen keine Bedenken der Zusammenarbeit zwischen moderner und christlicher Philosophie, wenn die moderne Philosophie hinter die Aufklärung zurückgeht.

In acht Kapiteln unternimmt Edith Stein den Aufstieg zum Sinn von Sein. Seinen Ausgangspunkt nimmt das Buch von der analogia entis, der Seinsentsprechung zwischen Gott, Welt und Mensch, ohne die das Seiende nicht erkannt werden kann. Denn die Voraussetzung für die Erkenntnis ist in diesem Fall die Ähnlichkeit. Mithilfe der Unterscheidung von Potenz (Möglichkeit) und Akt (Verwirklichung, wirklich-werden) zeigt sie, dass alles Wirkliche einen Bezug zu seinem Vollendeten hat, dass schließlich auch das endliche Sein Anteil am ewigen Sein, an seiner Vollendung hat. Konsequent phänomenologisch entwickelt sie nun durch die Erlebniseinheiten des Ichs den Aufstieg zum Sinn von Sein über das materielle, das menschliche, das göttliche Sein. Das endliche Sein wird Teil der Schöpfung und Spiegel des ewigen Seins. Im Gegensatz zu Heidegger, der das Ich als in die Existenz geworfen betrachtet, sieht sie das Ich als ein empfangenes Ich, das Anteil an Gottes Ewigkeit hat. Geschöpflichkeit statt Geworfenheit. Das endliche Sein wird zum reinen Sein. Das Sein, dessen ich als meines Seins inne bin, ist von Zeitlichkeit nicht zu trennen. »Es ist, als ›aktuelles‹ Sein – d. h. als gegenwärtig-wirkliches – punktuell: ein ›Jetzt‹ zwischen einem ›Nicht mehr‹ und einem ›Noch nicht‹. Aber indem es sich in seinem fließenden Charakter in Sein und Nichtsein spaltet, enthüllt sich uns die Idee des reinen Seins, das nichts von Nichtsein in sich hat, bei dem es kein ›Nicht mehr‹ und kein ›Noch nicht‹ gibt, das nicht zeitlich ist, sondern ewig.«[18]

Der Mensch hat Teil am Sinn des Ganzen, nicht seine Geworfenheit ist das letzte Wort, sondern seine Geschöpflichkeit, denn, wo jemand geworfen wird, da muss es auch einen Werfer geben. Des Menschen Geist vermag, den Geist Gottes in sich aufzunehmen und sich dadurch zu entgrenzen, mit seinem endlichen Sein am ewigen Sein teilzuhaben. Nicht in der Zeit, sondern darin besteht der Sinn des Seins, in Gottes Gnade aufgehoben zu werden. Das ist möglich, weil der Schöpfer das Geschöpf nach seinem Bilde schuf. »Unbeschadet dieses berechtigten weiteren Sinnes darf und muß doch von der Menschheit als dem mystischen Leib Christi im engeren Sinn gesprochen werden. Denn die Menschheit ist die Pforte, durch die das Wort Gottes in die Schöpfung eingegangen ist, die menschliche Natur hat es angenommen, und nur mit den Menschen, nicht mit der niederen Natur und nicht mit den Engeln verbindet es die Einheit eines Abstammungszusammenhangs. Als Haupt der Menschheit, die selbst Höheres und Niederes in sich verbindet, ist Christus das Haupt der ganzen Schöpfung.«[19]

Indem sie alles zu Gottes Werk erklärte, quasi Gott zur Voraussetzung ihrer Philosophie machte, hatte Edith Stein der Phänomenologie oder besser dem phänomenologischen Neothomismus eine Letztbegründung ermöglicht. Mit den Mitteln der Phänomenologie schuf sie eine Summa des Sinns von Leben als christliches Leben. So wie in Dantes *Die göttliche Komödie* stieg der Sinn auf zu Gott, kehrte dorthin zurück, wo er seinen Ursprung wusste. Denn in Gott, dem unbeweglichen Beweger, waren Potenz und Akt nicht wie beim Menschen unterschieden, sondern eins. Denn Gott vereinte in seiner Wirklichkeit auch alle seine Möglichkeiten oder anders, alle Möglichkeiten waren seine Wirklichkeit, er war das Ungetrennte und Ununterschiedene, das Eine, das die Vielheit hervorbrachte, das, worauf alles zurückging und auf das alles zulief. Edith Stein hatte in ihrem Hauptwerk Philosophie und Theologie im Glauben vereint.

Der Verleger Otto Borgmeyer in Breslau hatte das Buch zur Publikation angenommen und 1938 einen Verlagsvertrag unterschrieben. Die Drucklegung des ersten Teils wurde im August 1938 in Angriff genommen, Druckfahnen und Umbrüche wurden hergestellt, doch die Reichskristallnacht am 9. und 10. November ließen nicht einmal mehr daran denken, eine jüdische Autorin in Deutschland zu veröffentlichen. Der Druck wurde eingestellt. Wieder hatten die Zeitereignisse Edith Stein eingeholt. Nun war sie auch im Karmel nicht mehr sicher.

Das Kölner Kloster unterhielt langjährige und gute Beziehungen zu einem Karmel in den Niederlanden. Man einigte sich darauf, dass Edith Stein dort Unterschlupf finden könnte. Der couragierte Landarzt Paul Sterath aus Köln-Schlebusch brachte Edith am 31. Dezember 1938 mit seinem Pkw in die Niederlande zum Karmel in Echt. Das neue Jahr 1939 begann sie in Echt. Sie war in Sicherheit – vorerst.

19.

»Komm, wir gehen für unser Volk«

»Hier bin ich mit der größten Liebe aufgenommen worden«, schrieb Edith Stein an Uta von Bodman, eine Kollegin aus der Zeit in Speyer, am 22. Januar 1939 aus Echt, nachdem sie ihr mitteilte, wie schwer die Trennung gewesen war.[1] Wie ein Zeichen kam es ihr vor, dass sie die Zelle von Gertrudis Erzberger bekam, der Tochter des 1921 ermordeten Finanzministers Matthias Erzberger, die am 17. September 1937 mit 35 Jahren an einer unheilbaren Blutkrankheit verstarb. Gertrudis hatte im Schmerz des Verlusts und vor den politischen Anfeindungen im ausländischen Kloster Trost, Schutz und Ruhe gefunden. Doch Abschied hatte Edith Stein nicht nur von den Schwestern in Köln zu nehmen gehabt. Bereits am 14. September 1936 war Auguste Stein an Krebs gestorben. Sie hatte, seitdem Edith am 13. Oktober 1933 das Haus verlassen hatte, nie wieder eine Zeile an ihre Tochter geschrieben, noch einen Gruß ausrichten lassen.

Wer das Glück hatte, Deutschland verlassen zu können, der ging nach Palästina, in die USA, nach Südamerika. Ihre Schwester Rosa berichtete Edith im Brief vom 12. Februar 1939 über die Abschiede: »Nun ist die schwere Trennung geschehen; gestern musste ich immer daran denken, wie Du auch einen Tag nach Deinem Geburtstag für immer Abschied nahmst und weggingst aus dem mütterlichen Hause, wie man auch gezwungen war, die ganze Unruhe des Tages über sich ergehen zu lassen, und nicht zur Besinnung kam. So war es gestern auch; trotzdem die Familie so zusammengeschmolzen ist, nahm es bis zum späten Abend kein Ende, Erna, Susel und wir waren schon ganz ermüdet. Aber man sah, wie alle an ihnen hingen, alle waren so traurig über diese Trennung … Mir war es fast wie am Sterbetag unserer Mutter, als wir alle 4 an ihrem Bette standen und Erna endlich sagte: Nun ist es vorbei; dann breitete sie ihre Arme aus, um uns alle zu umarmen, als ob sie sagen wollte, sie würde nach Kräften uns die Liebe zu ersetzen suchen. – Hans schrieb neulich einmal, es wäre gut, wenn Du etwas schreiben würdest meinetwegen an eine dortige Fürsorgestelle, er meinte, sie arbeiteten dort gut und schnell, wie er gehört hätte … In Hamburg wird es auch nicht sehr gemütlich werden, sie stecken doch selbst in der schwierigen Vorbereitung und sind alle sehr aufgeregt. Anni wird nun doch auch nach Columbien gehen, Werner hinterlegt das Reisegeld für sie in Liverpool; am 4. 3. müssen sie in Liverpool sein, am 9. geht das Schiff … Wenn es Gottes Wille ist, daß ich hinausgehen muß in die fremde, kalte, unruhige Welt, dann werde ich ihn annehmen müssen und es tragen, trotzdem ich große Sehnsucht nach Ruhe u. Frieden habe.«[2]

Wer es nicht schaffte, Deutschland zu verlassen, fiel dem Terror der Nationalsozialisten zum Opfer. Ediths Bruder Paul, der sie als Kind auf Händen getragen hatte und sie sehr früh an die Literatur heranführte, kam im Konzentrationslager Theresienstadt um. Genau wie seine Frau, deren Schwester Elfriede und ihre Nichte Eva.

Es sollte Edith gelingen, ihre Schwester Rosa ins Kloster nach Echt zu holen. Vom Glauben der Schwester beeinflusst, fand auch Rosa den Weg zum Katholizismus und ließ sich 1936 in Köln taufen. Nun waren zumindest die beiden Schwestern vereint. Rosa, die weder Nonne noch Novizin war, wohnte als »Hausfrau im Pfortenhaus«, kümmerte sich um Kapelle und Sakristei und machte allerlei Besorgungen. Die Hausarbeit bereitete Edith Stein noch immer Mühe, und die rechte Geschicklichkeit stellte sich auch jetzt nicht ein, doch drückte sie sich nicht davor und ging sie jedes Mal frohgemut an. Auch hier in Echt schrieb sie geistliche Texte, Gedichte, kleine Theaterstücke, Übersetzungen. Und sie begann eine neue, große Schrift – ihre letzte – unter dem Titel *Kreuzeswissenschaft*.

Der Anlass für das Buch war zunächst ein Äußerlicher. Am 24. Juni 1942 jährte sich der Geburtstag des Ordensheiligen und Kirchenlehrers Johannes vom Kreuz zum 400. Mal. Die Karmelitinnen beabsichtigten, ihren Heiligen zu ehren und zu popularisieren, indem sie, ausgehend von seiner Biografie, den Deutschen seine mystischen Schriften näherzubringen planten. Diese Aufgabe stellten sie nun Edith Stein. Das kann man als Fügung bezeichnen, denn es gab wohl kein Thema, was für sie wichtiger und faszinierender gewesen wäre als die Auseinandersetzung mit den Ordensheiligen Johannes zum Kreuz.

Im Orden der Unbeschuhten Karmeliten, der observanten Richtung des Ordens, wurde Johannes Novizenmeister und theologischer Berater der Reformerin und Mystikerin Teresa von Ávila. Die Auseinandersetzungen um Reform und Ausrichtung des Ordens nahmen auch deshalb dramatische Züge an, weil der Orden in den Konflikt zwischen König Philip II. von Spanien und der Kurie in Rom geriet. Johannes vom Kreuz wurde inmitten dieser inzwischen auf Leben und Tod geführten Kämpfe in der Nacht vom 2. zum 3. Dezember 1577 entführt und in das Gefängnis des Klosters in Toledo eingekerkert und misshandelt. Ihm wurde vorgeworfen, ein unbelehrbarer oder hartnäckiger Rebell zu sein. Im Klosterkerker machte Johannes seine unmittelbare Erfahrung Gottes in der mystischen Schau. In dieser Zeit entstanden zudem bedeutende Dichtungen in der Tradition des »a lo divino«, Dichtungen »göttlicher Art«, die sich auf Gott zubewegten, aber teils profanen Ursprungs waren, und fromme oder mystische Themen beziehungsweise eine fromme, intime Hinwendung zu Gott beinhalteten.

Im Klosterkerker entstand der *Cántico espiritual*. In typisch mystischer Weise wird Gott als der ferne oder sich entfernende Geliebte beschrieben, nach dem die Seele des Menschen sehnsuchtswund ist. Um 1576/78 entstand die zentrale Dichtung *Die dunkle Nacht der Seelen* (*La noche oscura del alma*), die von der mystischen Vereinigung mit Gott handelte und mit der sich Edith Stein intensiv in der *Kreuzeswissenschaft* auseinandersetzte, die ihr selbst zum mystischen Weg wurde. Man hatte das Gedicht wegen der erotischen Aufladung der Bilder mit dem Hohelied der Liebe verglichen, doch zeigt sich in der Werbung der Seele um die Nähe zum Herrn, um des Herrn Besuch bei der Seele, auch eine interessante Nähe zu Mechthilds von Magdeburg *Das fliessende Licht der Gottheit*, deren Berührungspunkte aus der grundsätzlichen Morphologie der mystischen Schau stammen, die man bis hinein in die Dichtung der Sufis beobachten kann.

Übersetzend, betrachtend, analysierend, sogar in phänomenologischer Weise folgte Edith Stein Johannes vom Kreuz, den sie nun, wie vormals Husserl, Meister, und zwar »unseren Meister« nannte. In *Endliches und ewiges Sein* war sie im Grunde von der Philosophie zur Schwelle der mystischen Schau aufgestiegen. Nun galt es, diese Schwelle zu überschreiten. Eine erste Erkundung hatte sie bereits gewagt mit einer kleinen Studie über die mystische Theologie des Dionysius Aeropagita, die sie für eine Zeitschrift in Buffalo, die von Husserlianern um Marvin Faber gegründet worden war, verfasste.

Da Johannes vom Kreuz, spanisch Juan de la Cruz, nicht nur als Mystiker, sondern auch als Dichter galt, lernte sie für diese Arbeit Spanisch, um ihn übersetzen zu können. Was sie interessierte, war die Grenzsituation des Leidens, des Kreuzweges, ein Leid wie das Kreuz auf sich zu nehmen, um sich dem Herrn zu nähern. »Denn der Kreuzestod ist das von Gottes unergründlicher Weisheit ersonnene Mittel der Erlösung. Um zu zeigen, daß Menschenkraft und Menschenweisheit unfähig sind, die Erlösung zu wirken, gibt er die erlösende Kraft dem, der nach menschlichen Maßstäben schwach und töricht erscheint; der aus sich selbst nichts sein will, sondern allein Gottes Kraft in sich wirken läßt; der sich selbst ›ausgeleert‹ hat und ›gehorsam geworden‹ ist ›bis zum Tode am Kreuz.‹«[3]

Kreuzeswissenschaft meint keine exakte Wissenschaft, sondern die Überwindung der Wissenschaft durch das Wissen um Gott. Sie ist gleichfalls Erfahrungswissenschaft, weil sie aus der Erfahrung der immer wieder versuchten Annäherung an Gott resultiert. Sie will diese Erfahrung durchsichtig, die Erfahrung auch für andere erfahrbar machen. Der Weg jedoch geht nicht nach außen, sondern nach innen, denn jeder Mensch als Gottes Geschöpf hat doch, wie Meister Eckhart sagte, alle Wahrheit wesenhaft in sich. Nur ist diese Wahrheit, wie Husserls Phänomene, überschüttet vom äußeren Leben, von Meinungen, Wertungen, entfremdetem Dasein, auch von Eitelkeit, Gier, Hochmut und Arroganz. »Es ist kein bloßes Annehmen der gehörten Glaubensbotschaft, kein bloßes Sichzuwenden zu dem Gott, den man nur vom Hörensagen kennt, sondern ein inneres Berührtwerden und ein Erfahren Gottes, das die Kraft hat, von allen geschaffenen Dingen loszulösen und emporzuheben und zugleich in eine Liebe zu versenken, die ihren Gegenstand nicht kennt. Ob dieses dunkle, liebende Erkennen, worin die Seele in ihrem Innersten von Gott berührt wird – von ›Mund zu Mund‹, von Wesenheit zu Wesenheit –, noch zum Glauben gerechnet werden kann, wollen wir jetzt nicht entscheiden. Es ist die Hingabe der Seele durch den Willen (als ihren Mund) an das liebende Entgegenkommen des immer noch verborgenen Gottes; Liebe, die nicht Gefühl, sondern Tat- und Opferbereitschaft ist, Hineinstellen des eigenen Willens in den göttlichen Willen, um von ihm allein geleitet zu werden.«[4]

Die Pforten für Gott sind also verstopft. Der Mensch gleicht einer von Tand überfüllten Rumpelkammer, er muss erst ganz leer werden, sich von allem befreien, um Platz in sich für Gott zu schaffen, denn Gott hat den Menschen so geschaffen, dass er in ihm Platz zu finden vermag, er hat Platz für die Wahrheit. Es ist das, was die Lutheraner Gnade nennen würden. Was Edith Stein in faszinierender Weise in ihrem letzten Werk unternimmt, ist eine Art mystische Reduktion, die ihre Herkunft aus der eidetischen Reduktion der Phänomenologie nicht verbergen kann und auch nicht will. Anderes war ihr auch nicht mehr möglich, denn für sie galt inzwischen, wie es im vierten Buch bei Moses 23,12 heißt: »Muss ich nicht das halten und reden, was mir der Herr in den Mund gibt?« Sie sprach von Johannes zum Kreuz, sie sprach von sich, von jedem, der diesen Weg zu gehen bereit war, den sie schließlich so beschrieb: »Darum muß gesagt werden, daß auch das Ziel, zu dem wir auf dem Weg des Glaubens gelangen, Nacht ist: Gott bleibt auf Erden auch in der seligen Vereinigung für uns verhüllt. Unser Geistesauge ist seinem überhellen Licht nicht angepaßt und schaut wie in nächtliches Dunkel. Wie aber die kosmische Nacht nicht ihrer ganzen Dauer nach gleich dunkel ist, so hat auch die mystische Nacht ihre Zeitabschnitte und entsprechenden Grade. Das Versinken der Sinneswelt ist wie das Hereinbrechen der Nacht, wobei noch ein Dämmerlicht von der Tageshelligkeit zurückbleibt. Der Glaube dagegen ist mitternächtliches Dunkel, weil hier nicht nur die Sinnestätigkeit ausgeschaltet ist, sondern auch die natürliche Verstandeserkenntnis. Wenn aber die Seele Gott findet, dann bricht in ihre Nacht gleichsam schon die Morgendämmerung des neuen Tages der Ewigkeit herein.«[5]

Fast klingt es wie eine Vision des eigenen Leidensweges, der ihr bevorstand, wenn Edith Stein in der *Kreuzeswissenschaft* schrieb: »Wie nämlich im Paradies durch den Genuß der verbotenen Frucht die menschliche Natur zerstört und dem Verderben preisgegeben wurde, so wird sie unter dem Baum des Kreuzes von ihm erlöst und wiederhergestellt. Wenn sie sein Leben teilen will, muß sie mit ihm durch den Kreuzestod hindurchgehen: gleich ihm die eigene Natur kreuzigen durch ein Leben der Abtötung und Selbstverleugnung und sich ausliefern zur Kreuzigung in Leiden und Tod, wie Gott sie fügen oder zulassen will. Je vollkommener diese aktive und passive Kreuzigung sein wird, desto inniger wird die Vereinigung mit dem Gekreuzigten sein und desto reichlicher der Anteil am göttlichen Leben.«[6]

Es mag sein, dass die äußeren Ereignisse, die Herrschaft des Bösen – inzwischen hatte Deutschland die Benelux-Länder erobert und in den Niederlanden herrschte eine üble Figur wie Arthur Seyß-Inquart –, der Terror gegen die Juden und ihre Bedrohung an Leib und Leiben, die Zerstreuung ihrer Familie und das Wissen darum, dass die Gefahr immer näher kam, sie intensiver an dem Buch hatte schreiben lassen, sie vorantrieb, dass es auch fertig werde. Ob allerdings der äußere Druck sich auf den Inhalt auswirkte, bleibt grosso modo doch mehr als fraglich. Wirft man einen Blick auf *Endliches und ewiges Sein*, auf den Dionysius-Aufsatz, dann wird die Linie, die zum Aufstieg zur mystischen Schau führt, deutlich. Da Edith Stein von jeher von sich, abstrahiert vom Menschen, ausging, über das, was sie sah und was ihr widerfuhr, reflektieren musste, sich seit ihrer Konversion anfangs im Kloster Beuron langen und intensiven Stunden der Meditation unterzog, überraschte es nicht, dass sich ihr immer neue Dimensionen der Annäherung und der Kommunikation erschlossen. Gleichzeitig lenkte die Gemeinsamkeit, dass sich beide in bedrohlicher Situation – Johannes vom Kreuz in Klosterhaft, sie in den von den Nationalsozialisten kontrollierten Niederlanden – befanden, den Blick auf den Grenzbereich der Gefährdung, auf die Passion, auf die Ankunft auf Golgatha, auf die alles entscheidende Bereitschaft, das Kreuz anzunehmen, was die Frage aufkommen ließ, was das nun konkret im täglichen Leben bedeutete.

Ihre Überlegungen dürften zwischen den Eckpunkten, das Martyrium anzunehmen, sich in die Schweiz zu retten und niemanden – schon gar nicht die Schwestern im Karmel – zu gefährden, alterniert haben. So unternahm sie schließlich mithilfe des Klosters und von Hilde Vérène Bosinger, der Vorsitzenden des katholisch Schweizerischen Akademikerverbandes, den Versuch, mit ihrer Schwester in die Schweiz zu gehen. Selbst nachdem man zwei Klöster in der Eidgenossenschaft gefunden hatte, die sich bereit zeigten, die Schwestern aufzunehmen, stellten sich der Übersiedlung durch die Schweizer Behörden, aber auch durch den Vatikan absurde bürokratische Hürden in den Weg, die zu bewältigen Zeit vonnöten war. Zeit, die man nicht hatte.

Im September 1941 hatte der Reichskommissar für die Niederlande, Arthur Seyß-Inquart, den Ausschluss jüdischer Kinder vom allgemeinen Schulunterricht angeordnet, wogegen die Bischofskonferenz protestierte und den Ausschluss jüdischer Kinder in ihren Schulen untersagte. Am 20. Januar 1942 wurde am Wannsee die sogenannte »Endlösung der Judenfrage« beschlossen. Schon im Herbst 1940 wurden alle 150.000 Juden in den Niederlanden registriert. Die katholischen Bischöfe protestierten scharf. Auch Edith und Rosa Stein hatten sich, zur Registratur auf der Gestapo-Dienststelle zu melden. Als die Deportationen einsetzten, protestierten die Verantwortlichen aller Konfessionen in einem Telegramm an Seyß-Inquart dagegen. Am 26. Juli wurde der Protest gegen die ausdrückliche Anweisung des Reichkommissars von allen katholischen und von vielen protestantischen Kanzeln verkündet. Aus Rache und Einschüchterung wurden am 2. August 1942 alle katholischen Juden, 722 Menschen, verhaftet, unter ihnen auch Edith und Rosa Stein.

Als die Gestapo an der Karmeltür anklopfte, glaubte Edith Stein zunächst, ihre Einreisepapiere für die Schweiz wären eingetroffen. Sie wurde aus der Lesung aus dem Chor, die sie hielt, herausgerissen. Aller Protest seitens Edith Steins und der Oberin wurden mit der Drohung, dass ihre Weigerung für den Karmel sehr ernste Folgen haben würde, abgewehrt. Man sollte ihr eine Decke, Essen für drei Tage, einen Becher und einen Löffel mitgeben. Vor dem Kloster hatte sich eine aufgebrachte Menschenmenge versammelt, denn Rosa, die als Nicht-Nonne häufig Besorgungen im Ort erledigte, war ausgesprochen beliebt.

Eine Augenzeugin überlieferte, dass Edith nun die Hand ihrer Schwester nahm und leise zu ihr sagte: »Komm, wir gehen für unser Volk.« Über diesen Satz wurde mehrfach nachgedacht und auch spekuliert. Meinte Edith Stein das deutsche oder das jüdische Volk? Sah sie sich in diesem Moment als Sühneopfer, nahm sie das Kreuz auf sich, wie Christus, der ohne Sünde war, die Sünden der Welt auf sich nahm, um die Geschöpfe mit dem Schöpfer zu versöhnen? Sah sie sich in der Nachfolge Esters? Was auch immer ihr in dem Moment durch den Kopf gegangen war, sah sie zwar den Kreuzweg vor sich, aber sie stürmte nicht auf ihm voran. Man kommt ihrem Denken wohl am nächsten, wenn man an Jesu vertrauensvolle Worte im Garten Gethsemane denkt: »Mein Vater, ist's möglich, so gehe dieser Kelch an mir vorüber; doch nicht, wie ich will, sondern wie du willst!« (Mt 26,39).

Immer wieder würde sie auf dem Weg, auf den sie gezwungen wurde, Nachrichten ans Kloster schicken, Flaschenpost der Hoffnung, falls die Einreisepapiere doch noch eintreffen sollten. Was sie nicht wissen konnte, war, dass selbst, wenn sie noch einträfen, es nun dafür zu spät war, denn von diesem Transport gab es kein Entrinnen mehr. Über ihren Weg hatten die Nationalsozialisten entschieden.

Von Echt wurden die Schwestern zum Durchgangslager Amersfoort gebracht und in schmutzige Baracken getrieben. Die eisernen Bettgestelle hatten keine Matratzen. Von dort ging es am nächsten Tag in Güterwaggons zur Bahnstation Hooghalen, von dort aus hatten sie eine Stunde Fußmarsch durch Heideland zum Sammellager Westerbork zurückzulegen. Das Lager war von Stacheldraht umzogen und auf den Wachtürmern standen SS-Schergen mit Maschinengewehren. Unter den Frauen, Männern und Kindern, so sie es schon verstanden, machte sich Hoffnungslosigkeit und das Grauen breit. Manche Mütter fielen in Apathie. Edith Stein ging von einem zum andern, sprach Mut zu, tröstete, kümmerte sich um die Kinder. Es war, beschrieb einer, als ginge ein Engel durch den Raum. Und ein anderer meinte, dass, wenn man ihr Lächeln sah, Westerbork in diesem Augenblick nicht mehr Westerbork war.[7] Sie bat, als sie eine Nachricht schicken durfte, um Wollstrümpfe, warme Decken und Unterwäsche für sich und Rosa.

Am 4. August 1942 schrieb sie auf einem Papierblättchen, das sie einem Kalender entnommen hatte, an Antonia Engelmann im Kloster: »heute nacht sind wir von der Durchgangsstation Amersfoort aufgebrochen und früh hier gelandet. Hier sind wir sehr freundlich empfangen worden. Man will alles tun, damit wir freikommen oder zumindest hier bleiben dürfen. Es sind alle Katholiken zusammen und hier im Schlafsaal alle Klosterfrauen (2 Trappistinnen, 1 Dominikanerin, Ruth, Alice, Dr. Meirowsky u. a.). Auch die 2 Trappistenpatres von Tilburg sind bei uns. Es wird auf alle Fälle nötig sein, daß Ihr unseren Personalausweis schickt, unsere Stammkarten und Brotkarten. Wir haben bisher ganz von der Mildtätigkeit der andern gelebt. Wir hoffen, daß Ihr die Adresse des Konsuls gefunden und Euch mit ihm in Verbindung gesetzt habt. Wir haben vielen Nachricht an Euch aufgetragen. Auch die beiden lieben Kinder von Koningsbosch sind bei uns. Wir sind ganz ruhig und fröhlich. Natürlich bisher keine hl. Messe + Kommunion; kommt vielleicht später. Nun kommen wir ein bißchen dazu zu erfahren, wie man rein von innen her leben kann. Innigste Grüße an alle. Wir schreiben wohl bald wieder.

In Corde Jesu Eure B. † Wenn Ihr schreibt, dann bitte nicht erwähnen, daß Ihr dies bekommen habt.«

Rosa Stein fügte folgende Zeilen an:

»Herzlichste Grüße allen, es tat uns so leid, M. Ottilia nicht mehr gesehen zu haben. In der kurzen Zeit haben wir viel erlebt, man lebt miteinander und hilft sich gegenseitig überall. Geschlafen haben wir noch wenig, aber viel gute Luft und viele Fahrten gehabt. Sophie viele Grüße, auch Maria und allen, sie waren so aufgeregt, wir gar nicht. In Corde Jesu finden wir uns alle, in Dankbarkeit Rosa.«[8]

Zwei junge Burschen aus Echt schafften es sogar, den beiden Schwestern das Gewünschte nach Westerbork zu bringen.

Am 7. August stellte die SS im Lager Westerbork kurz nach Sonnenaufgang einen Transport von fast 1000 jüdischen Menschen zusammen, der am 9. August 1942 in Auschwitz ankam. Kurz nach der Ankunft gab man den Schwestern, wie den vielen anderen auch, ein Stück Seife und führte sie in die »Duschräume«. Doch aus den Duschen kam kein reinigendes Wasser, sondern tödliche Blausäure.

Im September 1945 schrieb Ediths treuer Freund aus Studientagen und Kommilitone in der Philosophischen Gesellschaft, Fritz Kaufmann – dem es 1936 gelungen war, in die USA zu emigrieren – an Marvin Faber, der die Phänomenologie in den USA bekannt gemacht hatte. Seine berührenden Worte auf die Nachricht von Edith Steins Tod hallen nach: »Ich bin untröstlich über Edith Steins Tod, obwohl ich immer noch hoffe – vielleicht gegen alle Hoffnung –, daß die Nachricht sich als irrig erweist. Mit Hans Lipps und mit ihr sind meine besten Göttinger Freunde dahin, und das Leben erscheint soviel ärmer. Es ist, als ob die Tür zu einem geliebten Zimmer der Vergangenheit endgültig ins Schloß gefallen sei. Sie können sich kaum vorstellen, was mir Edith Stein bedeutet hat während des Ersten Weltkrieges; sie tat alles, um mich geistig am Leben zu erhalten und berichtete mir alles von den intellektuellen Ereignissen in und außerhalb unserer Bewegung. Sie war der gute Geist in unserem Kreis und sorgte für alle und alles mit wahrer schwesterlicher Liebe (auch für Husserl, als er so schwer krank war, 1918). Sie war für Lipps wie ein Schutzengel in den Jahren, als es ihm so elend ging. Als ich mit ihr zum letzten mal im Kölner Karmel sprach – ein Gitter zwischen ihrem und meinem Raum –, hat die Abenddämmerung sie vor meinen Augen fast verschwinden lassen: Ich empfand, daß ich sie nicht wiedersehen würde. Aber wer hätte gedacht, daß diese Bestien in ihrer Grausamkeit nicht einmal vor den Toren eines Klosters Halt machen würden und daß sie sterben müßte, wie es wohl geschehen ist? Sie wurde Karmelitin wegen ihrer besonderen Verehrung für Santa Theresa, aber auch, weil sie in dieser asketischen Gemeinschaft ihr Leben und ihre Gebete opfern wollte zur Rettung der Menschheit. Hat sie Erfolg gehabt, nach all dem, bei dieser höchsten Aufgabe?

Was mag geschehen sein mit ihren großen zwei Bänden über Akt und Potenz, die von Kösel & Pustet (wenn ich nicht irre) schon gesetzt waren und dann nicht veröffentlicht werden konnten, weil es das Werk einer jüdischen Autorin war? Vor Jahren versuchte ich erfolglos, katholische Kreise für dies Werk zu interessieren (z. B. Mortimer Adler). Haben nicht Kösel & Pustet eine amerikanische Niederlassung in New York? Wäre es nicht möglich, dort anzufragen zugunsten einer der wertvollsten Schriften, die das Deutschland der letzten Generation noch hinterlassen hat?

Darf ich diese wenigen Worte über meine Freundin mit einigen Zeilen Husserls schließen, die er mir am 20. September 1915 geschrieben hat, kurz nachdem ich meinen Vater verloren hatte? Sie gehören zu den verhältnismäßig wenigen mir bekannten Zeugnissen Husserls, in denen er einen Blick in sein privates Leben erlaubte … ›Die sterben eigentlich nicht, die wir liebend verehrt, sie streben und tun nicht mehr, sprechen nicht mehr zu uns; fordern nichts von uns; und doch, ihrer gedenkend, fühlen wir sie uns gegenüber, uns in die Seele blickend, mit uns fühlend, uns verstehend, billigend und mißbilligend …‹«[9]

20.

Nachwort
Warum Edith Stein?

Diejenigen, die meine Arbeit kennen – meine Bücher, Biografien, Romane, Essays – rieben sich die Augen, als ich ihnen erzählte, dass ich an einer Biografie über Edith Stein arbeite. Die meisten meiner Bücher beschäftigen sich mit der Zeit der Renaissance und der frühen Neuzeit, mit Martin Luther, die meisten meiner Essays und Artikel mit Politik, Wirtschaft, Kultur, mit der Gesellschaft der Gegenwart. Tatsächlich wurde ich auch, nicht allzu freundlich, gefragt, ob es nicht genug gut katholische Biografien gäbe und weshalb ausgerechnet ein Schriftsteller, der ein ausgewiesener Luther-Experte ist, sich mit dieser großen Katholikin beschäftige. Meine Antwort darauf lautet selbstbewusst, dass in Distanz ein großer Vorteil liegt. Diese Erfahrung habe ich schon früher gemacht, als ich, der Lutheraner, eine Biografie Benedikt XVI. verfasst habe, genauso wie eine Machtgeschichte der katholischen Kirche und als ich mich in *Die geheimen Religionen* mit den mystischen Unterströmungen des Glaubens auseinandergesetzt hatte. Meine Achtung vor den unterschiedlichen Wegen zum und im Glauben ist hoch, meine Neugier wohl sogar noch höher. Aber all das ist letztlich Vorgeplänkel, Beiwerk – und mit Beiwerk beginnt man kein Buch.

Edith Stein bin ich das erste Mal Anfang der 1990er-Jahre in Breslau begegnet. Aber es blieb bei einem kurzen Intermezzo, weil mich damals andere Fragen umtrieben.

Das zweite Mal tauchte Edith Stein in meinem Leben auf, als ich mich zehn Jahre später mit Martin Heidegger beschäftigte, und in mir die vage Ahnung aufstieg, dass sie als Husserl-Schülerin so etwas wie das Pendant zu Heidegger darstellen könnte, als der andere Weg vom »Meister« weg, die andere Philosophie, die von der Phänomenologie kam, aber eigene Wege einschlug. Das Wort »Weg« verstehe ich dabei ausdrücklich nicht nur im übertragenen Sinne, sondern wörtlich, weil »Denken« nur ein Abstraktum für Denkwege abgibt, die ganz konkrete Menschen ganz konkret einschlagen. Wo finden diese Philosophien – wie die Theologen sagen würden – ihren Sitz im Leben? Denn Denken ist Handeln und Handeln ist Leben.

Zur Philosophie gehört Leben, ich kann Philosophie nur verstehen als eine Form gelebten Lebens. Wo keine Biografie ist, da ist auch keine Philosophie. Mein Interesse besteht nicht darin, den Geist einer Sache, den Geist von Geschichte, den Geist einer Dichtung zu destillieren oder eidetisch zu reduzieren. Möglicherweise würden Edith Stein und ich hier in eine wirkliche Kontroverse geraten.

Ich möchte wirklich verstehen, woraus Denken wird.

Und so bin ich bei Edith Stein gewissermaßen hängen geblieben: Bei ihr hat mich von Anfang an interessiert, wie sie sich einen sehr eigenen Weg sucht, frühzeitig die Phänomenologie entdeckt, dann aber aus jüdischem Elternhaus in den Katholizismus konvertiert und schließlich in den Karmel, in eine sehr strenge und rigorose Klostergemeinschaft, eintritt – und das im zwanzigsten Jahrhundert, in dem das gewiss nicht kleine katholische Milieu aber recht still und verschlossen wirkt, wie eine hermetische Welt, aber sein Reichtum eigentlich nur von katholischen Autoren dargestellt wird.

Während Martin Heidegger bald schon als einer der besten Luther-Kenner seiner Zeit gilt, er aus einer katholischen Familie stammt und selbst als »katholischer Philosoph« beginnt, aber philosophisch den Katholizismus hinter sich lässt, kommt Edith Stein aus einer jüdischen Familie und aus der Philosophie und geht in den Katholizismus. Der Kreuzpunkt beider, an dem sie sich begegnen, ist die Phänomenologie, eine der modernen Philosophien, die am Anfang des 20. Jahrhunderts entstehen und eine bis heute reichende, enorme Wirkung entfalten, bis in den Dekonstruktivismus hinein.

So sehe ich das Leben von Edith Stein als einen noch unentdeckten Schlüssel für die deutsche Geschichte des beginnenden 20. Jahrhunderts. Sie offenbart sich als das Pendant, nicht nur zur Existenzphilosophie von Heidegger und auch von Karl Jaspers, sondern auch zur Frankfurter Schule, zu dem ungleich bekannteren Walter Benjamin beispielsweise.

Und so reizte es mich außerordentlich, diese andere Geschichte zu erzählen . Man kann nicht über dieses Jahrhundert sprechen, wenn man nur über das eine, nicht aber auch über das andere handelt. Doch auch das hätte noch nicht ausgereicht, mich so tief auf das Leben der Edith Stein einzulassen.

Edith Stein bestand darauf, ihr Geheimnis zu wahren. Doch geht genau von diesem Geheimnis eine so große Anziehungskraft aus, das ich versuchen wollte, ihm näherzukommen. Sie hat mir in der Arbeit viel, sehr viel, abverlangt. Zuweilen kam es zu regelrechten Streitgesprächen, die die abgeklärte Haltung des Biografen für gewöhnlich nicht zulässt, vor allem dann, wenn der Biograf Edith Steins Konversion nicht von vornherein als das größte Ereignis im Leben eines Menschen versteht, weil er zwar den Katholizismus sehr achtet, aber nicht katholisch ist und auch nicht gedenkt, katholisch zu werden. Das meint mehr als Religion, das meint Welthaltung, Grundverständnis des Seins. Häufig hat Edith Stein meinen Widerspruch herausgefordert, häufiger aber noch meine Bewunderung für die Konsequenz und Schlüssigkeit ihres Denkens. In einer Empfänglichkeit für den Reiz des mittelalterlichen Philosophierens trafen wir uns, auch wenn ich eher William von Occam, statt Thomas von Aquin zuneige, in der Mystik eher Meister Eckhart als den Spaniern. Doch hier schon stellt sich, um mit Kurt Flasch zu sprechen, die Frage, ob Meister Eckhart noch Mystik oder doch schon christliche Philosophie ist. Und wenn man Letzteres mit Ja beantwortet, was ist dann christliche Philosophie? Genau diese Frage stellt Edith Stein in *Endliches und ewiges Sein* – ihrem Hauptwerk.

So machte den hauptsächlichen Reiz des Schreibens die durchgängige Auseinandersetzung aus, die Edith Stein durch die Klarheit ihres Denkens herausfordert. Sie ist zuweilen ungerecht, in der Ungeduld hochintelligenter Menschen zu schnell mit dem Urteil bei der Hand, doch ist sie nie langweilig, nie uninspiriert und nie uninspirierend, sondern stets aufrüttelnd, zur Zustimmung oder zum Widerspruch herausfordernd, zur Diskussion anregend. So interessierte mich – man sehe es mir nach – nie die Heilige, sondern die Suchende. Und das war sie, schutzlos suchend.

Aber auch das würde noch immer nicht genügen, das Wagnis dieses Buches begonnen zu haben.

Edith Stein wurde am 1. Mai 1987 selig- und am 11. Oktober 1998 heiliggesprochen. Darüber gab es zu Recht viel Freude und auch so manche verständliche Kontroverse. Es liegt daher nahe und ist auch vollkommen legitim, eine Biografie aus dieser rückwirkenden Perspektive zu erzählen. Das allerdings war nicht mein Weg zu ihr. Ich versuchte, vollkommen ergebnisoffen, diesen Weg mit ihr zusammen zu gehen, ihr Leben nicht vom Ende her zu denken, sondern aus der Situation heraus – und sie auch aus dem Moment heraus zu verstehen. Edith Steins Denken, ihr Leben, ihr Forschen nach dem Beständigen hinter dem Vergänglichen, dem Bleibenden und Verlässlichen hinter den zufälligen Erscheinungen führte sie, nachdem sie Gott in ihrer Jugend nicht gekannt hatte, auf katholischem Weg zum Glauben. Nicht Herkunft und Tradition, nicht Erziehung und Milieu ebneten ihr den Weg in den Karmel, sondern ihr Leben und ihr Denken führten zu einer bewussten Entscheidung. Ich würde so weit gehen zu sagen, dass sie nicht konvertiert ist, sondern, dass sie angekommen ist im Glauben.

So ist diese Biografie im eigentlichen Sinne die Geschichte einer Ankunft. Deshalb steht im Mittelpunkt das Suchen und das Finden, der Verlust der Lebenssicherheit und die Entdeckung der Glaubensgewissheit der Edith Stein, die als Nonne den Namen Teresia Benedicta a Cruce annahm. Ihre Biografie stellt vielleicht auch eine Hilfe für Menschen in unserer heutigen Zeit dar, weil sie zeigt, wie die metaphysische Verzweiflung, die in unserer Zeit so groß geworden ist, vom Menschen überwunden werden kann.

Was mich interessiert hat, ist, die verborgenen Momente aufzuspüren, in denen Leben zu Denken und Glauben wird, und sich Glauben wieder über das Denken im alltäglichen Leben ausdrückt und wirkt. Ich wollte Edith Steins Denken ins Leben hinein auflösen, aus dem es gewonnen wurde. Ich wollte ihr Leben nicht nur verständlich darstellen, sondern auch als das Abenteuer entdecken, das es war, und dieses verständlich machen. Vielleicht hätte das schon genügt, sich auf diese Arbeit einzulassen, vielleicht, aber etwas Wichtiges, rasch zu Übersehendes fehlt noch.

Denn letztlich reizte es mich – ganz ehrlich – ihre Lebensgeschichte als den großen biografischen Roman zu erzählen, der er in Wahrheit ist. Deshalb versuchte ich, Edith Stein in ihrer Zeit und aus ihrer Zeit heraus zu verstehen, und nicht die Zeit zum Anhängsel ihres Lebens zu machen. Denn das gilt für unser aller Leben: Wir alle sind nur in der Zeit. Das englische »history« macht es deutlicher als sein deutsches Pendent – in »history« steckt die »story«. Man kann Geschichte nur *erzählen,* denn in Geschichte stecken viele *Geschichten.*

Verzeichnis der benutzten Literatur

»Alles Wesentliche lässt sich nicht schreiben«. Leben und Denken Edith Steins im Spiegel ihres Gesamtwerkes, hg. v. Andreas Speer und Stephan Regh in Zusammenarbeit mit Sr. Antonia Sondermann OCD, Freiburg im Breisgau 2016.
Augustinus: Über die wahre Religion, Stuttgart 1983.
Batzdorff, Susanne M.: Edith Stein – meine Tante. Das jüdische Erbe einer katholischen Heiligen, Würzburg 2000.
Becher, Johannes R.: Werke in drei Bänden, Band 2 Abschied. Winterschlacht, Berlin und Weimar 1976.
Beckmann, Beate: Phänomenologie des religiösen Erlebnisses. Religionsphilosophische Überlegungen in der Nachfolge von Adolf Reinach und Edith Stein, Würzburg 2003.
Benjamin, Walter: Berliner Kindheit um neunzehnhundert, Frankfurt am Main 2000.
Bergson, Henri: Schöpferische Evolution, Hamburg 2013.
Bias-Engels, Sigrid: Zwischen Wandervogel und Wissenschaft. Zur Geschichte von Jugendbewegung und Studentenschaft 1896–1920, Köln 1988.
Böckenförde, Ernst-Wolfgang: Die Entstehung des Staates als Vorgang der Säkularisation. In: Recht, Staat, Freiheit. Berlin 2006.
Brentano-Studien. Internationales Jahrbuch der Franz Brentano Forschung, Bd. I–III, VIII, XII–XVII, Dettelbach 1988 bis 2020.
Bry, Carl Christian: Verkappte Religionen. Kritik des kollektiven Wahns, München 1979.
Burckhardt, Armin: Soziale Akte, Sprechakte und Textillokutionen. A. Reinachs Rechtsphilosophie und die moderne Linguistik, Tübingen 1986.
Cassirer, Ernst: Gesammelte Werke, Band 6: Substanzbegriff und Erkenntnisbegriff, Untersuchungen über die Grundfragen der Erkenntniskritik, Hamburg 2000.
Cohn, Willy: Kein Recht, nirgends. Tagebuch vom Untergang des Breslauer Judentums 1933–1941, 2 Bde., Köln 2006.
Conrad-Martius, Hedwig: Edith Stein. In: Hochland, München und Kempten 1958/59.
Das Meißnerfest der Freideutschen Jugend 1913, München 1913.
Die unbekannte Edith Stein: Phänomenologie und Sozialphilosophie, hg. v. Beate Beckmann-Zöller und Hanna-Barbara Gerl-Falkovitz, Frankfurt am Main 2006.
Dilthey, Wilhelm: Gesammelte Schriften, Erster Band, hg. von Bernhard Groethuysen, Leipzig und Berlin 1914.
Dilthey, Wilhelm: Gesammelte Schriften, Fünfter Band: Die geistige Welt. Leipzig und Berlin 1924.
Dilthey, Wilhelm: Gesammelte Werke, Siebenter Band, Leipzig und Berlin 1927.

Dilthey-Jahrbuch für Philosophie und Geschichte des Geisteswissenschaften, Band 6/1989, Göttingen 1989.

Edith Steins Herausforderung heutiger Anthropologie. Akten der Internationalen Konferenz 23.–25. Oktober 2015 in Wien und Heiligenkreuz, hg. v. Hanna-Barbara Gerl-Falkovitz, Mette Lebech, Heiligenkreuz im Wienerwald 2017.

Endres, Elisabeth: Edith Stein. Christliche Philosophin und jüdische Märtyrerin, München und Zürich 1987.

Erinnerungen an Martin Heidegger, hg. v. Günther Neske, Pfullingen 1977.

Feldes, Joachim: Das Phänomenologenheim. Der Bergzaberner Kreis im Kontext der frühen phänomenologischen Bewegung, Nordhausen 2015.

Feldmann, Christian: Edith Stein, Reinbeck bei Hamburg 2019.

Flasch, Kurt: Was ist Gott? Buch der 24 Philosophen, München 2011.

Fontane, Theodor: Briefe an Georg Friedlaender, hg. v. Kurt Schreinert Heidelberg 1954.

Friedrich II. von Preußen: Schriften und Briefe, Leipzig 1985.

Friedrich Wilhelm Förster und seine Bedeutung für die Pädagogik der Gegenwart, hg. v. Joseph Antz und Franz Pöggler, Ratingen 1955.

Gadamer, Hans Georg: Philosophische Lehrjahre, Frankfurt am Main 2012.

Gadamer, Hans Georg: Gesammelte Werke, 10 Bde., Tübingen 1999.

Geibel, Emanuel: Werke. 4 Teile in einem Bande, Leipzig 1915.

Geiger, Moritz: Die Bedeutung der Kunst, München 1976.

Goethe, Johann Wolfgang: Werke, 14 Bde., München 1994.

Haffner, Sebastian: Geschichte eines Deutschen. Die Erinnerungen 1914–1933, München 2002.

Hauptmann, Gerhart. Neue Studien zu seinem Werk, hg. v. Klaus Hildebrandt und Stefan Rohlfs, Berlin 2014.

Hauptmann, Gerhard: Sämtliche Werke, hg. v. Hans-Egon Hass, Berlin 1996.

Heidegger und die Anfänge seines Denkens. Heidegger Jahrbuch, hg. v. Alfred Denker, Hans-Helmuth Gander und Holger Zaborowski, Freiburg/München 2004.

Heine, Heinrich: Werke und Briefe, 10 Bde., Berlin und Weimar 1980.

Héring, Jean: Bemerkungen über das Wesen, die Wesenheit und die Idee, Darmstadt 1968.

Hermsen, Hugo: Die Wiedertäufer zu Münster in der deutschen Dichtung. (= Breslauer Beiträge zur Literaturgeschichte. Neuere Folge, 33. Heft), Stuttgart 1913.

Herzig, Arno: Geschichte Schlesiens. Vom Mittelalter bis zur Gegenwart, München 2015.

Heuss, Theodor: Hans Poelzig, Tübingen 1948.

Hesse, Herrmann: Sämtliche Werke, Band 3, Frankfurt am Main 2001.

Heym, Georg: Das Werk, Frankfurt am Main 2005.

Hoeres, Peter: Krieg der Philosophen. Die deutsche und die britische Philosophie im Ersten Weltkrieg, Paderborn 2004.

Hochland. Monatsschrift begründet von Carl Muth, hg. v. Franz Josef Schöningh, München und Kempten 1958/59.

Hölderlin, Friedrich: Sämtliche Werke und Briefe, hg. v. Günter Mieth, Berlin 1995.

Hönigswald, Richard: Grundfragen der Erkenntnistheorie, Hamburg 1997.

Hugo Gaudig – Schule im Dienst der freien geistigen Arbeit. Darstellungen und Dokumente, hg. v. Jonas Flöter und Christian Ritzi, Bad Heilbrunn 2012.

Husserl, Edmund: Aufsätze und Vorträge (1911-1921), hg. v. Thomas Nenon und Hans Rainer Sepp, Dordrecht 1987.

Husserl, Edmund: Briefe an Ingarden, Den Haag 1968.
Husserl, Edmund: Logische Untersuchungen, 3 Bde. (I, II.1 und II.2), Tübingen 1993.
Ingarden, Roman: Das Literarische Kunstwerk. Eine Untersuchung aus dem Grenzgebiet der Ontologie, Logik und Literaturwissenschaft, Halle 1931.
Ingarden, Roman: Gesammelte Werke, Band 1 bis 13, Tübingen 1962–1999.
Ingarden, Roman: Über das Wesen, Heidelberg 2007.
Jani, Anna: Edith Steins Denkweg von der Phänomenologie zur Seinsphilosophie, Würzburg 2015.
Jäger, Lorenz: Heidegger. Ein deutsches Leben, Berlin 2021.
Juli 1914. Die europäische Krise und der Ausbruch des I. Weltkriegs, hg. v. Immanuel Geiss, München 1965.
Kafka, Franz: Nachgelassene Schriften und Fragmente II, hg. v. Jost Schillemeit, Frankfurt am Main 1992.
Kleist, Heinrich von: Werke und Briefe, 4 Bde., Berlin und Weimar 1984.
Klentak-Zablocka, Malgorzata: Edith Steins Briefe an Roman Ingarden, in : Grenzüberschreitungen. Deutsche, Polen und Juden zwischen den Kulturen (1918–1939), hrsg. v. Marion Brandt, S. 225–237, München 2006.
Kunicki, Wojciech: Germanistische Forschung und Lehre an der Königlichen Universität zu Breslau von 1811 bis 1918, Leipzig 2019.
Kühnemann, Eugen: Schiller und seine Welt, Leipzig 1934.
Kühnemann, Eugen: Schiller, München 1905.
Landgrebe, Ludwig: Der Weg der Phänomenologie, Gütersloh 1978.
Lenz, Max: Wille, Macht und Schicksal, Berlin, Boston 2019.
Lessing, Gotthold Ephraim: Werke, Band II, München 1971.
Loidolt, Sophie: Einführung in die Rechtsphänomenologie. Eine historisch-systematische Darstellung, Tübingen 2010.
Lukács, Georg: Die Seele und die Formen, Bielefeld 2011.
Lukács, Georg: Tagebuch 1910/1911. Berlin 1991.
Lyotard, Francois: Die Phänomenologie, Hamburg 1993.
Malaparte, Curzio: Technik des Staatsstreiches. Essay, Berlin 1988.
Mann, Thomas: Betrachtungen eines Unpolitischen, Frankfurt am Main 2009.
Meister Eckhart: Werke. 2 Bde., hg. v. Niklaus Largier. Bd. I., Frankfurt am Main 1993.
»Mit uns zieht die neue Zeit«. Der Mythos Jugend, hg. v. Thomas Koebner, Rolf-Peter Janz und Frank Trommler, Frankfurt am Main 1985.
Mönchtum, Orden, Klöster. Ein Lexikon, hg. v. Georg Schwaiger, München 1994.
Musil, Robert: Tagebücher, Aphorismen, Essays und Reden, Hamburg 1955.
Musil, Robert: Die Verwirrungen des Zöglings Törleß, Leipzig 1986.
Müller, Andreas Uwe und Neyer, Maria Amata: Edith Stein. Das Leben einer ungewöhnlichen Frau, Düsseldorf 1998.
Müller, Andreas Uwe: Grundzüge der Religionsphilosophie Edith Steins, München 1993.
Nadkierniczna-Stasik, Aleksandra: Theaterpraxis im Spiegel der Presse. Eine Fallstudie zur Rezeption des Breslauer Theaters zwischen 1890 und 1913, Leipzig 2020.
Nelson, Leonard: Kritik der praktischen Vernunft, Leipzig 1917.
Nelson, Leonard: Gesammelte Schriften in neun Bänden, Hamburg 1970.
Nichtweiss, Barbara: Erik Peterson. Neue Sicht auf Leben und Werk, Freiburg 1994.
Oelkers, Jürgen: Eros und Herrschaft. Die dunklen Seite der Reformpädagogik, Weinheim und Basel 2011.

Pascal, Blaise: Über die Religion und über einige andere Gegenstände (Penseés), Tübingen 1948.
Pieper, Josef: Über den Glauben. Ein philosophischer Traktat, München 1962.
Polgar, Alfred: Die Mission des Luftballons. Skizzen und Erwägungen, Berlin 1975.
Polis und Kosmos. Perspektive einer Philosophie des Politischen und einer Philosophischen Kosmologie. Eberhard Avé-Lallemant zum 80. Geburtstag, hg. v. Dietrich Gottstein und Hans Reiner Sepp, Würzburg 2008.
Popert, Herrmann: Helmut Harringa. Eine Geschichte aus unserer Zeit, Dresden 1911.
Popper, Leo: Schwere und Abstraktion, Berlin 1988.
Posselt, Teresia Renata OCD: Edith Stein, Eine große Frau unseres Jahrhunderts, Nürnberg 1952.
Reinach, Adolf: Sämtliche Werke, 2 Bde., München 1989.
Rickert, Heinrich: Die Philosophie des Lebens, Tübingen 1922.
Rodi, Frithjof: Die Erkenntnis des Erkannten. Zur Hermeneutik des 19. und 20. Jahrhunderts, Frankfurt 1990.
Rynkiewicz, Kazimierz: Zwischen Realismus und Idealismus. Ingardens Überwindung des transzendentalen Idealismus Husserls, Frankfurt 2008.
Safranski, Rüdiger: Ein Meister aus Deutschland: Heidegger und seine Zeit, Frankfurt am Main 1998.
Scheler, Max: Gesammelte Werke, Band 2, Bern 1966.
Scheler, Max: Gesammelte Werke, Band 3, Bern 1972.
Scheler, Max: Gesammelte Werke, Band 10, Bern 1957.
Scheler, Max: Wesen und Formen der Sympathie, Frankfurt am Main 1948.
Scheler, Max: Vom Umsturz der Werte. Abhandlungen und Aufsätze. Gesammelte Werke, 3 Bde., Bern 1955.
Schumann, Karl: Husserl-Chronik. Denk- und Lebensweg Edmund Husserls, Den Haag 1977.
Schnabel, Anja: Bleiben in Breslau. Jüdische Selbstbehauptung und Sinnsuche in den Tagebüchern Willy Cohns 1933–1941, Berlin 2018.
Sertillanges, Antonin-Gilbert (OP): Der Heilige Thomas von Aquin, Dresden 1928.
Sprengel, Peter: Gerhart Hauptmann. Bürgerlichkeit und großer Traum, München 2012.
Stein, Edith: Wie ich in den Kölner Karmel kam, Würzburg 1994.
Stern, William: Die menschliche Persönlichkeit, Person und Sache II, 1923.
Thamer, Hans-Ulrich: Verführung und Gewalt. Deutschland 1933–1945. Berlin 1994.
Torbov, Zeko: Erinnerungen an Leonard Nelson 1925-1927, Hildesheim 2005
Vernunft-Erkenntnis-Sittlichkeit. Internationales philosophisches Symposion Göttingen, vom 27.–29. Oktober 1977 aus Anlass des 50. Todestages von Leonard Nelson, Hamburg 1979.
Volksabstimmungen und andere Grenzlösungen nach dem Ersten Weltkrieg, hg. v. Claudia Fräss-Ehrfeld, Klagenfurt am Wörthersee 2020.
Walther, Gerda: Zum anderen Ufer. Vom Marxismus und Atheismus zum Christentum, Remagen 1960.
Wegner, Matthias: Klabund und Carola Neher, Hamburg 1998.
Wust, Peter: Ungewissheit und Wagnis, München 1962.
Zweig, Stefan: Die Welt von Gestern. Erinnerungen eines Europäers, Berlin und Weimar 1981.
Zwetajewa, Marina: Masslos in einer Welt nach Mass, Berlin 1980.

Sigle

ESJ – Stein, Edith: Jahrbuch, Würzburg 1995ff.
ESW – Stein, Edith: Werke, Freiburg 2001ff.
ESGA – Stein, Edith: Gesamtausgabe, Freiburg 1985ff.
HGA – Heidegger, Martin: Gesamtausgabe, Frankfurt am Main 1990 ff.
NKSA – Nietzsche, Friedrich: Kritische Studienausgabe, hg. v. Giogio Colli und Mazzino Montinari, 15 Bde., München 1988.
BGS – Benjamin, Walter: Gesammelte Schriften, Frankfurt am Main 1991.

Anmerkungen

1. »Bei ›Fräulein Stein‹ muss ich mir überlegen, was das für ein Ding ist.«

1 Haffner 2002, S. 235
2 HGA 16, S. 132
3 ESW VIII, S. 292
4 Malaparte 1988, S. 186
5 Ebd. S. 183
6 Ebd. S. 188f.
7 Haffner 2002, S. 86
8 Haffner 2002, S. 92
9 Haffner 2002, S. 139f.
10 ESW VIII, S. 312
11 ESW VIII, S. 306
12 ESW VIII, S. 303
13 ESW VIII, S. 308
14 Der Text im Mosaikbild ist in Abweichung vom Text der Vulgata verkürzt auf: »+ego* sum*via* veritas*et*vita+«
15 ESW VIII, S. 323
16 Stein 1994, S. 40
17 ESW VIII, S. 299
18 https://www.kloster-reisach.de/spiritualitaet/spiritualitaet.html aufgerufen am 25.01.2022
19 Mönchtum, Orden, Klöster, S. 273–277
20 http://karmel-marienthal.de/karmel03.html, aufgerufen am 25.01.2022
21 ESGA 4, S. 236
22 ESGA 4, S. 238
23 Stein 1994, S. 40
24 ESW VII, S. 1
25 ESW VII, S. 2
26 Hitler, Adolf: Rede in Reichenberg, 2.12.1938. Zit. n. Thamer 1994, S. 407f.
27 Lessing 1971, S. 280
28 ESW VII, S. 1
29 Batzdorff 2000, S. 13
30 ESW VII, S. 1f.
31 ESW VII, S. 2

2. Ur-Szenen

1 https://web.archive.org/web/20111205102306/http://www.david.juden.at/kulturzeitschrift/66-70/66-Davidowicz.htm, abgerufen am 26.01.2022
2 https://davidkultur.at/8222ich-bleibe-also-jude8220-8211-gedanken-zu-den-8222hohen-feiertagen8220
3 https://davidkultur.at/8222ich-bleibe-also-jude8220-8211-gedanken-zu-den-8222hohen-feiertagen8220
4 Traktat Bahodesh, in: Mekhilta de-Rabbi Jishma'el. Ein früher Midrasch zum Buch Exodus, Berlin 2010, S. 278
5 ESW VII, S. 5
6 ESW VII, S. 6
7 ESW VII, S. 6
8 ESW VII, S. 12
9 ESW VII, S. 12
10 Batzdorff 2000, S. 36
11 Friedrich II. 1985, S. 103
12 ESGA 5, S. 137
13 Lenz 2019, S. 154
14 Gadamer 2012, S. 8
15 ESW VII, S. 16
16 ESW VII, S. 47

17 Batzdorff 2000, S. 45
18 ESW VII, S. 35
19 Batzdorff 2000, S. 1250
20 Batzdorff 2000, S. 58

3. Edith im Kosmos der Familie

1 Posselt 1957, S. 8
2 ESW VII, S. XVI
3 Posselt 1957, S. 12
4 ESW VII, S. 49
5 ESW VII, S. 49
6 ESW VII, S. 48
7 Batzdorff 2000, S. 155
8 Batzdorff 2000, 153
9 Ebd.
10 Posselt 1957, S. 14
11 ESW VII, S. 52
12 ESW VII, S. 52f.
13 ESW VII, S. 53
14 vgl. Posselt 1952
15 Posselt 1952, S. 13
16 Zwetajewa 1980, S. 77
17 ESW VII, S. 51
18 ESW VII, S. 48
19 ESW VII, S. 49
20 ESW VII, S. 49

4. Pflock und Meer

1 ESW VII, S. 89
2 Lukács 1991, S. 40
3 Lukács 1991, S. 41
4 Lukács 1991, S. 47
5 ESW VII, S. 57
6 ESW VII, S. 57
7 ESW VII, S. 56
8 Benjamin 2000, S. 109
9 Popper 1987, S. 76
10 NKSA, Band 3, S. 381
11 Heym, 2005, S. 1324
12 Heym 2005, S. 1299
13 Hesse, S. 305, 200
14 ESW VII, S. 111
15 ESW VII, S. 111f.
16 Posselt 1957, S. 14
17 ESW VII, S. 122
18 ESW VII, S. 121
19 ESW VII, S. 121
20 ESW VII, S. 122
21 https://web.archive.org/web/20111205102306/http://www.david.juden.at/kulturzeitschrift/66-70/66-Davidowicz.htm, abgerufen am 26.01.2022
22 ESW VII, S. 123

5. Die Suffragette

1 Nadkierniczna-Stasik 2020, S. 167
2 Lukács 2011, S. 136
3 Lukács 2011, S. 136
4 Lukács 2011, S. 136
5 Goethe 1993 Band 1, S. 114
6 Goethe 1994, Bd. 12, S. 226
7 ESW VII, S. 124f.
8 ESW VII, S. 127
9 ESW VII, S. 136
10 ESW VII, S. 149
11 Theodor Fontane 1954, S. 125
12 https://web.archive.org/web/20160510191505/http://ens.piranho.de/altschul/kaiser.htm, aufgerufen am 12.12.2021
13 ESW VII, S. 140
14 Geibel 1915, S. 369
15 ESGA 16, S. 165
16 Goethe 1993, Band 3, S. 26
17 ESW VII, S. 144

6. Der Aufbruch

1 ESW VII, S. 90
2 ESW VII, S. 90
3 ESW VII, S. 91
4 ESW VII, S. 91
5 ESW VII, S. 207
6 Gadamer 2012, S. 10
7 ESGA 28, S. 258ff.
8 ESGA 28, S. 81
9 Kunicki 2019, S. 351
10 Cohn 2006, S. 182
11 Hoeres 2004, S. 321f.
12 ESW VII, S. 156
13 Gadamer 2012, S. 12
14 ESW VII, S. 188
15 ESW VII, S. 188

16 Hönigswald 1997, S. 93
17 Hönigswald 1997, S. 205
18 ESW VII, S. 156

7. Eine Spanne Jugend

1 Zweig 1981 S. 15
2 ESW VII, S., 262
3 BGS II.1, S. 40
4 BGS II.1, S. 91
5 NKSA 1, S. 311
6 »Die Geschichte ist Gegenstand einer Konstruktion, deren Ort nicht die homogene und leere Zeit, sondern die von Jetztzeit erfüllte bildet.« BGS I.2., S. 701
7 Wyneken, zit. n. Mit uns zieht die neue Zeit, S. 225
8 BGS II.1, S. 13
9 BGS II.1, S. 45
10 BGS II.1, S. 45
11 zit. n. Bias-Engels 1988, S. 26f.
12 ESW VII, S. 163
13 ESW VII, S. 165
14 ESW VII, S. 165
15 Kafka 1992, S. 234f.
16 ESW VII, S. 180

8. Die phänomenologische Wende

1 Hochland 1958, S. 38
2 Popert 1911, S. 138
3 Popert 1911, S. 279
4 Popert 1911, S. 8
5 ESWVII, S. 185
6 ESW VII, S. 185
7 Stern 1923, S. 3f
8 NKSA Band 3, S. 574
9 Hölderlin Band 2, S. 260
10 NKSA Band 4, S. 402
11 NKSA Band 4S. 403/408
12 Dilthey, Band 5; S. 144
13 Dilthey Band 1, S. 36
14 Dilthey Band 7, S. 267
15 vgl. den Titel des Buches von Frithjof Rodi: Die Erkenntnis des Erkannten…
16 Dilthey Band 5, S. 336
17 Safranski, 1998, S. 67
18 Safranski 1998, S. 69
19 Ebd.
20 Bergson 2013, S. XXXIXf.
21 Bergson 2013, S. XXXVIII
22 Bergson 2013, S. 306
23 Bergson 2013, S. 306
24 Bergson 2013, S. 306f.
25 Bergson 2013, S. 229
26 Bergson 2013, S. XXXVII
27 Rickert 1922, S. 155
28 Husserl 1993, Band II/1, S. 6
29 Husserl 1993, Band I, S. 7
30 Husserl 1993, Band I, S. 8
31 Husserl 1993, Band I, S. 11
32 Husserl 1993, Band I, S. 12
33 ESW XIII, S. 24
34 Husserl 1968, S. 133
35 Husserl 1993, Band II./1, S. 11
36 Reinach 1989, Band I, S. 590
37 Reinach 1989, Band I, S. 589
38 ESW VII, S. 186
39 ESW VII, S. 186
40 ESW VII, S. 186f.
41 ESW VII, S. 187
42 Wegener 1998, S. 110
43 Die Weltbühne 10.11.1921, Nr. 45, S. 485
44 Heuss 1948, S. 19
45 Lyotard 1993, S. 23
46 ESW VII, S. 188

9. In Göttingen

1 Heine 1980, Band 3, S. 18
2 ESW VII, S. 209
3 ESW VII, S. 209
4 ESGA 4, S. 151
5 Gottstein/Sepp 2008, S. 303
6 Gadamer 1999, Band 3, S. 107
7 Conrad-Martius 1958/59, S. 39
8 ESW VII, S. 217
9 vgl. Burckhardt 1986
10 Husserl 1968, S. 114
11 ESW VII, S. 219
12 ESW VII, S. 218
13 Nelson 1917, S. 344
14 Nelson 1970, Band VII, S. 12

15 Nelson 1970, Band I, S. 231
16 Nelson 1970, Band I, S. 291
17 Nelson 1917, S. 91
18 ESW VII, S. 234
19 Landgrebe 1978, S. 21
20 ESW VII, S. 220
21 ESW VII, S. 219
22 ESW VII, S. 219
23 ESW VIII, S. 49
24 Husserl 1968, S. 112f.
25 ESW VII, S. 223f.
26 Gadamer 1999, Band 10, S. 400
27 zit. nach Dilthey-Jahrbuch 1989, S. 50
28 ESW VII, S. 223
29 ESW VII, S. 224
30 Scheler 1948, S. 164f.
31 Scheler 1957, S. 356
32 Pascal 1948, S. 143f.
33 ESW VII, S. 229
34 ESW VII, S. 228
35 ESW VII, S. 229
36 Scheler 1948, S. 177
37 ESW VII, S. 238
38 ESW VII, S. 238f.

10. Der Krieg

1 Sprengel 2012, S. 453
2 zit. n. Sprengel 2012, S. 453
3 zit. n. 5.–7. Gerhart Hauptmann. Leben und Werk. Gedächtnisausstellung zum 100. Geburtstag von Bernhard Zeller, Stuttgart 1962, Vitrine 34
4 zit. n. 5.-7. Gerhart Hauptmann. Leben und Werk. Gedächtnisausstellung zum 100. Geburtstag von Bernhard Zeller, Stuttgart 1962, Vitrine 34
5 Hauptmann 1996 Band II, S. 951
6 zit. n. Gerhart Hauptmann 2014, S. 48
7 Hauptmann 1996 Band II, S.951
8 zit. n. 5.–7. Gerhart Hauptmann. Leben und Werk. Gedächtnisausstellung zum 100. Geburtstag von Bernhard Zeller, Stuttgart 1962, Vitrine 34
9 ESW VII, S. 240
10 ESW VII, S. 245
11 ESW VII, S. 246
12 ESW VII, S. 246
13 ESW VII, S. 246
14 ESW VII, S. 250
15 ESW VII, S. 252
16 ESW VII, S. 261
17 ESW VII, S. 262
18 Juli 1914, S. 331
19 ESW VII, S. 262
20 Kessler 2005, S. 918
21 ESW VII, S. 265

11. Studium und Kriegsdienst

1 ESW VII, S. 268
2 Reinach 1989, S. 789
3 ESW VII, S. 276
4 ESW VII, S. 275
5 ESW VII, S. 284
6 ESW VII, S. 286
7 Musil, 1986 S. 7f.
8 Musil, 1983 S. 953
9 ESW VII, S. 287
10 https://www.maschakaleko.com/memento, aufgerufen am 22.02.2022
11 ESW VII, S. 291f.

12. Beim Meister

1 ESW VII, S. 333
2 ESW VII, S. 335
3 ESW VII, S. 341
4 ESW VII, S. 343
5 ESW VII, S. 345
6 ESGA 4, S. 37
7 ESGA 5, S. 44
8 ESGA 5, S. XXf.
9 ESGA 5, S. XIX
10 ESGA 5. S. XX
11 ESGA 6, S. 125
12 ESGA 5, S. 134
13 ESGA 5, S. 119
14 ESGA 5, S. 111
15 ESGA 5, S. 130f.
16 ESGA 11/12, S. 309
17 ESGA 11/12, S. 308
18 ESGA 5, S. 135f.
19 Batzdorff 2000, S, 161
20 ESW VII, S. 361

21 ESW VII, S. 362
22 ESW VII, S. 369
23 ESW VII, S. 371
24 Walther 1960, S. 204
25 Walther 1960, S. 205
26 Walther 1960, S. 216
27 ESW 4, S. 57
28 ESGA 4, S. 57
29 Reinach, 1989, Band II, S. 787
30 ESW VIII, S. 19
31 Reinach 1989, Band II, S. 595
32 Herbstrith S. 208
33 ESGA 4, S. 62
34 ESGA 4, S. 64
35 ESGA 4, S. 43
36 ESGA 4 S. 73
37 ESGA 4, S. 74

13. Von der Philosophie in die Politik

1 Husserl 1968, S. 135
2 ESGA 4, S. 36
3 Kleist 1984, Band 2, S. 78
4 ESGA 13, S. 23
5 Kleist 1984, Band 2, S. 120
6 ESGA4, S. 33
7 Herbstrith S. 207
8 ESGA 4, S. 67
9 Ebd.
10 Reinach 1989, S. 593
11 Reinach 1989, S. 609
12 Reinach 1989, S. 611
13 Posselt 1957, S. 49
14 Batzdorff, 200, S. 105
15 ESGA 4, S. 68
16 ESGA 4, S. 68f.
17 ESGA 4, S. 69
18 ESGA 4, S. 71
19 Reinach 1989, S. 600
20 ESGA 4, S. 72
21 ESGA 4, S. 72
22 ESGA 4, S. 73
23 ESGA 4, S. 74
24 Husserl 1968, S. 156
25 ESGA 4, S. 72
26 Husserl 1987, S. 237
27 HGA 2001, Band 27, S. 51
28 HGA 2001, Band 27, S. 25
29 HGA 2001, Band 27, S. 3
30 ESW XIII, S. 21
31 Polgar 1975, S. 27
32 HGA 2001, Band 27, S. 24
33 HGA 2001, Band 17, S. 55
34 ESW XIII, S. 32
35 ESGA 6, S. 196
36 ESGA 6, S. 196
37 Augustinus 1983, S. 72
38 Meister Eckhart 1993, S. 75
39 Reinach 1989, S. 601
40 Reinach 1989, S. 594
41 Reinach 1989, S. 604
42 ESGA 6, S. 76
43 Mann 2009, S. 35
44 Mann 2009, S. 35
45 ESGA 6, S. 221
46 ESGA 14, S. 137
47 ESGA 6, S 228
48 ESGA 7, S. 125
49 ESGA 7, S. 123
50 ESGA 7, S. 125
51 ESGA 7, S. 123
52 ESGA 7, S. 106
53 Ebd.
54 Böckenförde 2006, S. 112f.
55 ESGA 7, S 132
56 ESGA 7, S. 126
57 ESGA 7, S. 132
58 Pieper 1962, S. 39
59 ESGA 4, S. 114
60 Ebd.
61 ESGA 4, S. 119
62 Ebd.

14. Die Ankunft

1 ESGA 4, S. 130
2 Ebd.
3 Conrad-Martius: Edith Stein, in: Hochland 51. Jahrgang, 1958/59, S. 42
4 Ebd.
5 Stein 1994, S. 20
6 Husserl 1986, S. 22

15. Abschied von der Wissenschaft?

1 ESGA 4, S. 152

16. Die große Entdeckung

1 ESW VIII, S. 174
2 ESW VIII, S. 285
3 ESGA 2, S. 250
4 ESGA 10, S. 151
5 ESGA 10, S. 151
6 ESGA 14, S. 114
7 ESGA 14, S. 18
8 ESGA 14, S. 191f.
9 ESW VIII, S. 259
10 ESW VIII, S. 250
11 ESW VIII, S. 250ff.
12 ESJ 1995, S. 21

17. Abschied von der Mutter

1 zit. n. https://www.herder.de/stz/wiedergelesen/der-brief-an-papst-pius-xi/, aufgerufen am 19. 2.2022
2 ESGA 3, S. 300, Nr. 542
3 Stein 1994, S. 18
4 ESGA 2, Nr. 253
5 ESGA 2, Nr. 256
6 ESGA 2, Nr. 255
7 ESGA 2, Nr. 259
8 Stein 1994, S. 30
9 ESGA 11/12, S. 32
10 Buch der 24 Philosophen, S. 67
11 Stein 1994, S. 44
12 Stein 1994, S. 46
13 Stein 1994, S. 46
14 ESGA 3, Nr. 305
15 Stein 1994, S. 48
16 Stein 1994, S. 48

18. Aus der Welt in die Welt

1 ESGA 4, Nr. 78
2 ESGA 3, Nr. 322
3 ESGA 3, Nr. 318
4 ESGA 3, Nr. 693
5 HGA 2, S. 1
6 HGA 2, S. 15
7 ESGA 11/12, S. 465
8 ESGA 11/12, S. 11
9 ESGA 11/12, S. 13
10 ESGA 11/12, S. 14
11 ESGA 11/15, S. 15
12 ESGA 11/12, S. 19
13 ESGA 11/12, S. 29
14 ESGA 11/12, S. 30f.
15 ESGA 11/12, S. 32
16 ESGA, 11/12, S. 35
17 ESGA 11/12, S. 33
18 ESGA 11/12, S. 42
19 ESGA 11/12, S. 441

19. »Komm, wir gehen für unser Volk«

1 ESGA 3, Nr. 595
2 ESGA 3, Nr. 600
3 ESGA 18, S. 15
4 ESGA 18, S. 100f.
5 ESGA 18, S. 38
6 ESGA 18, S. 27
7 zit. n. Feldmann 2019, S. 130f.
8 ESGA 3, Nr. 766
9 ESGA 3, Nr. 781